KB250117

일제말기
조선인 강제연행의 역사

-사료연구-

정 혜 경

景仁文化社

책머리에

　수백 명이 모인 대중집회에서 목에 핏대를 세우며 외치는 말, "피해자들의 단결된 힘으로 우리의 목표를 이루어야 합니다." "어떻게 한국의 국회의원이 그렇게 방자할 수 있습니까. 진상규명특별법 미서명 국회의원의 이름은 똑똑히 기억했다가 내년 총선에서 반드시 대가를 치르도록 해야 합니다." "올해에는 반드시 진상규명특별법을 제정하여 사회의 보편적인 가치를 실현하도록 합시다."

　사회운동가의 연설 내용인가 여겨지지만, 실은 필자의 발언 내용이다. 피해자들의 한과 바램을 조금씩 이해하게 되면서 필자의 투쟁성은 늘 이성밖에 자리한다. 간간히 듣는 "냉철한 이성보다 뜨거운 가슴으로 연구하는 강제연행 연구자"라는 평가가, 뛰어난 연구자라는 평가보다 더 마음에 와 닿는 것은 무슨 이유인가. 지금도 피해자를 만나고 돌아오는 길이 남다른 가슴앓이로 남는 이유는 무엇인가.

　강제연행의 역사와 첫 만남은 1991년, 첫 일본 방문 길에 단지 '재일조선인 연구의 대부인 朴慶植 선생의 저작을 한 권 정도는 가지고 있어야' 한다는 이유만으로 구입한 『조선인강제연행의 기록』(미래사, 1965년)을 통해서이다. 물론 박경식 선생이 십 수년간 발품을 팔아 완성한 그 책의 내용이 갓 석사학위를 취득한 필자에게 바로 다가선 것은 아니어서 당시에는 먼 훗날에 소용될 자료였다.

그 후 1995년, 한국정신문화연구원 한국학대학원 박사과정 재학시절에 보건복지부 프로젝트(해외희생자유해조사사업)에서 조교의 일을 하면서부터 강제연행의 역사와 다시 遭遇하게 되었다. 작업을 시작한 초반에는 전공이 재일조선인사 연구이기에 강제연행과 관련한 자료를 찾아내고 정리하는 일도 재일조선인사 연구의 연장으로 인식했다. 연구보고서 작성을 위해 피해자를 찾아다니고 인터뷰를 하며 자료를 정리하는 과정에서, 강제연행의 문제가 시급하다는 점, 일본에 수백 개의 시민단체와 많은 연구자들이 활동한다는 점을 알고 새삼 놀랐다. 그러나 그 해 연말 프로젝트의 종료와 함께 학위논문 집필에 들어가면서 강제연행의 역사는 잠시 접어두어야 했다.

그 후 1997년 지도교수인 박성수 선생님의 지시로 일본에서 온 '기슈광산의 진실을 밝히는 모임'(회장 : 김정미)의 현지 답사를 돕게 되었다. 평소 지면을 통해 인상 깊었던 김정미 선생의 작업을 돕는다는 소박한 심정에서 떠난 강원도 평창의 인터뷰 작업은 강제연행이라는 연구분야를 "나중에 반드시 해야 하는 연구 주제"로 마음에 새기는 계기가 되었다. 평창행은 강제연행의 역사를 찾아 다니는 작업을 기초부터 경험하게 된 좋은 기회였기 때문이다.

허술한 여관에서 거친 음식으로 허기를 채우며, 면사무소와 노인회관, 그리고 피해자의 집을 찾아다니는 일은 쉽지 않았다. 밤 10시가 되어서 읍내로 돌아와 간신히 식당을 찾아 허기를 때우고 숙소로 돌아와도 그 날의 작업을 결산하는 회의가 2~3시간 계속되어 휴식은 쉽지 않았다. 그러나 수업료도 없이 현지조사의 기초과정을 학습한 셈이니 더할 나위 없이 좋은 기회였다. 이 팀과의 작업은 그 후에도 몇 번 더 계속되었다. 김정미 선생과 만남은 일본의 강제연행연구 및 조사활동에 대한 실태를 일부나마 체험하게 되었다는 점과 아울러 강제연행연구가 실천성을 수반해야 하는 이유를 확인하게 된 계기가 되었다.

물론 피해자를 찾아다니고, 현지를 답사하면서 책상에 대한 조바심이나 초조함도 없지 않았다. 현지를 다니며 구술자료를 수집하는 동안, 동료 연구자들이 몇몇 제한된 문헌자료나 2차 자료만으로도 논문을 쑥쑥 뽑아내는 것을 보는 것이 부러움으로만 그치지 않았기 때문이다. "자료나 많이 가지고 오십시오" 현지답사를 떠날 때 듣는 인사는 '이러고 다니다가 남 좋은 일만 시키고 영영 연구도 못하는 것이 아닌가'하는 조바심으로 이어지곤 했다. 과문한 탓인지 3년 정도 구술자료 수집작업을 하자 강제연행의 역사에 대한 상이 뚜렷해지는 것이 아니라 도리어 더욱 더 혼란스러워져 갔다. 문헌과 일치하기는커녕, 문헌으로 단련된(?) 필자에게 더욱 혼란을 주는 피해자들의 증언. 공식처럼 알고 있던 강제연행시기의 실태가 다양함이라는 휘장 앞에서 무너져 내릴 때, 차라리 증언을 듣지 않았더라면 하는 생각 마저 갖게 된다.

이를 해결해 준 스승은 현대사연구소의 상사였던 김기석 교수였다. 한국 학계에 구술사의 뿌리를 내리는데 초석이 된 김기석 교수로부터 톰슨을 알게 되었고, 구술자료와 구술사에 대한 초보적인 지식을 습득하면서 구술자료에 대한 텍스트 분석이 가능해졌으며, 현지답사를 통해 비로소 터널의 끝을 찾을 수 있었다. 그들이 일을 했던 곳, 목숨을 잃은 곳에서, 이들이 어떻게 일을 하고, 어떠한 생활을 했을 것이라고 떠올리는 그림은 일제말기의 모습을 마치 기록영화처럼 현실감 있게 보여주었다.

강제연행의 역사를 찾아다니고, 연구하면서 참으로 많은 사람들을 만나고 도움을 받았다. 강원도 평창에서 봉고차를 몰고 면사무소와 피해자의 집을 찾아다니며 작업을 도와주던 박동락님은 몇 년 후 교통사고로 불귀의 객이 되었다. 그러나 얼굴도 모르던 장남은 부친을 찾는 필자와의 전화통화에서 부친과 마찬가지로 현지조사에 도움을 주고 싶다고 하여 또 한번 고개를 숙이게 만들었다. '농경대'라는 병력동원의 한 유형을 발굴해 낸 재일동포 손대용 선생은 토쿄의 스이토바시 역에서 헤어질 때, 심장의 고통을 참으면서 필자의 손을 잡고 "평생의 소원을 풀었다. 이제 죽어도 여한이 없다"는 말을 여러 번 되뇌였다. 단지 한국인으로서 강제연행을 연구하는 전문 연구가를 만났다는 기쁨에 3시간 이상 기차를 타고 와서 자료를 전해주고 가던 손대용 선생은 결국 필자를 만난지 1주일만에 세상을 떠나셨다. 빠징코를 운영하면서 마련한 비용으로 일본 전역을 돌아다니며 자료를 수집하고, 강제연행의 실상을 알리기 위해 암 수술 후의 몸조리도 제대로 하지 못했다. 필자를 만나기 위해 심장수술을 미룬 결과 손대용 선생은 더 이상 손을 쓸 수 없게 된 것이다. 선생의 유언은 필자에게 남겨주신 평생의 빚이다.

연구자의 길을 걷기 시작한 후, 어디에서도 받을 수 없는 감동은 여기에 그치지 않는다. 강원도 평창군 진부면의 노인들이 만들었던 작은 '민속박물관'은 필자가 어느 자리에서건 앵무새처럼 되뇌이는 단골 메뉴이다. 남양군도에 끌려갔다가 '죽다 살아난' 노인회장은 후손들에게 우리의 것을 가르치기 위해 노인회관에 작은 민속박물관을 만들어 놓았다. 인형과 캡션, 쇼 케이스로 장식된 실내 전시관은 여느 박물관 못지 않다. 모두가 노인들의 힘으로 비용을 마련하고, 수집한 전시물들이었다. 건물 밖에 세워둔 항아리며 농구들은 작은 마당과 어울려 그야말로 자연학습장을 이루었다.

이들이 '끌고 간 자'를 진정으로 용서할 수 있는 아량은 식민지배의 역사를 개인의 문제가 아닌 구조의 모순으로 인식하고 있기 때문이다. 가진 것 없었고, 배우지 못했던 '끌려간 사람'들은 귀국 후 '끌고 간 자'(정확히 표현하면, 끌고 가는데 조력한 조선인)의 진정한 사과 한 마디에, '평생 잊지 못할 원수'를 눈 녹듯이 용서했다. "저(*그 사람)도 허고 싶어서 했겠어요? 시절이 그러니 도리가 있나요. 시키니깐 헌 것이지". 당한 것은 억울하고 원통하지만, 나라 잃은 탓으로 치부한 것이다.

팔순이 넘은 나이에도 "우리는 인간이 아니었시유. 즘승이었시유"하며 눈시울을 적실 만큼, "사과하지 않는 일본은 물에 잠겨버릴 것"이라고 악담(?)을 퍼부을 만큼 그들이 받은 정신적·육체적 고통은 여전히 크지만, 이도 역시 개인적인 감정 때문만은 아니다. 늘 용서할 마음에 준비가 되어 있는 이들에게 강제연행의 역사를 부정하고 야스쿠니 신사 참배를 강행하는 등 끝끝내 용서할 기회를 주지 않는 일본에 대한 아쉬움의 표현이기도 하다.

흔히들 강제연행의 역사는 "다 지나간 옛날 이야기"이거나 "예전에는 다 그러고 살았던 시절"의 가슴 아픈 이야기로 생각한다. 그래서 군이 들추어내고 싶지 않거나 드러내놓고 떠들 정도로 흥미 있는 이야기도 아니다. 그렇다면 강제연행의 역사는 지금 우리의 현실문제와 무관한 '박제된 과거'인가. 그렇지 않다. 현재진행형의 미청산과제이다. 단지 일본군위안부 할머니들이 두 눈을 시퍼렇게 뜨고 수요집회에 나서기 때문에 현재진행형이라는 의미는 아니다. 재일동포의 존재와 굴욕적인 한일협정이 남긴 산물, 오리무중에 빠진 북일국교정상화교섭에 이르기까지 줄줄이 굴비 엮듯이 엮어 내려오는 현재의 문제이다. 인간의 권리가 존중되고 전쟁이 없는 삶을 살고 싶다는 보편적인 가치 추구가 간과되는 상황은 현재에도 계속 진행되는 미청산과제임을 확인시켜준다.

현재에 청산되지 않은 과거를 안고서는 미래를 기대할 수 없다. 그렇다면 내려놓아야 한다. 내려놓기 위해 진상을 규명해야 하고, 연구를 해야 한다. 사실을 안다는 것은 완결점이 아닌 최소한의 노력이기 때문이다.

이 책에는 강제연행의 역사를 연구하는데 기초적인 자료와 관련한 내용을 담았다. '국내에 무슨 자료가 있고, 이 자료는 어떻게 관리해야 하며, 이들 자료를 통해서 무엇을 할 수 있는가' 등등 평소 관심 꺼리를 정리했다. 이 가운데에는 그동안 지면에 발표했던 논문을 재수정한 것도 있고, 새로이 집필한 내용도 있다. 특히 2부에 구성한 '기억을 찾아 현장을 찾아'는 필자가 구술자료수집을 위해, 또는 피해자를 만나러 다닌 길, 현장 답사기 등을 담았다. 일견 연구서에 적합하지 않은 구성일지 모르지만 필자의 경험 일부가 강제연행의 역사를 접하고, 연구를 시작하는데 연구논문보다 더 소용되는 점이 있을 것이라는 생각에서 과감히 수록했다.

책을 구성하면서 강제연행과 관련해 문헌자료에만 의존하는 현재 연구풍토가 강제연행의 역사를 규명하는 작업에 걸림돌이 되는 것은 아닌가 하는 점을 나누고 싶었다. 그토록 문헌자료 수집과 분석에 뛰어난 박경식 선생이 일본 전역을 답사하며 『조선인강제연행의 기록』을 남긴 이유를 함께 생각하고 싶었다. 그래서 향후에는 더 이상 '군인이나 군속은 친일파'라는 등, '모집으로 간 사람들은 강제연행의 범주에 넣을 수 없다'는 등등의 무지한(?) 이야기가 한국근현대사 연구자들에게서 사라지는데 도움이 되었으면 하는 바램을 담았다.

이러한 점은 필자가 이 책을 통해 나누고 싶은 내용이다. 그러나 더 큰 바램은 식민지 지배의 잔상인 '피해의 역사', 강제연행의 역사를 통해 인간이 추구해야 할 보편적인 가치에 대해 인식을 같이 하고 싶다는 점이다. 연구를 위해서는 자료가 필요하고, 연구비도 필요하며, 그 결과 연구성과라는 실적이 뒤따라야 한다. 지극히 현실적인 문제이다. 그러나 그럼에도 여전히 오래 전 일본에서 발표된 연구성과와 큰 차이를 느낄 수 없는 국내의 연구물이 새로운 성과물인양 자리하는 현실은 아쉬움에 그치지 않는다. 또한 피해자와 관련 단체들을 자료원으로써 제한적으로 인식하고, 실적을 위해 급급하게 생산된 저술들도 여전하다. 이러한 성과물들은 강제연행사 연구를 더욱 공허하고 황폐하게 만들며, 척박한 연구환경에서나마 소중하게 키워가던 연구 의지를 약화시키는데 일조를 한다.

흔히 연구자들은 열심히 연구하는 것이 자신들의 본분이라고 생각한다. 그러나 과연 그 소임이 제대로 지켜지고 있는가 돌아볼 때 당당하기란 쉽지 않다. 이는 학문적인 내용의 성실성이 아니라 연구방법을 지적하는 것이다. 현재 강제연행피해자들이 처한 상황과 그들의 활동모습을 모르는 상태에서 행한 자료분석은 한계가 적지 않다. 특히 문헌자료가 보여주는 역사는 많은 부분이 강제연행의 역사 가운데 일부분이거나 왜곡되고 변형된 역사이다. 구술자료의 경우에도 1~2회의 인터뷰만으로 정확한 내용은 담을 수 없다. 그럼에도 남들이 볼 수 없는 귀한 자료를 독점하고 뿌듯함을 느끼는 풍토는 사라지지 않고 있다. 소장한 문헌자료의 먼지만 털 것이 아니라 노동현장을 답사하고, 경험자들의 목소리를 청취하며 그들이 지금까지 어떻게 살았고, 어떠한 미래를 바라는가를 이해하게 될 때 비로소 빙산의 하부가, 그리고 자료의 행간이 명료하게 드러날 것이다.

책이 나오기까지 도움을 주신 분들은 이루 헤아릴 수 없다. 척박한 일본 땅에 강제연행의 역사를 뿌리내린 故 朴慶植 선생이 생전에 베푸신 은혜는 잊을 수 없다. 생전에 단 몇번이라도 뵙고 지도를 받을 수 있었던 점은 하늘이 내린 귀한 선물이었다. 필자에게 연구의 푯대를 일 깨워 주신 故 손대용 선생께도 특별한 감사를 드리고 싶다. 이 책의 탄생은 늘 學恩을 베풀어주시는 한일민족문제학회 강제연행문제연구분과의 구성원들과 특별법제정추진위의 동지들이 있기에 가능했다. 體化된 '강제연행의 생활화 체제'와 몇몇 사람들의 덕택에 각종 집회와 행사는 언제나 성공적으로 치뤄질 수 있었다. "이렇게까지 해야 하나" 하고 의문을 가질 정도로 활동은 늘 무리를 요구하였으나 모두들 감내해 나가고 있다. 이들의 노력과 헌신으로 한일과거청산과 사회 정의는 지켜질 것이라고 생각한다. 부족한 책의 출판을 허락해주신 경인문화사 한정희 사장님과 편집위원(김형목, 황민호 박사) 및 편집실 식구들이 이 책의 실질적인 산파임은 물론이다. '교정'이라는 번거로운 작업을 기꺼이 감수해준 김혜숙·조건 학형에게도 고마움을 전하고 싶다.

그러나 무엇보다 더욱 큰 감사를 드리고 싶은 분들은 쉽지 않은 '옛 이야기'를 들려주고, 역사의 세파 속에서도 인생의 교훈을 전해주시는 피해자들이다. 늘 뜨거운 악수로 사랑과 고마움을 전하는 여러분들이다. 몸을 가누기도 어려운 심한 상태에서도 가쁜 숨을 몰아쉬며 구술을 해 주신 이의도옹이 지난 겨울에 幽明을 달리하였다. 진심으로 명복을 빈다.

그리고 일본에서 태어나 한국사회 적응에 적지 않은 어려움을 겪으셨던 평생의 연인, 어머니(金任善)께 작은 책자를 바치고 싶다.

2003년 8월

정혜경

\<목 차\>

< 표목차 >

< 사진 목차 >

xiv

제1부

사료연구

제1장

일제 말기 강제연행관련 국내소장 자료

I. 머리말

일제 말기 강제연행이란 1938년부터 1945년간 약 700만 명이 넘는 사람들이 한반도 내외로 강압적이고 기만적인 방법으로 송출되어 강제노동에 동원된 역사적 사실이다. 이들 가운데 30만 명은 현지에서 목숨을 잃었고, 해방 직후 귀국 과정에서 幽明을 달리한 경우도 적지 않다. 일본 당국은 침략전쟁수행을 위한 도구로서 강제적인 방법으로 인력을 동원하기 위해 치밀한 계획과 정책을 수립했다. 여기에는 일본의 국책기업들도 관여했고, 민간인들도 참여했다. 그러므로 강제연행과 관련한 자료는 적지 아니 생산되었고, 현재까지도 계속 발굴 공개되고 있는 중이다.

본고는 일제 말기 일본당국이 식민지 조선을 대상으로 노동력

과 물자를 수탈하고 이를 침략전쟁에 이용했던 시기의 강제연행
에 관한 자료 현황과 활용 방안을 모색하고자 하는 시도의 일환
이다. 강제성이라는 점에서 보면, 1938년 이전 시기도 자유롭지
않다. 다만 본고에서는 일제시기 전체 가운데 일본당국이 침략전
쟁수행이라는 뚜렷한 목표 아래 강제연행을 행했던 1938년 이후
시기를 연구대상으로 한정하고자 한다.[1]

본고에서 대상으로 하는 강제연행관련자료는 식민지 조선을
대상으로 한 정책기안자료에서부터 당국이 중심이 된 조선인송
출관련자료, 조선인의 동원을 위한 통제정책관련자료, 강제연행
관련 조선인 명부, 민간에서 생산한 자료(회고록, 증언록, 구술자
료) 등이다. 그 동안 학계는 문헌자료수집에 치중하거나 관변자료
에 대한 의존도가 높았다. 그 결과 구술자료를 비롯한 민간을 대
상으로 한 자료수집작업은 거의 이루어지지 않고 있다. 현재 문
헌자료 발굴에 기울이는 노력이 구술자료수집작업과 공유된다면
일제 말기의 실상이나 강제로 연행된 조선인의 다양한 모습을 복
원하는데 적지 않은 기여를 하게 될 것이다.

강제연행에 관한 국내의 연구성과는 한국근대사연구 가운데
미비한 분야이다. 일본의 연구성과와 비교해보면, 질과 양 두 면
에서 모두 이제 시작단계에 있음을 알 수 있다.[2] 국내의 연구는

---

1) 물론 1938년 이전 시기의 조선인이 이후와 동일한 정도의 물리적인
   강제에 의해 노동현장이나 전쟁터로 끌려간 것은 아니다. 그러나 일
   본제국주의라는 용어는 정치적인 점과 아울러 경제적 수탈을 포함한
   개념이고, 식민지경제정책이라는 것이 수탈과 착취를 전제로 하는 것
   이므로 피식민지민이었던 조선인이 식민지기간 동안에 처한 상황에
   서 조선인의 자의성을 논하는 것은 매우 제한적인 평가가 될 수 있다.
2) 강제연행에 관한 일본학계의 연구는 1965년에 발간된 박경식의『朝
   鮮人强制連行の記錄』(미래사)가 始原을 이룬다. 박경식의 저작은 강
   제연행에 관한 최초의 단행본으로, 그리고 관련연구목록과 자료의 제

크게 강제연행 정책에 관한 연구와 강제연행의 실태에 관한 연구로 대별된다.

국내에서 강제연행에 관한 연구가 한국근대사 전체로 보면, 그다지 늦지 않은 시기에 시작되었음에도 불구하고 연구성과는 매우 부진한 편이다. 이 분야에 관한 연구경향은 초기에는 노동력의 수탈과 강제노동의 실상을 고발함으로써 일제말기 조선인이 겪은 고통을 규명하는 연구가 대부분이었다. 그 후 노동력 이동에 관한 경제학적 접근을 거쳐 현재는 강제연행을 전시동원체제의 성격과 관련지어 보려는 양상을 보인다.[3] 이는 역사학과 경제학·인류학·법학 등 연구자의 전공과도 무관하지 않아 보인다.[4]

인력동원의 종류별로 보면, 일본군위안부에 관한 연구가 가장 많다. 1990년대에 들어서면서 연구되기 시작한 일본군위안부에 관한 분야는 주로 실태고발과 배상 및 책임에 관한 연구로 이루어져

시로 인해 학문적 의미가 높다. 1970년대까지 강제로 끌려간 조선인의 실태를 중시하던 연구경향은 1980년에 이르러 지배정책과 연관짓는 연구로 이어졌다. 樋口雄一의 『協和會』(사회평론사, 1989)가 그것이다. 1990년대 이후로는 일본군위안부를 포함하여 연구범주가 확대되고 강제연행의 실체에 대한 치밀한 연구가 이루어졌다. 강제연행에 관한 일본학계 연구동향에 대해서는 김인덕, 1997, 「일본지역 강제연행 연구」『한국민족운동사연구』 17 참조.

3) 김대상이 『일제하 강제인력수탈사』(정음사, 1973)을 발표하면서 시작된 연구는 허수열이 1995년에 강제로 동원된 조선인의 실태에 관한 매우 치밀한 분석으로 이어나갔다. 강제연행에 관한 본격적인 연구는 1991년에 九州 佐賀縣지방을 중심으로 노동력수탈과 강제연행의 실태를 규명한 김민영의 박사논문 「일제의 조선인노동력 수탈에 관한 연구」(후에 『일제의 조선인노동력 수탈 연구』로 간행)라고 할 수 있다. 지역사연구이지만 국내에서 최초로 강제연행조선인에 대해 분석한 연구로서 용어나 개념설정 등 새로운 연구과제를 제기한 논문이다.

4) 강제연행관련문헌목록은 현재 한일민족문제학회(http://kjnation.netian.com) 강제연행문제연구분과에서 작성하였는데, 주요 자료에 대한 해제가 첨가된 형태의 단행본 출간을 앞두고 있다.

있다. 연구자들이 여성학의 입장에서 '여성이 전쟁기간동안에 겪는 고통'이라는 측면에서 접근하거나 배상과 관련된 국제법 연구의 일환으로 연구하는 경우가 많아 일제의 정책과 연관짓는 노력은 부족한 상황이다. 특히 여성동원 가운데에서도 일본군위안부에 치중되어 있어 여자근로정신대가 갖는 복합성(노동력동원이자 경우에 따라서는 성 착취)이 간과되는 경향도 있다. 최근에 탄광과 토목공사장에 설치되었던 기업 위안소에 대한 실상이 일부 소개되면서 기업위안부의 수가 상당할 것으로 추정되고 있으므로 향후에는 여성동원의 대상과 범주도 확대되어야 할 것으로 보인다.

강제연행에 관한 연구는 현재 용어사용에서 '강제연행', '전시노무동원', '강제동원' 등 다양한 견해가 제시되고 있다. 1990년대 초반까지는 '강제연행'이라는 용어가 일반적이었다. '강제연행'은 재일사학자 朴慶植이 1965년에 기념비적인 노작『조선인강제연행의 기록』을 발표하면서 사용하기 시작한 용어이다. 박경식은 당시 전시동원체제와 강제연행 자체를 역사적 진실로 받아들이고자 하지 않는 일본의 현실에 맞서 강제연행의 실상을 널리 알리고자 하는 목적 아래 수년간 실시한 일본전역에 대한 현지 답사와 구술자료 수집작업의 결과물을 발간하였다. 그 결과 일본에서 조선인강제연행의 역사는 史實로 확립됨과 동시에 새로운 연구주제로 부상하게 되었다. 이후 국내학계에서 '강제연행'이라는 용어는 노무동원·병력동원·준병력동원(군속)·여성동원을 포함하는 견해(강창일, 김인덕, 노영종, 정인섭, 정혜경)로서 사용된다.5) 또 다른 용어로는 '전시노무동원'을 들 수 있다. 김민영은 '강제연행'이라는 표현을 '개개 노동자 한 사람 한 사람'에 대한

---

5) 강창일의 경우에는 군사동원에 군인과 군속을 포함하고 있으나 필자
  는 군속이 갖는 노동력 동원으로서 의미를 중시하여 별도로 구분한다.

개별적 개념으로 파악하고, '전시노무동원'이라는 용어를 사용했다.[6] 세 번째로 사용되는 용어는 '강제동원'이다(강만길, 곽건홍, 안자코 유카). 강제동원은 '전시노무동원'이 간과할 수 있는 '강제적인 노동력 이동'이라는 점이 강조된 개념이다.[7] 최근 국내 학계에서 '강제연행'이라는 용어는 다시 사용되는 경향을 보이고 있다. 2000년 6월 발족한 한일민족문제학회는 2001년 9월에 산하에 연구분과를 설치하면서 명칭을 '강제연행문제연구분과'로 정했다. 이는 '강제연행'을 일제 말기 국가총동원체제 아래 강요된 인력수탈의 성격 및 내용을 극명하게 보여주는 용어로써 인식하고 수용한 결과이다.

　그동안 현행 연구에서, 1938년 이후 일제에 의한 인력동원을 분류할 때, 노무동원·병력동원·준병력동원·여성동원이라는 기준이 일반적으로 사용되었다. 이 분류기준은 문제점이 적지 않으므로 자료 발굴 및 사실 규명 진전에 따라 새로운 설정이 이루어질 필요가 있다.[8]

　최근에는 이를 보완하여 세 가지 범주를 제한 연구도 발표되었다. 김영달은 노무동원(모집, 관알선, 징용, 군요원), 병력동원(지원병, 징병, 준병사), 여성동원(여자정신대, 일본군위안부)으로 분류했다.[9] 2003년에 보건복지부가 한국정신문화연구원에 의뢰하

---

6) 김민영, 1995, 『일제의 조선인노동력 수탈 연구』, 한울, 27~31쪽.
7) 일본학계에서 '강제동원'은 '전시노무동원'과 달리 일제말기에 행해진 조선인 동원의 강제성을 강조하고, 일본당국의 적극적인 개입과 주도를 입증하고자 하는 연구자들(金英達, 飛田雄一, 高柳俊男, 外村大) 사이에서 사용되는 개념이다.
8) 여성동원의 경우에도 '여성동원'이라는 용어 자체가 적합하지 않을 뿐만 아니라 일본군위안부와 근로정신대는 큰 차이를 갖고 있으므로 후자의 경우에는 노무동원으로 범주화하는 것이 적절할 것이다.
9) 金英達, 『金英達著作集2－朝鮮人强制連行の研究』, 明石書房, 2003,

여 수행한 연구용역과제인「일제하 피강제동원자 등 실태조사연
구」(연구책임자 : 권희영)에서도 노무동원(기존의 노무동원에 여
자근로정신대 포함)・병력동원(군인, 군속)・성동원(일본군위안부)
등 세 가지로 범주화하였다.[10] 이 가운데 김영달의 분류는 군속
을 준병사(해군설영대와 포로감시원)와 군요원(기타 군속과 軍夫)
으로 구분하여 전자는 병력동원에, 후자는 노무동원에 포함한 것
이 특징이다. 그러나 여자근로정신대는 여전히 여성동원의 범주
에 포함했다. 이에 비해 한국정신문화연구원의 분류는 군속을 세
분화하지 않고, 병력동원에 포함시킨 점, 여자근로정신대를 노무
동원으로 포함한 점이 특징이다. 세 가지 범주로 파악한 또 다른
연구는 樋口雄一에 의해 발표되었다. 그동안 연구의 진전으로 인
해 군인으로 징집된 조선인 가운데에서 상당수가 농경대나 특설
작업대, 특설대라는 이름으로 노동력을 제공했음이 밝혀지고 있
다.[11] 이를 근거로 군인과 군속을 동일한 범주에 포함하는 의견
을 제시했다. 樋口雄一은 군속 가운데 군노무자를 '兵的인 조선
인동원자'로 규정하여 노무동원과는 구별하여 범주화하였다. 히
구치의 구분에 의하면, 군무자는 특설대나 농경대와 같은 성격의
병력동원대상자가 된다.[12] 그 외에 최근 일본 시가(滋賀)협립대학

41쪽.

10) 2003,『일제하 피강제동원자 등 실태조사연구보고서』, 한국정신문화
연구원.

11) 北原道子,「朝鮮人兵士を主に編成された日本陸軍特設作業隊・臨時
勤務隊について―北海道と樺太の場合」『在日朝鮮人史研究』32,
2002; 塚崎昌之,「濟州道における日本軍の本土決戰準備」『靑丘學術
論集 22, 2003. 손대용 선생이 수년간 자료조사와 현지 답사를 통해 대
략적인 동원 규모와 일본 지역 내 배치현황을 정리한 바 있다.

12) 樋口雄一,『戰時下朝鮮の民衆と徵兵』, 總和社, 2001, 173쪽. 그러나
필자는 징병제에 의한 동원대상자였던 농경대 및 특설대와 군노무자
는 동원 방법이나 동원의 목적이 달랐다고 파악하여 별도로 이해한다.

에서 열린 제3회 제일조선인운동사연구회대회에서 塚崎昌之는 1945년 3월 이후를 병력과 노무동원의 구분이 없이 '혼연일체화한 시기'로 설정하고, 시기별로 각기 다른 범주설정이 필요하다는 점을 강조하기도 했다.13) 이는 조선인징병제를 통해 동원한 병사로써 병참부대를 강화하고자 한 시기가 1945년 3월 중순 이후이라는 자신의 입론을 근거한다.14)

위의 새로운 범주 설정에서 나타나는 공통점은 기존에 '준병력동원'으로 불리던 노동력에 대한 재인식이다. 그러나 이러한 의견들이 정확한 것이라고 보기는 어렵다. 현재 규명된 노무동원의 모든 사례를 포괄한 것이 아닐 뿐만 아니라, 군속을 병력동원으로 포함한 근거도 여전히 미약하기 때문이다.15) 해군설영대와 포로감시원은 동원목적이나 근무 내용이 동일하다고 볼 수 없다. 또한 위의 구분에서 기업위안부는 성동원이나 노무동원 어디에도 포함되지 않는다.

동원주체 및 노동내용·노동현장을 중시할 것인가 또는 동원의 목적을 중시할 것인가에 따라 구분은 달라질 수 있다. 전자를 기준으로 한다면 성동원(일본군위안부)의 경우에도 병력동원이

---

13) 츠카사키는 최근 조선사연구회 월례발표회에서 발표문을 통해 농경대나 특설대와 같은 병력은 단지 노동력을 착취하는데 그치는 것이 아니라 본토결전에서 마지막 총알받이로 사용할 목적을 가지고 있었다는 주장을 제기하기도 했다.

14) 츠카사키는 인력동원시기를 모집기(1939.9~1942.1), 관알선기(1942.2~1944.8), 징용기(1944.9~1945.3), 징병기(1945.4~1945.8)로 구분하고 제 4기인 징병기에는 병사로서 소집하여 노동력으로서 사용했음을 강조했다.

15) 김영달이 해군설영대와 포로감시원을 '군병사'로 지칭하며 병력동원에 포함한 근거는 군속을 병력으로 이용했다는 점이다. 이에 비해 한국정신문화연구원이 군속을 병력동원에 포함한 근거는 軍府가 동원주체였고, 군속이 군과 관련한 현장에서 근무를 한 점 등이다.

될 수 있다. 필자는 동원목적을 중시하는 편이 타당하다고 생각한다. 즉 징병제에 의한 동원대상자였던 농경대 및 특설대와 군노무자는 비록 동일한 성격의 일을 했다 하더라도 동원 방법이나 동원의 목적은 달랐다고 파악하여 별도로 이해하고자 한다. 본서에서 필자는 노무동원(기존의 노무동원에 근로정신대 포함), 병력동원, 준병력동원(포로감시원, 군노무자 포함, 기타 군요원), 성동원(일본군위안부)으로 대별하였다. 군속 가운데 포로감시원과 軍夫(군노무자)를 구분하여 전자는 준병력동원에, 후자는 노무동원적인 성격이 강하다고 생각되기 때문이다. 그럼에도 필자의 범주설정 역시 잠정적이 될 수밖에 없다.16) 준병력동원과 병력동원의 성격과 내용 가운데 많은 부분이 여전히 해명되는 과정이기 때문이다. 인력동원의 범주화는 향후 후속 연구의 진전에 따라 학문적인 정착이 이루어지리라 생각한다.

  이들 연구에서 가장 많이 사용한 자료는 정부기록보존소 소장 조선총독부문서(노무관계자료)이다.17) 그러나 엄밀히 지적하면, 1차 자료를 직접 이용하기 보다 일본에서 발표된 연구성과의 재정리에 해당하는 경우도 적지 않았다. 일본군위안부 관련 연구는 최근에 일본에서 발간된 자료집과 구술자료에 대한 의존도가 매우 높다. 정부기록보존소를 비롯한 몇몇 기관에 소장중인 강제연행관련 조선인 명부에 대해서는 높은 관심에도 불구하고 실제 연구로 이어지지 못하고 있다.

---

16) 군노무자에 관해서는 정혜경, 2003, 「일제 말기 조선인 군노무자의 실태와 귀환」『한국독립운동사연구』20 참조.
17) 이들 자료 가운데 일부는 최근에 자료집으로 공간되어서 활용되고 있다. 樋口雄一, 2000,『전시하 조선인 노무동원기초자료집』, 綠陰書房 ; 민족문제연구소편, 2001,『일제하 전시체제기 정책사자료집』, 학술정보주식회사.

강제연행관련자료는 연구자들이 이용해야 할 자료의 범주가 넓어 점차 자료양이 방대해지고 있는데 비해, 자료에 대한 정보가 제한적이다. 특히 국내에 소장된 자료의 경우에는 공개가 원활하지 않아 다양한 자료가 활용되지 못하는 형편이다. 정부기록보존소와 같이 기관이 소장하고 있는 자료의 경우에는 자료를 소장하고 있었을 뿐, 내용에 대해 분석을 하지 못했던 자료의 양이 적지 않다. 현재 연차적으로 발간하는『해제집』을 통해 그 동안 이루어지지 못했던 자료 정리를 진행하는 과정에서 내용에 대한 정보가 알려지고 있다. 이는 자료에 대한 올바른 관리가 자료활용도를 높이고, 나아가 연구를 활성화한다는 점을 알려주는 예이다.

현재 학계와 사회의 관심이 관련자료의 수집이나 해외소재파악에 집중되었음은 분명하다. 그러나 그러한 관심에 비해서 현재 국내에 산재한 관련자료에 대한 체계적인 관리나 활용방안에 대한 고민은 상대적으로 미비했다. 특히 강제연행관련 정책문서가 실제 역사적 사실을 반영하는데 한계가 많음에도 불구하고, 의존도는 절대적이었다. 몇몇 특정한 문건이 연구에서 반복적으로 이용됨으로써 자료에 대한 활용도가 편협함을 드러내기도 했다. 구술자료의 경우에도 한계는 적지 않다. 구술자료의 성격에 대한 몰이해가 가져오는 한계도 있지만, 특정한 목적으로 생산된 자료에 의존한 연구성과는 구술자료 자체에 대한 질을 떨어트리는 결과로 이어질 우려가 있다. 피해자 단체가 소송자료로 활용하기 위해 내부적으로 작성한 진술서를 전적으로 수용한 연구서가 발간되기도 하는 상황은, 하나의 단적인 예라고 생각된다.

그렇다면 이제부터 관심을 기울여야 할 부분은 자료의 수집과 동시에 이들 자료의 활용을 위한 방안에 대한 고민이라고 할 수 있다. 이 연구를 통해 현재 제한적으로 이용되던 강제연행관련자

료의 이용이 활성화되고, 더불어 편향된 일제 말기 한국사 연구
를 규명하는데 일정한 역할을 담당할 것으로 생각된다.

Ⅱ. 전시동원체제의 형성 및 운영

전시동원체제는 일본의 대륙침략을 수행하기 위한 수단으로
만들어졌다. 전쟁을 수행하기 위한 동원은 인력동원에 국한하지
않는다. 인력동원을 원활히 추진하고 동원된 인력이 전쟁에서 효
율성을 발휘하기 위해서는 전시동원체제에 대한 사회적 공감대
형성과 일본 당국이 원하는 정신적 무장이 선행되어야 한다. 행
여 "일본이 일으킨 전쟁을 위해서 왜 조선인이 고생을 하고 희생
까지 해야 하는가"하는 의구심이 사회 일각에서 제기된다면 인력
동원은 그 자체가 어려울 뿐만 아니라 동원된 인력도 효과적으로
활용할 수 없기 때문이다.[18] 그러므로 일본 당국과 총독부는 대
륙침략전쟁이 발발하기 이전부터 앞으로 일어날 전쟁에 대비하
여 후방기지인 조선에 대한 정신적 통제에 심혈을 기울였다. 그
것은 황민화정책으로 대변된다.

---

18) 이에 대해서 조선주차군의 불안감은 더했다. 조선주차군은 조선인의
   강인한 민족성에 대한 불신과 조선인 포섭에 대한 절망감이 매우 강
   했다. 이들은 조선인이 겉으로는 태평한 듯 보이지만 조선인들은 善
   化(*교화)에 의한 것이 아니라 단지 제국(*일본)의 위세에 눌려 조용
   해진 것이라고 인식하고 있었다. "만약 어느 날 아침 제국이 불리한
   정세에 빠지게 되면 조선민족은 내외 상황에 호응해 민족운동을 일
   으킬 것이라는 점"을 생각하고 있었다. 宮田節子, 이형랑 역, 1997,
   『조선민중과 황민화 정책』, 일조각, 33쪽.

제1장 일제 말기 강제연행관련 국내소장 자료 13

1. 정신 동원

황민화정책은 일제가 식민지조선을 통해 행한 식민지배방식의 여러 단계 가운데 하나이다. 일제시기 내내 일본당국이 내세웠던 '內鮮一體'와 '一視同仁'이라는 명분은 시기와 상황에 따라 여러 가지 모습을 나타냈다. 특히 '사회교화'로 대변되는 정신적 통제정책은 1921년에 조선총독부가 내무국에 사회과를 설치한 이후 가장 중요하게 생각한 업무였다. 이러한 조선총독부의 통치방향은 일본의 대륙침략의지가 구현되면서 동시에 구체화되기 시작한다. 그 계기는 우가키(宇垣一成)총독의 부임과 만주사변의 발발이다.

조선통치에 관해서는 대체로 전임자의 방침을 계승하여 참작할 예정이지만, 그 중에는 다소의 개혁을 요한다고 생각되는 점도 있다. … 그 하나는 내지인과 조선인과 융합일치 소위 내선융화에 관하여 더욱 진척시키고자 하며 … 그 두 번째는 조선인에게 적당히 빵을 주는 것이다. 조선의 富는 병합이래 매우 증가하고 있는데, 조선의 富가 증가하는 만큼 조선인의 富는 증가하지 않고 있다. 금일 생활고에 신음하고 있는 사람이 상당히 다수 존재하고 있기 때문에 이것을 완화하고 제거하는데 크게 주의하겠다. 즉 정신생활과 물질생활의 양 방면에서 그들에게 안정을 주는 것에 가장 우선을 두어 진행하겠다.[19]

이상은 우가키총독의 취임 一聲이다. 1931년 7월 제6대 총독으로 부임한 우가키는 통치의 기본방향으로 경제안정과 사상통제를 들고 있다. 그 구체적인 실천사업은 같은 해 9월 18일에 만주사변이 일어난 이후 본격적으로 실시된다. 전자는 농산어촌진흥운동이고, 후자는 국민정신작흥운동이다. 우가키는 부임 이듬해

---

19) 『宇垣一成日記』 2, 1931년 7월 2일자(최유리, 1997, 『일제말기 식민지 지배정책연구』, 국학자료원, 21쪽 재인용).

인 1932년부터 농산어촌진흥운동을 전개하고, 11월부터는 국민정신작흥운동을 개시했다. 그 후 1935년에 일본정부가 국체명징을 발표하자 이듬해인 1936년 1월부터 심전개발운동을 전개했다. 농산어촌진흥운동은 말 그대로 농산어촌을 진흥시키고자 함이 아니라 물질적인 갱생과 정신적 갱생을 동시에 시행하고자 한 관제운동이었고, 국민정신작흥운동은 정신교화운동이었다. 그러나 운동은 더욱 적극적으로 전개될 필요성이 대두되었다. 조선총독부는 두 운동이 '사회교화'라는 측면에서 소기의 목적을 관철하지 못했다고 판단되자 심전개발운동을 전개하게 된다. 1935년, 심전개발운동은 본격적으로 '마음 밭 수양'의 기치를 내걸고 전개되어 일본정부가 발표한 '국체명징'(8월 3일)에서 추진력을 얻었다. 심전개발운동에 이은 '사회교화'정책은 국민정신총동원운동으로 대변된다. 미나미 총독의 전략사업인 국민정신총동원운동은 1938년부터 해방에 이르는 시기까지 조선전역에 깃발을 휘날렸다.

우가키가 식민지 조선의 전 민중을 대상으로 황민화 정책의 뿌리를 강하게 내렸다면 제7대 총독 미나미(南次郎)는 더욱 구체화한 인물이라고 할 수 있다. 1936년 8월에 취임한 미나미는 이듬해 3월 총독부 관리들이 집무 중에 일본어를 상용하도록 하고, 4월에는 5대 시정방침(國體明徵, 鮮滿一如, 教學振作, 農工竝進, 庶政刷新)을 통해 실천작업에 박차를 가하였다. 7월 8일 국민징용령이 공포된 이후 10월에 황국신민서사가 만들어지고, 12월에는 天皇 眞影이 각급 학교에 배부되어 여기에 경배하도록 강요되었다. 이듬해 4월에 중등학교에서는 조선어수업시간이 사라지고 1939년 3월부터는 교련수업까지 받게 되었다. 전 민중의 황민화와 전 사회의 병영화가 이루어진 것이다. 1941년 3월에는 국민학교에서도 조선어가 사라졌다. 이와 같이 식민지 조선을 정신적으로 강고히 무장하여 일본이 침략전쟁을 수행하는데 추호의 부족함이 없도록 하겠다는 총독들의 의지와 노력은 인력동원이 이루어지기 이전시기부터 실시된 정신동원에서 잘 엿볼 수 있다.

2. 인력 동원

전시동원체제는 침략전쟁의 발발과 궤를 같이한다. 1931년 만주사변을 필두로 본격적인 대륙침략을 시작한 일제는 1937년 7월 중일전쟁의 개시 이후 전면적인 국가통제의 필요성을 인식했다. 전쟁의 확대와 장기화에 따라 군수물자의 보급과 노동력을 공급하기 위해서 전면적인 국가통제와 동원이 필요하다고 판단하게 된 것이다. 이를 위해 1938년 4월 1일, 국가총동원법을 제정 공포하였는데, 이 법은 5월 5일부터 한반도에도 실시되었다(칙령 제316호). 국가총동원법은 전형적인 戰時授權法(또는 백지위임법)으로서 법조문 자체만 가지고는 구체적인 내용을 확정하기 어렵도록 되어 있다.[20] 그러므로 1939년부터 본격화된 각종 칙령과 각령, 성령, 고시 등을 통해 구체적인 내용을 드러내며 조선인 인력동원을 위한 본격적인 기능이 가능하게 되었다. 이하에서는 관련법령(부록)을 중심으로 전시동원체제의 내용을 살펴보고 이를 통해 동원된 조선인의 상황을 파악해보고자 한다.

---

20) 정인섭, 1995, 「전시동원체제하의 한인희생」『해외희생자유해현황조사사업보고서』, 한국정신문화연구원, 49쪽.

1) 노무 동원[14]

1937년 7월 중일전쟁을 개시한 일본은 전쟁의 확대와 장기화에
따라 군수물자의 보급과 노동력을 공급하기 위해서 전면적인 국
가통제와 동원이 필요하다고 판단하였다. 이를 위해 1938년 4월
1일, 국가총동원법을 제정 공포하였는데, 이 법은 5월 5일부터 한
반도에도 실시되었다(칙령 제316호). 또한 일본은 노동력의 효율
적인 동원을 위해서는 먼저 노동력의 양과 질, 소재에 관한 실태
파악이 절대적으로 필요하다는 생각 아래 국가총동원법 제21조
를 근거로 각종 직업능력 조사제도를 실시했다. 일본은 1939년 1
월 7일 국민직업능력신고령을 공포하였는데, 한반도에는 6월 1일
부터 시행되었다. 이 법령은 여러 차례 개정을 통해 내용이 강화
되어 1941년 10월 15일의 청장년국민등록제와 1944년 국민등록제
의 모태가 되었다. 이러한 법령들은 국가동원체제가 특별히 필요
로 하는 기능을 가진 자의 전반적 파악을 목적으로 한 것이다.

노동력 동원을 위해 일제는 노동력 실태파악, 노동력통제, 자금
통제, 사업통제, 문화통제에 관한 각종 관련 법령을 제정 공포하
고 이를 근거로 노동력을 동원했다.[22] 그 가운데 대표적인 몇몇
법령을 살펴보면 다음과 같다.[23]

---

21) 정인섭, 앞의 글, 54~59쪽 ; 김민영, 앞의 책, 79쪽.
22) 관련법령은 이를 기준으로 이후 시기부터 정책이 수행되었다고 확언
    할 수 없다. 경우에 따라서는 실제로 통제나 동원이 이루어지고 있었
    고, 이를 법적으로 확인하는 방법으로 사용되기도 했다. 그러므로 시
    행시기는 이전과 이후 양쪽이 다 상정될 수 있다.
23) 법령에 관한 상세한 내용은 강정숙·서현주, 1997, 「일제 말기 노동
    력 수탈 정책」『한일간의 미청산 과제』, 아세아문화사 참조.

노동력의 효율적인 동원을 위해서는 노동력의 양과 질, 소재에 관한 실태파악이 전제되어야 했다. 이에 일제는 국가총동원법 제21조("정부는 국가총동원법상 필요할 때에는 칙령이 정하는 바에 따라 제국신민 및 제국신민을 고용 또는 사용하는 자로 하여금 제국신민의 직업능력에 관한 사항을 신고시키고 또는 제국신민의 직업능력에 관한 검사를 할 수 있다")에 의거하여 각종 직업능력조사제도를 제정했다. 그러나 특수 전문직에 대해서는 이보다 앞서서 신고령이 제정되었다. 1938년 8월 23일에 의료관계자직업신고령이 제정되어 9월 21일부터 조선에도 실시되었다. 이 영에 의해 치과의사, 의사, 약제사, 간호사 등이 등록절차를 밟았다. 1939년 1월 28일에는 선원직업능력신고령이 제정되어 3월 2일부터 조선에 실시되었다.

1939년 1월 7일 국민직업능력신고령이 공포되어 한반도에는 6월 1일부터 시행되었다. 이 영은 국가동원체제가 특별히 필요로 하는 기능을 가진 자의 전반적 파악을 목적으로 한 것으로써 1941년 10월 15일에 개정과 1944년의 재개정을 통해 범위가 대폭 확대되었다.[24] 국민직업능력신고령에 의해 조선인 기술자 및 기능자는 1939년 187,559명, 1940년에 241,259명, 1941년에 314,053명, 1942년에 369,503명, 1943년에 394,093명, 1944년 5월에 405,067명으로 파악되었다. 또한 1941년 4월 1일에 공포 시행된 노동기술통제령은 일

---

24) 1939년에 공포된 내용은 16세 이상 50세 미만의 자로서 계속하여 조선총독이 지정하는 직업에 종사하고 있는 자, 위 직업에 1년 이상 종사하다가 그만둔 지 5년을 경과하지 않은 자, 조선총독이 지정하는 학교에서 지정학과를 마친 자, 조선총독이 지정하는 기능자 양성시설에서 소정의 과정을 수료한 자, 조선총독이 지정하는 검정 또는 시험합격자·면허취득자·기타 조선총독이 지정하는 자를 신고대상으로 하고 있다(제2조).

정규모 이상의 민간사업장 근무 근로자를 파악하기 위한 법규였다.

일제는 이와 같은 노동력 실태파악을 바탕으로 노동력에 대한 관리통제에 들어갔다. 전쟁의 확대에 따라 젊은 층의 노동력 수요가 급증하고, 기술인력에 대한 공급부족현상이 심화되면서 필요한 인력을 당국이 원하는 곳에 배치할 수 있도록 하는 관리통제가 필요했던 것이다. 이러한 목적 아래 최초의 입법은 학교졸업자사용제한령(1938.8.23 제정, 9월 8일부터 시행)이다. 업자간의 기술인력과열쟁탈을 막기 위해 조선총독이 지정하는 학교, 학과의 졸업생은 각 업체가 조선총독이 할당하는 수 이상을 새로 고용할 수 없도록 하는 내용을 담고 있다. 이 보다 광범위한 범위에서 고용통제를 시도한 법은 청소년고입제한령(1940.1.31 제정공포, 9월 1일부터 조선에 시행)이다. 청소년이 일반산업에 고용되는 것을 억제하고 군수관련산업으로 유도하기 위한 법이다. 1939년 4월에 공포되어 8월 1일부터 시행된 종업자고입제한령은 기존의 공장에 근무하고 있는 기술인력의 이동을 방지하기 위한 영이다. 이를 통해 당국은 광업과 중화학공업에 종사하는 기술인력(16~50세)을 관리통제할 수 있었다. 전황이 점차 불리해지고 노동력 수급사정이 악화되자 일제는 1943년 6월 노무조정령을 개정하여 임금이나 기타 근로조건까지 통제대상에 포함시켰다.

이상에서 언급한 바와 같이 노동자를 직접 동원하고자 하는 일본의 제도적 조치와 준비 아래 조선인은 강제적인 방법을 통해 고향을 떠나게 되었다. 1939년 7월 28일, 내무성과 후생성은 「조선인 노무자 내지(內地) 이주에 관한 건」을 발표함으로써 집단적 전시노동력동원체제의 서막을 선언했다. 이 통첩은 조선총독부가 9월 1일에 각 도지사 앞으로 '조선인노동자 모집 및 도항취체요강(要綱)'을 통보함으로써 9월부터 발효하였다. 그 결과 조선인은 이전시기의 도일정책과 완전히 다른 형태로 실시된 '노무동원계획'에 의해 집단적으로 도일하게 되었다.

일본은 이 시기의 노동력 동원의 형식을 단계별로 모집(1939년 9월~1942년 1월), 관알선(1942년 2월~1944년 8월), 강제징용 (1944년 9월~1945년 8월) 등으로 나누어 실시하였으나 내용 면에서 볼 때 세 단계 모두가 강제력을 발동하여 동원하고 노동력을 수탈했다는 점에서는 큰 차이가 없다.

① 1단계(1939.9~1942.1)

동원방식은 1939년 7월 28일 내무성 · 후생성 양 차관의 통첩에 의해 그해 9월부터 시작되고, 관계법령은 「조선인노무자 이주에 관한 건」, 「조선인 노무자 모집요강」, 「조선인 노무자 이주에 관한 사무취급수속」, 「조선직업소개령」 등이다. 1939년 9월 1일에 발효한 '조선인 노동자 모집 및 도항취체요강'에 따르면, 조선인이 모집할당을 받은 석탄, 광산, 토건 등 시국관계 사업주는 먼저 일본에서 고용허가를 받은 다음에 조선총독부의 허가를 받아 총독부가 지정하는 지역에서 사업주의 책임아래 노동자를 모집하고 신체검사와 신원조사, 명부 작성 등을 행한다. 또한 모집된 노무자는 고용주나 책임 있는 대리자의 인솔하에 집단적으로 도일하여 취로하게 된다.[25]

---

25) 이런 방식으로 동원된 노동자의 훈련에 대해서 일본당국은 1939년 10월에 발포한 次官通報와 協和會에서 작성된 '이입노무자 훈련 및 취체요강'에 따라 6개월간 道場훈련과 1년간의 일반훈련을 실시하도록 했다.

② 2단계(1942.2~1944.8)

관알선은 1942년 2월 13일 각의결정에 의해 시작되는데 관계법령은 「조선인 노무자활용에 관한 방책」, 「조선인 내지 이주 알선요강」 등이 해당된다. 관알선은 조선총독부가 사업주로부터 알선신청서를 받아 각 도에 통보하면, 각 도는 부읍면에 할당하여 노무자를 마련하는 방식이다. 즉 총독부라는 행정기구의 책임 아래 노무자를 모집하는 방식이다. 또한 노동자를 보낼 때에도 1조를 5명으로 구성하고, 4조를 1반으로, 5반 내외를 1대로 구성하여 대장과 간부를 정하여 도주자 없이 완벽하게 이동시키도록 했다. 관알선은 모집방식의 실시에서 나온 문제점(시간이 많이 걸리고, 사업주가 경쟁적으로 모집함에 따라 모집상의 폐해를 낳으며, 노동력이 균형적으로 배치되지 않음)을 보완하고 노동력 수급에 박차를 가하고자 하는 목적에서 마련되었다. 이를 위해 1941년 11월 일본 내무성, 후생성, 기획원, 조선총독부가 협의한 결과 '1941년도 노무동원실시계획에 의한 조선인노무자의 일본이입요강'과 '시행세칙'이 마련되었다.[26]

③ 3단계(1944.9~1945.8)

징용은 1944년 8월 각의 결정에 의해 그해 9월부터 시작되는데 관계법령은 「반도인 노무자 이입에 관한 건」, 「국민징용령」 등이다. 1939년부터 조선인은 일본에 강제 동원되기 시작하여 1943년 말까지 약 40만 명에 달하는 조선인이 강제로 동원되었으나 전쟁이 막바지에 접어들면서 수요량을 채우기에는 충분하지 못했다.

---

26) 이 요강과 세칙은 1942년 2월 7일에 각 도지사 앞으로 하달되어 2월 20일부터 실시되었다.

이를 해결하기 위해 조선총독부는 1944년 9월부터 국민징용령에 의거하여 강제징용을 실시하였다. 징용은 신규징용(직업이나 직장을 강제적으로 전환 배치시키는 것)과 現員징용(종래의 직장에 계속 근무하도록 하는 것)으로 나누어진다.

〈표 1-1〉 식민지시대 국내외 강제동원의 추정 (단위 : 명)

노무동원	계	병력동원(군인, 군속)	계
조선내 도내징용	5,782,581	육군특별지원병	20,723
조선내 관알선	382,537	육군	186,980
조선내 현원징용	260,145	해군	22,299
조선내 국민징용	43,679	군속(육군)	70,724
		군속(해군)	84,483
소　　계	6,468,942	조선내 군요원	55,404
해외 징용	724,727	남방 군요원	36,535
일본 국민징용	132,781	일본 군요원	132,781
남방 국민징용	135	중국 군요원	4,587
소　　계			
합　　계	7,326,585	합　　계	614,516

자료: 군위안부를 비롯한 여성동원자들은 빠져있음.
　　　김민영, 「강제동원 피해자에 대한 조사 및 인원 추정」『일제하 피강제동원자 등 실태조사 연구 보고서』, 한국정신문화연구원, 48쪽.

조선총독부는 국민징용령이 조선에 발동되기 이전인 1944년 2월부터는 군수회사로 인정된 사업장에 근무하는 근로자를 대상으로 현원징용을 실시하였다. 그 결과 자유계약형태로 근무하던 조선인도 강제징용의 대상이 되었다. 신규징용은 1944년 9월부터 실시되었다. 신규징용을 위해 길에서 청장년을 잡아가거나 한 마을을 습격하여 마을주민 가운데 청장년 전원을 연행하는 방식을 취하는 등 폭력적인 방법으로 동원을 단행했다.27)

―――――――――――――――

27) 연행자가 연행을 거부하면 국가총동원법에 의해 1년 이하의 징역이

일본당국이 밝힌 조선인노동력 동원 숫자는 72만 명이다. 그러
나 1974년에 민간단체인 조선인강제연행진상조사단이 밝힌 동원
숫자는 150만 명에 달한다. 2002년 현재 추정치는 국외동원 200만
명, 국내동원 550만 명으로 증가한 상태이다. 이는 그 동안 현지
조사와 연구활동, 자료 발굴을 통해 추가된 결과이다. 최근 북한
에서는 840만명이라는 추정치를 발표하였다.

강제로 연행된 조선인 가운데 일본이 패전할 당시 일본에 남아
있던 조선인은 365,383명이다. 탈주자와 귀향자의 비율을 감안하
더라도 다수의 사망자가 발생하였음을 알 수 있다. 1995년에 한
국정신문화연구원이 발간한 『해외희생자유해현황조사사업보고
서』에서는 각종 조사결과와 연구성과를 토대로 강제연행기간에
사망한 조선인노동자는 30만 명 이상일 것으로 추정하였다.

일본에 강제연행된 조선인은 가혹한 노동력 수탈체제에 굴종
하지 않고 소극적인 방법으로는 탈주나 작업 거부를, 적극적으로
는 파업과 폭동으로 맞섰다. 작업장 내에서 독립운동조직을 결성
하여 비밀리에 운동을 전개한 경우도 적지 않다. 일본내무성의
조사에 의하면, 1939년부터 1942년까지 일본에 강제 동원된 조선
인 가운데 257,907명이 탈주를 시도했다.

노동력 동원에는 도내외로 연행된 노무 동원과 여자근로정신
대, 여성 종군간호부, 조선농업보국청년대, 남양군도 농업이민 등
이 해당된다.

여자근로정신대의 경우에는, 여자근로정신대로 동원된 여학생
이 일본군위안부로 넘겨지는 경우도 있었으나 원칙적으로는 구

나 천원 이하의 벌금에 처하게 되어있었다. 본래 징용기간은 1년이었
으나 노동자의 동의없이 일방적인 통고에 의해 기간이 연장되는 것
이 일반적이었다.

분해서 동원했다. 여자근로정신대의 법적근거는 1944년 8월 일본에서 여자근로정신령이 공포되고, 이 법령이 조선에 적용되는 것이다. 그러나 실제로는 이전부터 이루어져왔다. 동원관행은 상당기간 이루어져왔는데, 뒤늦게 법적 근거를 부여하는 방식으로 공포되었던 것이다. 실제로 조선에 여자근로정신대가 실시된 시기는 정확히 알 수 없으나 1944년 8월 이전부터로 추정된다.[28] 여자근로정신대는 관알선, 모집 및 지원, 학교 및 단체를 통한 동원으로 이루어졌다. 이 가운데 가장 먼저 이루어진 것은 관알선이다. 관의 적극적인 개입에 의해 동원한 것이다. 모집 및 지원은 주로 신문광고나 기사를 통한 방법이 사용되었다. 노동조건이 매우 좋고, 국가에 기여한다는 점을 강조하여 모집을 독려했다. 학교 및 단체를 통한 동원은 담임선생이나 교장에 의해 이루어졌는데, 강제성이 가장 강한 방법이었다. 학교측이 6학년생에게 졸업장을 주지 않거나 특정 학생(급장이나 성적 우수생 등)을 지목하여 지원을 강요하는 방법이 사용되었다.[29] 동원실적을 위해서 대상학생에 대한 가정방문을 하는 경우도 많이 찾을 수 있다.[30]

　노무동원의 또 다른사례로는 조선농업보국청년대(朝鮮農業報國青年隊)를 들 수 있다. 조선농업보국청년대는 일제 말기 조선

---

28) 매일신보 1943년 9월 23일자와 10월 7일자에 의하면 1943년 10월 직후부터 동원된 것으로 추정할 수 있다. 근로정신대 출발에 관한 매일신보의 보도는 1944년 6월 3일부터 나타난다(정진성·여순주, 1997, 「일제시기 여자근로정신대의 실상」『한일간의 미청산과제』, 아세아문화사, 172~173쪽 재인용).

29) 崔福年 구술자료(1995.10.9 춘천에서, 면담자: 정혜경)

30) 동원과정에 대해서는 정진성·여순주, 1997, 「일제시기 여자근로정신대의 실상」『한일간의 미청산과제』, 아세아문화사, 189~193쪽; 한국정신대문제대책협의회 진상조사연구위원회, 1997, 『일본군 '위안부' 문제의 진상』, 역사비평사; 한국태평양전쟁희생자광주유족회후원회, 2000, 『내 생전에 이 한을』예원, 참조.

총독부의 농촌통제정책에 따라 수립된 농촌청년층에 대한 노동력수탈정책의 일환으로 만들어진 산물이다. 조선농업보국청년대는 조선총독부가 농촌지역에서 하부수행자층 재창출을 목적으로, 일정한 기초교육을 습득한 농촌청년을 선발하여 일본 농가에 파견하고 노동력을 수탈한 제도이다. 당국은 1930년대부터 수립한 농촌정책에 따라 전국을 대상으로 지배정책의 하부수행자층을 양성하는데 그치지 않고, 선진 영농법 습득과 내선일체를 내세우며, 소지주 정도의 경제력과 국민학교 정도의 교육을 받은 농촌청년들의 노동력을 동원하였다.

전시하 일본은 석탄생산력의 50% 정도를 조선인에 의해 충당하고 있었고, 식량의 경우도 조선에서 들여온 양이 매우 높은 비중을 차지하였다. 주요한 식량이었던 쌀은 노동력 부족으로 인해 일본 국내생산이 감소하였으므로 조선 쌀에 대한 의존도는 높았다. 이에 일본 당국은 일본국내의 쌀 생산부족현상을 조선에서 들여온 쌀과 함께 조선의 노동력을 통해 극복하고자 했다. 당국은 당시 농업생산의 유력한 畜力이었던 조선소를 연간 5, 6만두 정도 수입했고, 아울러 조선농민의 노동력도 필요하게 되었다.

또한 조선총독부는 1932년부터 전개한 농촌진흥운동을 전시체제가 강화되면서 농촌통제정책으로 확립하여 전시농업정책을 수행하였다. 전시농업정책은 농촌경제의 타개방안인 농가갱생운동에 그치지 않고 농촌의 인적 자원을 다양하게 활용하여 전시동원 체제로 견인한다는 목표를 포함하고 있었다. 이를 위해 각종 농민훈련소가 개설되었고, 농촌청년을 대상으로 한 청년단 조직이 가동되었다. 장기적이고 효율적인 농촌노동력의 동원을 위해서는 농촌의 인적 구성원에 따라 차별적인 정책이 필요로 했다. 일본 내 농가노동력을 충당하면서 하부수행자층을 양성하여 농촌의 전시동원체제를 가동하고자 하는 목적으로 조선농업보국청년대를 파견하게 된다.

〈표 1-2〉 농업청년대 파견 상황

번호	파견연월일	기간	인원수	명칭	파견지역	주최
1	1940. 6	30일	136	조선농업보국청년대	大分縣, 熊本縣, 佐賀縣, 宮崎縣	조선총독부
2	1940.10	30일	20	·	鹿兒島縣	강릉군
3	1941.5	10일	160	조선농업보국부인지도대	岩手縣六原農民道場	조선총독부
4	1941.6	30일	313	조선농업보국청년대	山口縣, 島根縣, 廣島縣, 岡山縣	조선총독부
5	1942.6	30일	313	조선농업보국청년대	奈良縣, 滋賀縣, 岐阜縣, 三重縣	조선총독부
6	1942.5	11일	81	조선농업보국부인지도대	岩手縣六原農民道場	조선총독부
7	1942.10.11	60일	100	조선흥농청년대	熊本縣, 佐賀縣	조선 興農會
8	1942.10.11	40일	44	강원도농업보국청년대	熊本顯玉明郡滑石村	강원도농회
9	0943.5	30일	403	조선농업보국청년대	石川縣, 富山縣, 福井縣, 長野縣	조선총독부
10	1943.5	30일	약200	조선농촌중견청년연성대	長野縣八ヶ岳中央鍊成農場	조선총독부
11	1943.11.12	30일	100	조선중견청년연성대	岩手縣六原農民道場	조선총독부
12	1943.10.12	40일	40	조선중견청년연성대	愛知縣岡崎市追進農民道場	매일신보사
13	1943.10.	40일	350	조선농업보국청년대	岡山縣, 廣島縣, 島根縣, 鳥取縣	매일신보사, 경성일보사외
14	1943.11.12	40일	70	강원도여자농촌보국대	官崎縣官崎部浦武村	강원도청
15	1944.5	30일	663	조선농업보국청년대	枋木縣, 埼玉縣, 茨城縣, 群馬縣	조선총독부

자료: 樋口雄一, 1998,『戰時下朝鮮の農民生活誌』, 社會評論社, 240쪽, 〈표 1-1〉 재구성.

조선농업보국청년대는 조선인 청년을 농번기에 일본 농가에 파견하여 노동력을 활용하는 제도로서 조선총독부의 직접 지위 아래 1940년경부터 1944년까지 매년 2회씩 농번기에 실시되었다. 조선총독부는 일본의 농업노동력부족을 보충하고, 내선일체의 결실을 거둔다는 목적 아래, 일본의 선진영농법을 배워 조선에서 증산을 위해 역할을 하도록 한다는 명분을 내걸고 조선청년을 일본농가에서 노동하도록 파견하였다. '보국'이라는 명칭에서도 연상되듯이 '공적인 활동'이라는 점을 노동력 동원의 명분으로 삼았다. 그러나 실제 농업청년대의 파견실태를 보면, 전적으로 일본 농가의 노동력 충당이었음을 알 수 있다.

조선농업보국청년대는 일본의 大分縣·熊本縣·佐賀縣·宮崎縣·鹿兒島縣(이상 九州지역), 山口縣·島根顯·鳥取縣·廣島縣·岡山縣(이상 中國지역), 奈良縣·滋賀縣·岐阜縣·三重縣·石川縣·富山縣·福井縣·長野縣·愛知縣·枋木縣·崎玉縣·茨城縣·郡馬縣·岩手縣(이상 本州지역) 등 일본 내 대표적인 농촌지역, 총 24개 縣에 파견되었다. 이들이 배치된 농가는 전쟁에 나갔거나 전사자로 인해 남성 노동력이 전혀 없는 집으로써 한집 당 한 명씩 파견되었다. 그러나 농가에서 농번기 일손을 제공한 이후에 다시 일본 내 비행장이나 군수공장 등지로 이동하여 노동력을 제공한 후 귀국하였다.

조선농업보국청년대원의 자격은 ①町부락연맹 이사장, 애국반장, 도연맹 추진대원 ②아작 일본 시찰의 경험이 없는 자 ③초등학교 졸업 이상의 학력을 가지고 일본어를 잘 하는 자 ④근검 노력, 어떠한 곤란이라도 묵묵히 감내할 수 있는 자 ⑤봉사관념이 왕성하여 현재 농업에 종사하며, 다녀온 후에 농업에 종사함은 물론 부락의 중견이 되어 활동의 열의를 가진 자 ⑥연령 만 18세 미만

30 미만의 자로서 품행이 방정하고 신체 건강한 자로 규정되어 있다. 대상자가 자진하여 지원하는 것이 아니라 군에서 선발하는 형식을 취하였다. 파견대상이 된 농촌청년들은 강제징용의 대상에서 제외되는 대신, 3~6개월간 무임금노동력을 제공하였다.

이들은 조선 전역에서 선발되어 농민훈련소에서 단기간 훈련을 받은 후 일본 현지에 파견되었다. 조선농업보국청년대파견 업무는 조선총독부 농림국이 총괄하였으며 지방에서는 군이 중심이 되어 업무를 수행하였다. 군의 하부인 면과 읍에서는 면서기와 구장이 중심적인 역할을 담당했다.

파견 당초에는 100여명이 조금 넘을 정도였지만 시기가 지나면서 인원수는 많아져 1944년에는 663명이 파견되기에 이르렀다. 농촌조선인여성지도자를 대상으로 한 단기교육의 성격을 띤 경우를 제외하고는 모두 파견기간이 30일을 넘고 시기적으로도 봄과 가을에 치중되어 있어서 대부분 농촌노동력 일손돕기의 일환이었음을 알 수 있다.

조선총독부는 조선농업보국청년대에 대해 파견 당시 도 차원의 환영회를 비롯하여 현지에서 업무를 종결한 후 송영행사 및 표창장 수여, 귀국 이후 조선총독부와 농림국 주최의 환영행사 성대한 환영의식을 통해 노동력 수탈에 대한 반발을 무마하고 강제징용과 차별성을 부각하고자 하였다.[31]

2) 군사력 동원

침략전쟁의 확대와 이로 인한 병력의 부족현상은 그 동안 금기

---

31) 조선농업보국청년대에 관해서는 정혜경, 2002, 「일제 말기 노동력 동원의 사례 : '조선농업보국청년대'」『한국독립운동사연구』18, 참조.

시 되어오던 조선인에 대한 군사력동원의 가능성을 조심스럽게
논의하는 계기가 되었다. 그러나 일본은 잠재적 소요세력이자 장
기간의 동화정책과 강력한 통제책에도 불구하고 여전히 일본에
대한 적의를 누그러트리지 않고 있는 조선인들에게 군사훈련을
시키고 무기를 쥐어준다는 것에 대해 강한 불안감을 가지고 있었
다. "조선인을 징병으로 戰場에 내몰았을 경우, 조선인 兵隊가 무
기를 어느 쪽으로 향할 것인가"32) 하는 점은 일본당국이나 군부
에게 매우 심각한 문제였다.

　1937년 6월 일본 육군성은 조선군사령부에 '조선인병역문제에
대한 의견 제출'을 요구했고, 이에 대해 조선군사령부는 '조선인지
원병제도에 관한 의견'을 제출했다.33) 여기에서 조선군사령부는
'조선인에게 황국의식을 확실히 갖게 하고 또한 장래의 병역문제해
결을 위한 시험적인 제도로서 조선인 장정을 지원에 의해 현역에
복무시키는 제도의 실시'를 제안하였다. 그러나 전제조건으로서 몇
가지 조항을 단서로 내걸었다. 첫째는 의무교육이고, 두 번째는 정
신교육이다. 이 가운데 후자에 비중을 두었음은 물론이다. 이러한
전제조건이 구비되는 시점으로 설정한 기간은 50년 정도이다.

　　의무교육제도를 철저하게 보급시켜 학령 아동 전부의 취학을 기하
　　고 나아가 일본정신교육의 중점에 경도하도록 개선하여 이러한 교
　　육을 받은 아동이 5,60세가 되어 가정의 주인, 주부가 될 때 비로소
　　가정교육이 아동의 皇魂에 대한 학교교육과 어울려 유효하게 배양
　　될 수 있을 것이다. 즉 이 때 조선 敎學의 시설을 단호히 개선하는
　　경우 향후 50년이면 조선의 皇魂교육을 비롯해 궤도에 오를 수 있다
　　고 생각한다.

---

32) 田中武雄, 1960, 「小磯總督時代の槪觀」『朝鮮近代史料集成』 3, 242
　　쪽, (최유리,『일제 말기 내선일체론과 전시동원체제』, 129쪽 재인용).
33) 『舊陸軍海軍文書』 No.678 別冊二, 「朝鮮人志願兵制度ニ關スル意見」
　　(국회도서관 소장).

그러나 50년이 되었다고 해서, 또는 의무교육제도가 철저하게 보급되었다고 해서 지원병제도를 실시할 수 있다는 확신은 찾아 볼 수 없다. 의무교육제도가 철저하게 보급되었다고 하더라도 정신교육이 완벽하지 못한다면 조선인에게 결코 무기를 쥐어줄 수 없다는 입장이었다.

> 이렇게 하여 지원병제도를 창시하더라도 본 제도가 그 근본정신에 있어 의무를 지는 동시에 한편으로는 권리를 획득한다는 鮮人의 정신적 자부심 배양으로 연결되어 국방 및 통치상 좋은 영향을 미치지 못하게 되고 또 한번 제도를 실행해 보아서 선인의 사상동향이나 혹은 내선융화를 저해하고 군대 교육상 간과할 수 없는 결함이 발견되거나 제대 이후의 행동 등에 관해 예기한 것과 같은 성적을 거두지 못하고 도리어 반대의 결과를 초래하거나 한다면, 또는 만일 정원을 충족시키지 못하는 부진한 상태를 보일 경우에는 본 제도의 실시를 중지한다.

물론 이러한 입장은 중일전쟁이 발발하기 이전이었으므로 병력 부족에 대한 필요성이 절박하게 다가오지 않았던 점도 자리한다.
  아울러 조선인 내선일체론자나 조선을 직접 통치하던 당국자의 입장에서 내선일체에 대한 반대급부는 불가피한 것이었다. 일본민족으로의 동화를 위해 내선일체론자들은 단기적으로 국체론에 입각한 설득과 전쟁수행의 협력을 통해 일본인측의 태도변화를 촉구했지만, 현실적으로 차별은 여전히 뿌리깊게 남아 있었다. 이러한 상황에서 조선인 내선일체론자들은 한편으로는 인정받기 위해 더한층 협력의 강도를 높이며 조선민중에게 황민화를 재촉하였고, 다른 한편으로는 완곡한 방식으로 내선차별의 철폐를 요구했다. 이러한 요구는 한편으로는 호적법의 개정 노력으로, 또 다른 한편으로는 참전기회의 부여로 표방되었다.[34]
  결국 조선인지원병제도에 대해 일본당국이 내린 결론은 시기상조였다. 그러나 황민화정책을 추진하기 위해서, 나아가 언젠가 시행될지 모르는 병력동원을 위해 교육강화는 필요하다고 인식하였다. 조선군측이 제시한 '국민교육에 대한 방책'을 충실히 수행해 나가고자 한 의지는 1938년에 단행된 제3차 교육령 개정에 반영되었다. 이미 1936년에 1개 면에 1개 교씩 보통학교를 설립하는 것을 내용으로 하는 一面一校 계획을 확충하여 조선인의 일본어 보급율을 획기적으로 높이고자 했다.

중일전쟁의 본격화와 침략전쟁의 확대는 일본당국으로 하여금 조선인 병력문제에 관심을 돌리도록 하였다. 일본은 1938년 2월 22일 육군특별지원병령(칙령 95호)을 공포(4월 3일 시행)하여 조선인 병력 동원을 제도적으로 가능하도록 하였다. 아울러 이를 실천하기 위한 관계법령(조선총독부육군병지원자훈련소관제, 육군특별지원병령시행규칙, 육군병지원자훈련소규정, 육군지원자훈련소생도채용규칙, 육군특별지원병에 관한 병역의 약부호 기입에 관한 건 등)을 공포하였다. 이들 법령에 의하면, 육군대신의 관할 아래 육군 측의 지휘에 따라 도지사와 경찰서장은 지원자를 심사채용하고 총독부는 훈련소를 설치하여 운영하도록 되어 있다.[35]

해군에 대한 조선인병력동원은 1941년 12월 진주만 습격 이후

---

34) 상세한 내용은 이승엽, 2000, 「녹기연맹의 내선일체운동연구」, 한국 정신문화연구원 석사학위논문, 67~73쪽 참조.

35) 구체적인 과정을 보면 다음과 같다. 조선군사령관은 매년 1월 10일 까지 인원과 입영부대에 관한 의견을 육군대신에게 제출하며, 지원자는 원서에 호적초본을 첨부하여 이를 본적지의 경찰서장에게 4월 30일까지 제출한다. 이를 접수한 경찰서장이 신상명세서 등 원서를 작성하여 이를 도지사에게 제출하면 도지사는 이를 심사하여 잠정연명부를 작성하여 5월 20일 까지 조선군사령관에게 제출한다. 이를 접수한 조선군사령관은 최종전형을 마친 후 이를 총독부에 제출한다. 강창일, 1995, 「일제의 지배정책과 군사동원」『청산하지 못한 일제시기의 문제』, 광복 50주년기념 학술대회 주제발표논문집, 25~26쪽.

필요성이 대두되었다. 미군과의 해상전투가 본격화되자 해군병력이 크게 부족하게 된 것이다.

이에 일본 당국은 1943년 7월 27일에 해군특별지원병령(칙령 608호), 해군병지원자훈련소관제(칙령 610호)를 공포하고 이어서 28일에 해군특별지원병령시행규칙(해군성령 30호)를 공포하여 제도적인 장치를 마련하였다.

전선의 확대는 학생들에게도 징집에서 면제시켜주지 못했다. 1943년 10월에 공포한 육군특별지원병임시채용규칙에 의해 학도병이라는 명목으로 전문학교 재학생 이상의 조선인들이 전선에 투입되었다.

당초 조선인에 대한 징병제 실시시기를 50년 후로 잡고 있었던 일본 군부는 병력부족현상을 해소할 마지막 방법으로 1942년에는 징병제 실시를 결정했다. 그러나 그 구체적인 시기는 1944년으로 설정하고, 준비 작업에 들어갔다. 1943년 3월 1일에 징병제 실시를 위한 병역법을 개정했고(8월 1일부터 시행), 1944년 4월부터는 징병신체검사가 실시되어 대상자의 94.2%인 20만 6천명이 검사를 받았다.

3) 준병력동원 (군속)

전쟁터에서 필요한 인력은 군인만이 아니었다. 각종 노무동원력이 필요했던 것이다. 이를 위해 일본 군부는 군속이라는 명목 아래 조선인을 동원했다. 일본 군대에서 군속은 육해군 문관과 雇員·庸人 등 군요원을 의미한다. 이 가운데에서 일제 말기에 조선인이 해당되는 군속은 雇員·庸人이다. 즉 부대 내에서 편의적으로 활용한 노동력 동원이다. 일본의 관변자료에는 軍夫라는 용어가 일반적으로 사용된다. 그러나 군부에서도 다시 업무내용에 따라 포로감시원과 군노무자로 구분된다. 이 가운데 군속 가운데 포로감시원은 소수이고, 대다수를 차지하는 것은 군노무자이다.

군속이 전쟁기간 중에 투입되는 것은 당연했으나 조선인 군속은 전쟁의 확대 이후부터 투입되었다. 군속은 병사와 달리 무장을 갖추지 않았으므로 일본군부에 직접적인 위협이 되는 존재는 아니었다. 그러나 조선인을 전쟁터에 직접 동원하는 문제는 군속이든 군인이든 매우 민감한 사안이다. 정책담당자들의 입장에서는 조선인을 노동력 피동원자로서 전쟁 수향을 위해 후방에서 활용하는 것에 비해 정신적인 부담이 매우 크기 때문이다. 그러나 전쟁의 확대는 조선인 군속을 동원해야 하는 상황에 놓이게 되었다. 그 결과 조선인 군속은 남방의 비행장이나 철도건설현장, 군 관할의 군수공장 노동자, 운수요원, 로포수용소의 감시요원으로 끌려가 강제 사역당했다.

1942년 6월에 연합군의 포로를 감시하기 위해 한반도에서 군속을 모집했다. 1942년 6월에 발표된 군속모집요강에 의하면, 식량은 官給이고, 피복은 무료대여이며, 관사제공에 월급은 전투지역 노무자에게는 50원(지금의 4급 공무원 급료 수준), 비전투지역은 30원이고, 2년 계약의 조건이었다. 그러나 이러한 모집요강은 실제로 지켜지지 않았다. 포로감시원의 경우 대개 2년 계약이었으나 기간이 만료된 이후에도 귀국하는 경우는 거의 없었다. 30원이나 50원의 급료도 처음에는 지급했으나 나중에는 지급하지 않았다. 1942년 6월의 군속 동원을 위해 총독부는 각 읍면에 인원수를 할당하여 면서기와 순사들을 앞세워 동원했다. 이 때 동원된 3,223명의 청년들은 노구치(野口)부대(부산 서면 소재)에 수용되어 2개월

간 군속 신분임에도 사격과 총검술 등 군사훈련을 받았다. 훈련을
마친 이들은 인도네시아와 필리핀, '뉴기니아, 미얀마, 태국 등 각
처 포로수용소에 배치되어 말단 실무자로 사역당했다. 포로감시원
들의 저항은 군인의 저항보다 더욱 치열하여 1945년 1월에는 고려
독립청년당원(孫亮燮·盧秉漢·閔泳學)이 중심이 된 인도네시아
군속 무장반란이 발생하기도 하였다.

준병력의 또 다른 구성원은 군노무자이다.36) 軍夫라고 지칭했
던 군노무자는 1940년 11월 19일자 「해군징용공원규칙」이라는 법
적 근거에 의해 동원되기 시작하여 1943년 국민징용령 개정에 근
거한 일반 징용과 구분이 어렵다. 일반징용자 가운데에서 군 당국
의 요구에 따라 군속으로 차출하는 방식을 취하였기 때문이다.

군노무자의 명칭은 해군의 작업애국단(일명 設營隊, 1941년 12
월 8일 파견 시작), 군속공원(1942년 9월), 특설수상대, 應徵士 등
동원 주최와 파견지에 따라 달리 불리웠다. 파견지역은 전방(일본
본토, 오키나와)과 후방(중국 전선, 남양군도, 동남아시아)으로 나
뉜다. 군노무자가 담당한 업무는 군기지 건설, 식량조달, 군 소속
공장 내 노동력 제공 등이다.

동원 방법은 모집과 강권적인 방법 외에 현지(일본, 남양군도
등)에서 조달한 경우 등 세 가지이다. 그러나 세 가지 방법은 모
두 피연행자의 자의성과 무관한 방법이다. 연행 대상자에게 "결
국에 가게 될 것이니 이왕이면, 좋은 조건일 때 가는 것이 좋다"
는 권유아닌 권유에 이끌려 아무런 정보 없이 파견되었다. 모집
에 의한 군노무자에게는 많은 임금과 각종 혜택이 제시되었으나
이 조건이 실현된 경우는 찾기 어렵다.

---

36) 군노무자에 대해서는 정혜경, 2003, 「강제연행 시기 조선인 군노무자
　　의 실태 및 귀환」『해방 후 해외한인의 귀환문제연구』참조.

<표 1-3> 군인군속의 수(단위 : 명)

	동원자 수	사망 및 행방불명(14%)	복원 (86%)	비 고
육군특별지원병	17,664	2,473	15,191	육군군인 186,279
해군특별지원병	3,000	420	2,580	해군군인 23,000
학도특별지원병	4,385	614	3,771	육군군속 74,838
징병 1기(육군)	90,000	12,600	77,400	해군군속 79,348
징병 1기(해군)	20,000	2,800	17,200	계 363,465인
징병 2기(육군)	74,230	10,392	63,838	사망및 행방불명
군속 (육군)	74,838	10,477	64,361	추정14%(50,884)
군속 (해군)	79,348	11,108	68,240	복원추정 86%
계	363,465	50,884	312,581	312,581명

자료: 『일제강점기 강제동원 진상규명 특별법 공청회자료』(2001년 4월 24일), 나라와 문화를 생각하는 모임·일제강점기 강제동원진상 규명연대 주최.

전방의 군노무자들은 군 부대나 군 부대와 관련된 노동현장에서 일하였으나 자신을 지킬 무장을 갖추지 못하였고, 전세가 급박한 상황에서는 총알받이로 강요당한 결과 특히 사망자의 수가 많았다. 이들의 사망 원인은 기아와 폭격이 다수를 차지한다. 전방에서 식량보급이 끊어진 후 식량조달을 원활히 하지 못해 기아를 겪거나 주력부대가 후퇴한 이후 전방에 남아 폭격을 당한 결과였다.

현재 학계와 조사단체에서는 1939년부터 1945년까지 약 365,000명의 군속이 동원된 것으로 추정한다. 일본정부가 공식적으로 발표한 군속 동원수는 육군 70,424명, 해군 84,483명 등 총 154,907명인데, 동남아 지역에만 47,000명에 이른다. 이들 군속은 남방의 비행장이나 철도건설현장·군 관할의 군수공장 노동자·운수요원·포로수용소의 감시요원으로 끌려가 강제 사역당했고, 포로감시원은 일본의 패전 이후에 BC급 전범으로 처형되기도 했다.[37)]

4) 성동원

성동원은 일본군위안부를 의미한다. 일본군위안부 동원은 강제
연행의 역사에서 가장 이른 시기부터 행해졌다. 일본이 본격적으
로 중국과 동남아시아 각지에서 침략전쟁을 전개하기 이전부터
일본군이 파견되는 지역에는 일본군위안부가 필요했던 것이다.
구체적으로는 1931년 만주사변 이후, 1932년에 上海에 육군위안
소가 개설된 시점으로 파악된다. 특히 일본군위안부는 일본의 화
류업계와 군부, 당국이 공동으로 추진하였으므로 현재까지도 일
본 당국이 책임론을 수용하지 않는 근거가 되고 있다. 동원방법
으로는 1930년대에 직업 알선이, 1940년대부터 강제연행이 행해
졌다. 동원의 주체는 군인, 군속, 경찰, 업자 등 다양하다. 여공이
나 간호보조원으로 일하게 된다는 위안소업자의 말에 속아서 따
라나섰다는 증언을 많이 들을 수 있다.[38] 매일신보 1944년 10월
27일자의 광고와 같이 '위안부 모집 광고'를 게재한 경우도 있다.
어떠한 경우에도 일본군위안부가 무엇인지, 무슨 일을 하는지에
대해 모르던 시절에 이러한 동원방법은 자발성과 무관한 것이다.
강제연행의 경우에는 요시다 세이지가 밝힌 바와 같이 마을이나
들에서, 그리고 공장에서 바로 트럭에 태우는 동원방식이 사용되

---

37) 군속에 관해서는 內海愛子·村井吉敬, 1997, 이현희 번역,『적도하에
   서 한국인의 항일투쟁』, 대왕사 ; 강창일, 1986,「중일전쟁 이후 일제
   의 조선인 군사동원』『한일간의 미청산 과제』, 아세아문화사 참조.
38) 한국정신대문제대책협의회와 한국정신대연구소가 수년간에 걸쳐 수
   집한 구술자료의 내용을 정리하여 1993년부터 발간하고 있는 증언집
   (『강제로 끌려간 조선인 군위안부들』, 한울)들에서 내용을 확인할 수
   있다.

었다.[39] 여성동원의 경우에는 정확한 동원자의 수나 피해자의 수가 규명되지 못하고 있다. 20만 명이 넘을 것으로 추산할 뿐이다.

Ⅲ. 관련자료의 실태 및 성격

강제연행관련자료는 식민지 조선을 대상으로 한 정책기안자료에서부터 당국이 중심이 된 조선인송출관련자료, 조선인의 동원을 위한 통제정책관련자료, 신문기사가 해당된다. 또한 피해자 당사자가 소지하고 있는 관련서류(영장, 협회수첩, 저금통장, 사진, 赤紙)나 당시 민간에서 생산된 자료가 있다. 민간에서 생산된 자료는 강제로 동원되어 노동에 종사했던 조선인들의 구술자료와 증언록·수기류가 해당될 것이다.

1. 전시동원체제 형성 및 운영에 관한 당국 생산 자료

국립중앙도서관 및 서울대 구간도서관 소장 자료는 문서가 아닌 도서의 형태로 발간된 자료이다. 국립중앙도서관은 조선총독부 도서관이었고, 서울대 구간도서관은 경성제국대학 도서관이었

---

39) 요시다 세이지, 1989, 『나는 조선사람을 이렇게 잡아갔다』, 청계연구소. 연행의 구체적인 과정이나 실상에 대해서는 신영숙·조혜란, 1997, 「일제시기 조선인 '군위안부'의 실태 및 특성에 관한 연구」『한일간의 미청산과제』, 아세아문화사, 189~193쪽.

으므로 조선총독부와 유관단체가 생산한 자료가 남아 있을 수 있었다. 조선총독부는 사회교화교육을 위해 조선총독부의 입장과 방향을 담은 발간물을 다수 간행하였는데, 이를 통해 전시동원체제시기의 현황을 파악할 수 있다.

국회도서관이 소장중인 舊陸海軍關係文書는 일본국립국회도서관 헌정자료실 소장 자료의 일부인「일본외무성육해군성문서」의 마이크로필름 복사본이다. 여기에는 통감부시절의 자료부터 일제말기까지 자료 488책이 망라되어 있다. 강제연행과 관련해서는 병력동원에 관한 자료가 해당된다(번호 395-414).

국내에 소장된 大野綠一郎 關係文書는 마이크로 필름 상태로 보존되어 있는데, 크게 제국의회, 참정권, 대우개선, 징병제, 징용, 지원병, 전시체제-통제경제, 친일단체, 총독부예산, 기타, 호적, 노동, 지방, 언론, 시정·이념, 전시체제-사회시설, 인물, 조선군과 민족해방운동, 창씨개명 등으로 분류되어 있다. 大野綠一郎은 일제 말기에 정무총감을 지낸 인물이었으므로 이 문서는 강제연행정책을 주도한 주최측의 자료를 망라하고 있는 것이 특징이다.

최근에는 국사편찬위원회에서 해외자료수집사업을 전개하는 과정에서 지배정책관련 자료가 다수 국내로 이관되었다. 대표적인 자료는 2001년 10월에 공개되어 2002년 9월에 국사편찬위원회에 이관된 茗荷谷研修所舊藏記錄(일명 묘가타니문서, 일본 외무성 외교사료관 소장)이다. 총 1,315건의 문서는 외무성과 척무성·홍아원·대동아성·내무성 자료와 외교관계부분이 1971년에 외무성으로 이관되어 보존되어 왔다. 묘가타니 문서는 1930년대 이후 臺灣총독부와 조선총독관계자료, 중국과 만주관계자료, 남양청관계자료로 구성되어 있다. 이 가운데 조선관련 자료는 자

료의 양이 방대할 뿐만 아니라 내용도 충실해 사료적 가치가 매
우 높다. 그 중에서도 강제연행과 관련된 자료는 병력동원과 관
련한 문서들이 해당된다.[40] 최근에 국사편찬위원회가 수집한 자
료 가운데에는 홋카이도 개척기념관 소장 조선인 강제연행 관련
자료도 포함되어 있다.

〈표 1-4〉 정부기록보존소 소장 자료-총독부 문서 중 노무문서[41]

생산연도	제 목
1939	알선노동자표창관계철
1939	남양농업이민관계철
1939	남양행노동자명부
1939	청소년고입제한관계철
1939	종업자고입제한관계철
1939	轉失業대책시보철
1940	노동자원조사관계서
1940	남양행농업이민관계
1940	종업자이동방지관계철
1935~40	실업조사철
1935~41	청소년고입제한령관계예규철
1935~43	사변관계실업상황월보철
1941	종업자고입제한관계철
1942	對內地구인취직차취업상황조
1941~1942	복명서철
1942	노무조정령관계예규철
1942	노무조정령관계예규철
1943	노무조정령관계잡서
1943~44	노무조정령관계인가신청철

기타 영인 자료 및 신문자료: 『경성일보』 ; 『매일신보』

　　정부기록보존소 소장 조선총독부 문서는 총독부 文書庫에서

---

40) 묘가타니문서 가운데 조선관련자료에 대해서는 樋口雄一, 2002, 「外
　　務省外交史料館 '茗荷谷文書'について」『日本植民地研究』14쪽 참조.
41) 『정부기록보존문서 색인목록집』(총무처 정부기록보존소, 1984)에 실
　　린 목록에는 '노무'에 총 25권이 수록되어 있는데, 실제는 19권이다.

이관 받은 문서 14,000여 권과 1969년 중앙행정기관과 지방행정
기관에서 이관 받은 문서 16,000여 권(중앙행정기관 9,000여 권,
지방행정기관 7,000여 권)등 총 30,000여 권이 해당된다.[42] 이들
문서는 총독관방, 외사, 경무국, 재무국, 내무국, 학무국, 법무국,
재판소, 식산국, 농림국 등 생산기관별로 분류가 되어 있다. 이 가
운데 「알선노동자표창관계철」을 비롯한 노동력동원관련자료는
내무국 문서 가운데 '노무'에, 제국의회 의사록이나 해군동원관련
자료는 '경무국'에 분류 소장되어 있다. 또한 사회교화업무에 관
련된 자료(각종 청년훈련소 인가서류)는 학무국 문서 내 '사회교
육'에 분류되어 있다.[43]

* 국회도서관 소장 자료 : 『舊陸海軍關係文書』, 일본국립국회도서
  관 헌정자료실 소장.
* 국사편찬위원회 소장 자료 : 茗荷谷硏修所舊藏記錄, 홋카이도
  개척기념관 소장 조선인 강제연행 관련 자료.
* 大野綠一郎 關係文書(일본국회도서관 헌정자료실 소장 자료,
  고려대학교) 중 강제연행관련
  · 제국의회 관련 : 「第79回 帝國議會說明資料 朝鮮總督府 1941年」
      외 22종
  · 징병제 관련 : 「朝鮮同胞に對する 徵兵制實行準備決定に伴す
      る措置狀況竝其の反響 朝鮮總督府 1942年」외 4종
  · 징용 관련 : 「國民徵用の 解說 朝鮮總督府 勞務課 1945年」외

---

42) 김형국, 2000, 「정부기록보존소 소장 조선총독부문서 현황 및 내용검
    토」『한국독립운동자료의 수집현황과 과제』(한국민족운동사학회 제
    72회 특별세미나 자료), 68쪽.
43) 정부기록보존소가 소장중인 조선인명부인 「왜정시피징용자명부」는
    조선총독부문서가 아니어서 노동청자료 '징용'으로 분류되어 있다.

2종

· 지원병 관련 : 「志願兵制度」
· 전시체제ー통제경제 관련 : 「朝鮮にП おける國防國家體制の
　　確立に關する 意見案 陸軍參謀部1940年9月」외 46종
· 노동력 이동 관련 : 「道民總努力の狀況報告 咸鏡北道道知事
　　大野謙一 1942年9月」외 8종
· 조선군사령부 관련 : 「甲委員會第1回打合狀況 朝鮮軍司令部
　　1942年 4月24日」외 1종
· 전시체제ー사회시설 관련 : 「航空施設の整備に關する件」외 4종

2. 국내 소장 조선인 명부

　조선인 명부를 소장하고 있는 기관은 정부기록보존소를 비롯
하여 국회도서관과 독립기념관 등이다. 그 외에 외교통상부에도
정부기록보존소의 명부와 중복되는 명부가 보관되어 있다고 알
려져 있다. 그 가운데 명부의 정리가 가장 잘된 곳은 정부기록보
존소이다.

　강제연행된 조선인의 명단으로 국내에 소장된 자료에 대해
1995년 당시 정부기록보존소 소속이었던 양태진은 『1995 해외희
생자유적조사사업보고서』(한국정신문화연구원)에서 다음과 같은
내용으로 소개하였다.

　　「舊日本陸軍 被徵用死亡者 名簿 - 舊日本陸軍在籍」(행정자치부 정
　　부기록보존소 소장, 1975년 신고에 의해 작성)
　　　: 육해군별 각각 5권씩 총 10권. 등사판 18×25cm. 도별로 구성.
　　　총 8,295명 수록.
　　「일본 후생성 보관 피징용자 명부」(행정자치부 정부기록보존소장,

1991년 3월 일본 후생성으로부터 인수한 피징용자 명부)
  : 명부 사본 21권. 10종의 자료로 구성. 90,804명 수록.
「일본 노동성 보관 피징용자 명부」(행정자치부 정부기록보존소장,
1992년 12월 일본 노동성으로부터 인수한 피징용자 명부)
  : 명부 3권. 17,107명 수록.
「조선인징용자에 관한 명부」(행정자치부 정부기록보존소 및 독립기
념관 소장, 1971년 일본 노동성 인수)
  : 총 8종의 자료. 21,699명 수록.
「朝鮮出身 軍人・軍屬名簿」(행정자치부 정부기록보존소 소장, 1993
년 10월 인수)
  : 535권. 326,573명 수록(중복 등재된 인원을 제외하면 243,992명).

그러나 이 내용은 2002년에 정부기록보존소가 전산화 작업을
완료하면서 홈페이지를 통해 소개한 아래의 내용과 차이를 보인
다. 아마도 아래의 현황표가 명부명을 기준으로 기재한데 비해
양태진의 조사내용은 출처별로 기준을 삼은 데서 오는 차이로 보
여진다. 상세한 차이점에 대해서는 추후 연구가 필요하다.

명부는 크게 두 종류이다. 하나는 일본으로부터 입수한 48만여 명
분의 명부이고, 다른 하나는 「왜정시 피징용자명부」로서 1957~1958
년간 국내에서 신고에 의해 작성된 명부이다.

이들 자료는 파견지역별로 인명, 출생지, 취로기간 등이 기재되
어 있는데, 이 명부는 2002년 8월 자료전산화가 완료되었다. 그러
나 전산화의 대상이 정부기록보존소 소장 명부에 그치고 있어서
전체 강제연행상황을 파악하는 데에는 한계를 갖고 있다. 아울러
조선인명부는 사료분석과 비판이 함께 이루어져야 한다. 명부상
에 나타난 개인정보가 정확성을 갖는가 여부는 아직 파악되지 못
하고 있다. 예를 들면, 「朝鮮出身 軍人・軍屬名簿」의 경우에도 명
부 내에서는 군인과 군속 등이 구분 없이 혼용되는 경우가 있다.

〈표 1-5〉 일제 강제연행자명부 보존현황 · 일제 강제연행자명부44) 현황표

구분	명 부 명	수 량	이관 기관	인수 일자	인원(명)
1	「조선인노동자에 관한 조사결과」등	21권	외무부	'91.11. 8	97,715
2	「피징용사망자연명부」	10권	재무부 (외무부)	'92. 3. 9	21,692
3	「일제하 피징용자명부」	3권	외무부	'93. 2.12	14,410
4	「자유한인보」	1권	외무부	'93. 3.25	2,623
5	「임시군인군속계」, 「유수명부」등	509권	외무부	'93.10.29	243,475
6	「구해군 군속 신상조사표」등	M/F 26롤	외무부	'93.10.29	100,778
계		544권 26롤			480,693

또한 중복 부분이 많은 비중을 차지하는 것으로 알려져 있다. 실제로 이희자의 부친 이사연의 경우에는 무려 4종의 명부에 등재되어 있음을 확인할 수 있었다. 모든 명부에 해당하는 것은 아니지만 노동상황과 관련된 항목, 조선인의 행방에 관한 항목(사망, 귀국 등)에서 신빙성이 약하다는 평가도 있다. 정부기록보존소의 보존 및 전산화 현황을 보면 다음과 같다.45)

　○ ≪왜정시 피징용자명부≫ 20권(약 28만여 명)
　　- 1957~1958년 피징용자와 유족 등의 자진신고에 의해 읍 · 면 · 동에서 작성된 후 시 · 도별로 취합한 것
　　- 1972년 당시 노동청으로부터 인수받음

---

44) 외무부가 일본 후생성에서 입수한 사본 544권 M/F 26롤(약 48만여 명)을 '91~'93년도 인수받아 보존중인 명부.
45) 보존현황 명부와 정리현황의 명부는 내용이 일치하지 않는다.

< 일제 강제연행자명부 정리현황 >

○ '92~'94년 약 34만명분 색인목록 작성·전산입력 정리현황
  - 작업절차 :

  쉬트작성 → 전산입력 → 검 수 → 전산변환 → 스캐닝

  - 전산입력항목 : 이름·생년월일·본적지(道·郡)·연행지(사
    망지)·합사(合祀)여부·공탁금(供託金)여부·사망여부 등
  - 대상량 : 사본 544권 및 M/F 26롤(480,693명)

○ ≪왜정시 피징용자명부≫ 정리현황
  - 전산입력항목 : 이름·생년월일·본적지·연행지·사망여부 등
  - 대상량 : 20권(285,464명)

  국회도서관에는 205호실에 1993년에 인수한 「조선출신 군인·
군속명부」가 보관되어 있는데, 일반인이 열람할 수 있다. 독립기
념관은 기존에 중복 소장중인 「조선인징용자에 관한 명부」 외에
2003년 3월에 조선인강제연행진상조사단이 수집한 명부 41만
3,407명분을 이관받았다. 이 명부는 조선인강제연행진상조사단이
일본과 북한, 미국, 제네바 등지에서 1970년대부터 수집하기 시작
한 명부로써, 총 79종인데, 국내에 소장된 명부와 중복되는 부분
이 70%정도일 것으로 추정된다. 2003년 2월 28일 민족정기를 세
우는 국회의원 모임의 초정으로 입국한 홍상진 사무국장은 국회
의원모임의 지원 아래 국회의원회관에서 공개 전시하였다. 독립
기념관이 소장한 명부는 향후 명부에 관한 전문적 연구와 전산화
를 통해 중복부분을 가려내고, 활용이 가능하도록 해야 할 것이다.

3. 구술자료

구술자료는 자료가 생산되는 과정이 문헌자료와 차이를 보일 뿐만 아니라 구술성과 주관성, 개인성, 유일성, 공동작업이라는 특성으로 인해 수집과정에서 남다른 주의와 구술자 및 면담자의 준비가 필요한 작업이다.[46] 그러나 일본군위안부나 민간인 학살 등 대표적인 피해의 역사에서 구술자료의 효용성은 대단히 높다. 강제연행의 구체적 상황에 관한 문헌자료가 일본당국의 고의적인 파기와 隱滅로 인해 찾을 수 없게 되었음은 이미 언급하였다. 그렇다면 대안은 구술자료라고 감히 이야기할 수 있다.[47]

현재 국내에서 구술자료수집활동을 추진하는 연구기관이나 단체는 서울대학교 한국교육사고·한국정신대연구소·한일민족문제학회 강제연행문제연구분과·일제강점하강제동원피해진상규명 등에관한특별법 제정추진위원회·독립기념관·국가보훈처·제주 4.3사건명예회복위원회·민주화운동기념사업회·한국정신문화연구원 등이 대표적이다. 그 외 전남동부지역사회연구소, 근현대사를 연구하는 개인 연구자에 의해 자료수집이 이루어지고 있다.[48]

국내에서 강제연행과 관련한 구술자료수집을 전개한 기관은 한국정신대연구소·한일민족문제학회 강제연행문제연구분과·일

---

46) 구술자료의 성격에 대해서는 정혜경, 「한국의 구술자료관리현황」 (2000년 10월 12일 한국역사연구회·대전대학교 인문과학연구소 공동주최 『한국역사기록의 관리와 발전방안』) 참조.
47) 강제연행관련 구술자료 수집 및 관리에 관해서는 본서 「강제연행관련 구술자료의 수집과 관리」 참조.
48) 한국정신문화연구원이나 장기수를 대상으로 한 '현대사구술기록보존연구회' 등이 과거에 구술자료수집을 하기도 했다.

제강점하강제동원피해진상규명등에관한특별법 제정추진위원회
·독립기념관·한국정신문화연구원 등을 들 수 있다. 한국정신
대연구소는 일본군 위안부와 근로정신대 출신 할머니를 대상으
로 한 구술자료를 100여 건 이상 수집하여 웹사이트(truth.bora.
net)에 올리고 일부는 증언집으로 출간했다. 1997년에 한국정신문
화연구원 현대사연구소가 주관한 자료수집사업을 통해서도 3건
(면담자 : 한국정신대연구소, 정혜경, 김경학)이 수집되었다.[49] 그
외 연구자가 개인적으로 수집한 구술자료가 있지만 공개되지 않
은 상태이다.[50]

경남 창녕지방을 대상으로 한 강제연행실태 구술자료수집이
1992년부터 2000년 초에 걸쳐 原山茂夫에 의해 이루어졌는데, 그
결과물은 『채인 돌』(2000년, 창녕박물관)이라는 증언집으로 발간
되었다. 하라야마는 일본의 전쟁최고사령부인 大本營 공사에 희
생된 조선인을 추모하기 위한 발굴작업을 시작하여 경남 창녕지
방에서만 160여 명의 강제연행희생자명단을 파악하고 이 가운데

---

49) <1997년도 수집분 자료목록>
　　일제시기 강제로 끌려간 일본군 위안부 증언채록(녹취문 368매, 녹
　　음테입 8개, 면담자 한국정신대연구회)
　　영구귀국 무의탁 사할린 한인에 대한 구술자료 수집(녹취문 2568매,
　　녹음테입 26개, 면담자 김경학)
　　강원도 평창지역의 강제연행 및 강제노동의 실태(녹취문 701매, 녹음
　　테입 8개, 면담자 정혜경)
50) 1998년 8월 19~20일에는 일본의 시민운동단체인 '三重현의 진실을
　　밝히는 모임' 회원들과 정혜경, 노영종, 이승엽 등이 경북 안동과 군
　　위 지역을 대상으로 한 강제연행실태 구술자료수집활동을 전개했다.
　　이 때 장대열 외 5명의 노인으로부터 구술자료를 수집할 수 있었다.
　　구술자료는 녹취문이 작성되지 않았으므로 공개하지 못하고 대신 간
　　단한 내용만을 수요역사연구회 홈페이지(my.netian.com/~wednes) 연
　　구2팀 코너에 올려놓았다.

55명에게서 증언을 채록했다. 그러나 1인당 증언내용이 원고지 10~15매 정도로 요약 정리되어 실림으로써 기본적인 내용만 파악할 수 있을 뿐이다.

최근 국내에서 수집된 가장 큰 규모의 강제연행자관련구술자료수집작업은 2001년 10월부터 12월에 걸쳐서 이루어진 작업을 들 수 있다. '일제강점하강제동원피해진상규명등에관한특별법 제정추진위원회' 소속 조사연구실이 수행하고 독립기념관이 주관한 구술자료수집작업은 노무동원·병력동원·준병력동원 등 전 분야에 걸쳐 국내 거주자 총 55명을 대상으로 수집한 작업이다. 결과물은 현재 추진위원회 조사연구실과 독립기념관 독립운동사연구소에 중복 소장되어 있다. 이 가운데 전자가 소장한 자료에 대해서는 정리작업을 통해 구술자료녹취문자료집이 3권으로 편집되었다. 그러나 이 녹취문자료집은 면담자를 위해 내부열람용으로 정리한 것이어서 일반인이 이용할 수 없다. 이 자료의 활용도를 높이기 위해서는 주관처가 정리하여 활용하도록 공개하는 것이 시급하다.

강제연행에 관한 국내 유일의 연구단체인 한일민족문제학회 강제연행문제연구분과도 2001년 10월부터 12월까지 2개월간 충남 논산지역을 대상으로 강제연행피해자에 관한 구술자료수집작업을 수행했고, 2002년 8월에 추진위원회가 주관한 강제연행전국순례에서도 林君鎬 등 5명에 대한 구술자료가 수집되었다.[51]

---

51) 피해자단체인 태평양전쟁피해자보상추진협의회에서 소송 및 생활지원 등 내부의 필요성에 따라 작성한 진술서가 최근 일부 연구자에게 제공되어 연구에 활용되기도 하였으나 구술자료라고는 할 수 없다.

4. 수기류

피해자들이 남긴 수기류에는 단연 병력동원 피해자의 기록이 대다수이다. 노동력동원이나 성동원의 경우에는 문맹자도 상당수 있어서 당시에 기록을 남기기 어려웠을 뿐 아니라, 추후에도 기록으로 남기고 싶어하지 않았다. 그 외 원폭피해자의 수기도 찾아볼 수 있다. 가해자의 기록으로는 요시다 세이지의 『私の戰爭犯罪－朝鮮人强制連行(나는 조선사람을 이렇게 잡아갔다)』가 대표적이다.

公刊된 기록은 군인동원(1990.1.20학병사기간행회, 『1.20학병사기1-3』; 1986, 金太華, 『特別海軍志願兵』, ひまわり書房; 1990, 이규철, 『朝鮮人元日本兵シベリア捕虜記(1945.8～1949.5)』; 1991, 金元榮, 『或る韓國人の沖繩生存記』, 'アリランのうた'製作委員會; 1992, 이규철, 『시베리아 恨의 노래－한국인 포로의 귀국』; 1992, 전상엽, 『천명』, 삼진출판사; 1995, 김문택, 『새벽으로 가는 길－광복군 수기』, 인하대출판부; 1995, 金成壽, 『傷痍軍人金成壽の戰爭』, 社會評論社; 1995, 박종현, 『千葉육군보병학교』, 혜진서관; 1996, 여태순, 『그 날 오키나와 하늘에서』, 뿌리), 노동력동원(1990, 鄭忠海, 『朝鮮人徵用工の手記』, 河合出版; 1987, 李興燮, 『アボジがこえた海』, 葦書房; 1990, 『아버지가 건넌 바다』, 광주), 원폭피해(1963, 朴壽南, 『罪と死と愛と』, 三一書房; 1973, 朴壽南, 『朝鮮・ヒロシマ・半日本人－わたくしの旅の記錄－』, 三省堂; 1991, 朴壽南, 『アリランのうた－オキナワからの證言』, ・靑木書店; 2002, 朱碩, 『在日として被爆者として』, 朱先生'自分史'編輯委員會), 가해자의 기록(1983, 吉田淸治, 『私の戰爭犯罪－朝鮮人强制連行』, 三一書房) 등이다.

이 가운데 주목할만한 기록은 이규철의 『시베리아 恨의 노래 – 한국인 포로의 귀국』이다. 이 책은 다른 수기류와 달리 필사본을 그대로 복사·영인했는데 이규철이 현지에서 꼼꼼히 남긴 기록으로서 사료적 가치가 매우 높다. 이 책에는 당시 상황을 알 수 있도록 필자가 그린 그림이 다수 포함되어 있어서 이해력을 높이는데 도움이 되고 있다.

그 외에도 지방에서 필사본을 복사한 형태의 발간물이 있을 것으로 추정된다. 피해자가 남긴 수기류는 인쇄본으로 발간되었다 하더라도 지방에서 출판되거나 소량 출판이어서 구하기 쉽지 않다. 따라서 이들 수기류를 수합하여 다시 정리하여 발간하는 작업이 필요할 것이다.

Ⅳ. 자료생산주체

이상에서 살펴본 자료를 생산한 주체는 대략 제국의회, 일본정부, 조선총독부, 일본기업, 민간인 등이다. 일본정부에는 내무성, 육군성과 해군성, 군수성,[52] 외무성 등이 포함된다. 본국에서 식

---

52) 군수성은 1943년 11월에 戰局 만회를 목적으로 항공기 증산을 중점으로 하는 새로운 행정기구로 설치되어 1945년 8월 26일 商工省이 부활할 때까지 존속했다. 군수성은 총동원국, 항공병기총국, 기계국, 철강국, 경금속국, 비철금속국, 화학국, 연료국, 전력국을 두고 전쟁을 지원했다. 일제가 패망할 당시 군수성 총동원국에는 강제연행관련자료가 소장되어 있었다고 하는데, 8월 16일 소각한 것으로 전한다. 赤松俊秀 외, 1979, 『日本古文書學講座 – 近代編1』, 웅산각, 203쪽

민지 조선에 대한 위치는 매우 높았으므로 일본 내각에서 생산된 자료 가운데 많은 부분은 식민지 조선과 직간접적인 관계 아래에 놓여 있다. 그러나 이들 기관에서 생산된 자료가 모두 국내에 들어온 것이 아니므로 본고에서는 이들 가운데 가장 많은 관련성을 갖는 부서나 기구를 살펴보고자 한다. 또한 현재 일본기업에 대해서는 파악된 내용이 적은 편이다. 오노다 시멘트와 같이 재판이 진행되는 과정에서 자료가 공개된 기업이나 北海道탄광기선 주식회사와 같이 자료를 대학에 위탁한 기업도 있지만 대부분은 강제연행과 관련되었던 사실을 은폐·은닉하고 있다. 따라서 기업에 대해서는 자료공개와 연구의 진척을 기다리지 않을 수 없다.

1. 조선총독부

조선총독부의 관련자료를 생산한 주체 가운데 핵심은 식민지 조선에서 無所不爲의 권력을 행사하던 조선총독이다. 1910년 8월 29일 공포된 한일합병조약(전문 8조)에 의거하여 대한제국의 통치권이 일본정부에 인수되면서 조선총독부가 설치되었다. 그 후 일본은 칙령 319호 「조선총독부 설치에 관한 칙령」을 통해 조선총독부의 기구를 설립하게 된다. 그리고 같은 해 9월 30일에 「조선총독부관제」(칙령 제354호)⁵³⁾가 공포되고, 10월 1일에 육군대

; 山田昭次, 1979, 「朝鮮人中國人强制連行硏究史試論」『朝鮮歷史論集』下, 용계서점, 491쪽.

53) 주요 내용은 다음과 같다. 제1조 조선총독부에 조선총독을 둔다. 총독은 조선을 관할한다. 제2조 총독은 親任으로 하고 육해군대장으로써 충원한다. 제3조 총독은 천황에 直隸하며 위임의 범위 내에서 육해군을 통솔하고 조선방비의 일을 관장한다. 총독은 제반의 정부를

신 겸 통감 寺內正毅가 육군대신 겸 조선총독에 임명됨으로써 조
선총독부라는 통치기구는 기능을 발휘하기 시작했다. 조선총독부
관제는 그 후 여러 차례 개정을 거치는데 가장 큰 변화는 1919년
8월 19일자 개정이다.[54]

  조선총독부관제에서 가장 중요한 것은 조선총독에 대한 부분
이다. 또한 전시동원체제관련 자료를 생산하는 주체 가운데에서
도 조선총독은 높은 비중을 차지한다. 1910년에 공포된 조선총독
부관제에서 명시되어 있는 바와 같이 조선총독은 천황에 直隷하
는 위치를 갖는다. 즉 일본천황을 제외한 누구로부터도 일반적
행정감독을 받지 않는 최고의 행정관청인 것이다. 당시 일본정부
에서 천황에게 직접 상주하는 권한은 법률상 총리대신만이 가지
고 있었기 때문에 조선총독의 경우에도 형식상으로는 '내각총리
대신을 거쳐 상주하여 재가를 받는다'고 되어 있다. 그러나 '조선
총독은 천황에 직예하여 조선을 관할'하고, 제반정무를 통리하는

    통할하고 내각총리대신을 경유하여 상주하고 나아가 재가를 받는다.
    제4조 총독은 그 직권 또는 특별한 위임에 의하여 조선총독부령을
    발포한다. 여기서 1년 이하의 징역 혹은 금고, 구류, 2천원 이하의 벌
    금 또는 과료의 벌칙을 부할 수 있다. 제5조 총독은 所轄관청의 명령
    또는 처분 중에 制規에 어긋나고 공익을 해치고, 또는 권한을 범하는
    사항이 있다고 인정할 때에는 그 명령 또는 처분을 취소하고 또는 정
    지할 수 있다. 제6조 총독은 所部의 관리를 統督하고 奏任문관의 진
    퇴는 내각총리대신을 경유하여 이를 상주하고 判任문관 이하의 진퇴
    는 이를 專行한다. 제7조 총독은 내각총리대신을 경유하여 소부문관
    의 위훈을 상주한다. 제8조 총독부에 정무총감을 둔다. 정무총감은
    친임으로 한다. 정무총감은 총독을 보좌하며 소부를 총리하고 각부
    국의 사무를 감독한다.
54) 이 때 종래의 제3조가 삭제되고 '안녕질서의 保持를 위하여 필요하다
    고 인정할 때에는 조선에서 육해군의 사령관에게 병력의 사용을 청
    구할 수 있다'(제3조 2항)가 첨가된다. 또한 제2조 '조선총독은 육해
    군대장으로써 충원한다'가 삭제된다.

지위에 있었기 때문에 조선관할에 관해서는 개별적으로 내각총
리대신과 동등한 권한을 가지고 천황에 상주하여 재가를 받는 지
위에 있었다고 해석된다.[55]

이러한 조선총독의 지위는 특수한 지위로 인해 일본정부의 內
外地행정일원화라는 원칙에서는 모순을 내포하고 있을 뿐 아니
라 조선식민지의 본질적 특성과 관련해 복잡한 의미를 내포하고
있었으므로 법률상이나 실제상의 시비가 논의되곤 했다. 조선에
대한 강제적 병합과정이 조선총독의 지위를 다른 外地인 臺灣과
달리 특수하게 자리잡게 했던 것이다. 결국 이와 관련된 논의는
1942년 내외지행정일원화를 위한 외지통치중앙기구가 전면적으
로 재편성될 때까지 계속되었다.

당시 일본에는 外地와 관련해 拓殖局이라는 기구가 마련되어
있었다. 1910년 6월에 일본은 외지통치의 중앙기구에 관한 연구
결과 내각총리대신 직속으로 척식국을 설치하고 조선과 臺灣, 樺
太, 관동주에 관한 사항을 통리하게 함으로써 전체 외지의 일원
적 통할기관을 편성한 것이다. 그러나 조선총독만은 특수성에 비
추어 하나의 특례로서 포함시키지 않았다.

척식국은 1913년에 폐지되고 '내무대신은 조선, 臺灣 및 樺太
에 관한 사항을 통리'하도록 하는 내무성관제(칙령 제142호 제1
조)가 개정되었다. 이에 따라 조선총독부관제도 일부 개정되어
'내무대신을 거쳐 내각총리대신을 경유하여 상주하고 재가'를 받
는 것으로 변경되었다. 즉 조선총독의 지위가 내각총리대신에서
내무대신 관할로 격하된 것이다. 그러나 1917년 7월에 척식국이
내각의 外局으로 다시 설치되자 조선총독부에 관한 사무는 내각

---

55) 萩原彦三, 1963, 「朝鮮總督府施政の法制上の基礎」, 朝鮮史料研究會
講述(김운태, 1986, 『일본제국주의의 한국통치』, 박영사, 194쪽 재인용).

총리대신 管理에 속하게 되었다. 그 후 척식국은 척식사무국(1922년)과 척식국(1924년)으로 편제가 개정되다가 1929년에 척무성이 설치되어 새로운 외지통치의 중앙기관으로 자리잡았다. 그러나 이 때에도 조선은 '특이성'이 인정되어 다른 外地와 달리 척무성의 관할에서 제외되었다. 조선총독의 이와 같은 독자성은 1942년 11월 외지통치기구의 전면적인 재편성이 단행되면서 실질적인 변동에 직면하게 된다. 전쟁수행을 위한 방법의 하나로 내외지행정일원화를 추진하던 일본은 외지통치중앙기구 재편성의 일환으로 1942년 관제개혁을 단행하게 된다. 여기에서 조선총독은 총리대신과 아울러 각성대신의 하급관청과 같은 지위로 취급되었다.56) 그러나 조선총독은 이러한 제도상의 변화에도 불구하고 실제 운영상에서는 변동 없이 천황으로부터 특별한 지위로써 한반도에 대한 전권을 위임받은 통치자로 군림했다.

조선총독부가 생산한 자료 가운데 가장 많이 볼 수 있는 부서명은 사회과·노무과이다. 내무국 사회과는 1921년 7월 신설되었다. 조선총독부는 3·1운동 이후 학교교육 뿐만 아니라 사회교화사업이 식민통치에 미치는 영향이 매우 중요하다는 사실을 절감하고 1921년 7월 내무국 산하에 사회과를 신설했다. 사회과 업무는 사회사업과 사회교화사업으로 대별되는데, 이 시기에는 공안적 차원에서 행정이 이루어졌으므로 내무국 산하에 조직했다. 이 때에는 사회풍기를 교정한다는 이유에서 관제로 풍속개량회를

---

56) 1942년 11월에는 새로이 大東亞省이 설치되고 척식성 척북국과 척남국의 사무가 대동아성으로 통합됨에 따라 척식국이 폐지되었다. 대동아성은 '대동아전쟁의 완수와 대동아건설을 이루기 위한' 목적에서 각의 결정(1942.9.1)을 거쳐 설치된 것이다. 그러나 조선총독이 여기에 직접적인 영향을 받은 것으로는 여겨지지 않는다. 赤松俊秀 외, 1979, 『日本古文書學講座－近代編 1』, 웅산각, 234쪽.

조직하는 등 사회주의사상으로 경도 되어 가는 학생과 청년층을 막고자 하는 시도가 강하게 이루어졌다. 그러나 1925년 이후부터 학생운동이 더욱 활발해지고 반제운동의 성격을 드러내자 학교교육의 한계는 분명해졌다. 1930년에 들어서 사회통제가 더욱 강화되어야 할 시기에 이르면서 전 사회 각계 각층을 대상으로 하는 사회교화사업의 전개가 과제로 대두되었다. 그 결과 사회과는 내무국에서 학무국으로 소속을 바꾸게 된다.[57]

1932년 2월 13일 총독부는 사회과를 학무국으로 이전하면서 학무국 내 종교과를 흡수 통합했다. 총독부는 교화사업의 주목표로 "국가관념을 明徵하여 국민의 자각을 견고히 하고 穩健中正한 사상을 啓培하는 것"이라고 단언하고 사회교화사업의 강화를 내걸었다. 1932년에 규정된 학무국 사회과 관장 사무는 10개항에 달한다. 1. 사회사업에 관한 사항, 2. 제생원과 감화원에 관한 사항, 3. 사회교육에 관한 사항, 4. 청년단과 청년훈련소에 관한 사항, 5. 도서관과 박물관에 관한 사항, 6. 경학원과 명륜학원에 관한 사항, 7. 향교재산에 관한 사항, 8. 종교와 제사에 관한 사항, 9. 사원에 관한 사항, 10. 보물고적명승천연기념물 등의 조사와 보존에 관한 사항.

사회교화관련 업무는 사회과와 사회교육과 및 연성과에서 담

---

57) 학무국은 통감부 체제 아래에서는 학부였다. 1906년 통감부를 설치한 일본은 학부·내부·탁지부·군부·법부·농상공부 등 6부를 두고 행정사무를 분장했다. 이듬해 12월 13일에 통감부는 학부관제를 개정·공포하여 통감부체제에 맞도록 학부조직과 기능을 공시하였고, 1909년과 1910년 1월에 학부분과규정을 종합하여 관제조직을 갖추었다. 이 때 갖추어진 조직은 대신관방, 학무국, 편집국이다. 통감부체제 아래에서 학부는 반식민지 상태에 놓여있던 조선을 완전한 식민지로 만들기 위한 교육행정을 실시하고자 구상되었다. 조선총독부 시절, 1911년 3월 31일 확정된 관제에서 학무국은 내무부 산하로써 학무과와 편집과, 관측소가 소속되어 있었다. 1919년 8월 19일 단행된 관제개혁에서 학무국은 총독부 직속으로 승격되었다.

당하였는데 조직적 변천내용을 보면, 내무국 사회과(1921) → 학무국 사회과(1935) → 학무국 사회교육과(1936) → 학무국 연성과(1942) / 학무국 사회과(1943) 등이다.

1936년에 학무국은 전시체제에 적합한 사상전도와 민중교화사무에 치중하기 위하여 사회사업업무와 사회교화교육업무로 구분하고 사회과를 다시 내무국 산하로 두어 전자의 업무를 담당하도록 했다. 후자의 업무는 학무국 내에 신설된 사회교육과에서 담당하도록 했다. 1936년부터 시작된 국민정신작흥운동은 사회교육과의 소관 업무였다.[58]

사회과는 1943년 12월 총독부의 사무분장에 의해 내무국에서 다시 학무국으로 이속되었다. 이 때 사회과는 군사보호에 관한 사항, 구호 및 구료에 관한 사항, 주택에 관한 사항, 사회복리에 관한 사항, 제생원과 감화원에 관한 사항, 기타 사회사업에 관한 사항을 담당하게 되었다. 이 가운데 첫 번째 항인 군사보호에 관한 사항에서 관련자료가 생산되었다.[59]

사회교육과는 1942년부터 업무가 세분되어 연성과가 신설되었다. 연성과는 청년단과 청년훈련소 등 鍊成에 관련한 업무를 전담했다. 연성과는 바로 징병체제의 실시를 준비하기 위한 부서로

---

58) 이 시기에 정해진 사회교육과의 소관사무는 다음과 같다. 1. 사회교화에 관한 사항, 2. 지방개량에 관한 사항, 3. 사회체육에 관한 사항, 4. 향교와 향교재산에 관한 사항, 5. 종교와 殿陵享祀에 관한 사항, 6. 보물고적명승천연기념물의 조사와·보존에 관한 사항, 7. 교화단체에 관한 사항.

59) 역대 사회과 과장은 모두 조선인(유만겸, 엄창섭, 김대우, 이원보, 계광순 등)이었다. 총독부가 사회과 과장을 조선인으로 임명한 것은 조선의 향촌사회에 까지 파고들어 대민 업무의 차원에서 교화사업을 전개해야 했으므로 조선사정에 능통한 조선인이 필요했을 것이라고 생각된다. 이명화, 1992, 「조선총독부 학무국의 기구변천과 기능」『한국독립운동사연구』6, 81~82쪽.

써 교련교육으로 대변되는 연성훈련이 중심 업무였다. 1943년 12월에는 1. 청소년의 훈련에 관한 사항, 2. 육군병 지원자 훈련에 관한 사항, 3. 청년특별연성에 관한 사항, 4. 지도자연성에 관한 사항, 5. 국민연성 및 국민근로교육에 관한 사항, 6. 체위향상에 관한 사항, 7. 사회교육 및 사회교화에 관한 사항, 8. 종교 및 경학에 관한 사항을 담당하도록 규정되었다. 1944년에 여자청년특별연성소가 개소되는데, 이 업무도 연성과의 소관사항이었다. 즉 연성과는 비상전시체제 아래 피교육자를 전장으로 동원하는데 필요한 제반업무를 담당한 부서였다.

조선총독부는 교육정책을 통해 식민통치의 효율성을 도모하고자 했다. 그러므로 학무국을 총독 직속기관으로 두고 학교교육뿐만 아니라 사회교육까지 전담하고자 했다. 전쟁이 개시되면서 학무국의 역할은 더욱 광범위해져서, 조선인의 황민화를 이루고자 하는 사회교육과 아울러 강제연행의 실무를 담당하는 부서로 확대되었다. 그러므로 학무국이 생산한 자료는 식민통치의 대상인 조선인을 효율적으로 통치하기 위한 이데올로기를 제공하는 자료를 비롯하여 동원을 위한 훈련과 교육의 실상을 알려주는 자료까지 폭 넓게 구성되어 있다.

노무 업무는 1938년 4월 1일 국가총동원법의 공포 이후 실시된 업무이다. 따라서 노무 업무를 담당하는 부서도 1938년 이후에 나타났다. 노무과는 사회과 노무계에서 출발하여 1941년에 노무과로 승격되었는데, 소속국은 내무국·사정국·광공국 등을 거쳤다. 노무관련기구의 변천과정에 대해 살펴보면 다음과 같다.

내무국 사회과에 사무분장 가운데 '노무'와 관련한 업무가 명시되기 시작한 것은 조선총독부훈령 제7호(1939년 2월 7일자)에 의해서이다(조선총독부관보 제3614호 1939년 2월 7일자).

그 후 총독부의 사무분장에 의해 1941년 3월에 노무과가 신설됨에 따라 '노무'에 관한 업무는 사회과가 담당하지 않는다. 노무과가 사회과 노무계에서 과로 승격한 것은 1941년 3월 13일자 조선총독부 훈령 제23호에 근거한다(조선총독부 관보 호외 1941년 3월 13일자). 이 때 노무과는 사회과로부터 독립하여 내무국 소속 과로 승격하게 된다.

내무국에 속해 있던 노무과는 1941년 11월 19일자 조선총독부 훈령 제103호에 의해 후생국으로 배속된다. 훈령에 의해 후생국에는 보건과, 위생과, 사회과, 노무과가 설치되었다. 이 때 노무과가 담당한 업무는 1941년 3월의 업무분장 내용과 동일하다. 후생국에 소속되었던 노무과는 다시 이듬해에 사정국으로 이속되었다. 관제의 변화는 일본의 정책변화와 궤를 같이한다. 일본정부는 태평양전쟁이 가열화함에 따라 전쟁수행을 위한 방대한 물심양면의 군사력 조성기지로서 식민지 조선에 대한 지배체제를 강화하기 위해 조선총독부의 행정체제를 일본중앙행정체제와 일원화하도록 했다. 이를 위해 조선총독에 대한 감독을 강화하도록 하는 내용의 관제개정을 단행했다(1942년 11월 1일자 칙령 제729호). 이러한 조치에 따라 조선총독부의 관제도 개혁되었다. 1942년 11월 1일자 조선총독부 훈령 제54호에 의해 노무과는 사정국으로 배속된다(조선총독부관보 호외 1942년 11월 1일자). 이 때 노무과의 담당업무는 이전부터 담당하던 업무에 '기술자의 할당에 관한 사항'이 추가되었다.

패전의 기색이 짙어지자 1943년 12월에 조선총독부는 결전체제를 맞기 위한 행정기구 개혁에 착수했다. 1943년 12월 조선총독부는 행정기구개혁을 단행하여 총무·사정·식산·농림·철도·전매 등 6국을 폐지하고 광공·농상·교통 등 3국을 신설하여 총 8국(총독관방 · 재무 · 법무 · 학무 · 경무 · 광공 · 농상 · 교통)으로 개편하였다. 이에 따라 사정국에 소속되어 있던 노무과는 광공국으로 이속하게 된다. 1944년 10월 전쟁이 막바지에 이르면서 총동원체제에 대한 재정비는 또 한번 이루어지고, 이에 따라 노무과는 1944년 10월 15일자 조선총독부 훈령 제89호에 따라 근로조정과 · 근로동원과 · 근로지도과로 세분화된다(조선총독부 관보 호외 1944년 10월 15일자).

2. 일본정부

일본의 정치체제는 1868년 6월 太政官을 중심으로 기구를 조직한 후 몇 차례의 개편을 거쳐 1889년 2월 明治헌법의 공포로 확립되었다. 천황을 정점으로 입법부인 의회(중의원과 귀족원), 수상과 내각(내무성, 사법성, 육해군성, 기타), 육해군 참모본부로 구성된 정치체제는 대외침략정책과 제국 건설의 효율화를 위한 방향에서 개폐되면서 1947년까지 이르렀다.

이 가운데에서 내무성은 神社와 지방, 토목, 경찰, 위생, 사회행정 등 내정을 관장하는 존재이다. '내무'란 內國事務의 약칭으로써 外務에 대한 국내행정이라는 의미로 사용되었다. 내무성은 1873년 11월 10일, '국가안녕 인민보호의 사무를 관리하는 기관'으로써 太政官 포고 제375호로 설치되어 1947년 12월 31일에 폐지될 때까지 일본근대사에서 중요한 역할을 담당했다. 내무성은 1874년 1월 9일에 전신인 民部省 업무에 각각 대장성과 사법성, 工部省으로부터 이관 받은 권업, 호적, 郵遞, 토목, 지리(이상 대장성), 警保(사법성), 측량사무(공부성)를 갖추고 본격적인 업무개시에 들어갔다.[60] 내무성의 역할이 이와 같이 확대된 것은 明治헌법 공포 이후 내무성과 외무성, 일본군부라는 일본정부의 세 가지 중추기관 형성과 무관하지 않다. 明治헌법에 의거해 내무성이 縣정부와 경찰을 산하에 두고 있음은 내각에서 내무성이 차지하는 위치를 가늠하게 해준다.[61]

일제하 내무성이 담당한 업무는 해방 이후 자치성(지방), 경찰(경찰), 건설성(토목), 후생성(위생, 사회), 노동성(노동), 문부성(종교, 도서, 박물관), 외무성(외국이민), 법무성(호적, 국적, 감옥), 통상산업성(권업), 농림수산성(권업, 산림), 우정성(우체업무), 운수성(우체업무, 기상, 철도, 항만), 대장성(지조개정, 국유재산관리), 北海道 개발청(北海道 척식) 등이 담당한다. 이는 업무의 광범위함은 물론 내무성의 중요성을 가늠할 수 있는 기준이기도 하다. 내무성의 가장 중요한 업무는 경찰과 勸業이었다. 사회의 안녕 질서를 위해서는 경찰업무를 장악해야 했고, 일자리를 관장하는 일도 소홀히 할 수 없었다. 실업자의 존재는 사회의 안녕 질서를 해친다고 믿었기 때문이다.

또한 내무성은 일정기간 拓殖과 관련한 업무를 담당하던 기관이었다. 국내(北海道) 및 해외 식민지 개척은 물론이고, 식민지에 대한 통제를 직접 담당했다. 물론 조선총독은 여기에 해당되지 않았으나 조선총독부의 통치방향에 일정한 영향을 미친 기관임에 틀림이 없다.[62] 조선의 전시동원체제와 관련해서 내무성이 생

산한 자료는 강제연행노동자에 관한 자료가 대표적이다. 조선인
명부는 해방 이후 후생성에 보관되어 있다가 일부가 국내로 들어
왔고, 노동자에 대한 통제관련자료는 일본에서 발간된 影印자료
를 국내 서점에서 구할 수 있다. 또한 강제연행을 위한 사전작업
으로 실시한 노동력 실태조사와 통제관련 법령도 국내에서 많이
활용되는 자료이다.

  일본 육해군의 군제는 독일제국의 군제에 기초하여 軍政(군대
의 편제, 무기 준비 및 사용, 급여, 검열, 기율 등 군대 유지에 관
련된 일반적인 행정적 측면)과 軍令(국방계획, 작전계획, 平戰 시
기의 병력 사용 등 군대운용에 관한 통수적인 측면)이라는 이원
주의를 채택했다.63) 이에 근거하여 육해군은 각각 두 개씩의 기
관을 기구의 중앙에 두고, 최고 지휘자인 천황에 귀속하는 형태
를 취하였다. 즉 군정은 육군성과 해군성이라는 두 기관이 장악
하는데, 양자는 내각관제 아래 최고의 중앙행정관서인 각성 중의
일원인 두 개의 省이다. 성의 장관인 육해군대신은 국무대신으로
서 천황을 보필하고 내각의 구성원임과 동시에 정부의 행정관료

  성의 방향과 일치하고 있다. 내무성에서 마련하여 시행하고 있는 제
  도를 식민지 조선에도 적용하고 있는 예는 빈번하다. 이는 내무성의
  지시에 의한 것이 아니라 조선총독부가 전체적인 통치방향에 적합하
  다고 판단하여 채택한 것으로 여겨진다.
63) 야마가타는 정부내에서 군대의 독자성을 발전시키는데 전념했다. 그
  는 1878년 12월에 독일의 참모본부제도를 채용하여 참모총장이 육군
  대신이나 다른 정부에 독립하여 오직 천황의 명령 아래에서만 행동
  하고 천황에게 직접 상주권을 갖도록 했다. 이를 위해 천황이 1878년
  에 군인훈계를, 1882년에는 군인 勅諭를 공포하도록 하였다. 그 결과
  육해군의 통수권이 천황의 수중에 있고, 다른 정부기구와 다른 독립
  성을 강화한다는 점을 천명했다. 이러한 노력은 이후 일본의 군부가
  권력의 정점에 설 수 있음은 물론 일본을 침략전쟁으로 이끌어내는
  데 주도적인 역할을 할 수 있도록 하는 결과를 낳았다.

로서 육해군정을 관리하는 주무사무를 담당한다. 군령에 대해서
는 참모본부(육군)와 군령부(해군)가 전담하고 이 두 기관은 내각
의 밖에서 천황에 직속하게 된다. 그 장관인 참모총장과 군령부
총장은 천황의 최고 막료장으로서 군령사항을 장악하고 여기에
관한 천황의 명령을 일원적으로 군내에 전달하는 역할을 담당한
다. 이와 같이 일제하 일본 육해군의 최고관서는 군정과 군령이
라는 두 가지 측면에서 육군성, 해군성, 참모본부, 군령부가 해당
된다. 이들 기관의 조직변천을 살펴보면 다음과 같다.[64]

1) 육군성:

1872년 2월에 太政官 제62호 포고에 따라 그 동안 병부성 육군부
에 소속되었던 조직은 육군성(卿官房, 제1국, 제2국, 제3국, 제4
국, 제5국, 제6국, 제7국)으로 설치되었다. 그 이후, 육군성은 1885
년 12월에 태정관제가 폐지되고 내각제도가 만들어짐에 따라 이
듬해 2월에 육군성에 대한 관제가 정해져 장관으로 육군대신이
임명되었다(총무국, 기병국, 포병국, 공병국, 회계국, 의무국). 그
후 부서의 증감이나 廢置가 이어지다가 1945년 11월 30일 칙령
제675호에 의해 제1복원성의 관제가 제정되고 육군성은 폐지되
었다. 특히 1939년에는 인사·병무·정비 등 3국이 폐지되거나
소속부서가 증감하는 등 큰 변화를 가져왔고, 1941년에 정비국과
병기국에 대한 개혁이 단행되었다. 이듬해에 병기국이 폐지되고
정비국의 소속 부서가 폐지되는 등 변화상을 보이다가 1945년 4
월에는 전비과가 설치되고 정비국이 폐지되었다. 이와 같이 빈번
한 조직의 변천은 전쟁의 확대로 인해 육군의 군정업무가 신속
히 대처하고자 했음을 나타내준다.

2) 참모본부:

참모본부의 전신은 1871년에 만들어진 병부성 참모국이다. 그 후

---

64) 육해군성이 만들어지기 이전에는 병부성(1869년 창설)이 이러한 업무
를 담당했다. 육해군성의 조직변천은 竹山護夫, 1971, 「陸海軍中央機
關の制度變遷」『日本陸海軍の制度·組織·人事』, 東京大出版會, 411~
435쪽 참조.

1873년에 참모국은 육군성 제6국이 되었다가 이듬해에 外局으로
서 참모국이 설치되었다. 참모본부가 등장한 것은 1878년이다.
12월 5일자 太政官達 제50호 참모본부 조례에 의해 참모본부는
육군성으로부터 독립한 천황 直隷의 육군군령전담기관이 되었
다(장은 참모장. 管東局, 管西局). 참모본부는 1886년에 육해군통
일군령장악기관이 되어 역할을 담당하다가 1889년에는 육군만을
대상으로 하도록 범위가 축소되기도 했다. 전쟁의 확대와 동시에
참모본부의 역할과 비중은 매우 높아졌으나 종전이 되자 1945년
10월 15일에 폐지되었다. 참모본부도 역시 1920년까지 별 다른
조직변천의 모습을 보이지 않다가 1937년부터 빈번한 변화상을
보인다. 1937년에 소속 부서의 업무분장이 변동되고, 대본영 육
군참모본부의 업무를 지원하다가 1939년부터는 정보업무와 전쟁
지도업무가 더욱 강화되었다. 1943년에는 대본영참모본부의 업
무 지원이 더욱 늘어나게 되고, 1945년 4월에는 참모본부의 모든
조직이 대본영참모본부의 업무를 겸직하도록 되었다.

3) 해군성:

육군성과 마찬가지로 1872년에 탄생하여(秘史局, 군무국, 회계국,
번역국), 1874년에 비사국과 군무국이 폐지되는 것을 비롯하여
조직의 폐치가 이어지다가 역시 1945년 11월에 폐지되었다. 해군
성은 다른 부서에 비해 조직의 변천이 매우 빈번했고, 사무분장
의 변화도 심했다. 전쟁이 본격화되는 1939년부터는 해군 군정을
수행하는데 필요한 업무가 증가함에 따라 조직의 편성이 많은
변화를 가져왔고, 특히 1945년에는 병력 및 물자 생산과 조달에
관한 부서의 폐치와 사무분장의 변경이 매우 잦았다.

4) 군령부:

군령부의 전신은 1884년에 해군성 외국으로 설치된 군사부이다.
그 후 1886년에 참모본부 해군부가 설치되었다가 1893년에 해군
군령부 조례가 제정되었고, 1933년에는 '해군'이라는 명칭을 벗
어나 군령부로 변신을 하였다가 1945년 10월 15일에 폐지되었다.
1893년에 해군군령부로 탄생하게 된 것은 해군의 군령장악기관
이 해군군정기관과 육군군령기관(참모본부)으로부터 독립했다는
의미가 있다. 1933년에 군령부로 일신하게 됨으로 인해 형식상으
로는 육군의 참모총장과 동격이 되었다.

위에서 살펴본 일본군부의 4개 중추기관은 대외침략이 시작되는 1870년대에 조직의 골격을 갖춘 이후, 전쟁의 개시와 확대에 따라 신속히 조직적인 대응을 해 나갔다. 또한 일본의 군부는 해군이 남방경영(남진론), 육군은 대륙침략(북진론)이라는 分掌된 확대 정책을 실천하는 주체였다.[65] 이들은 본국의 방어보다는 침략정책의 수행에 더 큰 의미를 갖는 존재였다. 그러므로 군부에서 생산되는 자료의 성격은 미루어 짐작할 수 있다. 일본군부가 생산한 관련자료는 징병을 비롯한 병력동원 관련자료이다. 병력동원과 관련한 각종 법령자료가 여기에 해당한다.

3. 제국의회

제국의회는 明治헌법의 공포와 함께 탄생했다. 1889년 2월에 헌법이 공포된 후 7월 1일에 최초의 전국적인 선거가 실시되었고, 11월에 의회가 개원했다. 의회는 개원 직후부터 내각과 줄다리기를 시작하였으나 '신성불가침', '萬世一系'의 천황이 의회해산권을 갖는 구조로 인해 출발부터 한계를 안고 있었다.

제국의회는 귀족원과 중의원에 관한 의사록, 양원본회의 의사속기록, 위원회 의사속기록, 제국의회 상주안과 건의안·법률안·예산안·결산안·청원·공보 등이 해당한다. 이 가운데 조선의 전시동원체제관련자료는 의사록에서 찾을 수 있다. 황민화 정책의 추진과정에 대한 조선총독이나 정무총감의 보고와 질의에 관한 응답내용이 해당된다. 제국의회의 의사록과 속기록은 귀족원 서기장관이었던 金子堅太郎이 1890년에 건의하면서 시작되

---

65) 강창일, 1994, 「일제의 조선지배정책」『역사와 현실』 12, 51쪽.

었다. 1889년 6월에 구미에 출장을 갔던 金子堅太郎은 각국 의회를 방청하고 의회제도에 관한 정치학자들의 조언을 바탕으로 한 의사록과 속기록의 활용실태를 내각총리대신에게 보고한 후 8월에 채택되었다.[66] 그 결과 제3회 제국의회부터 의사록과 속기록이 남게 되었다. 제국의회자료 가운데 일부는 국내에서 자료집으로 발간되어 열람할 수 있다.[67]

Ⅴ. 자료 수집 및 활용 방안

강제연행관련 자료는 수년간 자료발굴노력의 결과 다량의 문서자료가 발굴되었다. 2002년에는 재일본조선인총연합회 산하 조선인강제연행진상조사단이 30여년간 수집한 명부 42만명분이 일본에서 공개되기도 하였고, 2003년 1월 4일에는 한·미·일연구팀에 의해 미국 국립문서보관소에 소장된 군위안부 관련 문건이 발굴되기도 했다. 그러나 조선인명부 및 기업관련자료와 같이 보상과 관련된 문서자료의 공개는 여전히 답보상태라고 할 수 있다. 구술자료의 경우에는 구술자료수집에 나서는 연구자의 수가 매우 적고, 증언을 해줄 구술자가 사라지는 상황이어서 활발한 자료수집을 기대하기 어렵다. 수집된 구술자료의 경우에도 수집과정과 방법상 나타나는 문제점은 적지 않다.

또한 발굴된 자료도 모든 내용이 공개되어 활용이 가능한 상태

---

66) 赤松俊秀 외, 『일본고문서학강좌－근대편 1』, 107～108쪽.
67) 민족문제연구소, 『일제하 전시체제하 정책사자료집』 所收.

에 놓여 있는 것은 아니다. 조선총독부가 생산한 정책문서는 열람할 수 있으나 다른 생산기관의 자료는 그리 원활하지 않은 상황이다. 특히 강제연행과 강제노동의 주역인 일본기업이 소장한 자료는 일본 내에서도 발굴이 어렵고, 발굴된 자료도 미공개 상태에 놓여있다. 대표적인 예가 오노다 시멘트회사자료와 北海道탄광기선주식회사의 관련자료이다. 오노다 시멘트의 경우에는 미국에서 소송을 진행하는 과정에서 비록 제한적이지만 자료공개가 이루어지게 되었다. 민간인의 법정투쟁이 일본 대기업의 은닉된 자료를 공개하게 된 성과의 하나이다. 그러나 오노다 시멘트의 자료를 통해서는 강제연행과 강제노동의 사실을 확인할 수 없다. 그에 대한 사실은 당사자의 회고록을 통해 확인될 뿐이다. 이것이 바로 문헌자료의 한계이다. 北海道 탄광기선주식회사 자료의 경우에는 『釜山往復』을 비롯해서 조선인강제연행과 강제노동의 실상을 생생하게 알려주는 자료들이 지금 北海道대학 도서관에서 미공개자료로 보존되어 있다. 北海道대학의 허가를 얻어 몇몇 연구자들이 수집한 것으로 알려져 있으나 활용은 불가능하도록 되어 있다.

　일본지역의 경우에는 200여 개가 넘는 강제연행관련 시민운동단체와 학술단체들이 중심이 되어 일본 전역에서 전시동원체제 시기의 관련자료를 수집하는 작업을 진행하고 있다. 그러나 국내에서는 관련 연구자도 희소한 상황이어서 본격적인 자료수집은 기대하기 어렵다. 연구자들이 수공업적으로 해온 수집작업도 공개와 활용이 거의 이루어지지 못함으로 인해 중복수집에서 벗어나지 못하고 있다. 현재 국내에서는 2001년에 결성된 '일제강점하강제동원피해진상규명등에관한특별법' 제정추진위원회 조사연구실과 한일민족문제학회 강제연행문제연구분과에서 자료수집작업도 병행하고 있으나 소수 연구자들의 활동으로는 한계가 명약관화하다.[68] 이러한 상황에서는 국가 주도의 수집사업에 기대할 수밖에 없다. 지금으로서는 국사편찬위원회가 2001년부터 실시하고 있는 해외자료이전사업이 유일한 해결방안이지만 강제연행분야에 대한 관심은 미미한 편이다.

그러한 가운데에서도 국내 강제연행연구와 자료발굴을 한층 확대하고, 연구공감대를 높이기 위한 시도는 계속되고 있다. 한일민족문제학회 강제연행문제연구분과는 2003년 2월 8~9일, 군산에서 '강제연행송출과정과 자료연구'라는 제목의 학술세미나를 개최하고 노동력 동원·병력동원에 관한 송출과정 및 주요 자료에 대한 분석을 시도했다. 특히 이 행사는 피해자와 강제연행관련 시민단체 관계자들도 참가해 토론에 참여함으로써 강제연행 연구와 자료발굴의 폭을 넓히는데 일조했다.

문제는 수집에 그치지 않는다. 수집한 자료에 대한 관리는 더욱 암담한 상황이다. 식민지 피해국이자 침략전쟁의 피해당사자이면서도 강제연행관련자료를 전문적이고 체계적으로 수집하는 연구기관이나 기록관은 한국 어디에서도 찾을 수 없다. 독립기념관의 경우에도 2001년도에 적지 않은 자료수집비를 투입해 강제연행관련 구술자료를 수집하였으나 여전히 미정리 상태로, 공개나 활용은 요원한 형편이다. 정리되지 않은 자료는 쓰레기와 다를 바 없을 것이다.

---

68) 이와 관련하여 2002년 6월과 7월에 20일간 일본전역을 대상으로 실시된 한국독립운동사유적지조사(독립기념관 주관. 조사단: 김상기, 정혜경, 박걸순)를 통해 전국에 산재한 강제연행 현장 가운데 일부를 현지 조사할 기회를 가졌다는 점은 의미가 크다고 생각된다. 비록 짧은 일정으로 인해 실질적인 자료수집작업이 이루어지지는 못했으나 자료수집 및 실태조사의 필요성과 실태에 대해 공감대를 확산하는 계기가 되었기 때문이다.

이와 같이 강제연행관련 자료는 수집과 활용에서 열악한 상황에 놓여 있다. 그러나 양자 가운데 활용부분은 조금만 노력을 기울인다면 많은 효과를 거둘 수 있는 점이 적지 않다. 여기에서 몇 가지 대안을 제시하면 다음과 같다. 첫째, 가장 시급하게 해야 할 부분으로 국내에 소장된 자료의 목록화 및 체계적 정리이다. 기관별로 소장한 자료도 적지 않으나 목록화가 되어 공개된 부분은 제한적이다. 목록집으로 공개된 경우에도 자료의 제목만으로 내용을 가늠할 수 없는 자료가 적지 않다. 그러므로 자료에 대한 기본목록이 만들어져야 한다. 자료의 목록화는 중복수집의 수고로움을 피할 수 있는 기본적인 작업이다.

구술자료의 경우에는 수집단계에서 녹음테입으로 수집된 자료에 대한 녹취문과 상세목록이 작성되어야 함은 물론이고, 이러한 작업이 완료된 후에는 이들에 대한 기본목록이 작성되어야 한다.[69] 기본목록이 갖추어져 있지 않으면 검색이 불가능할 뿐만 아니라, 중복수집을 피할 수 없다. 문헌자료와 달라 구술자료는 중복수집을 하였을 경우에 동일한 자료내용을 보장할 수 없다. 그러나 현재 이 모든 것을 갖춘 자료를 찾기란 쉽지 않다. 상세목록의 작성은 구술자료수집단계에서 기본적이다. 그러나 대부분의 구술자료는 상세목록이 갖추어져 있지 않다. 이는 수집단계에 치중하고 단기적인 효과를 노린 결과이다. 시간과 노력이 많이 들어가는 녹취문 작성과 상세목록 작성보다는 수집에 힘 쓰는 것이 효과적이라고 생각하곤 한다. 더구나 역사학자의 경우는 사실확인을 중시하므로 그 이상의 과정은 생략하게 된다. 그러나 많은 녹음테입을 가지고 있으면서도 활용도가 매우 낮은 경우를 흔히

---

69) 정리방안에 대해서는 『구술사워크샵자료집』(2003년 1월)과 본서 수록 「일제말기강제연행관련 구술자료 관리방안」 참조.

경험한다. 어디에선가 들었던 기억은 나는데, 확인을 하려면 모든 테입을 다 틀어놓고 들어야 하는 경우에 연구자는 확인작업을 포기하게 된다. 또한 녹취문은 자료수집 직후에 작성하지 않으면 정확도가 떨어지게 된다. 그러므로 시간이 경과한 녹음테입을 다시 틀어놓고 들었을 경우에 내용전달이 잘 되지 않는 상황을 경험하곤 한다. 정확한 내용이 들리지 않는 것이다. 구술자의 대부분이 노인이므로 전달도는 더욱 약해지게 된다.

문서자료의 경우, 정보화를 위한 과정에서는 자료의 입력이나 스캔작업과 아울러 중요성을 갖는 것은 기록검색도구를 갖추는 일이다. 명령어검색이나 제목검색 등 검색방법에 따라 시간과 노력을 절약할 수 있기 때문이다. 하나의 명령어를 입력하고 검색을 시도했는데, 수만 건의 자료명이 제시된다면 효율적이라고 할 수 없다. 자료 텍스트가 웹사이트에서 제공되고 기록검색도구가 갖추어졌다고 하더라도 활용도를 높이기 위한 선행 과제는 남아 있다. 바로 통합시스템 구축이다.70)

두 번째는 해제집을 비롯한 기본공구서의 발간이다. 해제집을 통해 주요 자료에 대한 분석을 도모하고 내용을 상세히 소개하여 이해를 돕는 것이 필요하다. 해제집 발간은 구술자료의 경우에도 제외될 수 없음은 물론이다. 초록집과 기본목록집 등 공구서의 발간은 자료집 이상의 활용성과 의미를 갖는다. 기관이 소장한 모든 자료를 公刊하는 것은 불가능하다. 그러므로 초록집과 해제집을 통해 정보를 제공해야 한다. 이 점은 이용자나 소장기관 모두에게 유용성이 높다는 장점이 있다.

---

70) 구체적인 자료의 통합관리방안에 대해서는 정혜경·김성식, 2000, 「해외소재 한국학관련 역사기록의 정보화 방안 연구」『기록학연구』 1, 169~170쪽 참조.

세 번째는 자료의 公刊이다. 자료집의 발간이나 웹사이트상의 열람이 가능하도록 하는 것이다. 특히 웹사이트나 CD - ROM 을 통해서 제공할 수 있는 부분은 적지 않다. 구술자료의 경우에도 오디오테입을 Digitlizing 후 Filtering하여 음질을 복원하는 과정을 거친 후 WAV(저장용) · MP3(웹서비스용)으로 구분하여 보관하는 방법이 가능하다.

네 번째는 DB화를 통한 자료의 전산화이다. 여기에는 조선인 명부가 해당한다. 현재 정부기록보존소에서 DB화를 완료한 명부 외에 수집되는 명부는 출신지별, 인명별, 출발시기별로 검색할 수 있는 시스템을 만들어 검색도구를 이용해 검색하도록 해야 한다. 검색은 인명을 확인해 보상을 신청하고자 하는 민원인의 입장에서만 필요한 것이 아니다. 조선인명부는 연구자들이 매우 필요로 함에도 불구하고 활용도가 낮은 자료이다. 현재의 자료상태가 계속된다면, 이후에도 이 자료에 대해서는 활용도가 높아질 수 없다. 구체적으로는 워크시트를 만들어 자료 정보를 입력하고, 데이터베이스를 구축하는 것이다. 구체적인 내용을 살펴보자.[71]

국사편찬위원회나 국회도서관 등에서는 원문 자료를 전산 입력하여 내용 기사에 대한 기본적인 색인이 이루어질 수 있도록 하며, 자료의 각 문건, 종류별로 분류 가능한 목록을 부가하여 주제, 문서생산기관, 일시 등의 검색이 이루어지도록 하고 있다.

국회도서관 데이터베이스 구축 작업의 단계를 살펴보면, 크게 원문자료의 스캐닝과 원문자료 검색을 위한 검색어 입력 작업으로 나누어 볼 수 있다. 원문자료의 형식은 SGML(Standard Gern eralized Markup Language)과 이미지를 사용하였고, 목록자료는 MARC(Machine Readable Cataloging)을 사용하였다. 데이터베이스구

---

71) 구체적인 내용은 정혜경 · 김성식, 앞의 글 참조.

축을 위한 구체적인 단계는 다음과 같다. 자료준비(스캐닝시 유의사항 체크) / 필름반출 → 원문스캐닝 → 원문교정과 재스캐닝 → 프린트 / 색인작업을 위한 자료배포 / 필름반납 → 색인작성 및 입력, 교정 등이다.[72]

국회도서관 데이터베이스 구축에서 가장 중요한 단계는 검색을 위해 활용할 수 있는 색인어를 어떻게 추출하고 입력하는가 하는 문제이다. 국회도서관이 1999년도에 수행한 미국무성과 일본외무성소재 한국학 관련 역사기록의 경우에는 색인어 작업을 3단계로 했다. 우선 1차 색인 작업자가 색인단위를 구분하고 그 단위별로 주제데이터(제목, 내용, 연도, 분류기호, 키워드 및 내용주기)를 선정해 주제데이터워크시트를 작성한다. 그 다음 2차 색인 작업자(검수자)가 1차 색인작업자의 주제데이터를 원본과 비교하여 점검하고 완전한 색인워크시트를 작성하면, 입력자가 입력 및 교정 절차를 거친다. 1차 색인워크시트 양식은 두 가지인데, 양식 (1)은 문서의 서지 정보를 입력하는 양식이고, 양식(2)는 내용주기 또는 목차를 입력하는 것으로, 검색시 해당 페이지로 연결되도록 하는 기능을 수행한다.[73]

---

72) 정혜경·김성식, 앞의 글, 162쪽.
73) 이 데이터베이스들은 국회도서관의 전자도서관을 통하여 모든 사람이 활용할 수 있도록 제공되고 있다. 국회도서관의 전자도서관은 국가전자도서관 구축사업과 연결되어 있어, 다른 7개 기관과 통합하여 검색도 가능하다. 검색 방법은 기본적으로 서지사항을 검색할 수 있도록 하고 있다. 데이터베이스마다 검색어 입력 항목이 약간씩 차이가 있지만, 공통적으로 저자,·제목, 발행자, 발행연도, 키워드(색인어) 등이 항목으로 설정되어 있다고 볼 수 있다. 또한 본문 자료의 내용을 검색할 수 있도록 명령어 검색 방식도 제공하고 있다. 검색을 실행하면 찾고자 하는 주제 또는 색인어가 포함되어 있는 자료들의 목록이 제시된다. 이 목록을 검토하여 특정 자료를 선택하여 원문보기를 실행하면 SGML Browser 또는 이미지 Viewer를 통하여 본문 정보를

조선인명부의 데이터베이스 구축화 작업에서도 고려해야 할
점은 위의 두 경우와 다르지 않다. 원문자료의 스캐닝과 원문자
료 검색을 위한 검색어 입력 작업이 주가 될 것이다. 도리어 다른
한국사자료와 달리 내용정보가 단일하므로 워크시트 양식은 인
명과 지명(한자 병기)이 검색어의 중심이 되어야 한다.

등록번호			페이지	
내용연도〈005〉				
제목1 〈200〉				
제목2 〈210〉				
내용	〈220〉			
	〈230〉			
분류기호	〈440〉			
키워드	〈600〉			
	〈650〉			
주기	〈410〉			
	〈420〉			

[그림 1 - 1] 국회도서관 1차 색인워크시트(양식 1)

등록번호		페이지		
〈BODY〉	내용주기( ) 목차 ( )		키워드	저 자
	1. 제목, 연도= 스캔페이지, , ,			

[그림 1 - 2] 국회도서관의 1차 색인워크시트(양식 2)

정부기관에 소장된 조선인명부 외에도 국내에서 파악된 강제
연행과 관련된 명부에 대한 데이터베이스화도 함께 추진되어야

열람할 수 있도록 되어 있다.

할 과제이다. 한국정신문화연구원이 1995년과 1996년에 희생자조
사사업의 일환으로 파악한 명부가 여기에 해당한다. 그 외에도
일본에서 조선인명부는 계속 발굴되고 있다. 강제연행진상조사단
장인 홍상진은 2003년 2월에 서울에서 그 동안 진상조사단이 수
집한 41만 명분의 명부를 공개했고, 北海道지역에서도 새로운 조
선인명부가 속속 공개되고 있다. 다이헤이마루(太平丸)사건 등 최
근에 밝혀진 선박조난사고관련 자료가 공개되면서 아울러 명부
도 소개되었다. 이와 같이 조사와 연구를 통해 공개되는 명부는
앞으로 증가할 것으로 생각된다.

　다섯 번째는 자료통보의 발간이다. 자료통보는 현재 수집되고
있는 자료의 상황에 대한 정보를 제공하고, 수집자료를 소개하는
기능을 갖춘 것이다. 연구기관에서 각 주제별로 이러한 자료통보
를 발간함으로써 연구자들에게 정보와 아울러 신선한 자극을 주
는 것은 학문발전에 있어서 중요하다. 현재와 같이 자료의 통합
자료시스템이 운영되지 않고 자료가 산재되어 있는 한국적 상황
에서 자료의 소재와 수집상황에 대한 정보는 연구의 출발점이라
고 할 수 있다.

　여섯 번째는 자료공개에 따른 정보공개 및 지적재산권 문제이
다. 정부기록보존소가 전산화를 완료한 조선인명부의 공개가 뒤
늦게 이루어진 점도 바로 개인 정보에 대한 해석의 차이이다. 조
선인명부가 개인정보라기 보다는 역사자료의 성격이 강하지만
강제연행 피해자에 대한 사기사건이 빈번한 현실 속에서 아무런
제어장치 없이 공개하는 것은 무모할 수 있기 때문이다. 특히 디
지털 정보를 다루는 공간에서 저작권은 큰 문제로 남아있다. 디
지털 정보는 사용자에게 소유권이 주어진 것이 아니라 저자 또는
창출자로부터 사용을 허용받은 것이다. 정보를 제공하는 기관은

이와 같이 디지털 정보에 결합되어 있는 권리사항에 의해 정보의
제공과 활용 지원에 큰 영향을 받을 수 밖에 없다.

　그러나 위에서 언급한 여섯 가지 방안에 앞서 절실히 필요하며
전제되어야 하는 것은 '자료는 공유되어야 한다'는 인식일 것이
다. 통합시스템을 운영하는 과정에서 나타나는 기술적인 한계는
기술의 발전에 따라 쉽게 극복될 수 있다. 정보화의 여러 방법을
통해 자료에 대한 기본적인 정보도 어렵지 않게 제공될 수 있다.
기록학의 발전으로 분류와 보존방식에서도 효율성을 도모할 수
있게 되었다. 이보다 우선되어야 하는 것은 인식의 전환이다. 이
는 정보화사회의 한복판에서 여전히 剽竊이 근절되지 않는 상황
이 보안시스템의 문제가 아니라 연구자의 학문적 양심문제인 것
과 마찬가지이다.74)

　수집된 자료는 기관의 독점이나 소유의 개념이 아니라 공공의

---

74) 필자는 2001년 5월에 전국역사학대회에서 「강제동원에 대한 연구성
　　과와 자료 현황」(발표자: 안자코 유카) 토론 석상에서, 통합시스템을
　　통한 강제연행관련자료의 공유를 역설했다. 그런데 참석자들의 반응
　　은 미진했다. 방향은 바람직하지만 아직 국내학계에서 자료공유란
　　시기상조가 아닐까 하는 우려가 지배적이었기 때문이었다. 대구 모
　　대학원 문헌정보학 석사과정 학생으로부터 요청이 있어 수요역사연
　　구회 홈페이지에 올린 논문 「한국의 구술자료관리현황」을 다운로드
　　받아가도록 알려주었는데, 2002년 1월에 필자에게 배달된 석사학위
　　논문에는, 필자의 논문 대부분이 각주 하나 없이 실려 있었다. 2년이
　　경과한 후 불가피하게 당사자와 통화를 하게 되었는데, "영감을 받았
　　을 뿐 표절하지 않았다"는 그 학생의 주장으로 인해 당혹감은 계속
　　되었다. 물론 학자에게 있어서 표절은 범죄행위이다. 문헌정보학이
　　든 역사학이든, 학위논문이든 雜文이든 赦免의 여지는 전혀 없다. 그
　　러나 많은 논문이 홈페이지에서 다운로드할 수 있도록 되어 있는 작
　　금에 이 사건은 극소수의 사례이다. 자료공유과정에서 나타나는 부
　　작용을 이기지 못하여 자료공유의 문을 닫아버린다면 추후에 학계
　　전체가 받는 손실은 더욱 클 것이라고 생각한다.

소유라는 인식을 바탕으로 할 때, 기관간에 기록에 대한 정보가 공개되고 이를 바탕으로 과학적인 정리와 분류, 보존방식이 수립될 수 있다. 그러므로 문제 해결의 열쇠는 바로 자료에 대한 연구자와 연구기관의 인식인 것이다. 자료에 대한 공개념이 확립되고, 공익성이 우선시 된다면, 자료의 활용도가 높아지고, 중복수집이 줄어들며, 그 결과 연구의 질은 높아지게 될 것이다.

Ⅵ. 맺 음 말
- 강제연행체제관련 자료의 성격-

현재 국내에 소장된 강제연행관련자료는 당시 역사를 복원하는데 충분한 내용을 담고 있지 못하다. 강제연행체제의 실상을 알려주는 자료는 매우 제한적이고, 전시동원체제를 이끌어가기 위한 당국 측의 입장을 반영한 자료가 중심을 이룬다. 결정적인 단서가 될만한 기업생산문서가 은폐되거나 왜곡되어 있는 경우도 흔히 경험한다. 정책문서나 기업생산문서가 담고 있는 내용을 구술자료와 비교하여 검토해보면, 판이하게 다른 사실을 확인하게 된다. 관련기업 가운데 하나인 오노다(小野田) 시멘트 자료는 비교적 노무관리가 잘 되어 있어 노동자들이 불이익을 당하는 경우가 적은 모범적인 기업임을 입증한다. 그러나 오노다 시멘트에서 인간 이하의 노동에 시달린 계훈제의 회고는 이와 정 반대의 사실을 보여준다. 오노다 시멘트 평양 승호리 공장과 천내리 공장에서 조선인학병거부자 80명이 해야했던 노동은 '차마 인간으

로서 할 수 없는 일'이었다.[75]

구술자료수집과정에서 흔히 경험하게 되는, "아이구, 그게 아니여. 그런 일은 없었당게. 그기사 그놈들(*일본)이 하는 얘기지. 우리는 아니었다니까 그러네. 아이구 폭폭혀(*답답해)", "그놈들이야 글루다 그렇게 적어야지 어쩌겠어"와 같은 류의 증언은 문헌자료에 의지하여 일제 말기와 강제연행기를 이해하려는 연구자들에게 중요한 시사점을 제공해준다.

강제연행관련 문헌자료가 갖는 한계에도 불구하고 국내에는 상당한 규모의 관련자료가 소장되어 있다. 구술자료의 경우에도 계속 생산되고 있는 중이어서 자료의 양은 더욱 증가할 것으로 예상된다. 다음 단계는 각 기관이나 연구자가 소장한 자료의 공개·활용을 활성화하여 연구와 소송에 소용되게 하는 것이다.

이 단계로 접어드는 데 필요한 가장 큰 열쇠는 통합시스템의 운영이나 기술적인 오류 극복, 예산확보가 아니라 인식의 전환이다. 특정한 기관이나 수집한 연구자가 자료를 독점하고, 자료에 대한 기본정보조차 제공하지 않는 상황에서 통합시스템이나 기술의 발전은 의미가 반감된다. 이제는 과감히 수집을 "누가 누가 잘하나"의 틀을 벗어날 때이다.

---

75) 이와 관련해서는 계훈제, 2002, 『흰 고무신 ─ 계훈제, 미완의 자서전』, 삼인출판사, 71~109쪽 참조.

제2장

조선총독부 노무문서 개요

Ⅰ. 조선총독부 노무문서의 사료적 가치

현재 정부기록보존소가 소장하고 있는 조선총독부 문서는 총독부 文書庫에서 이관 받은 문서 14,000여 권과 1969년 중앙행정기관과 지방행정기관에서 이관 받은 문서 16,000여 권(중앙행정기관 9,000여 권, 지방행정기관 7,000여 권) 등 총 30,000여 권이 해당된다.[1] 이들 문서는 총독관방, 외사, 경무국, 재무국, 내무국, 학무국, 법무국, 재판소, 식산국, 농림국 등 생산기관별로 분류가 되어 있다. 이 가운데 「알선노동자표창관계철」을 비롯한 노동력 강제동원관련자료는 내무국 문서 가운데 '노무'에, 제국의회 의사록이나 해군동원관련자료는 '경무국'에 분류 소장되어 있다. 또한

---

1) 김형국, 2001, 「정부기록보존소의 조선총독부문서 소장현황 및 내용 검토」『한국민족운동사연구의 역사적 과제』, 국학자료원, 128쪽.

사회교화업무에 관련된 자료(각종 청년훈련소 인가서류)는 학무
국 문서 내 '사회교육'에 분류되어 있다.[2]

1906년 '통감부사무분장규정'과 '통감부문서취급규정'에서 시
작된 문서관리제도는 1910년 강점 이후에는 더욱 강화되었다. 이
들 문서는 공문서인 법령문과 일용공문, 準공문서인 식사와 훈
시·성명·표창·징계·始末서류·광고·선전문 등으로 분류
된다. 법령문은 법률명령의 문서로서 명령, 훈령이 해당되고, 일
용공문은 지령, 통첩, 통지문, 왕복문, 보고문, 복명서 등이 포함
된다. 이들 문서는 엄격한 문서관리규정 속에서 생산되고 관리되
었으나, 식민지시대에 생산된 모든 문서가 현재에까지 이르지 않
은 것으로 추정된다.[3]

조선총독부문서의 각 문서철은 공문서와 준공문서를 각각 구
분하여 역순으로 편철되어 있다. 따라서 하나의 사안에 대해서도
공문서가 시기순으로 역순 편철된 후에, 다시 준공문서가 편철됨
으로써 생산시기가 혼재되는 결과를 낳았다.

현재 강제연행관련문헌자료는 상당수 발굴·공개되었는데, 그
가운데에서 조선총독부문서의 사료적 가치는 매우 높다.[4] 문헌자
료 가운데 양적으로는 조선총독부가 발간한 간행물도 적지 않다.
그러나 대민홍보용으로 발간된 것이어서 당시 시대상이나 객관
성은 기대하기 어렵다. 신문기사도 마찬가지이다. 통제체제 아래
에서 발간된 신문기사의 내용은 역시 제한성을 갖는다. 그러나
조선총독부문서는 내부 문건이므로 강제연행체제의 형성과정과

---

2) 총무처 정부기록보존소, 1984, 『정부기록보존문서 색인목록집』 참조.
3) 김형국, 2001, 「정부기록보존소의 조선총독부문서 소장현황 및 내용
   검토」, 126~127쪽.
4) 강제연행관련자료에 대한 자세한 내용은 본서 수록 「일제말기 강제
   연행관련 국내소장자료」 참조.

운용 내용을 알려주는데 가장 정확한 자료이다.

그러나 현재 연구자들 사이에 조선총독부 문서에 대한 활용도는 그리 높지 않다. 그 동안 문서의 내용을 파악할 수 있는 자료는『정부기록보존문서 색인목록집』(1984년)에 불과하였으므로 문서에 담긴 내용이 알려지지 않은데다가 열람도 쉽지 않았기 때문이다. 또한 문서철의 양이 방대하고 초서나 난필도 많으며 혼재된 편철 등은 이용에 걸림돌로 작용한다. 2000년부터 경무문서에 대한 해제집이 발간됨으로써 비로소 그 내용이 조금씩 알려지기 시작했다. 2001년에도 외사문서에 대한 해제집이 발간되었고, 강제연행과 직접 관련이 되는 노무문서의 해제집도 2002년 말에 발간되었다.[5] 그러나 이들 해제집이 비매품이고 한정 부수만을 발간함으로 여전히 많은 연구자들은 해제집을 대하기가 쉽지 않다. 이 글은 노무문서에 대한 개요로서 문서내용에 대한 이해를 돕고 노무문서 이용에 도움이 되고자 수록하였다.

Ⅱ. 노무문서 생산기관의 변천

조선총독부 노무문서로 분류된 문서는 1939년부터 1944년까지 생산된 문서이고, 문서 생산기관은 사회과 노무계나 노무과이다.

---

5) 행정자치부 정부기록보존소, 2000,『정부기록보존소 일제문서해제 – 경무편』; 2001,『정부기록보존소 일제문서해제 – 외사편』; 2002,『정부기록보존소 일제문서해제 – 이재・사계・상공・경금속・연료・노무편』.

'노무'업무는 1938년 4월 1일 국가총동원법의 공포 이후 실시된 업무이다. 따라서 '노무'업무를 담당하는 부서도 1938년 이후에 나타났다. 노무과는 사회과 노무계에서 출발하여 1941년에 노무과로 승격되었는데, 소속국은 내무국·사정국·광공국 등을 거쳤다. 노무관련기구의 변동상황과 담당 업무에 대해 살펴보면 다음과 같다.

내무국 사회과는 1921년 7월 신설되었다. 조선총독부는 3·1운동 이후 학교교육 뿐만 아니라 사회교화사업이 식민통치에 미치는 영향이 매우 중요하다는 사실을 절감하고 1921년 7월 내무국 산하에 사회과를 신설했다. 사회과 업무는 사회사업과 사회교화사업으로 대별된다. 이 때에는 사회풍기를 교정한다는 이유에서 관제로 풍속개량회를 조직하는 등 급속도로 사회주의사상을 수용하는 학생과 청년층을 막고자 하는 시도가 강하게 이루어졌다. 그러나 1930년에 들어서서 사회통제가 더욱 강화되어야 할 시기에 이르면서 전 사회 각계 각층을 대상으로 하는 사회교화사업의 전개가 과제로 대두되었다. 그 결과 1932년 2월 13일에 사회과는 내무국에서 학무국으로 소속을 바꾸게 된다.

1936년에 학무국은 전시체제에 적합한 사상전도와 민중교화사무에 치중하기 위하여 사회사업업무와 사회교화교육업무로 구분하고 사회과를 다시 내무국 산하로 두어 전자의 업무를 담당하도록 했다. 후자의 업무는 학무국 내에 신설된 사회교육과에서 담당하도록 했다. 내무국 사회과에 사무분장 가운데 '노무'와 관련한 업무가 명시되기 시작한 것은 조선총독부훈령 제7호(1939년 2월 7일자)에 의해서이다(조선총독부관보 제3614호 1939년 2월 7일자). 그 후 총독부의 사무분장에 의해 1941년 3월에 노무과가 신설됨에 따라 '노무'에 관한 업무는 사회과가 담당하지 않게 된다.

〈표 2-1〉 사회과의 관장 업무

일 시	근거법령	사회과 관장 업무	소속 관서
1921.7.27	훈령45호	1. 진휼 및 자선에 관한 사항 2. 사회사업에 관한 사항 3. 지방개량에 관한 사항 4. 향교재산관리에 관한 사항 5. 수리조합에 관한 사항	내무국
1932.2.13	훈령13호	1. 사회사업에 관한 사항 2. 제생원과 감화원에 관한 사항 3. 사회교육에 관한 사항 4. 청소년단과 청년훈련소에 관한 사항 5. 도서관과 박물관에 관한 사항 6. 경학원과 명륜학원에 관한 사항 7. 향교재산에 관한 사항 8. 종교와 제사에 관한 사항 9. 사원에 관한 사항 10. 보물고적명승천연기념물 등의 조사 보존에 관한 사항	학무국
1936.10.16	훈령31호	1. 구휼 및 구제에 관한 사항 2. 이재구조에 관한 사항 3. 아동보호에 관한 사항 4. 노동보호에 관한 사항 5. 실업의 구제 및 방지에 관한 사항 6. 제생원 및 감화원에 관한 사항 7. 기타 사회사업에 관한 사항	내무국
1939.2.7	훈령7호	1. 구호 및 구료에 관한 사항 2. 이재구조에 관한 사항 3. 모성과 아동의 보호에 관한 사항 4. 공익質屋, 주택의 공급개선 기타 사회복리시설에 관한 사항 5. 군사부조 기타 군사원호에 관한 사항 6. 노동보호에 관한 사항 7. 직업의 소개 기타 노무수급에 관한 사항 8. 실업구제 및 방지 9. 국민등록에 관한 사항 10. 제생원 및 감화원에 관한 사항 11. 기타 사회사업에 관한 사항	내무국

1921년 사회과 신설 이후 1939년 노무업무의 실시까지 사회과의 관장업무는 <표 2-1>과 같다.

노무과가 사회과 노무계에서 과로 승격한 것은 1941년 3월 13일자 조선총독부 훈령 제23호에 근거한다(조선총독부 관보 호외 1941년 3월 13일자). 이 때 노무과는 사회과로부터 독립하여 과로 승격하게 된다. 훈령에 명시된 두 과의 업무내용을 비교하면 다음과 같다.

<표 2 - 2> 노무과와 사회과의 관장업무

노무과 관장 업무	사회과 관장 업무
1. 직업소개 기타노무의 수급조정에 관한 사항	1. 구호 및 구료에 관한 사항
2. 실업대책에 관한 사항	2. 이재구조에 관한 사항
3. 노동력의 保持增强에 관한 사항	3. 사회복리시설에 관한 사항
4. 노동조건에 관한 사항	4. 주택에 관한 사항
5. 노동보호에 관한 사항	5. 군사보호에 관한 사항
6. 국민직업능력의 등록 및 국민징용에 관한 사항	6. 재생원 및 감화원에 관한 사항
7. 기타 노무에 관한 사항	7. 기타 사회사업에 관한 사항

내무국에 속해 있던 노무과는 1941년 11월 19일자 조선총독부 훈령 제103호에 의해 후생국으로 배속된다. 훈령에 의해 후생국에는 보건과·위생과·사회과·노무과가 설치되었다. 이 때 노무과가 담당한 업무는 1941년 3월의 업무분장 내용과 동일하다.

후생국에 소속되었던 노무과는 다시 이듬해에 사정국으로 이속된다. 관제의 변화는 일본의 정책변화와 궤를 같이한다. 일본정부는 태평양전쟁이 가열화함에 따라 전쟁수행을 위한 방대한 물심양면의 군사력 조성기지로서 식민지 조선에 대한 지배체제를 강화하기 위해 조선총독부의 행정체제를 일본중앙행정체제와 일

원화하도록 했다. 이를 위해 조선총독에 대한 감독을 강화하도록
하는 내용의 관제개정을 단행했다(1942년 11월 1일자 칙령 제729
호). 이러한 조치에 따라 조선총독부의 관제도 개혁되었다. 1942
년 11월 1일자 조선총독부 훈령 제54호에 의해 노무과는 지방
과・외무과・사회과・토목과・지방관리양성소와 함께 사정국
으로 배속되는 것이다(조선총독부관보 호외 1942년 11월 1일자).
이 때 노무과의 담당업무는 이전부터 담당하던 업무에 '기술자의
할당에 관한 사항'이 추가되어 8개 항목이 된다.

그러나 패전의 기색이 짙어지자 1943년 12월에 조선총독부는
결전체제를 맞기 위해 또 다시 행정기구 개혁에 착수했다. 1943
년 12월 조선총독부는 행정기구개혁을 단행하여 총무・사정・식
산・농림・철도・전매 등 6국을 폐지하고 광공・농상・교통 등
3국을 신설하여 총 8국(총독관방・재무・법무・학무・경무・광
공・농상・교통)으로 개편하였다. 이에 따라 사정국에 소속되어
있던 노무과는 광공국으로 이속하게 된다.

1944년 10월 전쟁이 막바지에 이르면서 총동원체제에 대한 재
정비는 또 한번 이루어지고, 이에 따라 노무과는 1944년 10월 15
일자 조선총독부 훈령 제89호에 따라 근로조정과・근로동원과・
근로지도과로 세분화된다(조선총독부 관보 호외, 1944년 10월 15
일자). 그러므로 1944년 10월 15일 이후부터 '노무과' 생산문서는
찾을 수 없게 된다.

Ⅲ. 노무문서의 개요[6)]

1. 斡旋勞働者表彰關係綴

1939년도에 함경남도와 만주국 간도·평안남도 등 각 지방 관급공
사장에서 일하는 노동자들을 대상으로 거둔 헌금과 조위금, 위문금
납부상황을 담은 자료.
생산년도 : 1939년 / 생산기관 : 조선총독부 내무국 사회과 노무계 /
총면수 : 66면

이 문서철에는 「본부알선노동자국방헌금에 관한 건」(2건. 기안
일자 6월 26일자 / 7월 28일자) 등 총 10건의 문서가 시기순으로
편철되어 있다. 이 문서철의 명칭은 알선노동자표창관계철(이하
관계철)이지만 구체적인 표창에 대한 내용은 나타나 있지 않다.
이들 문서를 근거로 후일 표창절차를 밟았을 것임은 미루어 짐작
할 수 있다.

이 관계철에 수록된 문서에는 '알선노동자'라는 명칭이 사용되
었으나 이 명칭은 일제 말기에 당국이 강제연행정책을 전개할 때
규정한 '관알선' 단계의 노동자와는 성격을 달리한다. 관계철에
수록된 문서에서 지칭하는 알선노동자는 1942년부터 동원된 관
알선노동자를 의미하는 것이 아니라 이전 시기(1933년부터 1939
년 당시까지)에 동원된 노동자이다. 즉 조선총독부가 알선하여 북
부지방으로 이주시킨 노동자이다.[6)]

---

6) 일제 말기 알선노동자의 동원은 1938년 5월 10일 조선에 적용된 '국
　가총동원법'에 의거한다. 물자·생산·금융·가격·노동 등 모든 경
　제분야에 걸쳐 정부가 명령 하나로 필요한 통제조치를 행할 수 있도

관계철에 수록된 문서 가운데 「본부알선노동자국방헌금에 관한 건」은 내무국장이 전북지사에게 보낸 문서(기안일자 6월 26일자. 이하 기안일자 기준)와 함경남도를 제외한 각도지사 및 경성토목건축업협회장에게 보낸 문서(7월 28일자)이다. 이에 따르면 함남 소재 허천강 수전공사장에서 일하는 임실군 출신 노동자 40명의 과태금을 모아 국방헌금으로 헌납한다는 내용이다. 여기에는 취로 태만자 10전, 지각한 자 5전 등 징수기준이 제시되어 있다. 이를 통해, 국방헌금이 강제로 징수되었음은 물론, '취업 태만자'로 지목된 알선노동자에 대한 벌금이 국방헌금으로 둔갑하기도 했음을 알 수 있다.

　이들 문서에 나타난 내용에서 공통된 점은, 특정한 지역의 작업

록 규정한 이 법에 의거해 각종 노동통제 및 동원관계 법령이 제정되었다. 1930년대 말 이후 조선 내에서 신규노동력 수요를 충족시키기 위해 사용되었던 방법은 ① 자연전입과 연고고용 → ② 모집과 관알선·징용 → ③ 강제연행의 단계로 전개되었는데, 이 가운데 ②는 정규노동력을 조달하는데 사용되었다. 알선노동자는 1930년대 조선총독부의 노무수급조정정책에서 시작되었다. 1920년대까지 조선총독부는 남부지방의 과잉노동력을 북부지방으로 이동시키거나 이동에 따른 여러 가지 편의를 제공하는 등 이동을 촉진하는 정책에 주력했다. 이러한 노동정책을 통해 저임금을 유지하고 노동력 부족상태를 충족할 수 있었다. 그러나 공사현장이 확대되면서 임금등귀현상이 나타나자 새로운 정책의 필요성이 대두되었다. 그것은 바로 조선총독부의 적극적인 후원 아래 다량의 남부지방 노동자들을 이곳으로 이주시키는 것이었다. 1933년부터 함경도 지방을 중심으로 각종 공장·발전소·철도건설공사에 대한 노동력 수요가 급증하게 되자 조선총독부가 마련한 지역간 노무수급조정책은 더욱 본격화되었다. 열악한 노동조건으로 인한 탈주를 막기 위해 노동자를 20명 단위로 하여 집단 이주시키는 방법을 택했다. 낮은 임금조건과 열악한 노동조건을 감추고 행정력과 언론기관을 총동원하여 홍보활동을 하여 인원을 모집하였으나 노동자의 탈주는 막을 수 없었다. 그러므로 이러한 조건에 맞는 노동자를 활용하는 방안은 강제동원기를 기대할 수밖에 없었다.

장에서 헌금이나 의연금·조의금이 갹출된 사례를 공람하도록 하여 다른 지역의 분발을 촉구하고 있다는 점이다. 1939년 4월부터 6월까지 함남 소재 허천강 수전공사장에서 일하는 전북 남원군 출신 알선노동자 308명이 저축금과 고향으로 보낼 송금을 모두 모은 7300여 원을 국방헌금으로 헌납한 내용이 대표적이다. 1939년 7월 28일에 내무국장은 「본부알선노동자국방헌금에 관한 건」을 통해 전북지사가 7월 26일자로 내무국장에게 보낸 문서(「알선노동자에 관한 건」)를 별첨하여 각 도지사 및 경성토목건축업협회장에게 공람하도록 하달했다.

「본부알선노동자 早害이재민구제의연금(11월. 21일자)」에 첨부된 경성토목건축협회장이 내무국장에게 보낸 문서(알선노동자 南鮮 早害에 대한 의연금에 관한 건)에는 "보도계에 통보하고 각 도지사에게 보내어 참고하도록 할 것"이라는 담당자의 메모가 남아 있다. 이를 통해 각종 헌금 수합을 활발히 하고자 하는 당국의 입장을 엿볼 수 있다.

헌금이나 조위금, 의연금은 작업장의 반별로 일괄적으로 갹출하였는데, 헌금액수는 1인당 5전에서 10전 정도이다. 납부자들은 만주국 간도성 소재 동만주철도공사 松本組에 속한 노동자(11월 2일자 「본부 알선노동자조위금갹출」), 평안남도 소재 平機換車場 공사청부업자 주식회사 錢古組 평양사무소에 속한 노동자(12월 19일자 「본부알선노동자국방헌금에 관한 건」) 등을 제외한 8건이 모두 함남 소재 허천강 수전공사장 소속이다. 납부자들의 출생지역은 전남이 가장 많고, 전북이 뒤를 이으며, 충북과 경남도 각각 1건씩 나타나고 있다.

관계철을 통해 헌금수합과정을 파악할 수 있다. 각 사업장별로 거둔 헌금은 작업장 관할 도지사를 통해 내무국과 노동자의 출신

지역 도지사에게 전달된다. 또는 작업장 관할 도지사가 경성토목건축업협회에 보고하고 그 내용을 경성토목건축업협회가 내무국에 보고하기도 한다. 문서를 접수한 내무국은 이들 공문을 첨부하여 내무국장 명의로 각도지사(작업장 관할 도지사 제외)에게 공문을 보내어 내용을 알린다.

이상과 같이 관계철은 1939년 하반기에 함경남도와 만주국 간도·평안남도 등지의 관급공사장에서 취로 중이던 노동자를 대상으로 한 헌금갹출에 관한 자료이다. 이러한 모금활동은 당국의 홍보수단으로 활용되었다.

2. 南洋農業移民關係綴

조선총독부와 남양청이 주관하고 豊南산업주식회사와 南洋興發주식회사가 수행한 남양군도(미크로네시아)행 농업이민관련문서철.
생산년도 : 1939~1940년 / 생산기관 : 조선총독부 내무국 사회과 /
총면수 : 324면

남양농업이민은 1938년 8월부터 1940년 2월까지 총 13회에 걸쳐 수행되었고, 1,266명(285호)의 조선인이 농업이민을 떠났다. 이 가운데 총 2회는 풍남산업주식회사가, 총 11회는 남양흥발주식회사가 수행했다. 이 문서철에는 1939년 6월 6일부터 1940년 2월 23일까지 수행된 총 3회(304명)에 걸친 농업이민관련 문서가 편철되어 있다. 1939년 6월 6일자~9월 11일자(총 55건), 1939년 9월13일자~11월 1일자 문서(총 24건. 이상 풍남산업주식회사 수행)와 1940년 2월 14일자~1940년 2월 23일자 문서 4건(총 4건. 남양흥발주식회사 수행) 등 총 3회에 대한 문서이다.[7]

이 문서철에는 이민업무를 주관하는 총괄부서인 내무국 사회
과와 남양청 내무부와 실제적인 수행기관인 도의 내무부 사회과
및 기업(풍남산업주식회사), 선정업무를 실제 수행하는 기관인 면
이 각각 주고받은 왕복문서(기안문·시행문·전보철·서신 순)
가 역순으로 편철되어 있다. 그러나 시기별 역순 편철이 아니라
기안문, 시행문, 전보철 및 서신 순으로 각각 역순 편철되어 있으
므로 이러한 편철 질서를 통해서는 '남양농업이민'의 추진과정과
내용을 파악하기 어렵다. 그와 관련된 내용은 문서번호 88-6 南洋
行農業移民關係에 수록된 '조선인농업이민에 대한 계획'에 관한
문서(1939년 6월 9일자 남양청 내무부장이 작성하여 조선총독부
내무국장 앞으로 보낸 문서「勞務者募集에 關한 件」)를 통해 확
인할 수 있다. 또한 풍남산업주식회사가 수행한 총 2회에 걸친 이
민사업내용의 후미에 남양흥발주식회사의 11번째 이민사업수행
내용을 첨부함으로써 편철의 일관성을 유지하지 못하고 있다. 그
러므로 이 문서철과 88-6 南洋行農業移民關係를 상호 비교해야
만 '남양농업이민'에 대한 전체적인 내용을 확인할 수 있을 것이
다. 이 글에서는 편철 순서와 무관하게 시기 순으로 내용을 살펴
보도록 하겠다.

---

7) 남양농업이민은 1939년 6월부터 추진된 조선농민에 대한 집단이주이
다. 1914년 10월 일본해군에 의해 점령당한 남양군도는 1921년에 국
제연맹규약 제22조 규정 및 C식 위임통치조항에 의해 일본의 위임통
치지역이 되었다. 일본은 경제적 목적에서도 남양군도를 중요시하여
1914년부터 일어난 '남양 붐'의 결과, 남양군도에는 많은 식민회사가
설립되었다. 식민회사인 풍남산업주식회사와 남양흥발주식회사는 일
본정부와 남양청의 후원에 힘입어 독점자본의 전형적 형태를 이루었
는데, 製糖業과 酒精業 등이 주요 사업이었다. 이들 식민회사는 남양
청으로부터 대여받은 토지에 조선인 노동력을 투입하여 카사바와 사
탕수수를 생산하고 이를 일본 大阪에 보내 澱粉이나 방적용 풀을 제
조하였다. 이를 위해 수행한 것이 바로 조선인농업이민이었다.

일제 말기에 조선총독부는 만주와 중국관내, 남양군도 등 한반
도 이외 지역에 농민을 이주시키기 위한 제도적인 장치 마련과
이주정책 수행을 게을리 하지 않았다. 이러한 이주정책은 일제가
점령지를 대상으로 전개한 척식사업의 일환이었다. 만주침략 이
후 일본의 점령지역이 확대되자 조선인의 집단 이주에 대한 필요
성이 높아졌다. 중국관내지역과 만주 등 기존에 수행했던 집단이
주사업을 체계화하고 확대하기 위해 조선총독부는 제도적인 조
치를 강화하게 된다. 조선농민의 외지 이주를 원활히 하기 위해
1939년 2월 22일에 이민위원회 규정(조선총독부훈령 제9조)을 마
련하고, 정무총감이 직접 주관하도록 했다. 규정 제1조에 '농업을
목적으로 만주 기타 지방으로 조선인의 이주에 관한 중요사항을
조사심의하기 위해 조선총독부에 이민위원회를 설치한다'고 명
시하였다.

남양군도에 대한 조선인의 집단이주는 1939년 6월에 처음 수행
된 것이 아니었다. 이보다 앞서 조선인에 대한 노동력 이동이 수
행되었는데 이주한 조선인들은 노동자로서 도로와 항만을 닦는
데 동원되었다. 그러나 조선총독부와 남양청이 장기적으로 필요
한 인력은 사탕수수와 카사바 재배인력이다. 당국은 1939년 8월
부터 11월까지 총 250호에 대한 농업이민을 완료하고 조선농민을
일용인부로서 사탕수수와 카사바 재배에 동원하고자 했다. 이를
통해 무수알코올을 생산하여 공업원료로 이용하고자 했던 것이
다. 그러나 모집상황이 예정대로 진행되지 않아 1940년 초까지
계속하게 되었다.

남양농업이민은 남양청 내무부를 경유한 풍남산업주식회사나
남양흥발주식회사의 요청을 조선총독부가 접수하여 해당 도에
내려보내는 과정을 통해 이루어졌다. 남양농업이민은 기업 모집

원이 직접 조선에 와서 활동하는 것이 아니라 조선총독부와 해당
도의 적극적인 노력에 의해 수행되었다. 해당 도의 도지사는 군
을 중심으로 해당자를 선발하였는데, 선발과정 및 수송과정에 대
해 상세한 보고를 올리고 있다.

남양농업이민업무와 관련된 부서는 조선총독부 내무국 사회과
를 비롯하여 남양청 내무부·철도국 영업과·부산해항보호사무
소·도 치사관방·도 내무부 사회과·군 서무계·군 내무계였
다. 실제 선정작업은 면장과 면서기 및 구장에 의해서 수행되었
고, 남양군도에서 실무는 풍남산업주식회사와 남양흥발주식회사
등 일본식민기업이 담당하였다.

이 문서철에 편철되어 있는 문서 가운데 기안문과 시행문의 대
부분은 '南洋農業移民斡旋方에 關한 件'이라는 명칭이어서 문서
명만으로 내용을 파악하기 쉽지 않다. 농업이민파견횟수별로 주
요한 문서의 내용에 대해 살펴보면 다음과 같다.

1939년 6월 6일자~9월 11일자 문서(총 55건)는 1939년 8월 22
일에 부산을 떠나 남양군도의 팔라우로 떠난 이민자 21호 85명
(경북 영천과 의성, 합천군 출신)에 대한 문서류이다.

내무국장이 경북도지사에 보낸 「南洋農業移民斡旋方에 關한
件」(1939.7.13일자)에는 '남양청 주관 남양개발 제1차 관유지개간
이민계획'내용이 첨부되어 있어서 남양농업이민에 대한 주관처
의 입장을 파악할 수 있다. 이 계획에 따르면, 입식지(入植地)는
남양청으로부터 대부받은 팔라우 본도 소재 관유지이고 사업담
당회사는 풍남산업주식회사이다. 입식방법은 소작인의 자격으로
서 입식시켜 카사바 등의 농작물을 재배하도록 하고 10년 후에
자작농으로 삼는다는 것이다. 아울러 이 계획은 이주에 관한 비
용(이주자의 도항비·농구비·가옥건축비·농작물수확비용 등)

의 처리방안과 이주자에 대한 특전 및 경작수입에 대한 처리방안 등을 상세히 명기하고 있다.

1939년 7월 28일자, 내무국장이 경북도지사에게 보낸 문서에는 계약서와 신원조사 내용이 첨부되어 있고, 8월 5일자 문서에는 선출자명단·신원조사내용이 첨부되어 있으며, 8월 12일자 문서에 이주희망자선정조서·신원조사내용이, 8월 17일자 문서에 이민자명단·신원조사내용·이주희망자선정조서, 9월 1일자 문서에 변경이주자명단·신원조사내용·이주희망자선정조서·이주자여행증명서(이상 모두 문서철명은 '南洋農業移民斡旋方에 關한 件')가 첨부되어 있다. 또한 8월 10일자 「南洋農業移民斡旋에 關한 件」에도 남양농업이민명단(경북 의성, 영천군 20호)이 첨부되어 있어서 파견된 조선인의 명단 및 상세한 인적사항(학력·직업·재산사항)을 파악할 수 있다. 수송경로 및 상황에 대해서는 풍남산업주식회사와 조선총독부 내무국 사회과 간에 주고받은 전보문 및 서신(24건)·경북도, 조선총독부간 전보문(3건)·조선총독부와 철도국 영업과 및 부산해항보호사무소간 전보문(3건) 등이 그 내용을 알려주고 있다.

1939년 9월 13일자~11월 1일자 문서(총 24건)는 1939년 10월 10일에 팔라우를 향해 부산을 떠난 25호, 141명(경남 창녕, 합천군, 경북 칠곡군 출신)에 대한 문서철이다. 여기에서도 6월 6일자~9월 11일자 문서(총 55건)와 마찬가지 과정을 확인할 수 있다. 1차 이주사업과 차이점은 이주자들에 대해 농구와 침구 휴대를 강조하고 있다는 점과 관련 문서의 양이 대폭 줄어들었다는 점이다. 1차 이주사업에서는 총 43건의 서신과 전보문이 오고간 것에 비해, 2차 사업에서는 19건이 오고 갔을 뿐이다.

1940년 2월 14일자~1940년 2월 23일자 문서 4건(총 4건)은

1940년 2월 12일 포나페를 향해 부산을 출발한 20호, 78명(경북 달성과 김천군 출신)에 대한 문서철이다. 그러나 이주사업 전체에 대한 내용을 담고 있지 않아 상세한 내용은 문서번호 88-6 남양행 농업이민관계(南洋行農業移民關係)를 통해 확인할 수 있다.

이 문서철을 통해 확인한 '남양농업이민'업무의 진행과정과 부서별 업무상황은 다음과 같다. '남양농업이민은 세 단계로 업무가 수행되었다. 제1단계 : 계획 입안 및 요청(계획입안 → 사업주의 요청 → 남양청 접수 → 조선총독부에 요청 → 조선총독부 접수) / 제2단계 : 모집 (道에 하달 → 해당 도 내무부, 희망자 선정 및 신원조사 → 해당 도지사, 조선총독부 내무국에 상신 → 조선총독부 접수 → 남양청 내무부에 전달 → 남양청 내무부 접수) / 제3단계 : 수송업무(해당 도, 수송업무 완료 → 기업 인수)[8]

일제 말기에 일제가 수행한 다양한 농업이주정책에도 불구하고, 이에 대한 학문적 작업은 매우 부진한 편이다. 전체적인 이민사는 연구성과가 많이 있지만, 농업이주정책에 대한 연구는 찾기 어렵다. 연구가 부진하게 된 가장 큰 원인은 자료의 부족이었다. 『남양농업이민관계철』은 내용을 통해 남양농업이민에 대한 실체의 일부나마 확인할 수 있다는 점에서 자료적 가치가 높다.

3. 南洋行勞働者名簿

1939년 1월과 2월에 실시된 남양군도(현 미크로네시아)지역의 조선인 노동력 이동 관련 자료 및 1939년 8월부터 실시된 농업이민

---

8) 남양농업이민관련 문서철에 대한 기록학적 분석에 대해서는 본서 수록 「1939~1940년간 남양농업이민관계 공문서의 미시적 구조 인식」 참조.

관련자료.
생산년도 : 1939년 / 생산기관 : 조선총독부 내무국 사회과 / 총면
수 : 133면

이 문서철에는 1939년 1~2월의 노동력 동원 관련 명부와 함께
6월부터 추진된 농업이민관련 자료가 혼용되어 있다.

『남양행노동자명부』에는 남양농업이민관련문서(풍남산업주식
회사, 남양흥발주식회사) 가운데 1939년도 명부의 일부가 수록되
어 있다.

일본은 동양척식주식회사 및 남양청의 주관으로 남양군도에
많은 식민회사를 설립하고 경제적 이익을 취했다. 이들의 경제적
이익을 도모하는 데에는 현지인들의 노동력 제공이 바탕이 되었
으나, 전쟁의 확대로 인해 조선의 노동력도 주요한 대상이 되었
다. 전쟁의 확대로 인해 남양군도 지역에서 생산된 카사바와 사
탕수수가 무수알콜로 전환되고, 무수알콜이 다시 공업원료로 사
용되면서 이들에 대한 수요가 증가하면서, 이를 생산할 노동력과
함께 수송을 위한 인프라구축에도 노동력이 필요했기 때문이다.
그러한 목적을 위해 조선총독부와 남양청은 1939년 1월과 2월에
경상북도 김천과 경상남도 거창을 비롯하여 전남과 전북 등지에
서 3회에 걸쳐 200여 명의 조선인을 노동자로 동원했다. 이들은
도로와 항만을 닦는데 동원되었다. 이와 같은 인프라 구축이 끝
난 이후인 6월부터는 농업이민이 추진되어 1938년 8월부터 1940
년 2월까지 총 13회에 걸쳐 수행되었고, 1,266명(285호)의 조선인
이 농업이민을 떠났다. 노동자로 남양군도에 발을 내 딛은 조선
인들은 공사가 끝난 후, 현지의 자유노동자로서 또는 농업노동자
로서 생활하다가 전쟁이 극심해지기 이전에 귀국한 경우도 있고,
전쟁이 종결된 이후에 귀국한 경우도 있다.

'남양농업이민'은 1938년 8월부터 1940년 2월까지 총 13회에 걸쳐 수행되었는데, 1,266명(285호)의 조선인이 농업이민을 떠났다. 이 가운데 총 2회는 풍남산업주식회사가, 총 11회는 남양흥발주식회사가 수행했다. 풍남산업주식회사가 팔라우지역에 제한된 데 비해 남양흥발주식회사는 포나페와 티니안 등 2개 지역이었고, 이주자의 수도 월등히 많았다.

1939년은 이미 국가총동원법에 의해 조선의 인력과 물자가 전쟁에 동원되도록 법적인 조치가 마련된 이후 시기이다. 그러나 인력동원의 방법은 외견상 '기업이 주관하는 모집'의 형태를 띠고 있었으므로 기업(木村組, 남양흥발주식회사, 풍남산업주식회사)의 모집에 자발적으로 응한 것으로 나타난다. 그러나 실제로는 조선총독부가 지방 각지에서 대상자를 선정하여 파견하는 형식이었다. 물론 대상자들은 조선총독부가 제시하는 결격사유에 합당해야 했고, 당국으로부터 좋은 조건(주택의 무료 제공, 퇴직금과 상여금 지급, 임금과 수당 지급 등)을 제시받았다.

남양농업이민에 관해서는 『남양농업이민관계철』(문서번호 88-2)과 『남양행농업이민관계』(문서번호 88-6)을 통해 구체적인 파견과정을 파악할 수 있다. 그러나 노동자 파견에 대해서는 관련문서가 남아 있지 않아 대략적인 내용에 대해서도 알려지지 않은 상태이다. 다만 『매일신보』 1939년 1월 27일자, 2월 4일자, 2월 7일자 기사를 통해 경상북도 김천과 경상남도 거창을 비롯하여 전남과 전북 등지에서 3회에 걸쳐 200여 명의 조선인이 노동자로 남양군도로 출발했음을 알 수 있을 뿐이다. 『남양행노동자명부』에 추가된 내용은 노동자모집업무를 담당한 기업이 토목건축청부업 木村組(일본 이바라키현 소재)라는 점과 파견대상자의 생활정도 등이다.

『남양행노동자명부』에 수록된 노동자 파견관련명부는 4건이다. 이 명부는 木村組가 조선총독부 내무국 사회과 직원으로부터 노동자를 인수받는데 필요한 인도서와 첨부자료(노동자명부, 동반가족명부, 노동자조서, 군별 총괄표)이다. 이를 바탕으로 도표를 만들어보면 다음과 같다.

〈표 2-3〉 1939년 남양행 노동자 파견 상황

| 일시 | 인계자 | 인수자 | 파견 노동자 | | | 첨부자료 |
			노동자	가족	출신지	
2.7	木村組	내무국 사회과	49명	1명	경남 남해군	인도서, 명부
2.20	木村組	내무국 사회과	90명	10명	전남 광주부, 광산군, 화순군, 담양군, 나주군, 장성군, 고흥군, 목포군, 전북 정읍군, 부안군	인도서, 명부
3.13	木村組	내무국 사회과	47명	2명	전북 순창군, 남원군, 임실군, 김제군, 정주군	인도서, 명부, 조서, 총괄표
3.19	木村組	내무국 사회과	95명	4명	경북 김천군, 상주군, 예천군, 칠곡군, 군위군, 경주군, 영천군, 경산군	인도서, 명부

이 가운데 3월 13일에 인계된 전북 순창군 출신 10명에 대해서는 노동자조서가 첨부되어 있어, 이들의 생활정도와 가족관계 등을 알 수 있다. 10명은 모두 직업이 농업이며, 연령은 20대이다. 중류이상의 생활정도이며, 보통학교 6년 졸업자가 3명이며, 노동자 출신이 1명, 출가우량노동자가 8명이다. 이춘수(23세)는 '보통학교 졸업 이후에 농업노동 및 도로공사 등에서 우량한' 노동자로 평가받고 있다. 즉 이들은 중류이상의 생활정도에 놓인 건강

한 청년으로써 보통학교 졸업자이거나 1~2년 이상 우량한 노동
자로 당국으로부터 인정받은 '보증노동자'였다.『남양행노동자명
부』를 통해서는 이들에게 당국과 기업이 제공한 조건이 어떠한
것이었는지 확인할 수 없다. 그러나 중류생활자가 택한 직장이었
다는 점에서 적지 않은 대우를 약속한 것으로 짐작된다.

　남양농업이민은 남양청 내무부를 경유한 남양흥발주식회사의 요
청을 조선총독부가 접수하여 해당 도에 내려보내는 과정을 통해 이
루어졌다. 남양농업이민은 기업 모집원이 직접 조선에 와서 활동하
는 것이 아니라 조선총독부와 해당 도의 적극적인 노력에 의해 수
행되었다. 해당 도의 도지사는 군을 중심으로 해당자를 선발하였는
데, 선발과정 및 수송과정에 대해 상세한 보고를 올리고 있다.

　남양농업이민업무와 관련된 부서는 조선총독부 내무국 사회과
를 비롯하여 남양청 내무부・철도국 영업과・부산해항보호사무
소・도 지사관방・도 내무부 사회과・군 서무계・군 내무계였
다. 실제 선정작업은 면장과 면서기 및 구장에 의해서 수행되었
고, 남양군도에서 실무는 남양흥발주식회사가 담당하였다.

　『남양행노동자명부』에 수록된 남양농업이민관련 명부는 바로
이민자 수송과 관련한 명부로써 조선총독부 철도국과 부산해항
보호사무소, 부산・下關・門司수상경찰서장이 주고받은 인수인
계서에 첨부된 이주자연명부이다. 즉 풍남산업주식회사가 8월 22
일에 인수 당시에 주고 받은 자료(인수자 내무국 사회과, 85명)를
비롯하여 10월 10일자(인수자 내무국 사회과, 인계자 풍남산업주
식회사, 141명), 10월 18일자(인수자 경상북도 군속, 인계자 남양
흥발주식회사, 48명), 10월 14일자(인수자 내무국 사회과, 인계자
남양흥발주식회사, 172명), 10월 17일자(인수자 내무국 사회과, 인
계자 남양흥발주식회사, 70명), 11월 9일자(인수자 조선총독부 부

산도항보호사무소, 인계자 남양흥발주식회사, 84명), 11월 28일자
(인수자 조선총독부 부산도항보호사무소, 인계자 남양흥발주식회
사, 85명), 12월 13일자(인수자 조선총독부 부산도항보호사무소,
인계자 남양흥발주식회사, 142명) 순으로 편철되어 있다. 이들 명
부는 『남양농업이민관계철』(문서번호88-2)과 『남양행농업이민관
계』(문서번호 88-6)에 수록된 명부와 내용이 동일하다.

『남양행노동자명부』는 남양군도로 떠난 조선인 노동력 이동
(농업이민, 노동자 파견)관련 자료로써 일제 말기 노동력동원의
실태를 파악하는데 도움이 된다는 점에서 의미를 갖는다. 또한
지금까지 알려지지 않은 남양군도로 떠난 노동자에 대해 공문서
를 통해 입증했다는 점도 주목할만한 성과이다. 그러나 노동자파
견에 대해 전혀 관련문서가 발견되지 않은 상태에서 명부만으로
남양행노동자 파견의 전모를 이해하는 데에는 한계가 적지 않으
므로 관련문서 보완이 뒤따라야 한다.

4. 轉失業對策時報綴

1938년부터 발간된 『전실업대책시보』(일본 상공성 전업대책부·후
생성 실업대책부 간행) 총6호와 관련 문서가 수록된 문서철.
생산년도 : 1939년 / 생산기관 : 조선총독부 내무국 사회과 / 총면수 :
390면

『전실업대책시보철』에 수록된 『전실업대책시보』는 1938년 12
월 28일에 발간된 창간호부터 1940년 9월호까지 총 6호이다. 제2
호는 1940년 2월 22일에, 제3호는 3월 31일, 제4호는 5월 31일에,
제5호는 6월 30일, 제6호는 9월 5일에 각각 발간되었다. 이 가운

데 2호(42매)를 제외하고는 모두 60~70매에 달한다.

『전실업대책시보』를 발간한 전업대책부는 1938년 9월 21일자로 공포 시행된 부서로서 물자수급조정에 따른 사업유지 및 전환에 관한 사무를 관장하기 위해 상공성에 설치되었다. 또한 실업대책부는 같은 해 10월 5일에 설치된 부서로서 실업자 구제 등 실업대책을 위해 후생성에 설치되었다. 양 부서는 전업대책을 위해서 주문한 배분조정・기술지도・공업조합공동시설비 보조・견본제작비 보조, 전환자금의 융통・소량원재료배급알선・상공상담소 확충 등 제반 조치를 마련하고, 전실업대책관계 연락조직을 설치하는 중에 『전실업대책시보』를 창간하게 되었다.

척무성 조선부장은 1939년 1월 31일자로 조선총독부 내무국장에게 공문과 함께 시보 창간호를 보내왔다. 그러나 2호는 발간 후 5개월이 지난 7월 27일에, 3호는 4월 21일, 4호는 7월 6일, 5호는 7월 21일에, 6호는 9월 14일에 보내오는 등 송부일자가 일정하지 않다.

시보에는 전실업정황・일반사항・상공성관계・후생성관계・육군성관계・해군성관계 등 코너가 마련되어 전업과 실업에 대한 소식과 관련법령이 실려 있다. 시보는 전업대책을 위해 중앙상공상담소가 지급하는 보조금을 비롯하여 각종 보조금(하청공업조성보조금, 府縣受注알선비보조금, 공동시설비보조금, 부현전업기술지도, 원료배급알선비보조금) 지급상황과 이직자채용상황, 해고상황 및 전직알선상황, 직업보도시설설치상황 등을 월별・지역별로 게재하고 있다.

시보에 따르면, 전실업대책관계 연락조직으로는 중앙실업대책위원회・전실업대책관계청이 있다. 1938년도에 일본은 전업대책을 위해 중앙상공상담소가 지급한 96,221원의 보조금을 비롯하여 하청공업조성보조금, 府縣受注알선비보조금, 공동시설비보조금,

부현전업기술지도 및 원료배급알선비보조금 등을 지급하고 있다. 이와 같은 재정 지원 외에 일본 전역에 종별로 24개소의 직업소개소직영직업보도시설과 29개소의 직업소개소위탁직업보도시설, 89개소의 직업보도시설 등을 설치하고 직업알선을 지원하였다. 또한 1938년 7월 2일에 경시청 특고부장을 위원장으로 하는 離職대책위원회를 설치하고 이직자취급요강을 결정하는 등 실업대책을 마련했다. 위원회는 경시청의 조정·공장·노동·보안·정보 등 5개 과장이 위원으로 이직대책에 적극 나서도록 구성되어 있다. 또한 1938년 8월 1일에는 후생성이 실업대책요강을 공포하여 일반방책과 실업방지대책, 실업구제방책을 마련하였다.

그 외에도 일본은 전실업대책관계 연락조직인 전실업대책관계청연락요강을 마련했다. 전실업대책관계청은 기획원 內政部·기획원 산업부·내무성 지방국 감독과·내무성 경보국 경제보안과·내무성 토목국 도로과·육군성 정비국 전비과·육군성 총리국 衣糧課·해군성 군무국 제2과·해군함정본부 총무부 제4과·농림성 문서과·농림성 임시농촌대책부 자재과·상공성 전업대책부 총무과·상공성 전업대책부 조정과·상공성 전업대책부 지도과·상공성 임시물자조정국 총무부 계획과·척무성 척무국 총무과·척무성 관리국 행정과·후생성 사회국 복리과·후생성 실업대책부 총무과·후생성 실업대책부 전직과·후생성 실업대책부 사업과 등으로 구성되어 있다.

일본당국은 침략전쟁을 일으키기 이전에는 빈곤문제나 실업문제에 대해 별다른 관심을 기울이지 않았다. 즉 일본은 빈곤자의 빈곤원인이 개인이나 가족의 나태함에 의한 것이며 사회적이나 정치적인 이유가 아니라는 인식에 입각하여 개인의 문제로 국한시켰다. 일본당국이 실업문제에 대해 관심을 갖기 시작한 것은

경제공황을 경험하면서부터이다. 일본은 1897년부터 시작된 경제
공황을 비롯하여 1907년의 경제공황, 1920년에 일어난 반동공황,
1923·1928·1929년으로 이어진 경제공황을 겪었다. 이러한 경제공
황을 거치는 과정에서 일본당국은 실업문제나 빈곤자 문제가 자
본주의의 구조적 모순에 의한 것이라는 인식이 확산되기 시작했
다. 그러나 1910년대까지는 빈민연구회나 중앙자선협회(1921년에
중앙사회사업협회로 개칭) 등에서 전개하는 강연회가 활동 내용
의 전부였다. 여전히 정책차원에서 접근하고자 한 것은 아니었다.
정책차원에서 관심을 갖게 된 것은 1920년대 후반이다. 1929년 경
제공황의 영향으로 만들어진 구호법(1929년)에서 시작하여 1938
년에는 사회사업법이 제정되었다. 그러나 이 역시도 적극적으로
직업교육을 시켜 직업을 알선하는 정도에까지 이르지 못하고, 계
도와 직업소개에 그치는 정도였다.

실업문제에 대해 중일전쟁을 일으키기 이전에는 정책차원에서
접근하지 못하던 일본당국이 후생성과 상공성은 물론이고 척무
성과 내무성, 육군성, 해군성, 기획원, 경시청까지 나서서 전실업
문제에 적극 개입하는 것은, 사회복지 차원이 아니라 전쟁수행을
위한 목적에서이다. 일본이 중국과 동남아 등지에서 침략전쟁을
수행하고 있는 마당에 일본 본토에서 전실업문제가 심각해지고
이로 인해 사회가 불안해진다면, 침략전쟁 수행에 영향을 미칠
것이 분명하기 때문이다. 또한 전쟁을 수행하는 과정에서 필요한
노동력이 매우 많은데도 불구하고 취업대상자들이 실업상태에
놓여있다는 것은 대단한 손실이 아닐 수 없었다. 그러므로 전쟁
기간 중 일본당국이 기울인 전실업에 대한 대책은 전쟁수행을 위
한 노동력을 효율적으로 공급하고 사회불안을 최소화한다는 이
중의 목적을 달성하기 위한 노력이었다.

5. 勞働資源調査에 關한 件

내무국의 요청에 따라 각도지사가 올린 각지 농가의 노동력 실태에
관한 보고서.
생산년도 : 1939~1940년 / 생산기관 : 조선총독부 내무국 사회과 /
총면수 : 170면

색인목록과 표지에는 1940년에 생산된 문서로 명기되어 있으
나 실제 내용을 보면, 1939년부터 1940년에 걸쳐 생산된 문서이
다. 문서철명도 '노동자원조사'로 되어 있으나 문서를 살펴보면,
'노무자원조사'의 오기인 듯 하다.

이 문서철에는 각도에서 내무국에 올린 조사보고서가 지역별
로 편철되어 있다. 내무국은 각도지사에 대해 1939년 7월 말에 공
문 「노무자원조사에 관한 건」(기안일자 7월 24일)을 통해 조사보
고를 하도록 했다. 이 때 내무국이 밝힌 조사보고의 목적은 '조선
내 노동력의 수요와 공급을 원활히 하고, 군수산업을 비롯한 시
국산업의 강화'이다. 조사보고는 내무국이 첨부한 「노무자원조사
요강」에 의거하여 하도록 되어 있다.

요강에는 조사대상과 제출기일, 조사양식기입방식 등이 열거되
어 있다. 조사대상은 농가의 이상경지면적을 기준으로 규정된 경
작지 소유농가와 농업노동자로서, 제시된 표에 따라 이들에 대한
인적사항을 상세히 기입하고 出稼가능성 여부도 조사하도록 되
어 있다. 산출방법은 각도 경지면적을 이상면적으로 나누어 이상
호수를 산출하고, 이를 1939년도 현재 호수와 비교하여 과잉호수
를 찾아내도록 예시하였다. 조사는 읍 단위까지 실시하며, 8월 31
일에 완료하도록 했다. 조사는 조사원과 연락원에 의해 이루어지

는데, 조사를 담당할 조사원은 노동사정에 밝은 사람으로써, 각
면당 평균 4명씩 도지사가 임명하도록 했다. 이들은 1인당 3원씩
수당을 받도록 규정했다. 또한 요강은 조사일정에 대해서도 명기
하고 있다. 즉 면에서는 9월 15일까지 조사표를 작성하고, 군에서
는 20일에 정리를 완료하며, 도는 30일에 정리를 완료한다는 것
이다. 또한 같은 날 하달한 공문을 통해 조사용지의 인쇄에 관한
지침도 결정했다. 조사에 관한 요강과 인쇄지침은 1940년 조사에
서도 반영되었다. 그러나 1939년에 도에 지시한 조사보고내용은
이 문서철에서 찾을 수 없다.

　1940년에도 각각 상반기와 하반기에 노무자원조사를 지시했다.
내무국은 2월 7일에 기안한 공문을 통해 3월 31일 기준 노무자원
조사를 실시하여 상신하도록 하달했고, 이에 대해 각도는 5월 중
순에 노무자원조사내용을 올렸다. 이 때에도 노무자원조사요강과
인쇄지침이 하달되었다. 1940년에 하달된 요강에는 조사대상에
대해 더욱 상세한 내용을 담도록 했다. 항목을 세분화하여 연령
별·성별로 조사하도록 했는데, 연령별로는 17～18세, 19～50세,
51～55세, 56～60세 등으로 나누도록 하였다. 또한 개인이 1년에
투여하는 농업수요노동력을 경지면적수확조정 등에 요하는 일수
와 양잠·양축 등에 요하는 일수, 시비제조·견직·베짜기 등에
요하는 일수 등으로 세분화하였다. 이에 그치지 않고, 농민이 집
안 일에 투여하는 노동력에 대해서도 네 가지로 나누는 등 노동
력조사내용은 전년에 비해 더욱 강화되었다.

　조사에 대한 지시는 2월말에 하달되었으나 실제로 조사보고가
올라온 것은 5월말부터 6월초이다. 이러한 요강과 지침에 따라
각도가 올린 조사보고내용은 노무자원조사서·理想호수 및 과잉
호수조서·노동자출가 및 노동전업가능자수 조서·노동출가 및

노동전업희망자수 조서·노무자원조서표 등이다. 이들 내용은 각각 지정된 양식에 의거하여 도내 군별·성별로 작성되어 있다. 각도는 다섯 가지 보고서를 일괄적으로 제출하지 못하고, 정리가 되는 결과에 따라 순차적으로 올리고 있었다.

내무국이 전국의 농가를 대상으로 노무자원에 대한 조사를 실시한 이유는 1939년 7월 24일자 기안문서인 내무국장 공문「노무자원조사에 관한 건」에서 확인된다. 내무국장은 이 공문에서 "근래 조선에서 노동력의 수요는 매년 累增一路를 걸어 勞働主業者의 공급력이 아주 바닥나고 관청의 주선에 의하지 않으면 도저히 충족의 원활을 기할 수 없는 실정이 이르렀다. 이에 덧붙여 시국하 생산력 확충산업·군수산업 등의 강화는 더욱 노동력의 수요를 초래하여 이제 그 수급조정은 종래 통상의 수단으로는 도저히 소기의 효과를 기대할 수 없는 사태에 직면하기에 이르렀다. 그리고 앞으로 이들 소요 노동력의 대부분은 농촌의 인적자원에서 구할 수 밖에 없는 실정에 있다"고 조사배경을 언급하고, "전시 노무정책에 이바지하는 것이 현재 긴요한 要務"라고 밝혔다. 즉 노무자원조사의 배경은 전쟁 수행을 위한 노동력 수급정책이었던 것이다.

조선의 농촌은 원래 일본의 부족한 노동력을 보완하는 역할과 아울러 군수산업을 중심으로 급속히 진행된 조선 내 각종 노동수요를 충족하는데 중요한 토대로서 역할을 담당했다. 풍부하고 저렴한 노동력의 보고였던 것이다. 그러나 1930년대 말 이후에는 조선 농촌에서도 노동력 부족현상이 두드러졌다. 그 결과 조선농촌으로부터 추가적인 노동력 공출은 농업생산을 위축시킬 정도가 되었다. 그러나 조선의 농업생산을 증대시키는 것은 당국의 또 다른 과제이기도 했다. 그러므로 노동력 조달과 식량공급기지로서 조선농촌의 역할을 동시에 추진하도록 하기 위해서는 체계적인 농촌 노동력의 조사가 필요했다. 그 결과 탄생한 것이 농촌에 대한 노무자원조사였다.

『노동자원조사에 관한 건』에는 1939년과 1940년에 걸쳐 실시한 농가의 노동력실태조사결과가 담겨 있다. 「청소년고입제한령」이나 「종업자고입제한령」등 몇몇 법령들은 청장년(남자)을 대상으로 하고, 조선 내 기업과 기관을 적용대상으로 하고 있다. 그러나 전쟁에 소요되는 노동력은 이에 그치지 않는다. 일본과 일본의 점령지역에서 필요로 하는 노동력도 적지 않았고, 단순노동력에 대한 요구도 증대하고 있었다. 특히 1939년 7월 「조선인 노무자 내지 이주에 관한 건」이 발표된 이후 조선인노동력의 국외 이출은 급증하게 된다. 내무국의 노무자원조사는 바로 「조선인 노무자 내지 이주에 관한 건」을 수행하기 위한 기초자료로 실시되었다고 생각된다.

『노동자원조사에 관한 건』은 1939년과 1940년에 실시된 농가를 대상으로 한 노동력실태조사결과를 담은 문서철로써 이러한 노동력실태조사는 이후에도 계속되었을 것으로 추정된다. 현재 일제 말기에 당국이 총력전을 전개한 조선인노동력의 수급정책은 법령과 제도에 관한 연구를 통해 일정 부분 규명되고 있다. 일제말기에 조선총독부가 조선인 노동력을 한반도는 물론이고, 일본과 일본의 점령지로 내 보내 전쟁수행을 위한 노동력으로 활용했음은 통설이다. 그러나 당국의 개입 정도와 구체적인 송출과정에 대해서는 여전히 규명되어야 할 부분이 적지 않다. 직업소개소와 조선노무협회가 큰 역할을 담당했으리라는 점은 알려져 있으나, 이들 기관이 송출작업을 하기 위해서는 조선인노동력에 대한 실태조사가 선행되어야 했다. 그러한 점을 입증한 것이 바로

『노동자원조사에 관한 건』이다. 조선총독부가 이러한 사전작업
을 담당했다는 점은 일제 말기 조선인노동력의 동원과 송출과정
을 규명하는 연구에 중요한 실마리로 작용한다.

6. 南洋行農業移民關係

조선총독부와 남양청이 주관하고 남양흥발주식회사가 수행한 남양
군도(미크로네시아)행 농업이민관련문서철.
생산년도 : 1939～1940년 / 생산기관 : 조선총독부 내무국 사회과 /
총면수 : 581면

남양흥발주식회사는 1921년 10월에 東洋拓植주식회사가 西村
拓植株式會社와 南洋殖産주식회사 및 海外興業주식회사 등 남
양군도 지역의 식민기업을 인수하여 설립했다. 이들 식민기업은
1920년 공황으로 운영이 어려운 상황이었는데, 일본정부가 남양
청 민정부장(手塚)으로부터 현지 실정을 보고 받고 동양척식주식
회사의 石塚 총재에게 구제책을 지시한 결과 남양흥발주식회사
가 만들어졌다. 그 후 1933년 3월에 남양흥발주식회사는 2천만원
으로 증자되었고, 사업지역도 사이판·티니안·로타·팔라우·
포나페 등 남양군도 전역으로 확장되었다. 주요 사업은 製糖業과
酒精業·전분·수산·제빙 등이다. 남양흥발주식회사는 남양청
으로부터 대여받은 토지에 노동력을 투입하여 카사바와 사탕수
수를 생산하고 이를 일본 大阪에 보내 澱粉이나 방적용 풀을 제
조하였다. 이를 위해 조선인농업이민사업을 수행했다.
남양농업이민은 남양흥발주식회사 외에 풍남산업주식회사도
함께 수행하였는데, 풍남산업주식회사가 2회에 그쳤고 팔라우지

역에 제한된 데 비해 남양흥발주식회사는 포나페와 티니안 등 2개 지역이었고, 이주자의 수도 월등히 많았다.

남양농업이민은 1938년 8월부터 1940년 2월까지 총 13회에 걸쳐 수행되었는데, 1,266명(285호)의 조선인이 농업이민을 떠났다. 이 가운데 총 2회는 풍남산업주식회사가, 총 11회는 남양흥발주식회사가 수행했다. 이 문서철에는 1939년 6월, 남양청이 수립한 조선인농업이민 계획에 관한 문서를 비롯하여 1939년 9월부터 1940년 1월까지 남양흥발주식회사가 수행한 총 10회 962명에 걸친 농업이민관련 문서가 편철되어 있다.

이 문서철에는 이민업무를 주관하는 총괄부서인 내무국 사회과와 남양청 내무부와 실제적인 수행기관인 도의 내무부 사회과 및 기업(남양흥발주식회사), 선정업무를 실제 수행하는 기관인 면이 각각 주고받은 왕복문서(기안문, 시행문, 전보철, 서신 순)가 역순으로 편철되어 있다. 그러나 시기별 역순 편철이 아니라 기안문, 시행문, 전보철 및 서신 순으로 각각 역순 편철되어 있으므로 이러한 문서철의 편철 질서를 통해서는 남양행 농업이민사업의 추진과정과 내용을 파악하기는 쉽지 않다. 이 문서철과 88-2 南洋農業移民關係綴을 상호 비교해야만 남양농업이민에 대한 전체적인 내용을 확인할 수 있을 것이다.

이 문서철 가운데 가장 중요한 문서는 1939년 6월 9일, 남양청 내무부장이 조선총독부 내무국장 앞으로 보낸 조선인 농업이민에 대한 계획에 관한 문서(勞務者募集에 關한 件)이다. 여기에는 남양흥발주식회사가 작성한 「이민알선의뢰에 관한 건」과 「農夫募集就業案內」, 「就業地事情案內」, 「作業夫雇傭就役規則」, 「就業員作業夫退職手當規程」, 「就業員作業夫扶助規則」 등이 첨부되어 있다. 이들 내용을 통해 남양흥발주식회사가 어떤 목적과 조건으로 '남양농업이민'을 추진하고자 했는지에 대해 상세히 알 수 있다. 남양흥발주식회사는 18세~40세정도의 조선인 남성 200명을 영주시켜 甘藷를 재배하도록 하고자 했다. 「移民斡旋依賴에 관한 건」에는 入植조건이 잘 나타나 있는데, 고용기간은 섬에 도착한 이후 2년이 경과하면 계약을 갱신할 수 있도록 하였고, 취업시간은 오전 5시 30분부터 오후 5시 30분까지(식사시간 및 휴식시간 2시간)였으나 필요에 따라 연장할 수 있도록 하였다. 임금과 수당은 지급하는 것으로 되어 있었으나 임금의 1할 이상을 저금하도록 하는 규정도 명기되어 있다. 주택은 무료로 제공되고 퇴직금과 상여금을 지급한다고 규정되어 있다. 이러한 조건에 응하여 선발된 조선인들은 대부분 무학자이고, 자산이 없는 편이었다. 1940년 1월 17일에 포나페를 향해 부산을 떠난 10호(경북 영일군과 김천군 출신)에 대한 이주자선정조서를 살펴보면, 단 1호의 세대주만이 소학교 4학년 학력 소지자였고, 전원이 자산이 없는 것으로 기록되어 있다.

또한 이 문서철에는 1939년 9월부터 1940년 1월까지 남양흥발주식회사가 수행한 총 10회 962명에 걸친 남양농업이민관련문서가 편철되어 있다. 문서철에는 10회 파견되는 동안에 매회 희망자를 선정하는 과정에 대해서는 자세한 인적사항을 확인할 수 있는 서류(선출자 명단·신원조사내용·이주희망자선정조서·移住者連名簿)들이 첨부되어 있다. 이 문서철에 편철된 내용을 바탕으로 살펴본 남양농업 이민상황은 <표 2-4>과 같다.[9]

---

9) 농업이민의 수송경로 및 교통편에 대한 내용은 다음과 같다. 남양군도는 태평양 지역의 여러 섬 가운데 일부였으므로 조선인들의 수송은 배에 의지해야 했다. 이들은 먼저 출신지 가까운 철도역에서 기차로 부산까지 수송되었다. 각 군별로 대표자가 있어서 10명을 한 조로 하여 각기 자기 군 출신 이민자들을 인솔하고, 다시 도의 직원이 이들

<표 2-4> 남양농업 이민상황

회수	출발일자		출신지역	호수	인원	이민지역	주관회사
	부산	門司					
1		1939.9.19	경북 김천	10	48	포나페	남양흥발
2		10.15	경북·의성·김천·경산·청도군	49	172	포나페	
3		10.18	경북·달성·경산·영일군	14	70	포나페	
4		11.9	경북 예천·상주군	8	37	포나페	
5		11.10	경북 안동·성주군	15	58	포나페	
6		11.29	전북 김제·부안군	18	85	티니안	
7		11.30	전북 김제·남원군	20	91	티니안	
8		12.12	경북 경산군, 전북 고창·순창·임실군	34	142	포나페	
9	1940.1.6	1940.1.11	경북 김천군	16	70	티니안	
10	1.17	1.18	경북 영일·김천군	10	48	포나페	

7. 失業調査綴

1935년부터 1940년까지 6년간 매년 실시한 조선인에 대한 실업조사 내용을 담은 자료.

생산년도 : 1935~1940년 / 생산기관 : 조선총독부 내무국 사회과 /

전체 인원을 인솔하는 방식이었다. 부산에서 1박을 한 후 관부연락선을 이용해 부산을 떠나 일본 모지(門司)에 도착한 후 다시 배를 바꾸어 타고 팔라우나 포나페 등 최종 목적지로 떠났는데 총 수송기간은 1개월을 상회했다. 부산까지는 道의 직원이 인솔했으나, 부산에서는 회사관계자가 인수하여 인솔했다. 인솔자는 출발시에 이주자연명부(移住者連名簿)를 15부 작성하여 휴대하였고, 이민자는 각각 호적등본과 신원증명서 1통을 휴대하였다. 도의 직원은 이들의 수송계획을 세워 조선총독부에 승차역별 인원을 보고하였고, 조선총독부 철도국과 부산·下關·門司수상경찰서장에게 미리 도항일정과 이주자연명부를 송부하였다.

총면수 : 284면

색인목록에 의하면 『실업조사철』에는 6개의 문서철이 편철되어 노무문서의 있는 것으로 나타나 있으나 실제는 8건이다. 또한 문서철의 앞면에는 후생국 노무과가 생산기관으로 명기되어 있으나 문서의 내용을 보면, 여전히 내무국 사회과가 생산기관임을 알 수 있다.

일제시기에 실업자에 대한 조사는 사회복지의 관점보다는 노동력의 수급 및 이동계획을 수립하는데 필요한 자료수집의 관점에서 수행되었다. 당국의 입장에서 볼 때, 실업자문제는 사회 불안의 요인이기도 하였지만, 北鮮개척과 滿洲개척이라는 현실적인 목표를 수행하는 데에도 필수적인 문제였다. 실업자 조사의 결과에 따라 중일전쟁 이전부터 시행된 노무수급조정정책추진이 가능했던 것이다.

조선총독부는 1920년대에도 지역간 노무수급조정정책을 추진했다. 1920년대까지 조선총독부는 남부지방의 과잉노동력을 북부지방으로 이동시키거나 이동상에 여러 가지 편의를 제공하는 등 이동을 촉진하는 정책에 노력을 기울였다. 이러한 노동정책을 통해 저임금을 유지하고 노동력 부족상태를 충족할 수 있었다. 그러나 공사현장이 확대되면서 임금등귀현상이 나타나자 새로운 정책의 필요성이 대두되었다. 그것은 바로 조선총독부의 적극적인 후원 아래 다량의 남부지방 노동자들을 이곳으로 이주시키는 것이었다.

1933년부터 함경도 지방을 중심으로 각종 공장·발전소·철도건설공사에 대한 노동력 수요가 급증하게 되자 조선총독부가 마련한 지역간 노무수급조정책은 더욱 본격화되었다. 1934년 2월에는 「남선노동자단체 이민안」을 마련하고 1937년에는 도항보호사무소를 설치하여 남부와 중부지역의 유휴노동력이 일본으로 이

출하는 것을 막고 북부지역으로 이동시키고자 노력했다. 또한 열
악한 노동조건으로 인한 탈주를 막기 위해 노동자를 20명 단위로
하여 집단 이주시키는 방법을 택했다. 당국은 제도적인 조처 외
에 낮은 임금조건과 열악한 노동조건을 감추고 행정력과 언론기
관을 총동원하여 홍보활동을 하여 인원을 모집하였으나 노동자
의 탈주는 막을 수 없었다. 노무수급정책 추진상의 이러한 어려
움은 1938년 국가총동원법의 공포로 해소될 수 있었다.

　실업조사철의 내용을 중심으로 1930년대 후반에 이루어진 실
업조사의 내용을 살펴보면 다음과 같다. 실업조사의 시기는 매년
10월 1일이고, 대상지역은 각부군면에 이른다. 조사대상은 고용
주·자영업자·월수 200엔 이상의 급료생활자·외국인·여자·
학생·기타 무직자를 제외한 자로서, 취업의 능력과 의사를 가진
자로 규정하였다. 여기에는 조선인과 재조일본인이 모두 포함된
다. 이러한 규정에 따른 1935년 조사인원은 조선인 1,002,847명과
일본인 97,510명 등 총 1,100,357명이다. 조사대상자는 급료생활자
와 고용노동자·기타 노동자로 대별된다. 1935년 조사결과 나타
난 실업자수와 실업율은 각각 81,784명과 7.4%으로 전년 대비
1.6% 낮아진 비율이다. 내선인별로 살펴보면, 일본인의 실업율이
2.6%인데 비해 조선인은 7.9%이다. 6년간 조사내용을 바탕으로
표를 만들어보면 <표 2-5>과 같다.

〈표 2-5〉 1935~1940년간 실업조사상황

연 도	조사 대상자		실업자 수		실업율(%)			전년대비
	조선인	일본인	조선인	일본인	총비율	조선인	일본인	비
1935	1,002,847	97,510	79,214	2,570	7.4	7.9	2.6	-1.6
1936	1,025,565	104,085	74,699	1,797	6.0	7.3	1.7	-1.4
1937	1,051,100	119,376	56,440	1,233	4.9	5.4	1.0	-1.1
1938	1,092,682	128,814	47,179	1,032	3.9	4.3	0.8	-1.0
1939	1,156,268	121,903	46,111	710	3.7	4.0	0.6	-0.2
1940	1,142,869	137,743	25,603	495	2.1	2.2	0.4	-1.6

6년간의 조사내용을 살펴보면, 내선인 모두 해마다 실업자수와 실업율은 낮아지고 있음을 알 수 있다. 이는 남선의 유휴노동력이 북선이나 중국관내·만주·남양군도 등 외지로 대량 이동한 것으로 파악된다. 이 가운데 1936~1940년간 외지로 이동한 숫자는 일본이 249,916명, 만주가 255,991명, 중국이 66,491명 등 총 572,398명이다.

실업조사는 평균 40여 쪽에 달하는 분량의 조사보고서를 통해 각 지역별·직종별 실업상황에 대한 상세한 내용을 담고 있다. 조사보고서의 보고 형식은 매년마다 동일하지 않으나 담고 있는 내용(실업자수와 실업율에 대한 각종 통계)은 큰 차이를 보이지 않는다. 다만 1938년 보고서에는 청진시와 나진시·성진군 등 실제 조사방법을 알 수 있는 실업자표가 첨부되어 있다. 이러한 실업자표는 이후 보고서에서도 찾을 수 있는데, 이를 통해 조사담당자가 읍의 서기나 사업장의 雇員이었음을 알 수 있다. 각 지역당 조사일시는 5~6일 정도였다. 1939년부터 실업조사에 대한 당국의 관심이 높아졌다. 이는 북선지역에 대한 노동력 이동과 관련된다. 내무국장은 평북도지사에게 보낸 공문(1939년 3월 22일자, 4월 27일자)을 통해 관내 특정 읍에 대한 조사내용에 대해 문제점을 지적하고 보완을 요구하고 있다.

『실업조사철』을 통해 조선총독부가 각 지역별, 직종별로 실업상황을 조사하여 정책에 활용하였음을 알 수 있다. 1930년대 초반이 북선개척에 주력한 시기였다면, 1937년 이후부터는 만주개척과 중국관내 및 남양군도로 조선인을 이동시킨 시기였다. 그러나 조선인의 이동에는 상세한 노동력 상황에 대한 조사자료가 마련되어야 한다. 그에 해당되는 자료는 바로 『실업조사철』이다. 그러므로 『실업조사철』은 조선총독부의 노동력수급조정정책 수

행과 일제 말기 노동력 동원을 위한 기초적인 자료이자 필수적인
자료라고 할 수 있다.

8. 靑少年雇入制限令關係例規綴

1939년부터 1941년까지 3년간 생산된 청소년고입제한령과 종업자이
동방지령 시행관련 문서를 망라한 자료
생산년도 : 1939～1941년 / 생산기관 : 조선총독부 내무국 사회과 /
총면수 : 491면

『청소년고입제한령관계예규철』(이하　예규철)의　색인목록에는
15건의 문서가 편철된 것으로 나타나 있지만 실제로는 29건의 문
서와 자료가 일정한 기준 없이 편철되어 있다. 특히 종업자이동
방지령 관련 문서는 청소년고입제한령 관련 문서 뒤에『종업자이
동방지관계예규철』이라는 제목으로 11건이 묶여 있어서 시기에
따른 파악을 더욱 어렵게 하고 있다.『종업자이동방지관계예규철
(1940～1941년)』은 청소년고입제한령관계예규철과 별도의 문서
철로 여겨진다.

　1937년 7월 중일전쟁 발발 이후 일본은 전쟁의 확대와 장기화
에 따라 군수물자의 보급과 노동력을 공급하기 위해 전면적인 국
가통제와 동원이 필요하다고 판단하고, 1938년 4월 1일 국가총동
원법을 제정 공포(5월 5일부터 한반도에 실시)하였다. 이를 시행
하기 위한 제도적 장치로서 마련한 것이 수의사·선원·의료관
계자를 대상으로 하는 각종 직업능력조사제도와 노동력 실태파
악·노동력통제·자금통제·사업통제·문화통제에　관한　각종
관련 법령이다. 이러한 법령들은 국가동원체제가 특별히 필요로

하는 기능을 가진 자의 전반적 파악과 노동력 실태파악을 바탕으로 노동력에 대한 관리통제를 목적으로 한 것이다. 특히 전쟁의 확대에 따라 젊은 층의 노동력 수요가 급증하고, 기술인력에 대한 공급부족현상이 심화되면서 필요한 인력을 당국이 원하는 곳에 배치할 수 있도록 하는 관리통제가 필요했던 것이다.

이러한 목적 아래 최초의 입법은 학교졸업자사용제한령(1938년 8월 23일 제정, 9월 8일부터 시행)이다. 학교졸업자사용제한령은 업자간의 기술인력과열쟁탈을 막기 위해 조선총독이 지정하는 학교, 학과의 졸업생은 각 업체가 조선총독이 할당하는 수 이상을 새로 고용할 수 없도록 하는 내용을 담고 있다.

이 보다 광범위한 범위에서 고용통제를 시도한 법이 바로 청소년고입제한령(1940년 1월 31일 제정공포, 9월 1일부터 조선에 시행)이다. 청소년고입제한령은 청소년이 不急한 일반산업에 고용되는 것을 억제하고 군수관련산업으로 유도하기 위한 법이다. 일본에서는 여자청소년에 대해서도 특정한 업무의 雇入은 7할로 제한되어 국민직업지도소장의 인가가 있는 경우에만 고용이 허가되었다. 이 법령이 적용되는 대상은 12세 이상 만 30세 미만의 남자와 12세 이상 20세 미만의 여자인데, 조선을 비롯한 식민지에서는 여자에게 적용하지 않았다.

청소년고입제한령과 유사한 성격의 노동력 통제법령은 1939년 4월에 공포되어 8월 1일부터 시행된 종업자고입제한령과 종업자이동방지령(1940년 11월 9일에 제정·공포되어 1940년 12월 5일에 시행)이다. 이와 같이 종업자이동방지령과 청소년고입제한령은 비슷한 시기에 제정되어 노동력을 통제하는 기능을 담당하였다.

먼저 예규철 가운데에서 주요한 자료의 내용을 살펴보면 다음과 같다. 예규철은 시기에 따라 제정·공포 이전과 이후로 나눌 수 있다. 생산시기 순서로 청소년고입제한령의 제정과 공포를 즈음한 시기의 논의 과정을 살펴보기로 하겠다.

예규철에 편철된 제정·공포 이전에 생산된 최초의 문서는 「청소년고입제한령안 및 소학교졸업자고입제한령안에 관한 건」(기안일자 1939년 9월 27일자)이다. 내무국장이 자원과장에게 보낸 이 문서는 9월 18일에 자원과장이 심의실수석사무관·본부 각국부장·체신, 철도, 전매각국장 등에게 올린 같은 제목의 문서(資乙第1287호)와 첨부자료(청소년고입제한령안·소학교졸업자고입제한령안)에 대한 회신의 성격을 갖는다. 자원과장은 국가총동원법 제6조에 근거한 두 개의 법안이 후생성에서 원안을 작성하여 기획원에서 심의 중인데, 머지 않아 총동원심의회에 附議될 예정이므로 조선시행과 관한 견해를 구하였다. 이에 대해 내무국장은 조선에서 당분간 시행되지 않는다고 답하고 있다.

『청소년고입제한관계철(1939~1941)』(문서번호 88-9)에서 알 수 있듯이 청소년고입제한령은 제정 이전부터 적용대상과 범주를 둘러싸고 조선총독부와 일본 내각의 입장을 조정하는 과정이 있었는데, 이 문서도 그러한 분위기를 반영하는 것으로 여겨진다. 그 후 약 2개월이 경과한 11월 25일에 拓務省 조선부장이 조선총독부 내무국장에게 보낸 문서(「청소년고입제한령안에 관한 건」)는 청소년고입제한령이 소학교졸업자고입제한이 포함된 법안으로 내용이 변경되어 12월 상순 총동원심의회 附議를 앞두고 있음을 알리고 자료를 송부, 제한범주로 규정한 기준에 대해 설명하고 있다. 이에 따르면, 연령을 12세 이상으로 한 것은 초등교육을 마친 자부터 규제한다는 방침이고, 20세 미만으로 한 것은 산업복무종사에 적당한 연령으로 판단했음을 알 수 있다. 12월 19일에 척무성 조선부장이 내무국장에게 보낸 통신문에는 청소년고입제한의 범주에 해당되는 대상을 지정되어 있다.

1940년 1월 31일 제정·공포를 앞두고 척무성과 조선총독부간에는 더욱 활발한 문서교환이 있었다. 1940년 1월 22일 척무성 조선부장(田中武雄)은 내무국장(大竹十郎)에게 보낸 「청소년고입제한령안에 관한 건」에서 결정된 법안을 송부하고 시행일(일본은 2월 15일, 조선을 비롯한 외지는 8월 15일)을 알려주었다. 그러나 실제로 조선에 시행된 날은 9월 1일이다. 같은 날 조선총독부 東京사무소 최사무관도 사회과장에게 동일한 내용을 담은 보고문을 보내고 있다.

공포된 령에 의하면, 다음 항목 가운데 하나에 해당되는 경우를 제외하고 청소년은 고용할 수 없었다. 1) 남자 청소년의 고용인원수가 명령으로 정한 인원수에 차지 않는 경우 그 인원수를 채울 때까지 고용하는 경우, 2) 조선총독이 지정하는 사업을 영위하는 자가 그 사업에 사용하는 남자청소년의 고용에 대해 도지사의 인가를 받은 경우, 3) 남자청소년을 고용할 수 있는 총 인원수에 대해 부윤·군수·도지사 등의 인가를 받은 경우에 그 인원수에 충족될 때까지 고용하는 경우, 4) 입영명령을 받은 청소년을 해고한 경우, 혹은 해고청소년의 입영 중 고용기간이 만료된 경우에 그 청소년이 퇴영한 날로부터 3개월 이내에 다시 고용하는 경우.

예규철은 청소년고입제한령의 공포 이후에 8개월간에 생산된 문서는 보이지 않고 8월에 생산된 관련문서로 넘어가게 된다. 이 8개월간의 관련문서는 『청소년고입제한관계철(1939~1941)』(문서번호 88-9)에서 찾을 수 있다. 그러나 예규철 가운데 청소년고입제한령의 조선 시행을 즈음한 이 시기의 문서가 가장 많은 분량을 차지하고 있다.

8월 10일 조선총독의 명의로 생산된 「청소년고입제한령의 시행에 관한 건」은 청소년고입제한령의 시행일자(9월 1일)를 알리고, 시행을 위한 구체적인 자료(조선총독부령으로 발할 '청소년고입제한령시행규칙」과 관계고시)를 첨부하였다. 조선총독은 곧 바로 일본내각총리대신 近衞文麿에게 청소년고입제한령 조선 시행을 앞두고 준비상황에 대해 보고하였고, 일본내각총리대신은 조선총독에게 보낸 문서 「조선총독부령청소년고입제한령시행규칙 및 관계고시제정의 건」(9월 2일)에서 시행규칙 및 관계고시제정에 이의 없음을 밝히고 있다. 또한 조선총독부는 8월 29일과 31일에 각각 내무국장의 담화 발표와 조선총독의 청소년고입제한령 대상 공공단체 지정 등을 통해 조선 시행 준비를 마무리하였다. 조선총독이 지정한 공공단체는 농회·수산회·수산조합·수산조합연합회·미곡통제조합·지방미곡통제조합연합회·미곡상통제조합 등이다.

예규철에는 또한 1940년 9월에 발행된 조선총독부 발행의 「청소년고입제한령의 시행에 대하여」가 편철되어 있어 청소년고입제한령에 대한 전반적인 이해를 돕고 있다. 이 자료는 청소년고입제한령 법안·시행규칙(1940년 8월 31일 제정)은 물론이고 청소년고입제한령 제정의 취지와 적용대상 노무자의 범위 및 양상, 인가신청의 등록, 사업지정 양식과 방법을 상세히 수록한 안내책자이다.

예규철에 수록된 문서의 세 번째 시기는 청소년고입제한령의 조선 시행 이후이다. 이 시기의 문서 내용은 시행과 관련한 질의와 답변이 대부분을 이룬다. 내무국장이 전남도지사에게 보낸 「청소년고입제한령에 관한 疑義의 건」(9월 25일자)은 이전에 전남도지사가 올린 질의(9월 24일)에 대한 답변서 형식을 띠고 있다.

이 내용에 의하면, 가장 큰 쟁점은 명확한 등록대상자의 범주와 등록기준이었다. 전남도지사에게 답변서를 보낸 내무국장은 그 내용을 각도지사에게 보내어 내용을 인지하도록 함(11월 4일)과 동시에 12월 19일에 다시 각도지사에게 보낸 「청소년고입제한령 제3조 제2호의 사업지정에 관한 건」을 통해 구체적인 사업지정의 범주를 규정하고 있다. 이에 따르면, 지정사업장은 광업·공업(토목건축청부업 포함)·상업 중에서 물품판매업, 매개알선업, 금융보험업, 물품임대업·교통업·법무 및 교육사업·종교 기타 사회교화사업·사회사업·의료사업·산업의 개량관련 사업 등이 해당된다.

예규철의 뒷부분에 편철된 또 하나의 문서철은 『종업자이동방지관계예규철』이다. 이 문서철이 청소년고입제한령과 종업자이동방지령 관련 예규를 망라한 결과 두 개의 문서철이 하나로 편철되었다고 여겨진다.

종업자이동방지령은 지정종업자 즉 14세 이상 60세 미만의 남자로써 특정한 노무자 및 기술자 혹은 그 전력자에 대해서는 국민직업지도소장(조선에서는 부윤·군수·도지사)의 인가를 받아야 고용할 수 있음을 원칙으로 정한 법이다. 여기에서는 적용대상도 종업자고입제한령의 93개 직종으로부터 군수산업 기타 국책수행상 중요한 사업을 운용하는 공장과 사업장에서 사용되는 직공 및 광부의 전부로 확장되었다. 또한 고용행위만이 아니라 권유행위까지 금지시키고, 1개월 이상 고용되었다가 퇴직하면, 그 후 1년간은 자유로운 취직을 허가하지 않았다.

종업자이동방지령이 시행되기 이전에는 종업자고입제한령이 시행되었으나 문제점이 발생하여 종업자이동방지령을 제정하게 되었다. 종업자고입제한령은 노동자의 중점적 배치의 일환으로

특히 기업간 종업자 빼내오기 및 이동을 방지하고자 마련한 규정
이었는데, 이후 노동력의 부족이 심화됨에 따라 이 령의 적용을
받지 않는 일반 노무자의 이동이 현저해졌다. 따라서 종업자의
이동방지를 확충 강화하고 노무수급의 원활화를 꾀하기 위해 이
를 폐지하고 새로이 종업자이동방지령을 제정한 것이다.

『종업자이동방지령관계예규철』 또한 『종업자이동방지관계철』
(문서번호 88-11)과 짝을 이루는 문서철이다. 『종업자이동방지령
관계예규철』에는 1940년 11월 9일 종업자이동방지령 제정 · 공포
와 12월 5일 조선 시행을 즈음하여 생산된 예규로 구성되어 있다.

9. 靑少年雇入制限關係綴

청소년고입제한령의 시행 전후에 생산한 문서철.
생산년도 : 1939~1941년 / 생산기관 : 조선총독부 내무국 사회과 /
총면수 : 435면

이 문서철에는 청소년고입제한령의 제정 직전의 준비상황과
1940년 9월 1일 조선 적용을 전후한 시기의 상황 및 시행 이후 적
용과정에 대한 내용을 알 수 있는 문서(시행령, 통신문) 등으로 이
루어져 있다. 청소년고입제한령은 청소년이 不急한 일반산업에 고
용되는 것을 억제하고 군수관련산업으로 유도하기 위한 법이다.
법령의 내용에 의하면, 다음 항목 가운데 하나에 해당되는 경우를
제외하고 청소년은 고용할 수 없었다. 1) 남자 청소년의 고용인원
수가 명령으로 정한 인원수에 차지 않는 경우 그 인원수를 채울
때까지 고용하는 경우, 2) 조선총독이 지정하는 사업을 영위하는
자가 그 사업에 사용하는 남자청소년의 고용에 대해 도지사의 인

가를 받은 경우, 3) 남자청소년을 고용할 수 있는 총 인원수에 대해 부윤·군수·도지사 등의 인가를 받은 경우에 그 인원수에 충족될 때까지 고용하는 경우, 4) 입영명령을 받은 청소년을 해고한 경우, 혹은 해고청소년의 입영 중 고용기간이 만료된 경우에 그 청소년이 퇴영한 날로부터 3개월 이내에 다시 고용하는 경우.

『청소년고입제한관계철』(이하 관계철) 색인목록에 의하면 22건의 문서제목을 찾을 수 있는데, 실제로는 108건의 문서가 무순으로 편철되어 있다. 각 안건별로 관련 문서(시행문, 기안문, 통신문)가 역순 편철된 경우도 있으나 전부가 그러한 편철기준을 지키는 것도 아니고, 전체적으로 보면 역순도 시기순도 아니어서 일정한 기준을 찾기 어렵다. 수록된 내용은 시기별로 청소년고입제한령 제정 이전과 제정 이후~적용 이전 시기, 9월 1일 조선 적용시기 등 세 시기로 대별할 수 있다. 제정 이전에는 청소년고입제한령의 내용과 제정 배경에 대한 문서가 대부분인데 비해, 시행 이후에는 각 지역에 대한 지시사항과 각 지역에서 올린 질의서 등 조선 내 시행과정을 나타내는 문서가 주를 이루고 있다.

먼저 첫 번째 시기에 대해 살펴보면 다음과 같다. 1939년 12월 말에 조선총독부 내무국 사회과장과 拓務省 조선부장 및 조선총독부 東京사무소의 豊島사무관·崔사무관간에 주고 받은 통신문(12월 20일자, 27일자, 28일자, 1940년 1월 8일자, 13일자)을 통해 일본 내각과 조선총독부 당국자간에 청소년고입제한령의 조선 적용을 둘러싸고, 논의가 활발했음을 알 수 있다. 내용은 조선적인 특수 사정을 인지시키고, 구체적인 적용 대상을 규정하는 범주 등이었다. 이러한 점은 내무국장이 기획부장에게 보낸 「청소년고입제한령안에 관한 건」(기안일자 12월 29일자)에서도 확인된다. 내무국장은 조선 내 특수사정을 감안해 만든 別案을 보내 청소년고입제한령의 제정에 적용되도록 요청하고 있다. 별안은 11조와 12조, 13조, 14조의 일부조항인데, 그 주요한 내용은 적용대상의 범주문제(12~30세 남자·12~20세 여자를 조선에 거주하는 12~30세 미만의 남자로 할 것)와 대상 청소년의 현재 취업상황을 고려한 제한 적용, 적용일시 등이다. 현재 지정사업장에 고용된 대상자의 경우에 제한의 폭을 어느 정도로 할 것인가 하는 문제이다. 당시 일본 법제국에서 심의절차를 밟고 있는 청소년고입제한령의 확정을 앞두고 조선총독부 내무국과 일본 내각 해당 기관(척무성 조선부, 기획부)간 논의는 제정이 임박한 시점까지 계속되었다.

두 번째 시기의 문서는 1월 31일 청소년고입제한령이 공포된 이후인 2월 1일부터 시작된다. 분량으로 보면, 청소년고입제한관계철 가운데 가장 다수를 차지한다. 이 시기의 문서는 대략 두 가지로 대별된다. 하나는 청소년고입제한령 시행과 관련한 추가예산 확보 관련 문서이고, 또 다른 하나는 시행을 위한 구체적인 과정을 담은 문서(질의 및 설명회 관련)이다.

청소년고입제한령을 시행하기 위한 추가예산을 승인 받기 위한 내무국과 일본 기획부·재무국간 왕복문서는 2월 1일부터 생산되기 시작했다. 내무국은 예산을 확보하기 위해 각종 조사자료를 제출하고 지리한 논의를 거듭하였다. 3월 7일에 확정된 예산은 청소년고입제한령 수행을 위해 증치된 직원의 인건비와 설명회·강습회 비용(각각 인구 5만명을 기준으로 산정) 등이다.

예산이 확보된 이후에는 적용을 위한 구체적인 과정과 관련한 문서가 생산된다. 이들 문서는 주로 척무성 조선부장과 내무국간 왕복문서이다. 척무성 조선부장이 조선총독부 내무국장에게 보낸 「청소년고입제한령에 관한 건」(1940년 2월 29일자)을 통해

후생성직업부가 간행한 팜플렛을 조선총독부에 배포했음을 알
수 있다. 또한 척무성 조선부장은 5월 27일에 보낸 청소년고입제
한령 시행과 관련한 예규·통첩류 등을 통해 시행 이전의 사전작
업에 나서고 있다. 자료를 받은 내무국은 각 도지사에 지시를 내
려 청소년고입제한령 시행에 관한 이해를 높이도록 하였다.

세 번째 시기는 9월 1일 조선 적용 이후에 생산된 문서가 해당
된다. 이 시기의 문서는 척무성과 조선총독부 내무국간 왕복문서
와 내무국이 각도지사에게 보낸 공문이 주를 이룬다. 청소년고입
제한령의 조선 적용 직후에 척무성 조선부장은 내무국장에게 보
낸 전보문(9월 3일자)을 통해 관련자료(후생성이 발간한 안내 책
자)를 송부하였다. 이를 받은 내무국은 경상북도와 경기도를 비롯
한 각도지사에 송부하였고, 도지사는 다시 관내 부군에 보내어
제정 취지를 설명하고 철저한 시행을 독려하였다. 이러한 작업은
9월 한달 동안 내내 계속된다.

이와 같은 사전작업을 거친 이후 각도는 고용현원조사 및 명부
작성·청소년고입인가신청수속 등 구체적인 작업에 들어가게 된
다. 고용현원조사는 이미 9월부터 내무국장이 각도지사에 보낸
지시사항이었는데(9월 6일자, 14일자), 내무국장이 경기도와 평남
도지사에게 보낸 공문「남자청소년고용現員調에 관한 건」(10월 9
일자)은 보고를 독촉하는 내용이다. 이러한 독촉에 대해 경기도와
충북, 충남, 전북, 전남, 경남, 황해, 평남, 평북, 강원, 함남, 함북
등 전 지역은 9월 초부터 10월 중순에 이르기까지 각 지역의 조사
내용을 담은 보고서를 올렸다. 각 지역은 진행상황에 대한 月報
를 내무국에 올리고 있어, 내무국은 월보 가운데 미흡한 부분이
나 질의내용을 각도에 보내기도 했다.

내무국장이 충북도지사에게 보낸「청소년고용명부에 관한 건」

(10월 14일자)에는 명부양식과 기재사항에 대한 내용을 담고 있
다. 명부작성은 청소년고입제한령 시행규칙 제11조에 의거한 것
으로써 개인의 인적사항은 물론이고 兵籍관계·상벌관계·가족
사항과 회사의 약력까지 기입하도록 되어 있다. 청소년고입인가
신청수속관련 문서는 11월에 들어서 생산되기 시작하여 1941년 6
월까지 이어진다. 청소년고입제한령 위반사건의 고발도 청소년고
입제한령 시행과정의 한 모습이다. 경기도 지사가 내무국장에게
올린 보고문(1941년 1월 2일자)에 의하면 위반자(石井자동차공장
주인과 감독)는 청소년고입제한령 제1조 제2호를 위반한 혐의로
재판에 회부되었다.

또한 청소년고입제한령 시행을 위한 강습회도 각도별로 개최
되었다. 경기도에서는 9월 10일과 11일에 인천에서 개최되었는데,
해당사업주는 물론이고 경찰과 면직원들도 출석하였다(「청소년
고입제한령강습회개최에 관한 건」 10월 14일자). 경기도는 1941
년 3월 15일에도 강습회를 개최하여 참석자 250명에게 청소년고
입제한령의 내용과 취지를 설명하였다. 강원도지역의 강습회는
1940년 12월 7~8일에 열렸는데, 청소년고입제한령과 함께 종업
자이동방지령에 대한 내용도 다루었다.

10. 從業者雇入制限關係綴

종업자고입제한령의 시행 전후에 생산된 문서.
생산년도 : 1938~1941년 / 생산기관 : 조선총독부 내무국 사회과 /
총면수 : 481면

『종업자고입제한관계철』(이하 관계철)은 일제말기 노동력 동

원을 위한 노동력 통제에 관한 자료로서 1938년 11월부터 1941년 2월까지 종업자고입제한령 제정을 전후한 제반 과정을 알려준다. 이를 통해 법령의 시행과정은 물론이고, 조선의 시행을 위한 당국의 노력 정도를 파악할 수 있다. 특히 관련 자료가 폭 넓게 첨부되어 있어 법령 자체에 대한 이해를 돕고 있다. 그러므로 이를 통해 일제 말기 노동력 동원정책 전반과 노동력통제의 실상을 이해할 수 있다.

1939년 3월 30일에 공포되어 8월 1일부터 시행된 종업자고입제한령은 국가총동원법에 근거한 노동력 통제 법령으로써 기존의 공장에 근무하고 있는 기술인력의 이동을 방지하기 위한 영이다. 중화학공업과 광업의 93개 직종을 지정하여 여기에 종사하는 기술자 및 노무자 가운데 일정한 조건을 갖춘 자에 대해 부윤·군수·도지사 등의 허가가 없으면 이동할 수 없는 것으로 간주하여 不急不要한 생산으로 노동력이 투입되는 것을 억제하면서 긴요한 생산부문에서 노동력이 이동하는 것을 방지하고자 한 법이다. 이를 통해 당국은 광업과 중화학공업에 종사하는 기술인력(16~50세)을 관리·통제할 수 있었다.

이와 같이 종업자고입제한령은 노동자의 중점적 배치의 일환으로 특히 기업간 종업자 빼내오기 및 이동을 방지하고자 마련한 규정이었는데, 이후 노동력의 부족이 심화됨에 따라 이 령의 적용을 받지 않는 일반 노무자의 이동이 현저해졌다. 이에 당국은 종업자의 이동방지를 확충 강화하고 노무수급의 원활화를 꾀하기 위해 이를 폐지하고 새로이 종업자이동방지령을 제정하게 된다. 종업자고입제한령은 1940년 12월 5일 '종업자이동방지령'(1940년 11월 9일에 제정·공포)이 조선에 시행됨에 따라 '종업자이동방지령'으로 대체되었다.

관계철은 편철기준이 시기순이나 역순 편철도 아닌데다가 문서와 첨부자료가 별도로 편철되거나 중복되어 있어서 열람에 상당한 혼란을 가져오도록 구성되어 있다. 관계철에 수록된 문서는 종업자고입제한령의 제정을 전후한 시기와 조선에 적용 시행된 시기에 즈음한 관련문서 등 크게 두 시기로 대별할 수 있다. 양적으로는 조선 시행 이후가 다수를 차지한다. 수록된 문서 가운데 대표적인 문서의 내용을 통해 종업자고입제한령의 제정 배경과 과정 및 조선 시행과정을 살펴보기로 하겠다.

가장 이른 시기의 자료는 1938년 11월 7일에 생산된 「종업자고입제한령안」이다. 종업자고입제한령 제정보다 6개월 앞서 생산되었는데 관련 문서는 보이지 않으나 11월 26일자 管警809호(척무성 조선부장 발신, 조선총독부 내무국장 수신)에 의하면 管警604호 문서(척무성 조선부장 발신, 조선총독부 내무국장 수신)에 첨부된 자료로 여겨진다. 이 안과 管警809호 「종업자고입제한령에 관한 건」에 따르면, 종업자고입제한령은 총 7조로 구성되었는데, 16세 이상 50세 미만의 남자가 대상이고, 국민등록령(원명은 국민직업능력신고령. 1939년 1월 7일 제정, 1939년 6월 1일 조선 적용)과 동시에 총동원심의회에 부의될 예정이다. 그러나 척무성의 예상과는 달리 종업자고입제한령은 국민등록령 보다 3개월 늦게 제정된다.

관계철에는 청소년고입제한령이나 종업자이동방지철과 같이 종업자고입제한령 제정에 즈음한 조선총독부와 일본내각간에 논의과정을 보여주는 문서는 찾을 수 없다. 종업자고입제한령 공포를 알려주는 문서 「종업자고입제한령의 시행기일에 관한 건」(기안일자 1939년 3월 30일자)이 생산된 이후 「종업자고입제한령에 관한 건」(1939년 4월 17일자)과 이들 문서에 첨부된 자료(후생성

발간, 『공장종업장 종업자의 이동제한에 대하여』; 『종업자고입
제한령의 시행에 대하여』)를 찾을 수 있을 뿐이다.

　종업자고입제한령 시행규칙(조선총독부령 제116호)은 1939년 7
월 31일에 공포된다. 종업자고입제한령 시행규칙 공포와 종업자
고입제한령 조선 시행 이전인 7월 22일에 내무국장은 각도지사에
게 「종업자고입제한령의 시행에 관한 건」을 발송하여 구체적인
시행방법을 지시하고 있다. 내무국장은 종업자고입제한령 조선
시행일 직전에 담화를 발표하여 종업자고입제한령·임금통제
령·공장취업시간제한령 시행에 대한 이해를 구하고, 8월 1일에
는 다시 각도지사들에게 보낸 통첩 「종업자고입제한령시행에 관
한 건」에서 시행상 유의사항을 강조하고 있다. 또한 8월 5일에는
다시 도지사들에게 같은 제목의 공문을 통해 사무취급에 관한 요
강을 하달하고, 조사서류 작성 방법과 인가신청서 제출 방법, 서
류의 경유 과정 및 각종 양식 등 실무적인 내용을 지시하였다. 내
무국장은 각도지사 외에 조선군참모장과 鎭海要港部참모장·해
군연료창 평양광업부장·부내 각국부장·관방각과장·체신전매
철도각국장 등에게도 공문(8월 31일자)을 보내 관할 공장에 대한
종업자고입제한령 적용여부를 인지시키고 협조를 당부하고 있다.
각 도지사도 1939년 10월부터는 내무국의 노력에 발 맞추어 도민
을 상대로 담화를 발표하여 종업자고입제한령에 대한 이해를 높
이고자 했다. 특히 1939년 말은 종업자고입제한령 외에 地代家賃
統制令·임금통제령·공장취업시간제한령 등과 관련한 등록사
무가 동시에 시행되던 시기였던 관계로 이러한 관련 법령의 동시
시행을 독려하는 공문은 줄을 잇고 있다. 각도지사와 관계 부서
를 상대로 종업자고입제한령의 내용을 알리고 이해를 구하는 과
정은 1940년 5월 말까지 지루하게 계속되었다.

이러한 작업과 아울러 내무국은 종업자고입제한령의 내용을 선전하기 위한 자료를 만들어 송부하는 작업도 함께 추진했다. 내무국은 1939년 8월 29일에 안내책자(후생성 발간, 『공장종업장 종업자의 이동제한에 대하여』 ; 『종업자고입제한령의 시행에 대하여』)를 2,000부 추가로 인쇄하여 전국의 도는 물론이고 군과 島에 까지 배포하기도 했다. 내무국은 1939년 9월에는 안내책자 외에도 주요 내용만을 정리한 격문을 만들어 각도에 돌리고 사용하도록 했다. 안내책자의 배포는 1940년 5월까지 이어졌다.

종업자고입제한령은 1940년 3월 30일에 개정되어 유리·합판 등 27종의 사업장이 추가 적용대상이 되었다. 이러한 적용대상의 확대에 따라 홍보활동은 계속되어 이후에 생산되는 문서는 각도 지사나 관계부서가 내무국에 보낸 질의에 대한 답변이 주를 이루고 있다.

종업자고입제한령에 대한 내용 인지와 홍보에 이은 단계는 위반사항에 대한 조처이다. 1940년 10월부터는 각지에서 발생되는 위반사항에 대한 내무국의 지시와 조처내용을 담은 문서가 생산되기 시작한다. 등록의무를 이행하지 않아 행정당국으로부터 고발조치된 위반자(사업주)는 국가총동원법에 의거하여 재판에 회부되고 처벌을 받게 되었다.

11. 從業者移動防止關係綴

종업자이동방지령의 시행 전후에 생산된 문서철.
생산년도 : 1940~1941년 / 생산기관 : 조선총독부 내무국 사회과 /
총면수 : 408면

종업자이동방지령은 1940년 11월 9일에 제정·공포되어 1940년 12월 5일에 시행된 노동력통제관련 법령이다. 1937년 7월 중일전쟁을 개시한 일본은 전쟁의 확대와 장기화에 따라 군수물자의 보급과 노동력을 공급하기 위해서 전면적인 국가통제와 동원이 필요하다고 판단하고, 1938년 국가총동원법을 제정 공포(4월 1일)하고 5월 5일부터는 한반도에도 실시하였다. 그러나 이를 시행하기 위해서는 제도적 장치가 필요했다. 즉 각종 직업능력조사제도와 노동력 실태파악·노동력통제·자금통제·사업통제·문화통제에 관한 각종 관련 법령이다. 이러한 법령들은 국가동원체제가 특별히 필요로 하는 기능을 가진 자의 전반적 파악과 노동력 실태파악을 바탕으로 노동력에 대한 관리통제를 목적으로 한 것이다.

전쟁의 확대에 따라 젊은 층의 노동력 수요가 급증하고, 기술인력에 대한 공급부족현상이 심화되면서 필요한 인력을 당국이 원하는 곳에 배치할 수 있도록 하는 관리통제가 필요했던 것이다. 이러한 목적 아래 최초의 입법은 학교졸업자사용제한령(1938년 8월 23일 제정, 9월 8일부터 시행)이다. 이 령은 업자간의 기술인력과 열쟁탈을 막기 위해 조선총독이 지정하는 학교, 학과의 졸업생은 각 업체가 조선총독이 할당하는 수 이상을 새로 고용할 수 없도록 하는 내용을 담고 있다. 그러나 이 보다 광범위한 범위에서 고용통제를 시도한 법은 청소년고입제한령(1940년 1월 31일 제정공포, 9월 1일부터 조선에 시행)이다. 청소년이 일반산업에 고용되는 것을 억제하고 군수관련산업으로 유도하기 위한 법이다.

1939년 4월에 공포되어 8월 1일부터 시행된 종업자고입제한령은 기존의 공장에 근무하고 있는 기술인력의 이동을 방지하기 위한 영이다. 이를 통해 당국은 광업과 중화학공업에 종사하는 기술인력(16~50세)을 관리통제할 수 있었다. 전황이 점차 불리해지

고 노동력 수급사정이 악화되자 일제는 1943년 6월 노무조정령을
개정하여 임금이나 기타 근로조건까지 통제대상에 포함시켰다.

종업자이동방지령은 바로 이러한 일본의 노동력동원을 위한
전제조건으로서 마련된 법령이다. 종업자이동방지령은 지정종업
자, 즉 14세 이상 60세 미만의 남자로써 특정한 노무자 및 기술자
혹은 그 전력자에 대해서는 국민직업지도소장(조선에서는 부
윤・군수・도지사)의 인가를 받아야 고용할 수 있음을 원칙으로
정한 법이다. 여기에서는 적용대상도 종업자고입제한령의 93개
직종으로부터 군수산업 기타 국책수행상 중요한 사업을 운용하
는 공장과 사업장에서 사용되는 직공 및 광부의 전부로 확장되었
다. 또한 고용행위만이 아니라 권유행위까지 금지시키고, 1개월
이상 고용되었다가 퇴직하면, 그 후 1년간은 자유로운 취직을 허
가하지 않았다.

종업자이동방지령이 시행되기 이전에는 종업자고입제한령이
시행되었으나 문제점이 발생하자 일본당국은 종업자이동방지령
을 제정하였다. 종업자고입제한령은 노동자의 중점적 배치의 일
환으로 특히 기업간 종업자 빼내오기 및 이동을 방지하고자 마련
한 규정이었는데, 이후 노동력의 부족이 심화됨에 따라 이 령의
적용을 받지 않는 일반 노무자의 이동이 현저해졌기 때문이다.
따라서 종업자의 이동방지를 확충 강화하고 노무수급의 원활화
를 꾀하기 위해 이를 폐지하고 새로이 종업자이동방지령을 제정
한 것이다.

『종업자이동방지관계철』(이하 관계철)에는 종업자이동방지령
과 시행령, 시행규칙의 공포를 전후한 시기의 문서(시행문, 전보
문, 서신)를 필두로 지방 하부단위에 이르기까지 종업자이동방지
령을 수행하고자 하는 과정을 알 수 있는 문서철들이 무순으로

편철되어 있다. 종업자이동방지령이 시행되기 전후에 생산된 문서들은 시기순으로 편철되어 있으나 시행된 이후에 지방을 상대로 하는 수행과정에서 생산된 문서들은 무순으로 편철되어 있다.

이 관계철의 색인목록에는 8건의 문서가 수록된 것으로 나타나 있으나 실제로는 46건의 문서가 수록되어 있다. 이들 문서는 시기별로 종업자이동방지령이 공포되기 직전의 문서와 시행 이후의 문서로 대별할 수 있다. 내용상으로는 종업자이동방지령 제정 및 공포와 관련한 일본과 조선총독부간의 문서와 국내 시행과정으로 나눌 수 있다. 그 내용을 살펴보면 다음과 같다.

종업자이동방지령이 공포되기 이전에는 조선총독부의 내무국과 일본 拓務省 조선부장간에 문서가 왕래하고 있다. 일본 拓務省 조선부장이 조선총독부의 기획부장에게 보낸 전보문(9월 18일자)에 의하면, 종업자이동방지령은 8월 20일경에 열린 총동원심의회 국민징용령 및 직업능력신고령 개정안과 함께 제정이 결정되었음을 알 수 있다. 조선총독부 내무국장이 拓務省 조선부장에게 보낸 전보문 「종업자이동방지령에 관한 건」(기안일자 11월 6일자)에는 조선총독부가 후생성으로부터 받은 자료(종업자이동방지령, 사업주 지정, 종업자이동건수통계표, 일본국내에서 보도된 각종 신문기사)가 첨부되어 있다. 이에 따르면, 종업자이동방지령(칙령 750호)은 전문 16조와 부칙으로 이루어져 있는데, 부칙에서 종업자이동방지령이 일본 외에도 조선·臺灣·樺太·남양군도에도 적용됨을 명기하고 있다. 조선총독은 종업자이동방지령에 의거하여 종업자이동방지령이 대상으로 하고 있는 사업주로서 채광업(탄광 포함)·금속공업·기계기구·화학·요업 및 土石가공업·製材 및 합판·위생재료품제조업·펠트제조업·철도 및 궤도업·자동차업·항공업·통신사업자 등을 지정했다. 이 외에

소운송업의 경우에는 별도의 조선소운송업령에 의해 제한을 받
게 되어 있으므로 결국 조선의 산업체 대부분은 종업자이동방지
령에 의해 통제되는 것이다.

　종업자이동방지령의 시행 이후에는 국내에서 시행을 위한 각
종 조치와 지방 하부단위까지 수행과정을 알려주는 문서로 이루
어져 있다. 여기에는 지방의 각도부군을 대상으로 하는 홍보작업
(강습회·타합회)과 사업장에 대한 시행과정 등 두 가지로 나눌
수 있다.

　먼저 첫 번째 홍보작업과정을 보면 다음과 같다. 종업자이동방
지령이 시행된 다음날인 6일에 내무국장은 척무성 조선부장으로
부터 받은 '종업자이동방지령의 시행에 관하여'라는 자료를 관방
각 과장·내무국내 각 과장·체신철도전매 각 국장에게 보내 시
행을 독려하였다. 그 후 각 지방별로 종업자이동방지령의 시행을
위한 打合會가 개최된다. 12월 11일에 총독부 소속 大川允이 내
무국장에게 보낸 복명서에는, 강원도지역타합회에 관련한 제반
자료(내무국장이 강원도지사에 보낸 타합회개최지시문, 내무국장
과 강원도지사간에 왕복문서, 회의자료, 회의록, 참가자 명단, 내
무부장 훈시문, 타합사항, 참고자료)가 첨부되어 있다. 12월 7일과
8일 양일간 강원도청회의실에서 열린 강원도지역타합회에서는
종업자이동방지령 외에 청소년고입제한령·국민직업능력신고령
에 대한 설명이 함께 마련되었다. 이 자리에는 주관자인 강원도
내무부장 외에 각 군의 사회사업사무담임직원 및 도 사회과직원
전원(21명)이 참석했다. 1941년 2월 13～14일간 경상북도에서 열
린 타합회도 도지사가 직접 주관하는 것이 차이가 날 뿐 강원도
의 경우와 큰 차이를 보이지 않는다.

　내무국은 충청남도 보령군 소재 광산과 함경남도, 경기도, 함경

북도 등지의 각 부군에 이르기까지 강습회와 타합회를 통해 종업
자이동방지령에 대한 내용을 인지시키고 협력하도록 지시하고
있다. 여기에서 특징적인 것은 강원도지역 타합회와 마찬가지로
지방에 대한 지시사항에서는 종업자이동방지령 외에 국민직업능
력신고령을 함께 대상으로 하고 있다는 점이다. 즉 국민직업능력
신고령이나 종업자이동방지령이 동종의 노동력통제법령이고, 비
슷한 시기에 제정되었으며, 서로 긴밀한 연관관계를 갖기 때문이
다. 1939년에 제정된 국민직업능력신고령은 종업자이동방지령이
나 청소년고입제한령의 상위법령적인 의미를 지니므로 함께 언
급한 것으로 추정된다. 내무부장이 각부군수에 내려보낸 강습회
개최要項에 의하면, 참가대상자는 종업자이동방지령 제2조 1호
에 근거한 지정사업자 및 국민등록관계업자(이상 필수 참석자) 및
경찰서・직업소개소・읍면직원이다. 경기도의 경우를 보면, 하
루에 3개 부군에서 개최되도록 일정을 마련하고 있다.

사업장에 대한 시행과정은 사업장을 상대로 노무자와 기술자
에 대한 등록과 신고를 거치도록 하는 내용과 시행을 둘러싸고
각지에서 올린 질의서 등을 통해 알 수 있다. 여기에서 내무국은
각지의 사업장을 대상으로 문서를 하달하여 작업을 독려하고, 각
도에서 올라온 질의에 답하고 있다. 질의내용은 주로 지정종업자
의 대상에 대한 구체적인 범주・사업장내에서 고용기간이 만료
된 노무자에 대한 지정여부・검사증표 배부방식 등 시행상의 의
문점에 대한 내용이다. 이러한 질의사항은 11월에도 계속되고 있
다. 질의를 받은 후생성은 橫浜국민직업지도소장・山口縣학무부
장 등에 문의를 하여 이에 대해 답하기도 하였다. 1941년 후반기
에도 계속 질의서를 보내는 지역은 함경도와 평안도 등 북선지역
으로서 관내 광산 및 궤도업에 대한 종업자이동방지령 적용이 쉽

지 않음을 나타내준다.

종업자이동방지령은 전국 각도에서 개최되는 국가총동원사무
타합회에서도 주요한 의제였다. '국가총동원사무타합회개최에 관
한 건'(1941년 3월 20일자)은 3월 28일부터 29일까지 전남에서 개
최되는 회의준비에 관한 보고인데, 이에 따르면, 이 회의에서 주
요한 안건은 종업자이동방지령과 청소년고입제안령에 대한 내용
을 인지하고, 국민등록통계를 설명하는 것이었다. 이 회의에는 각
부군도관계자가 1명씩 참석하도록 되어 있다(36명 참석). 각 도단
위에 종업자이동방지령의 취지를 철저히 인지시키는 노력은 6월
에도 그치지 않았다. 내무국장은 각도지사에게 보낸 '종업자이동
방지령의 趣旨徹底方에 관한 건'(기안일자 6월 7일자)을 통해 그
동안 종업자이동방지령의 내용과 취지가 지방 소재 각 사업장에
인지될 수 있도록 수 차례에 걸쳐서 통첩을 발했지만 만족할만하
지 못함을 지적하고 독려를 당부했다.

12. 復命書綴

국민총동원법을 비롯해 노무조정령, 국민징용령 등 노동력 동원 및
통제에 관한 법령·통첩과 이들 법령의 내용을 홍보하기 위한 각종
자료로 구성된 문서철.
생산년도 : 1942년 / 생산기관 : 조선총독부 내무국 사회과 / 총면수 :
571면

문서철 앞에 편철된 색인목록에 의하면, 『노무조정령관계법령집
(경기도)』을 비롯한 11건의 문서가 묶여 있는 것으로 기록되어 있
다. 그러나 『복명서철』에는 색인목록에 나타난 문서 외에 15건의

문서들이 추가로 포함되어 있으므로10) 편철된 문서는 총 26건이다. 『복명서철』에 수록된 각각의 문서는 시행문이나 기안문이 아니라 법령 조문과 통첩 등이다. 『복명서철』은 노무관련 문서를 주제별로 일목요원하게 편철해 놓은 문서철이 아니라 국가총동원법 · 국민징용령 · 노무조정령 등 대표적인 노동력 동원 관련 법령과 관련자료를 망라함으로써 일제에 의한 총동원정책의 시행상황을 살펴볼 수 있는 자료이다. 또한 이러한 통제법령을 시행하기 위해 생산된 복명서도 편철되어있다. 따라서 기록학적 측면에서 보면 적합성이 떨어질 수도 있지만 역사학과 경제학 · 사회학 등 관련 연구자들에게는 활용도가 매우 높은 자료이기도 하다. 여기에는 중요한 자료들이 다수 포함되어 있다. 이 가운데에서 대표적인 몇몇 자료에 대해 살펴보기로 하겠다.

「노무조정령관계법령집(경기도)」에는 노무조정령, 노무조정령시행규칙, 고시, 국가총동원법 등 4건의 자료가 편철되어 있다. 먼저 노무조정령을 살펴보면, 노무조정령은 종업자이동방지령(1940년 12월 5일 시행)과 청소년고입제한령(1940년 8월 31일 시행) 등 노동력통제법에 대한 보완법령이다. 종업자이동방지령과 청소년고입제한령은 모두 사용주로 하여금 종업자가 다른 공장에 취직

---

10) 노무조정령사무의 취급에 관한 건(1942.2.4) · 복명서(1942.3.16) · 각부군내무과장 及 노무사무 담임직원사무 打合會 주의사항(1942.3) · 각부군내무과장 及 노무사무 담임직원사무 打合會 타합사항(1942.3) : 각각 내용 상이 · 노무동원실시계획에 의한 조선인노무자의 내지이입에 관한 건(1942.2.28) · 노무조정령시행에 관한 건(1942.2.3) · 노무조정령사무의 취급에 관한 건(1942.2.5) · 노무조정령의 규정에 기초한 기능자 또는 남자청장년의 고입취직에 관한 건(1942.1.30) · 노무조정령에 관한 질의응답에 관한 건(1942.3.5) · 노무조정령해설 · 국민징용령시행령에 관한 건 · 복명서(1942.3.23) · 복명서(1942.4.8) · 노무조정사무타합회지시사항(1942.4.6.전북) · 근로보국대강화방침(전북)

하는 것을 제한하게 하는데 그쳐 종업자 자신의 퇴직은 자유로운
상태였다. 또한 지정산업 외에 상업방면에 취직을 하는 것은 자유
로웠기 때문에 퇴직율이 높았고, 종업자의 이동방지에 대한 충분
한 효과를 거두기 어려웠다. 아울러 중요산업으로부터 평화산업으
로 이동을 막을 수 없다는 치명적인 약점도 드러냈다. 이에 이를
보완할 새로운 제도적 장치가 필요하게 되었다. 그 결과 두 령을
전면적으로 개정 통합하고 그 위에 새로이 종업자의 해고 및 퇴직
을 제한하는 규정을 신설하여 공포한 것이 노무조정령(1941년 12
월 6일에 제정, 1942년 1월 10일 공포, 1942년 1월 10일 시행, 1943
년 6월 개정)이다. 노무조정령은 '국가의 긴급한 사업에 필요한 노
무를 확보하기 위해 종업자의 해고·퇴직·고용·취직·사용 등
을 제한하고 전시하의 인적자원을 유효적절하게 동원할 수 있도
록, 통제함으로써 조선 내 69개소 회사가 군수공장으로 지정되어
집중적인 노동자 배정의 혜택을 받도록 하고 있다.

　또한 국가총동원법은 물자·생산·금융·가격·노동 등 모든
경제분야에 걸쳐 정부가 명령 하나로 필요한 통제조치를 행할 수
있도록 규정되어 있다. 이 법에 의거해 각종 노동통제 및 동원관
계 법령이 제정되었으므로 노무조정령 관계법령집으로 함께 구
성된 것이다.

　「국민징용령시행령에 관한 건」에는 국민징용령·국민징용령
시행규칙을 비롯하여 20건의 문서가 편철되어 있다. 이는 1939
년 국민징용령 개정 시점부터 1942년 1월까지 제정된 각종 관련
법령에 대한 총망라이다. 국민징용령은 '제2조 징용은 특별한
사유가 있는 경우 외에 직업소개소의 직업소개 기타 모집의 방
법에 의해 소요인원을 얻지 못하는 경우에 한하여 이를 행하도
록' 규정된 법령이다. 국민징용령은 1939년에 공포되었지만 조

선에서는 노동력 조달자체가 시급하지 않고 정치적인 이유도 있어서 적용되지 않았다. 그런데 노동력 부족현상이 심해지자 1940년 10월 16일 개정을 통해 '군사상 특히 필요한 경우에는 전항의 규정에도 불구하고 명령이 정한 바에 의해 요신고자 이외의 자를 징용할 수 있다'고 하여 '제3조 징용은 국민직업능력신고령에 의한 요신고자에 한하여 행한다. 단 징용중 요신고자이지 않게 된 자를 계속 징용할 필요가 있는 경우는 이 제한에 있지 않다'에서 대상을 확대했다. 1943년 7월 20일에는 또 다시 개정을 통해 '징용은 국가의 요청에 기초하여 제국신민으로써 긴급한 총동원 업무에 종사하게 할 필요가 있는 경우에 이를 행하는 것으로 한다'로 바뀌었다.

『복명서철』에 이와 같이 노동력 통제관련 법령자료가 다수 구성된 것은 바로 打合會 개최와 밀접한 연관이 있다. 당국이 각부군 내무과장 및 노무사무 담임직원을 대상으로 한 타합회를 개최하는데 필요한 자료에 법령자료가 해당되는 것이다. 그러므로 『복명서철』에서 가장 중요한 사안은 바로 타합회라고 할 수 있다. 타합회 개최 과정과 진행 순서에 따라 살펴보면, 각 지역과 후생국의 협의 아래 일정표 마련 → 타합회 개최에 앞서 이에 대한 후생국의 지시사항과 주의사항 하달(관련 법령 및 기타 자료 제공) → 타합회 개최 → 타합사항 보고 등이다.

타합회는 바로 노무조정령의 시행과 그로 인한 노무동원계획의 완수를 목적으로 한 행사이다. 노무조정령이 원활히 운용되기위해서는 지방 하부행정인력의 조력이 필수적이다. 그러므로 이자리를 빌어 당국은 노무동원실시계획을 전달하고, 노무조정령의 구체적인 실천을 위한 국민등록사무취급이나 노무자 공출·수송 등 실무에 대해 지방하부단위의 실무자들에게 인지시킨다. 바로 공문을 통한 지시사항이 제대로 지켜질 수 있도록 직접 실무자를 대상으로 한 홍보작업이다. 이러한 과정을 통해 지방의 하부행정 인력들은 노무동원실시업무를 수행하게 된다.

『복명서철』은 바로 후생국이 타합회라는 행사를 통해 노무조정령의 내용이 지방의 말단에까지 전달되고, 시행되도록 해 나가는 과정에서 생산된 자료이다. 구성상으로 보면, 난삽하게 여겨지지만, 일제 말기의 노동력 동원에 대한 당국의 실시과정을 파악하는데 매우 중요한 자료이다. 타합회의 진행상황에 대한 정보가 담겨 있음은 물론, 관련되는 자료가 첨부되어 있어서 일본당국의 노무동원실시계획의 전반적인 구도 속에서 통제법령을 이해하는데 큰 도움을 준다. 『복명서철』과 함께 『노무조정령관계예규철』(문서번호 88-13/ 88-14) 등 정부기록보존소 소장 노무조정령 관련 문서철을 이용한다면 일제 말기 노동력 통제관련 법령에 대한 이해는 물론이고, 노동력 동원의 전체 상을 파악할 수 있게 될 것으로 평가된다.

13. 勞務調整令關係例規綴

1941년 12월 6일에 제정(1942년 1월 10일 공포, 1943년 6월 개정)한 노동력통제에 관한 법령인 노무조정령과 노무조정령시행규칙 제정을 둘러싸고 1942년 1월부터 10월까지 생산된 문서와 첨부자료를 묶은 자료.
생산년도 : 소화17년(1942) / 생산기관 : 조선총독부 후생국 노무과 / 총면수 : 346면

문서철의 앞면에는 생산기관이 광공국 노무과로 표기되어 있으나 실제 문서의 생산기관은 후생국이다. 『노무조정령관계예규

철』은 『복명서철』(문서번호 88-12), 『노무조정령관계예규철』(문서번호 88-14), 『노무조정령관계인가신청철』(문서번호 88-18), 『노무조정령관계잡서』(문서번호 88-19)와 함께 정부기록보존소에 소장된 노무조정령에 관한 문서철이다. 따라서 이들 문서철을 참고한다면, 노무조정령에 대한 이해는 폭을 더 할 수 있을 것이다.

노무조정령은 종업자이동방지령(1940년 12월 5일 시행)과 청소년고입제한령(1940년 8월 31일 시행) 등 노동력통제법에 대한 보완법령이다. 종업자이동방지령과 청소년고입제한령은 모두 사용주로 하여금 종업자가 다른 공장에 취직하는 것을 제한하게 하는 데 그쳐 종업자 자신의 퇴직은 자유로운 상태였다. 또한 지정산업 외에 상업방면에 취직을 하는 것은 자유로웠기 때문에 퇴직율이 높았고, 종업자의 이동방지에 대한 충분한 효과를 거두기 어려웠다. 아울러 중요산업으로부터 평화산업으로 이동을 막을 수 없다는 치명적인 약점도 드러냈다. 이에 이를 보완할 새로운 제도적 장치가 필요하게 되었다. 그 결과 두 령을 전면적으로 개정 통합하고 그 위에 새로이 종업자의 해고 및 퇴직을 제한하는 규정을 신설하여 공포한 것이 노무조정령(1941년 12월 6일에 제정, 1942년 1월 10일 공포, 1942년 1월 10일 시행, 1943년 6월 개정)이다.

『노무조정령관계예규철』이라는 문서철 제목은 문서번호 88-13 외에 88-14에서도 찾을 수 있다. 양자간의 차이점은 시기적으로 문서번호 88-14의 『노무조정령관계예규철』이 1941년 중반부터 1942년 1월말에 걸쳐 생산된 문서로 구성된데 비해 88-13은 바로 그 이후 시기를 잇는다는 점이다. 그러므로 두 개의 문서철은 선후를 바꾸어 함께 편철하는 것이 바람직하지만 현재는 별도로 묶여있다.

이 문서철에는 1942년 1월 10일 노무조정령의 제정 공포 이후

의 과정에 대한 내용이 담겨 있다. 그 가운데 주요한 문서내용을
살펴보면 다음과 같다.

1월 17일에 후생국장은 각도지사 앞으로 노무조정령의 구체적
인 시행방법을 하달하고 있다. 그 내용은 바로 기능자 및 남자청
장년의 고입·취직에 관한 인가방침이다. 노무조정령은 종업자
이동방지령과 청소년고입제한령의 한계를 보완하고자 마련된 령
이었으므로, 노동력의 확보를 강화하는 것은 당연한 조치였다. 그
러므로 후생국장은 노동력의 확보가 확실히 이루어지게 하기 위
해 1940년과 1941년 초에 내무국장이 마련하여 도지사에게 하달
한 '종업자이동방지령 및 청소년고입제한령 시행 관련' 예규와
자료를 첨부한 시행문을 통해 노무조정령과 차이를 강조하였다.
이어서 27일과 29일에도 각각 「노무조정령사무취급에 관한 건」
(예규)과 「노무조정령 시행에 관한 건」을 각도지사에게 하달했다.
두 건은 모두 사무취급에 관한 내용을 담고 있는데, 8개 항목으로
구성된 「노무조정령사무취급에 관한 건」은 신고대상자에 대한
규정과 이들에 대한 신고요령을 소개하고 있다. 「노무조정령 시
행에 관한 건」은 사무취급에 관련된 각종 양식이 첨부되어 있다.

2월 24일과 3월 23일에는 노무조정령 시행과정에서 일어날 수
있는 의문점에 대한 질의응답을 예규로 만들어 각도지사에게 하달
하고 있다. 2월 24일자 예규에는 적용대상기업 및 기관과 노동자에
대한 지정방침을 비롯한 23개 항목이 마련되어 있다. 3월 23일자
예규는 학교졸업자사용제한령과 청소년고입제한령 등 이전에 시
행되었던 통제법령과 관련성 및 차이점에 대한 질의응답 10개 항
목이 담겨 있다. 후생국이 이들 예규를 만들게 된 것은 바로 2월
초부터 각도지사가 후생국에 올린 질의사항 때문이다. 2월 초부터
상신한 질의사항에 대해 수합하여 예규를 만든 후 2월 24일자로

하달하였으나 다시 여기에서 부족한 내용이 질의사항으로 상신되자 질의응답에 관한 예규가 2회에 걸쳐 만들어지게 된 것이다.

노무조정령의 시행과 관련하여 현지에서 보내오는 질의는 6월 초까지도 계속되었다. 비록 각종 고시를 통해 노무조정령 시행을 위한 법률적 조치를 마련하였으나 보완되어야 할 부분은 계속 나타난 것이다. 이에 후생국은 5월 13일자로 「노무조정령의 해석에 관한 건」을 각도에 보내 사무집행을 지원하였다.

현지에서 나타난 여러 문제점은 시행규칙의 개정으로 이어졌다. 후생국은 시행규칙 중 일부를 개정(6월 3일자)하여 신청수속사무가 원활히 진행될 수 있도록 하였다. 개정된 내용은 시행규칙 제11조 3항으로써 '이동에 관계가 있는 종업자를 사용하는 경우'의 신청수속업무에 대한 내용이다. 개정작업은 이미 4월 중순부터 시작되어 6월에 개정되었다. 1월 10일 시행 이후 현지에서 올라온 보고와 질의내용을 바탕으로 시행규칙의 개정작업이 이루어진 것이다. 시행규칙은 후생성의 개정건의부터 시작되어 조선총독부와 일본 내각(후생성, 척무성 등)의 조정을 통해 이루어졌다.

시행규칙의 개정으로 시행상 문제점이 보완된 이후에도 현지의 질의사항은 계속되었지만, 후생국은 이에 대해 이해시키는 한편, 6월 20일부터는 종업자명부 및 인가상황월보의 작성을 지시하여 노동력 이동 및 소재에 대한 자료를 확보하고, 구체적인 노동력 통제에 들어가게 된다.

조선총독부 문서 가운데 노무조정령에 관해서는 『복명서철』(문서번호 88-12), 『노무조정령관계인가신청철』(문서번호 88-18), 『노무조정령관계잡서』(문서번호 88-19) 등이 관련문서를 포함하고 있다. 그러나 복명서철은 노무조정령 외에 각종 관련법령에 관한 내용을 담은 문서철이고, 『노무조정령관계인가신청철』은

각지에서 제출한 보고자료(인가신청관련 통계자료)에 해당되며,
『노무조정령관계잡서』는 특정한 주제에 편철되지 못한 자료들을
모아놓은 문서철이다. 그러므로 이 가운데에서 가장 자료적 가치
가 큰 문서철은 노무조정령이 입안되고 제정·공포되어 조선에
시행되는 과정을 보여주는 『노무조정령관계예규철』이다. 『노무
조정령관계예규철』은 동일 제목의 문서철 두 개로 구성되어 있으
므로 노무조정령의 제정과 시행과정의 전반적인 내용을 알기 위
해서는 문서철 두 개를 연속적으로 분석하는 것이 바람직하다.

14. 勞務調整令關係例規綴

노무조정령과 노무조정령시행규칙 제정을 둘러싸고 생산된 문서와
첨부자료를 묶은 자료.
생산년도 : 1941~1942년 / 생산기관 : 조선총독부 후생국 노무과 /
총면수 : 442면

문서철의 앞면에는 생산기관이 광공국 노무과로 생산연도가
1942년을 되어 있으나 실제로는 후생국 노무과가 1941년부터
1942년간에 생산한 문서가 편철되어 있다. 또한 명칭은 예규철이
지만, 예규만을 묶은 것은 아니고 예규가 생산되기까지 과정을
담은 문서가 더 큰 비중을 차지하고 있다.

『노무조정령관계예규철』에는 크게 1942년 1월 10일 노무조정
령 공포에 즈음한 문서와 노무조정령시행규칙 제정 및 발포와 관
련한 문서로 대별된다. 여기에는 조선총독부와 내각간 왕복문서
와 함께, 후생국장·내무국장과 각 도지사가 주고 받은 문서로
구성되어 있다.

『노무조정령관계예규철』이라는 문서철 제목은 문서번호 88-13
에서도 찾을 수 있다. 양자간의 차이점은 시기적으로 문서번호
88-14의『노무조정령관계예규철』이 1941년 중반부터 1942년 1월
말에 걸쳐 생산된 문서로 구성된 데 비해 88-13은 바로 그 이후
시기를 잇는다는 점이다. 두 개의 문서철은 하나의 사안에 대해
각각 선후가 바뀌어 분리 편철된 것이다. 그러므로 노무조정령의
제정과 시행과정의 전반적인 내용을 알기 위해서는 두 개의 문서
철을 연속적으로 분석하는 것이 바람직하다.

이 문서철에 실린 노무조정령시행규칙 제정 및 공포 관련 문서
는 1941년 중반부터 1942년 1월 말에 걸쳐 생산된 문서이다. 1941
년 중반인 7월 초는 노무조정령 제정에 관한 일본 내의 입장이 조
선총독부에 전달되는 시기이다. 이 시기에는 노무과가 속한 조선
총독부 내무국이 생산한 문서가 주를 이룬다. 노무조정령 제정을
둘러싼 일본측의 방침을 인지하고, 이를 바탕으로 조선내 준비작
업에 들어가고자 하는 것이다. 이를 참고하기 위해 종업자이동방
지령과 청소년고입제한령은 물론이고, 학교졸업자사용제한령·
국민징용령 개정안 등 관련 법령에 대한 재검토가 이루어지기도
했다. 또한 7월 중순에 기획원이 마련한「노무조정에 관한 칙령
안 요강」을 대상으로 노무조정령 자체에 대한 분석에 들어갔다.
이와 같은 검토작업은 9월 말까지 이어졌다.

1941년 하반기에 들어서면서 척무성 조선부와 조선총독부간에
는 노무조정령 제정을 앞두고 제반준비에 들어간다. 이미 1941년
10월 초에 노무조정령(안)이 양측 사이에 오고가면서 논의가 진행
되는 것이다. 특히 조선과 臺灣에 대한 적용문제를 놓고 양측간에
의견이 교환되는 과정은 왕복문서와 통신문을 통해 확인할 수 있
다. 10월은 노무조정령이 일본 기획원의 심의과정을 거치는 시기

였으므로 확정법안이 나오기 전에 조정을 마쳐야 하기 때문이다.

이러한 조정과정을 거친 후 1941년 말에 후생국은 척무성 조선부와 노무조정령 시행과 관련한 제반 논의에 분주하게 된다. 노무조정령(안)에 대한 논의를 마무리하고, 중요공장·사업장선정 표준을 마련하며 나아가 노무조정령 공포에 뒤이은 시행규칙 초안 마련에 들어가는 것이다. 이러한 과정에 대한 문서는 1941년 12월 2일자부터 찾을 수 있다.

1942년 1월에 접어들면, 노무조정령의 공포를 앞두고 구체적인 시행 작업에 들어간다. 1월 8일 조선총독부는 총독부고시 30호와 31호, 32호를 통해 기능자 지정작업(노무조정령 제4조에 근거, 노무조정령 제19조에 근거)과 남자청장년 고입취직제한 적용(노무조정령 시행규칙 제7조에 근거)을 하도록 조처했다. 1월 12일 노무조정령이 공포된 직후에는 「노무조정령시행에 관한 건」을 통해 사무취급요령을 하달했다. 이를 통해 실질적으로 노무조정령이 시행될 수 있도록 되었다.

노무조정령시행규칙은 1941년 말부터 조선총독부와 일본내각 사이에 협의를 거친 후 1942년 1월 9일에 원칙적인 합의가 이루어졌다. 그 결과 노무조정령의 공포와 동시에 시행규칙이 하달되어 곧 바로 노무조정령의 내용이 실시되도록 된 것이다. 이 때 마련된 시행규칙은 전문 16조와 부칙으로 구성되어 있는데, 부칙에는 '발포일로부터 효력을 발휘하는 것'으로 명기되어 있다.

문서철의 내용을 통해 대략적인 노무조정령이 시행되는 과정을 살펴보면 다음과 같다.

조선총독이 노무조정령과 시행규칙 등을 공포하면, 후생국장은 담화를 발표하여 알린다. → 후생국장은 각도지사에게 공문을 통해 노무조정령이 구체적으로 시행되도록 지시를 내린다. → 후생

국장과 내무국장은 각도지사를 상대로 사무규칙요강이나 인가신
청서 취급관련 규칙을 하달하고, 법령의 내용을 인지시킨다. →
각도지사는 질의를 통해 후생국장과 사무규칙이나 구체적인 시
행과 관련하여 협의를 거쳐 시행한다.

『노무조정령관계예규철』은 『복명서철』(문서번호 88-12), 『노무
조정령관계예규철』(문서번호 88-13), 『노무조정령관계인가신청철』
(문서번호 88-18), 『노무조정령관계잡서』(문서번호 88-19)와 함께
노무조정령에 관한 문서철이다. 이 가운데에서 『노무조정령관계인
가신청철』이 인가신청관련 통계자료의 망라이고, 『노무조정령관
계잡서』가 특정한 주제에 편철되지 못한 자료들을 모아놓은 문서
철인데 비해 『노무조정령관계예규철』은 노무조정령이 입안되고
제정·공포되어 조선에 시행되는 과정을 나타내준다는 점에서 두
개의 문서철에 비해 자료적 가치와 활용도가 매우 높다.

15. 事變關係失業狀況月報

각도에서 조사한 보고서를 바탕으로 작성한 실업관계통계자료.
생산년도 : 1942~1943년 / 생산기관 : 조선총독부 후생국·사정국
노무과 / 총면수 : 717면

전쟁기간 동안에 후생국(11월부터는 사정국)은 각도에서 조사
하여 상신한 보고서 내용을 월보로 작성하여 척무성에 보냈다.
이 문서철에는 1942년 1월부터 12월까지 월보가 공문서와 함께
첨부되어 있다. 색인목록에는 1942년 생산문서로 표기되어 있으
나 내용을 보면 1943년에 생산된 문서도 포함되어 있다. 1942년
12월분 보고서는 1943년 1월말에 상신했기 때문이다.

후생국(또는 사정국)이 작성한 사변관계실업상황월보는 공업관계와 상업관계로 대별하고 다시 이를 종별과 업태별로 세분하여 이에 대한 업주 및 고용자 수, 실업자 수, 귀추상황을 수록하고 있다. 각도는 1942년 2월 말부터 4월 초에 걸쳐 사변관계실업상황에 관한 보고서를 1월분 또는 1·2월분(1942년 1월말 기준, 2월말 기준) 제출했다. 이 보고서는 규정된 두 가지 양식에 따라 작성되었는데, 업종과 업태별(면·피혁·고무·기타·수출 등)로 상세한 노동력 이동상황이 담겨있다. 분량은 1~10쪽 정도이다. 3월분 조사보고서는 5월에, 4월분 조사보고서는 6월에 제출하는 등, 매월 조사보고서는 속속 상신되었다. 지역에 따라서는 해당 월에 보고사항이 없는 경우도 있었다.

후생국(또는 사정국)은 이를 수합하여 15~20쪽 정도의 총괄통계표를 만들어 사변관계실업상황월보라는 이름으로 관련기관에 송부하고 활용하도록 하는 것이다. 척무성 외에 식산국와 경무국의 소속과에도 배포하였다.

사변관계실업상황월보가 작성된 1942년은 조선총독부가 직접 노동력 송출업무에 관여한 시기이다. 물론 조선총독부는 1939년부터 실시된 강제연행정책을 일관되게 총괄하였으나 1941년까지는 일명 '모집단계'라고 하여 사업주가 중심적인 역할을 담당했다. 즉 조선인 모집을 할당받은 석탄, 광산, 토건 등 사업주가 먼저 일본에서 고용허가를 받은 다음에 조선총독부의 허가를 받아 총독부가 지정하는 지역에서 사업주의 책임아래 노동자를 모집하고 신체검사와 신원조사, 명부 작성 등을 행한다. 또한 모집된 노무자는 고용주나 책임 있는 대리자의 인솔 아래 집단적으로 도일하여 일을 하게 된다. 이에 비해 1942년부터는 '관알선 단계'라 하여 조선총독부가 직접 노무자를 조달하는 단계이다. 관알선은 조선총독부가 사업주로부터 알선신청서를 받아 각 도에 통보하면, 각 도는 부읍면에 할당하여 노무자를 마련하는 방식이다. 즉 총독부라는 행정기구의 책임 아래 노무자를 모집하는 방식이다. 또한 노동자를 보낼 때에도 1조를 5명으로 구성하고, 4조를 1반으로, 5반 내외를 1대로 구성하여 대장과 간부를 정하여 도주자 없이 완벽하게 이동시키도록 했다. 관알선은 더욱 더 많은 조선인을 노동력으로 수급하려는 목적에서 마련되었다.

그러므로 조선 내 노동력의 실태파악은 조선총독부의 강제연행정책 수행에서 필수적인 자료이자 기초자료였다. 이를 위해 조선총독부는 1938년 국가총동원법의 공포 이후부터 노동력 통제 및 관리에 관한 법령을 바탕으로 통제 및 조사작업에 착수했다. 1939년에 노동력을 본격적으로 동원하기 이전 단계에서 효율적으로 노동력을 동원하기 위한 사전 작업으로 각종 직업능력 조사제도를 실시했다. 노동력의 양과 질, 소재에 관한 실태파악을 위한 과정이었다. 일본은 1939년 1월 7일 국민직업능력신고령을 공포하였는데, 한반도에는 6월 1일부터 시행되었다. 그 다음 단계로는 노동력 실태파악, 노동력통제, 자금통제, 사업통제, 문화통제에 관한 각종 관련 법령을 제정 공포하는 것이다. 학교졸업자사용제한령(1938년 9월 8일 시행)·종업자고입제한령(1939년 8월 1일 시행)·청소년고입제한령(1940년 9월 1일 시행)이 여기에 해당된다. 노동력의 실태파악과 통제가 이루어진 이후 단계는 바로 노동력송출이다. 1939년 7월 28일, 내무성과 후생성이 발표한「조선인 노무자 내지(內地) 이주에 관한 건」을 통해 조선인은 고향을 떠나게 되었다.

『사변관계실업상황월보』는 바로 조선총독부가 조선인노동력의 전쟁동원을 위해 실시한 일련의 정책과정 속에서 만들어진 자

료이다. 즉 1939년과 1940년 대 초에 실시된 노동력 실태파악과
통제법령을 바탕으로 '모집'이라는 단계의 노동력을 송출하고, 이
들 정책의 보완과 적극적인 노동력 동원을 위해 '관알선'단계에
접어들었다. 이러한 정책의 수행에는 관련자료가 수반되어야 했
다. 조선 전역에 산재한 노동력 가운데 동원 가능한 대상자를 확
인하는 것은 물론, 현재 가동중인 노동력에 대한 이동상황도 조
사대상이었다. 『사변관계실업상황월보』는 사업장을 대상으로 한
조사결과이므로 농촌노동력에 대한 조사보고서와 함께 활용한다
면, 전체 노동력에 대한 상황을 이해할 수 있게 되므로 자료적 가
치는 더욱 커질 것이다.

16. 新規中等學校卒業者 求人申込書

1942년 당시 군수관련기업이나 기관이 필요로 하는 인력(중등학교
졸업자)의 규모 및 내용에 대한 정보를 담은 자료.
생산년도 : 1942년 / 생산기관 : 조선총독부 후생국 노무과 / 총면수 :
1174면

이 문서철에 수록된 각종 조사보고는 노동력 통제관련법령의
집행과정에 필요한 자료이다. 일제 말기의 노동력통제법령은 국
가총동원법(1938년 5월 5일 조선 시행)에 근거하여 제정되었다.
시기적으로는 학교졸업자사용제한령(1938년 9월 8일 시행)을 필
두로, 종업자고입제한령(1939년 7월 31일 시행), 종업자이동방지
령(1940년 12월 5일 시행)의 순으로 마련되었다. 이들 법령을 보
완한 것이 노무조정령(1942년 1월 10일 시행)이다.
  노무조정령은 종업자이동방지령(1940년 12월 5일 시행)과 청소

년고입제한령(1940년 8월 31일 시행) 등 노동력통제법에 대한 보완법령이다. 종업자이동방지령과 청소년고입제한령은 모두 사용주로 하여금 종업자가 다른 공장에 취직하는 것을 제한하게 하는데 그쳐 종업자 자신의 퇴직은 자유로운 상태였다. 또한 지정산업 외에 상업방면에 취직을 하는 것은 자유로웠기 때문에 퇴직율이 높았고, 종업자의 이동방지에 대한 충분한 효과를 거두기 어려웠다. 아울러 중요산업으로부터 평화산업으로의 이동을 막을 수 없다는 치명적인 약점도 드러냈다. 이에 이를 보완할 새로운 제도적 장치가 필요하게 되었다. 그 결과 두 령을 전면적으로 개정 통합하고 그 위에 새로이 종업자의 해고 및 퇴직을 제한하는 규정을 신설하여 공포한 것이 노무조정령(1941년 12월 6일에 제정, 1942년 1월 10일 공포, 1942년 1월 10일 시행, 1943년 6월 개정)이다.

『신규중등학교졸업자구인申込書』를 이루고 있는 자료는 노무조정령의 시행 이후인 1942년 6월과 7월에 생산된 문서로써 비밀로 분류된 문서이다. 여기에 구성된 자료는 1942년 6월 10일자, 12일자, 20일자, 29일자 7월 14일자(이상 접수일자 기준) 「신규중등학교졸업자구인일람표」 5건이다. 7월 14일자 보고서에는 기업 관련 자료(조선상업은행의 연혁사와 업무보고서, 주주명부)가 첨부되어 있다. 그러므로 가장 중요한 자료는 바로 「신규중등학교졸업자구인일람표」이다. 「신규중등학교졸업자구인일람표」는 노무조정령 적용대상 기업이 요청하는 신청내용, 기업별 구인신청서, 기업별 구인조서, 기업별 구인要項, 종업자이동상황보고(제출자 : 도지사) 등으로 구성된 자료이다.

이들 자료는 조선총독부 후생국장이 노무조정령의 적용대상 기업에게 보낸 공문에 의거해 올린 보고서이다. 1942년 6월 이전에 후생국장은 노무조정령의 적용대상기업과 기관에 공문을 보내어 구인조서, 종업자이동상황보고, 구인요항, 구인자연락선표 등을 제출하도록 했다. 이에 6월 2일과 9일, 15일에 각각 해당기업과 기관이 요청한 자료를 제출하기 시작했다. 이러한 과정에 따라 접수한 자료를 묶은 것이 바로 『신규중등학교졸업자 구인申込書』이다.

후생국이 해당기업과 기관에 자료제출을 요구한 이유는 노무조정령 시행 및 노무동원수급계획 시행과 관련이 된다. 노무조정령은 국가의 긴급한 사업에 필요한 노무를 확보하기 위해 종업자의 해고·퇴직·고용·취직·사용 등을 제한하고 전시하의 인적자원을 유효적절하게 동원할 수 있도록 통제함으로써 조선 내 69개소 회사가 군수공장으로 지정되어 집중적인 노동자 배정의 혜택을 받도록 규정하고 있다. 그러므로 이들 회사가 필요로 하는 인력(중등학교 졸업자)의 규모와 내용을 파악하는 것은 노무조정령의 시행 과정상 필수적인 작업이다.

본래 일본당국이 노동력통제법령을 제정한 이유는 국가동원체제가 특별히 필요로 하는 기능을 가진 자의 전반적 파악과 노동력 실태파악을 바탕으로 노동력에 대한 관리통제를 위해서였다. 1937년 중일전쟁 이후 전쟁의 확대에 따라 젊은 층의 노동력 수요가 급증하고, 기술인력에 대한 공급부족현상이 심화되면서 필요한 인력을 당국이 원하는 곳에 배치할 수 있도록 하는 관리통제가 필요했다. 그러므로 각종 인력에 대한 조사자료는 일제말기에 조선인을 노동력으로 활용하는데 가장 중요한 자료가 된다.

특히 1942년은 일본당국의 강제연행정책이 '관알선' 단계로 접어드는 시기이다. 1939년 7월 28일, 내무성과 후생성이 발표한 「조선인 노무자 내지(內地) 이주에 관한 건」에 의해 조선인에 대한 집단적 전시노동력동원체제는 서막이 열렸다. 이 통첩은 조선총독부가 9월 1일에 각 도지사 앞으로 '조선인노동자 모집 및 도항취체요강(要綱)'을 통보함으로써 9월부터 발효하였다. 그 결과 조선인은 이전시기의 도일정책과 완전히 다른 형태로 실시된 '노무동원계획'에 의해 집단적으로 도일하게 되었다. 일본은 이 시기 노동력 동원의 형식을 단계별로 모집(1939년 9월~1942년 1월), 관알선(1942년 2월~1944년 8월), 강제징용(1944년 9월~1945년 8월) 등으로 나누어 실시하였으나 내용 면에서 볼 때 세 단계 모두가 강제력을 발동하여 연행하고 노동력을 수탈했다는 점에서는 큰 차이가 없다. 그 두 번째 단계가 바로 관알선이다.

관알선은 조선총독부가 사업주로부터 알선신청서를 받아 각 도에 통보하면, 각 도는 부읍면에 할당하여 노무자를 마련하는 방식이다. 즉 총독부라는 행정기구의 책임 아래 노무자를 모집하는 방식이다. 또한 노동자를 보낼 때에도 1조를 5명으로 구성하고, 4조를 1반으로, 5반 내외를 1대로 구성하여 대장과 간부를 정하여 도주자 없이 완벽하게 이동시키도록 했다. 관알선은 이전 단계인 모집방식의 실시에서 나온 문제점(시간이 많이 걸리고, 사업주가 경쟁적으로 모집함에 따라 모집상의 폐해를 낳으며, 노동력이 균형적으로 배치되지 않음)을 보완하고 노동력 수급에 박차를 가하고자 하는 목적에서 마련되었다. 이를 위해 1941년 11월 일본 내무성·후생성·기획원·조선총독부가 협의한 결과 '1941년도 노무동원실시계획에 의한 조선인노무자의 일본이입요강'과 '시행세칙'을 마련했다. 이와 같은 시기적 특성을 볼 때 중등학교 졸업자에 대한 정보를 담은 조사자료의 효용성은 미루어 짐작할 수 있다.

17. 對內地求人就職者就業狀況

1940년부터 1942년 말 현재까지 동원된 조선인노동력의 취업상황을
담은 문서철로써 일제 말기에 강제연행된 조선인노동력의 사용현황
에 관한 상황을 알려주는 자료.
생산년도 : 소화17년(1942) / 생산기관 : 조선총독부 사정국 노무과 /
총면수 : 244면

1938년 4월 1일, 국가총동원법의 제정 공포(한반도 시행 4월 5
일)를 통해 전쟁수행을 위한 전면적인 국가통제와 동원체제가 수
립된 이후 조선인노동력의 동원은 1939년부터 시작된다. 1939년
7월 28일, 내무성과 후생성은 「조선인 노무자 내지(內地) 이주에
관한 건」을 발표함으로써 집단적 전시노동력동원체제의 서막을
선언했다. 일본은 이 시기 노동력 동원의 형식을 단계별로 모집
(1939년 9월~1942년 1월), 관알선(1942년 2월~1944년 8월), 강제
징용(1944년 9월~1945년 8월) 등으로 나누어 실시하였으나 내용
면에서 볼 때 세 단계 모두가 강제력을 발동하여 연행하고 노동
력을 수탈했다는 점에서는 큰 차이가 없다.

첫 번째 단계인 모집방식은 1939년 7월 28일 내무성·후생성
양 차관의 통첩에 의해 그해 9월부터 시작되었는데, 이를 뒷받침
하는 관계법령은 「조선인노무자 이주에 관한 건」, 「조선인 노무
자 모집요강」, 「조선인 노무자 이주에 관한 사무취급수속」, 「조
선직업소개령」 등이다. 1939년 9월 1일에 발효한 '조선인 노동자
모집 및 도항취체요강'에 따르면, 조선인이 모집할당을 받은 석
탄, 광산, 토건 등 시국관계 사업주는 먼저 일본에서 고용허가를
받은 다음에 조선총독부의 허가를 받아 총독부가 지정하는 지역
에서 사업주의 책임아래 노동자를 모집하고 신체검사와 신원조

사, 명부 작성 등을 행한다. 또한 모집된 노무자는 고용주나 책임
있는 대리자의 인솔 아래 집단적으로 도일하여 취로하게 된다.
'모집'이라는 방식을 내세운 동원 형태는 1942년 2월 13일 관알선
이 결정될 때까지 유지되었다(각의결정).

일본당국은 조선인노동력 동원의 효과를 강화하기 위해 '관알
선'이라는 방식을 취하게 되었다. 조선총독부가 사업주로부터 알
선신청서를 받아 각 도에 통보하면, 각 도는 부읍면에 할당하여
노무자를 마련하는 방식인 관알선은 「조선인 노무자활용에 관한
방책」, 「조선인 내지 이주 알선 요강」 등에 근거를 두고 시행되
었다.

『대내지구인취직자취업상황』은 바로 1940년부터 1942년 말 현
재까지 동원된 조선인노동력의 취업상황을 담은 자료로써 자료
생산기간은 1943년 1～3월이다. 여기에 포함된 문서들은 제5일본
해군연료창을 비롯한 조선 내 각 노동현장에서 조선총독부 사정
국장에 보낸 조사통계이다. 이들 노동현장은 三菱광업·中川광
업·일본화학공업 등 일본의 전쟁수행에 필요한 군수공장이나
무기를 만드는 조병창 등인데, 이들 기업이 조선에서 가동중인
공장에서 취로하는 조선인에 대한 통계자료이다. 사정국이 1942
년 11월 말 경에 이들 노동현장에 보낸 공문에 따라 이듬해 1월부
터 3월 사이에 조사보고서를 제출한 것이다.

제출처는 제출 당시에 조사보고서와 함께 공문서를 생산하였
으나, 공문서의 내용은 "*월 *일자 문서에 의거하여 **년도 대내
지구인취업자의 취업상황조사를 보고한다"는 내용으로 일관하고
있어서 조사보고내용에 대한 배경적 이해를 돕는데 아무런 도움
을 주지 못하고 있다. 제출처는 토건현장을 제외한 모든 광업·
운수·방적·목재·제조업 사업장이다. 여기에는 조선총독부 부

서 및 소속사업장과 기업이 모두 해당된다(총 114개소).[11]

11) 三菱광업주식회사 청진제련소・三菱광업주식회사 조선광업소・中
川광업주식회사・일본제철주식회사 청진제철소・일본제철주식회사
겸이포제철소・제5해군연료청・주식회사조선저축은행・조선총독부
수산시험장・조선미곡창고주식회사・조선총독부 수산제품검사소・
일본화학공업주식회사 순천공장・전북트럭운수주식회사・조선淺野
세멘트주식회사・인천육군조병창・평양조병창・조선총독부 임업시
험장・불이흥업주식회사・조선중공업주식회사・함경남도 수산회・
북선제지화학공업주식회사・조선피혁주식회사・조선무연탄 주식회
사・조선총독부 세무관서직원강습소・조선총독부 세무관리양성소・종
연방적주식회사 전남공장・대동광업주식회사 고원광업소・종연조선
수산주식회사・진해해군건축부・농림국 농정과・소림광업주식회
사・주식회사 간조조선지점・조선주택영단・해주지방법원・주식회
사 조선상업은행・조선총독부사정국 평양토목출장소・인천세관・
금정광산주식회사・동양방적주식회사 인천공장・조선철도주식회사・
조선은행・조선총독부 농사시험장・대구세무감독국・북선임업주식
회사・평양세무감독국・조선임업개발주식회사・조선총독부 기
상대・무산철광개발주식회사 무산광산・동양방적주식회사 경성공
장・조선홍업주식회사・경성제국대학 이공학부・주우본사 조선광
업소・조선전력주식회사・협동유지주식회사・조선운송주식회사・
조선총독부식산국도량형소・팔곡철공주식회사・경성저금관리소
장・주식회사 정자옥상점・조선총독부전매국 제염기술원양성소・
조선총독부체신국・조선총독부농림국 수산과・양정과・의주광산주식
회사・삼성광업주식회사・동양제관주식회사 부산공장・동양척식주
식회사 조선지점・일본광업주식회사 진남포제련소・일본광업주식
회사 조선지사・조선총독부사정국 신의주토목출장소・경기염직주
식회사・중외광업주식회사 해주제련소・조선총독부 학무국・주식회사
조선암반기제작소・조선수리조합연합회・조선유연탄주식회사・북
선합동전기주식회사・북선합동전기주식회사 조선지부・조선연탄주
식회사・천남공업주식회사 조선공장・함흥세무감독국・경성세무감독
국・신의주세관・나주세관・함흥합동목재주식회사・국제운수주식
회사 나주지점・일본질소비료주식회사・일본질소비료주식회사 흥남공
장・일본질소비료주식회사 경성지사・일본질소비료주식회사 영안공
장・일본질소화약주식회사・조선이연금속주식회사・조선총독부 곡
물검사소・일본고주파중공업주식회사 성진공장・의주광산주식회사

1939년부터 '모집'단계에 들어선 조선인노동력동원정책에 대해 1942년 말에 일제히 취업상황을 조사한 것은 다음 단계인 '관알선' 시행을 앞두고 노동력의 동원을 더욱 효과적으로 하기 위한 작업으로 보인다.

1942년 12월 말에 작성한 「대내지구인취직자취업상황조」에 의하면, 1940년도의 취업조선인은 4,418명(신청수 32,382명, 충족수 7,131명)이고, 1941년도에는 6,627명(신청수 31,045명, 충족수 8,749명)이다. 배당한 인원 가운데 2,643명과 2,096명이 각각 퇴직을 한 것이다. 이는 노동현장에서 요구하는 노동력에 비해 공급량이 부족했음과 아울러 높은 퇴직율을 보이고 있음을 나타내준다. '모집' 단계의 이러한 인력공급난은 일본당국이 강제연행정책을 수정하여 '관알선'으로 이행하는데 영향을 미친 것으로 여겨진다.

동원대상자들은 신규중학교졸업자와 국민학교 수료자, 기타 등 세 가지로 구분되어 있었는데, 세 종류의 노동자를 비슷한 수치로 신청하였으나 실제 노동력으로 동원된 대상자들은 기타가 압도적인 다수를 차지하고 있다. 즉 1940년에는 7,131명 가운데 중학교 졸업자는 1,906명이고, 국민학교 수료자는 1,971명이다. 이에 비해 기타는 3,244명으로 다수를 차지한다. 1941년에는 기타의 수치가 3,587명으로 조금 낮아지기는 하였으나 중학교졸업자 2,756명과 국민학교 수료자 2,496명에 비해서는 여전히 다수를 차지한다. 노동현장에서 학력별로 노동자를 요구한 것은 단순노동

제2광업소·남선합동전기주식회사·조선소야전시멘트주식회사 삼척공장·조선방적주식회사·조선금융조합연합회·전매국·조선총독부 농림국 임정과·함경북도·조선석유주식회사·주식회사운룡광업소·조선인조석유주식회사·조선수력전기주식회사·조선송전주식회사·압록강수력발전주식회사·일질광업개발주식회사·질소비료판매주식회사·신흥철도주식회사·조선우선주식회사·조선총독부 철도국

력 외에 기능공 및 기능공보조원에 대한 수요가 있었음을 의미하는데, 이는 조선 내에서 일본인 기능공의 확보가 쉽지 않았음을 추측하게 해준다.

『대내지구인취직자취업상황』에 의하면, 노동력으로 동원된 조선인의 수는 매우 적은 것으로 나타난다. 1940년과 1941년에 보고를 올린 노동현장에 취업중인 조선인은 4,418명과 6,627명이다. 같은 시기에 일본지역에는 8만명(1940년)과 12만명(1941년)의 조선인 노동력이 각각 동원되었다. 이러한 점은 토목공사현장을 제외한 군수관련현장에 동원된 노동력만을 대상으로 하였기 때문이다.

『대내지구인취직자취업상황』에 대상이 된 조선인은 '모집'에 응한 조선인이다. 이들은 명목상으로 모집에 응하였으므로 자발적인 노동력 확보로 보이지만, 실제로는 그러한 점과 일정한 거리가 있었다. 즉 이들 기업은 좋은 조건을 내걸고 노동자를 모집한 후 조건을 이행하지 않고 무임금으로 노동력을 착취했기 때문이다. 1940년에 일본제철주식회사의 모집에 응했던 경험자의 경험담에 의하면, 당시 일본제철주식회사는 신문지상에 노동자모집 광고를 냈는데, 모집에 응한 조선인들은 서류심사와 엄격한 신체검사를 거쳐 선발되었다고 한다. 이들이 모집에 응한 이유는 좋은 조건 때문이었다. '야학에서 공부를 가르쳐주고, 2년간 근무하면 기술을 가르쳐준다'는 조건이 바로 그것이었다. 그러므로 5대 1의 높은 경쟁률을 보였다. 그러나 이러한 모집에 응한 노동자들은 임금도 받지 못하고 하층노동력으로 사용되었을 뿐이다. 계약서에 따르면, 자유로운 입장에 놓인 노동자였으나 실제 생활은 그렇지 못하여 근무가 끝난 후에도 노동자숙소에서 감금상태로 지냈다.

18. 勞務調整令關係認可申請綴

1941년 12월 6일에 제정(1942년 1월 10일 공포, 1943년 6월 개정)한 노동력통제에 관한 법령인 노무조정령 인가신청관련 통계자료.
생산년도 : 1943년 / 생산기관 : 조선총독부 광공국·사정국 노무과 /
총면수 : 610면

노무조정령은 국가의 긴급한 사업에 필요한 노무를 확보하기 위해 종업자의 해고·퇴직·고용·취직·사용 등을 제한하고 전시하의 인적자원을 유효 적절하게 동원할 수 있도록 통제함으로써 조선 내 69개소 회사가 군수공장으로 지정되어 집중적인 노동자 배정의 혜택을 받도록 한 법령이다.

『노무조정령관계인가신청철』(이하 신청철)은 노무조정령의 주요 내용 가운데 하나인 회사의 지정을 위한 인가신청과 관련된 문서철이다. 대상업종은 광업·공업·상업·교통업·농림수산 목축양잠업·자유업·가사·기타 산업 등이다. 여기에는 1943년 1월부터 각도가 광공국(후에 사정국)에 보고한 사무취급상황이 월별로 정리되어 있다. 각도가 보고한 내용은 노무과에서 다시 '집계정리'로 종합하여 보관·활용하게 된다.

광공국(또는 사정국)은 매월 20일을 조금 지난 시기에 각 도에 대해 보고를 지시하였고, 각 도는 이에 따라 2~3일 이내에 광공국(또는 사정국)에 보고를 하였는데, 누락된 도에 대해서는 바로 제출지시가 내려졌다. 각 도가 광공국(또는 사정국)에 보고한 사무취급상황은 해고인가신청·퇴직인가신청·고입 및 취직인가신청·일용기능자인정신청·해고정원인가신청·특정자고입취직인가신청·조선 외 고입인가신청·기능자사용인가신청·남자청장년종업자사용인가신청・기능자인정신청・남자청장년인정신청・남자청장년해고정원인가신청취급상황표(산업별) 등을 내용으로 하고 있다. 이는 크게 노동력 확보에 대한 통제와 노동력 이동에 대한 통제가 동시에 이루어지고 있음을 나타내준다. 각 도는 이상의 항목 가운데 해당사항이 있는 항목에 대해서만 자료를 제시하였다.

신청철에 가장 먼저 편철된 통계는 앞 부분이 누락되어 완전한 자료의 형태를 갖추고 있지는 않으나 1943년 12월에 전국 상황을 보여주는 문서철이다. 이에 따르면 12월의 해고인가신청은 954건 1,436명인데, 신청내용에 대해 인가를 허락하지 않은 경우는 1건에 불과하다. 퇴직인가신청은 460건(460명)이고, 고입 및 취직인가신청은 1,186건(2,683명)이다. 이 가운데 조선 외 고입인가신청을 비롯한 3개 항목(기능자사용인가신청・기능자인정신청)은 해당사항이 없는 것으로 나타나고 있다.

일본 당국은 노무조정령에 규정된 각 도에 대한 사무취급상황 보고를 통해 체계적인 노동력통제를 하고자 했다. 각 도에서 올린 통계자료를 통해 노동력 이동상황을 면밀히 관찰할 수 있게 됨에 따라 이전에 시행했던 각종 고용제한법(학교졸업자사용제한령・종업자고입제한령・청소년고입제한령・종업자이동방지령)의 한계를 보완하고, 원활한 노동력 동원이 가능하게 되었다.

19. 勞務調整令關係雜書

노무조정령에 관한 신문기사와 공문서, 서신 등을 묶은 자료.
생산년도 : 1943~1944년 / 생산기관 : 조선총독부 광공국 노무과 /
총면수 : 37면

노무조정령은 종업자이동방지령(1940년 12월 5일 시행)과 청소년고입제한령(1940년 8월 31일 시행) 등 노동력통제법에 대한 보완법령이다. 종업자이동방지령과 청소년고입제한령은 모두 사용주로 하여금 종업자가 다른 공장에 취직하는 것을 제한하게 하는 데 그쳐 종업자 자신의 퇴직은 자유로운 상태였다. 또한 지정산업 외에 상업방면에 취직을 하는 것은 자유로웠기 때문에 퇴직율이 높았고, 종업자의 이동방지에 대한 충분한 효과를 거두기 어려웠다. 아울러 중요산업으로부터 평화산업으로 이동을 막을 수 없다는 치명적인 약점도 드러냈다. 이에 이를 보완할 새로운 제도적 장치가 필요하게 되었다. 그 결과 두 령을 전면적으로 개정 통합하고 그 위에 새로이 종업자의 해고 및 퇴직을 제한하는 규정을 신설하여 공포한 것이 노무조정령(1941년 12월 6일에 제정, 1942년 1월 10일 공포, 1942년 1월 10일 시행, 1943년 6월 개정)이다. 노무조정령은 '국가의 긴급한 사업에 필요한 노무를 확보하기 위해 종업자의 해고·퇴직·고용·취직·사용 등을 제한하고 전시 하의 인적자원을 유효적절하게 동원 할 수 있도록 통제함으로써 조선 내 69개소 회사가 군수공장으로 지정되어 집중적인 노동자 배정의 혜택을 받도록 하고 있다.

『노무조정령관계잡서』는 신문기사와 공문서, 서신 등의 순서로 편철이 되어 있다. 신문기사(4건)는 일본 일간지 가운데 여자근로정신대에 대한 대우나 노무자 이동에 관한 기사로서 노무과가 공람(供覽)용으로 보관한 것으로 보인다. 기사를 절발(切拔)한 상태여서 정확한 일시나 게재신문명을 파악할 수 없다. 신문기사에 이어서 사정국과 국무원 총무청 인사연성과, 총무국, 광공국, 육군조병창, 공업보습학교장, 일본기업 등이 주고받은 문서와 서신(총 14건)이 무순으로 편철되어 있다. 관련된 기업은 일본질소

공업주식회사(함경북도 소재)·조선アスベスト공업주식회사(경
기도 소재)·조선研磨砥石주식회사(경기도 소재)·조선공작주식
회사(경기도 소재)·昭和精工주식회사(경기도 소재)·조선ドロ
マイト공업주식회사(함경북도 소재)·三菱關東マグネシウム주
식회사(중국 關東州) 등이다.

문서철에는 노동자의 이동상황에 대한 내용도 담고 있다. 문서
철 가운데 1943년 11월 6일자로 총무국장이 사정국장에게 보낸
문서(企乙제1453호 「軍監督工場선정인가에 관한 건」)는 기밀문
서로 취급되었다. 이 문서는 인천조병창이 감독공장으로 일본질
소공업주식회사·조선アスベスト공업주식회사·조선研磨砥石
주식회사·조선공작주식회사·昭和精工주식회사를 선정했다는
통첩(1943년 10월 29일자로 인천육군조병창에서 총독부에 보낸
문서. 仁作秘제1243호 「監督工場선정인가에 관한 건 통첩」)에 대
해 총무국장이 사정국장에게 통첩내용을 첨부한 문서(企乙제1453
호)를 통해 이첩하는 내용이다. 이 문서가 기밀문서로 취급된 것
은 내용의 중요도 보다는 군부와 관련된 문서이기 때문이라고 생
각된다.

그 외 1943년 말부터 노무자 수급을 위해 공업보습학교의 재학
생을 鮮外로 이동시키고자 했음을 엿볼 수 있는 자료(1943년 11
월에 노무과 주임과 길주공업보습학교장이 주고 받은 서신, 1943
년 12월 9일 노무과에서 만주국 국무원 총무청 인사처 연성과로
보낸 서신 「공업학교졸업자선외알선에 관한 건」)가 있다. 노무과
주임과 길주공업보습학교장이 주고 받은 서신은, 졸업생들을 만
주국으로 이동시키는데 대한 내용을 담고 있었다. 노무과에서는
졸업생알선을 위한 학교측의 협조를 구하고 있고, 학교장은 만주
국 이동이 노무조정령에 위배되므로 법적인 조치가 선행되어야

함을 언급하였다. 노무과가 만주국 국무원 총무청 인사처 연성과
로 보낸 서신은 별도의 내용이 있는 것이 아니라 노무과와 학교
장이 주고 받은 서신을 모아 만주국 국무원 총무청 인사처 연성
과로 보낸 것이다.

　三菱關東マグネシウム주식회사가 경찰부장에게 보낸 문서
(「소화18년도 제2기 기능자 並 일반청장년구인에 관한 건」, 1943
년 11월 19일자)와 일본기업(조선ドロマイト공업주식회사)이 노
무과에 보낸 종업자이동상황보고(1943년 11월 10일 작성)를 통해
조선총독부 당국과 일본기업간의 관련성을 알 수 있다.

　「소화18년도 제2기 기능자 並 일반청장년구인에 관한 건」(三
菱關東マグネシウム주식회사가 경찰부장에게 보낸 문서)에 첨
부된 '求人要項'에는 상세한 채용조건이 잘 나타나 있다. 금속마
그네슘을 생산하는 三菱關東マグネシウム주식회사에는 이미
일본인 500명·중국인 천명이 근무를 하고 있다. 구인요항에 따
르면, 자격조건은 국민학교 수료정도의 학력을 가진 45세 미만의
남자이고, 채용분야는 工手이다. 근무조건은 1일 10시간이고 임
금은 일급 2원 40전을 보장하고 있는데, 국민강제저축공제금 이
외에는 모두 지급하는 것으로 명기되어 있다. 그 외에 숙소를 제
공하고 사설청년학교를 건축 중에 있으며, 각종 후생복지시설을
제공한다는 내용으로 이루어져 있다. 三菱關東マグネシウム주
식회사는 이와 같은 조건을 내걸고 회사의 모집원을 조선에 파견
하여 노동자를 모집하고자 경찰부장에게 협조를 요청한 것이다.

제3장

1939~1940년간
남양농업이민관계 공문서의
미시적 구조 인식

Ⅰ. 머 리 말

기록관리의 목적은 기록사료(archives)를 사회적·문화적 자원으로 널리, 아울러 영속적으로 이용할 수 있도록 적절한 보존과 공개시스템을 구축하고 이를 유지하는 것이다. 이러한 목적을 이루기 위한 과정에서 기록사료를 정확히 인식하는 작업은 가장 우선적 단계일 것이다. 기록사료구조론은 기록사료를 인식하기 위한 방법론 가운데 하나이다. 이 분야에서 대표적인 연구자로 알려진 일본의 안도 마사히토(安藤正人)는 최근 일본 기록사료학연구의 새로운 흐름을 '기록사료군의 구조적 인식론'이라 표현했다. '기록사료군의 구조적 인식론'이란 기록사료들을 기록사료군 전

체 가운데 자리매김하고 그 존재의 의미를 이해시키는 연구방법
론이다. 이러한 논의는 기록사료의 본질이 '사회적 존재로서 조
직체 내지는 개인이 그 활동을 수행하는 과정에서 특정한 목적을
가지고 작성 또는 授受한 1차적 기록정보'라는 인식이 토대를 이
루고 있다.[1] 이러한 방법을 통해 각각의 기록사료는 생명력을 얻
게 되고, 기록관리 본래의 목적에도 부합되게 되는 것이다.

  현재 국내 기록학계에서 기록사료의 구조에 대한 연구는 아직
진행되지 못한 상태이다.[2] 1990년대 후반에 들어서 국내학계에
등장한 기록학이 학문으로서 위상을 정립하고 범주를 설정하기
위해 인접 학문과 교류를 확대하면서 다양한 연구 방향을 모색하
는 상황에서 기록사료구조론은 시급한 연구과제로 인식되기 어
려웠다. 이 보다는 분류나 기술, 기록물에 대한 전자적 관리론 등
이 시급히 연구되어야 할 주제로 인식되었다. 여기에는 기록학
가운데 기록사료연구분야 자체가 갖는 학문적 아이덴티티도 한
몫을 했다고 여겨진다. 일견, 고문서학이나 서지학, 역사학, 문헌
학 등과 차별성을 보이지 않는 듯 인식되는 기록사료연구의 학문

---

1) 기록사료군 속에 포함된 각각의 기록사료를 이용할 경우, 이를 과학
   적으로 인식하기 위해서는 이중의 사료학적인 연구방법이 필요하다.
   첫째는 기록사료 그 자체의 속성을 이해하는 것(문자나 圖像 등 기록
   내용, 소재, 기록수단, 양식 등)이고, 둘째는 기록사료들을 기록사료군
   전체 가운데 자리매김하고 그 존재의 의미를 이해시키는 것이다(기록
   사료군의 구조적 인식). 후자를 위해서는 기록사료가 포함된 기록사
   료군의 내적 구조(체계적 질서)를 기록사료군의 발생모체인 조직체나
   개인의 기능, 그 조직체나 개인의 활동을 규정하는 사회나 국가의 기
   능과 연관지어 규명하는 연구 순서가 필요하다. 安藤正人, 1998, 『記
   錄史料學と現代』, 길천홍문관, 26~27쪽.
2) 이현정이 정리한 기록학관련문헌목록(국내)에 의하면, 사료학이라 범
   주할 만한 논문은 양적으로 적지 않으나 내용을 보면, 서지학이나 자
   료해제에 가깝다고 할 수 있다. 문헌목록은 『기록학연구』 3, 참조

적 모호성은 극복되어야 할 문제임에도 이를 지양하고자 하는 움
직임은 아직 찾을 수 없다. 이는 기록사료에 대한 인식이 여전히
제한되어 있기 때문이다. 이러한 한계는 기록학의 학문적 진전도
와 연구활성화에 의해 점차 극복되리라 여겨진다.

　기록사료군의 구조적 인식을 위한 안도의 연구방법은 기록사
료의 출처와 기능을 중시하는 방법으로서 기록사료군이 원질서
를 유지하고 있을 때 유용하다. 그러나 기록사료 가운데 원질서
를 유지하고 있는 경우는 대부분이라고 할 수 없다. 안도가 사례
연구의 대상으로 삼은 가문의 문서와 달리 공문서의 경우에는 문
서관리정책이나 업무 부서간의 관계 및 기록사료 각각에 대한 인
식에 따라 편철의 기준이 달라지기도 한다. 따라서 기록사료군의
구조에 대한 정확한 인식과 분석을 위해서는 기능의 하위인 건
(item)의 원질서를 회복하는 미시적 방법이 필요하다. 더구나 기록
사료를 통해 역사적 사실을 규명해야 하는 역사학의 입장에서는
건에 대한 미시적 분석이 요구된다.

　본고는 기록사료구조론적 방법론을 원용하여 일제 말기에 전
개된 남양농업이민[3]의 실체에 접근하고자 하는 시론이다. 분석대
상자료는 정부기록보존소가 소장하고 있는 조선총독부 문서 가
운데 남양농업이민관계문서[4]이다. 이를 위해 기록사료구조론적

---

3) 남양농업이민은 1939년 6월부터 추진된 조선농민에 대한 집단이주이
　다. 강제연행기에 일본은 조선의 노동력을 강제로 동원하는 과정에서
　남양군도와 중국관내, 만주 등지로 농민을 집단 이주시켰다. 이보다
　앞서 조선인에 대한 노동력 이동이 수행되기도 하였는데 이주한 노동
　자들은 도로와 항만을 닦는데 동원되었다. 본래 남양 또는 남양군도라
　는 용어는 일본이 사용한 용어로서, 현재의 명칭은 미크로네시아이다.
　본고는 미크로네시아지역의 조선인 이주를 목적으로 하지 않고 공문
　서 분석이 목적이므로 공문서에 사용된 명칭을 그대로 사용하였다.
4) 본고 작성은 노영종의 발제문(「자료―남양농업이민관계」, 한일민족

방법론 가운데, 주제별로 분류된 기록사료(남양농업이민관계철,
남양행노동자명부철, 남양행농업이민관계) 각각에 대한 미시적
접근을 통해, 원질서를 복원하고자 한다. 구체적으로는 「남양농
업이민관계철」에 포함된 기록사료를 업무의 진행과정에 따라 재
배치함으로써 기록물의 유기적 성격을 규명하는데 목적이 있다.

본고에서 대상 기록사료로 선정한 남양농업이민관계문서는 현
재 기록학은 물론이고, 역사학에서도 전혀 관심을 기울이지 않은
자료이다. 이는 남양농업이민이라는 事實 자체가 학문적으로 규
명되지 않았고, 관련 자료에 대한 심도 있는 분석이나 이해가 선
행되지 않았기 때문이다.5) 남양농업이민에 대한 자료로는 정부기
록보존소가 소장중인 조선총독부 문서(노무)가 중심 자료이고, 그
외 매일신보 기사나 구술자료를 들 수 있다. 이 가운데 조선총독
부 문서는 '남양농업이민'에 대한 전체적인 진행과정과 실태를
잘 나타내주는 가장 핵심 자료이다.

조선총독부 문서(노무) 가운데 남양농업이민관계 문서철은 남양
농업이민관계철(1939~1940), 남양행노동자명부철(1939), 남양행농업
이민관계(1940) 등 3종류이다.6) 「남양농업이민관계철」과 「남양행

문제학회 강제연행문제연구분과 월례세미나, 2001년 11월 10일자)에
힘입어 이루어졌음을 밝힌다.
5) 樋口雄一이 최근에 발간한 『戰時下朝鮮の農民生活誌』(사회평론사,
1998년)에서 남양농업이민관계철을 자료로 사용하여 이주민의 통계
와 개요를 3쪽에 걸쳐 간략히 소개하고 있을 뿐이다. 저자인 히구치
유이치는 남양농업이민실시의 배경을 1939년 大旱害로 보고 있다. 즉
한해의 발발로 이재민을 구제하는 방법의 하나로 남방지역에 대한 이
민정책을 추진했다는 이해이다. 그러나 건별 문서에 대한 상세한 분
석 결과, 이재민 구제 외에 다른 배경도 있을 것으로 추정된다.
6) 노동자명부철에는 남양농업이민관련 이주자 명부와 1939년 6월, 남양
농업이민사업이 본격적으로 추진되기 이전인 1939년 2월에 이주자명
단도 실려있다. 노동자명부의 경우를 상세히 분석해 본 결과, 1939년

농업이민관계」는 연속적인 내용이고, 「남양행노동자명부철」은 앞
의 두 문서철과 관련된 명부와 이전 시기의 노동자 이동관련 명부
를 별도로 편철한 문서철이다. 이를 통해 일제 말기에 수행된 '남양
농업이민'에 관한 내용을 파악할 수 있다. 그러나 이들 문서는 기안
문, 시행문, 전보철 및 서신 순으로 각각에 대해 역순으로 편철되어
있고, 남양행노동자명부철의 경우와 같이 남양농업이민과 직접 관
련이 없는 문서를 함께 편철하는 등 매우 편의적인 분류와 편철로
이루어져 있음을 알 수 있다. 따라서 기록사료군을 구조적으로 인
식하기 위해서는 기록물의 생산순서를 정확히 파악하여 체계적 질
서를 수립하는 작업이 필요하게 되었다. 이에 본고에서는 3권의 문
서철 가운데, 남양농업이민관계철(1939~1940 / 83건, 326쪽)을 생
산 시기 순으로 재배치하여 업무의 과정을 파악하는 방법을 취하였
다.[7] 아울러 문서철 3권의 내용을 바탕으로 남양농업이민에 대한
개괄적인 사실을 파악하고자 했다. 이와 같은 이용자료의 한정적
분석을 통해 업무별 진행과정을 바탕으로 문서의 상호관련성을 제
시하고, 남양농업이민의 실태 파악을 위한 풍부한 정보를 제공함으
로써 그 동안 연구의 불모지대였던 남양농업이민연구가 싹 트게 된
다면, 여기에 본 연구의 의미를 부여할 수 있을 것이다.

2월 7일부터 이주자를 인수한 주체는 일본 枋木縣 上都賀郡 日光町
166 소재 토목건축청부업 木村組 대표이고, 도착한 지역도 남방이 아
닌 門司(모지)이다. 아마도 모지를 거쳐 남양행으로 수송된 것으로 사
료된다. 농업이민관련이주자 명부는 「남양농업이민관계철」과 「남양
행농업이민관계」에 수록된 내용이 중복 기재되어 있다. 따라서 본고
에서는 분석대상에 포함하지 않았다.

7) 남양행농업이민관계(1940) 문서철은 남양농업이민관계철과 동일한 편
철기준에 따르고 있으며, 시기적으로 1940년을 대상으로 하고 있고,
사업주가 풍남산업주식회사 외에 흥발산업주식회사가 추가된다는 점
외에는 차별적인 특징을 보이지 않음으로 남양농업이민관계철로 분
석대상자료를 제한하였다.

Ⅱ. 문서생산주체의 구조

1. 자료생산주체의 업무조직

강제연행시기 노무동원과 관련한 자료를 생산한 부서는 사회과와 노무과이고, 그 소속관서는 내무국, 사정국, 광공국, 후생국, 학무국이다. 이 가운데에서 가장 많은 남양농업이민관계 문서를 생산한 부서는 내무국 사회과이다. 그 외 경남과 경북, 전북도의 내무부와 남양청 내무부가 있고, 기업으로는 풍남산업주식회사, 남양홍발주식회사가 문서생산부서이다. 먼저 이들 기관의 업무조직을 통해 1939～1940년간 전개된 남양농업이민사업의 추진과정을 살펴보고자 한다.

1) 중앙행정기관

남양농업이민관련업무를 추진한 중앙행정기관8)은 조선총독부

---

8) 1906년 통감부를 설치한 일본은 학부·내부·탁지부·군부·법부·농상공부 등 6부를 두고 행정사무를 분장했다. 그 후 1910년 8월 강제병합으로 조선총독부가 설치되었을 때에는 총독관방, 총무부, 내무부, 탁지부, 농상공부, 사법부가 설치되었다. 5부 체제는 1919년 8월 20일에 국 체계(총독관방, 내무국, 재무국, 식산국, 법무국, 학무국, 경무국)로 변경되었다. 그 후 조선총독부 소속관서의 체계는 그대로 유지되다가 전시행정체제에 돌입하면서 큰 틀에서 변화를 가져왔다. 1937년에 자원과를 두었고, 1939년에 기획부(전시총동원계획 수립부서)를 설치하였으며, 1941년에 후생국을 두었다. 그러나 1942년에 부국을 통합하여, 총무국, 사정국(종전의 내무국과 외사사무 소관), 재무국, 식산국, 농림국, 법무국, 학무국, 경무국 등 8국을 두었다. 나아가 1943

사회과이다.9) 사회과 설립부터 1939년 시기까지 사회과의 조직 변천과 기능업무에 대해서 살펴보자. 일제시기 동안 사회과는 내무국과 학무국에 소속되어 있었다. 그 변천내용을 간략히 살펴보자. 내무국 사회과(1921) → 학무국 사회과(1932) → 내무국 사회과·학무국 사회교육과(1936) → 사정국 사회과(1942년)

내무국 사회과는 1921년 7월 신설되었다. 조선총독부는 3.1운동 이후 학교교육뿐만 아니라 사회교화사업이 식민통치에 미치는 영향이 매우 중요하다는 사실을 절감하고 1921년 7월 내무국 산하에 사회과를 신설했다. 사회과 업무는 사회사업과 사회교화사업으로 대별되는데, 이 시기에는 공안적 차원에서 행정이 이루어졌으므로 내무국 산하에 조직했다. 이 때에는 사회풍기를 교정한다는 이유에서 관제로 풍속개량회를 조직하는 등 급속도로 사회주의사상을 수용하는 학생과 청년층을 막고자 하는 시도가 강하게 이루어졌다. 그러나 1925년 이후부터 학생운동이 더욱 활발해지고 반제운동의 성격을 드러내자 학교교육의 한계는 분명해졌다. 1930년에 들어서 사회통제가 더욱 강화되어야 할 시기에 이르면서 전 사회 각계 각층을 대상으로 하는 사회교화사업의 전개가 과제로 대두되었다. 그 결과 사회과는 내무국에서 학무국으로 소속을 바꾸게 된다.10)

1936년에 학무국은 전시체제에 적합한 사상전도와 민중교화사

년 12월에는 광공국이 신설되었다. 김운태, 1986,『일본제국주의의 한국통치』, 박영사, 202~212쪽.

9) 정확히 말하면, 사회과 내 노무계가 업무담당부서이다.

10)『조선총독부관보』1528호, 1932년 2월 13일자, 1932년 2월 13일 총독부는 사회과를 학무국으로 이전하면서 학무국 내 종교과를 흡수 통합했다. 총독부는 교화사업의 주목표로 "국가관념을 明徵하여 국민의 자각을 견고히 하고 穩健中正한 사상을 啓培하는 것"이라고 단언하고 사회교화사업의 강화를 내걸었다.

무에 치중하기 위하여 사회사업업무와 사회교화교육업무로 구분하고 사회과를 다시 내무국 산하로 두어 전자의 업무를 담당하도록 했다. 후자의 업무는 학무국 내에 신설된 사회교육과에서 담당하도록 했다. 1936년부터 시작된 국민정신작흥운동은 사회교육과의 소관 업무였다.[11] 사회과는 총독부의 사무분장에 의해 1942년 11월에 후생국으로 이속되었다가 1942년에 司政국으로, 다시 1943년 12월에는 학무국으로 이속되었다.

1939년에 사회과에 소속된 계로 신설되어 노무관련업무를 담당했던 '노무계'가 1941년에 '노무과로 독립함에 따라 강제연행과 관련한 문서는 1941년부터 사회과의 이름으로 생산되지 않는다. 1921년부터 1939년까지 시기별로 사회과의 업무내용을 살펴보면 <표 3-1>와 같다.

남양농업이민관계 업무가 조선총독부 내무국 사회과 소관이었다는 점은 이 업무의 성격을 의미한다. 즉 1939년 당시 농업관련 부서인 농림국의 업무가 아니라 사회과 관장 업무에 포함되는 직무단위였다는 점이다. 11개항의 사회과 관장 업무 가운데 남양농업이민이 해당되는 업무는 7항(노무수급)이었고 담당계는 노무계였다.

남양농업이민은 자유 이민이 아니라 당국이 통제하는 계획이 주었고, 강제연행기의 노동력 통제라는 큰 틀에서 수행되었으며, 남양에서 수행해야 할 농업의 목적도 무수알콜을 생산하기 위한 사탕수수재배였다. 즉 전쟁물자 생산을 위한 노동력 제공이었던

---

11) 이 시기에 정해진 사회교육과의 소관사무는 다음과 같다. 1. 사회교화에 관한 사항, 2. 지방개량에 관한 사항, 3. 사회체육에 관한 사항, 4. 향교와 향교재산에 관한 사항, 5. 종교와 殿陵享祀에 관한 사항, 6. 보물고적명승천연기념물의 조사와 보존에 관한 사항, 7. 교화단체에 관한 사항. 학무국에 대해서는 이명화, 1992, 「조선총독부 학무국의 기구변천과 기능」『한국독립운동사연구』6 참조.

〈표 3-1〉 사회과의 관장업무

일시	근거 법령	사회과 관장 업무	주요 업무 변화	소속관서
1921.7.27	훈령 45호	1. 진휼 및 자선에 관한 사항 2. 사회사업에 관한 사항 3. 지방개량에 관한 사항 4. 향교재산관리에 관한 사항 5. 수리조합에 관한 사항	사회과 신설	내무국
1932.2.13	훈령 13호	1. 사회사업에 관한 사항 2. 제생원과 감화원에 관한 사항 3. 사회교육에 관한 사항 4. 청소년단과 청년훈련소에 관한 사항 5. 도서관과 박물관에 관한 사항 6. 경학원과 명륜학원에 관한 사항 7. 향교재산에 관한 사항 8. 종교와 제사에 관한 사항 9. 사원에 관한 사항 10. 보물고적명승천연기념물 등의 조사와 보존에 관한 사항	1. 교화사업의 강화 : 경학원과 명륜학원의 업무/사회교육 업무/사원관련 업무/종교와 제사관련업무 2. 청년층을 대상으로 한 사회교화소 : 청년단과 청년훈련소 3. 정신적 토대의 장악 : 유적 조사 및 보존 업무/도서관과 박물관 업무	학무국
1936.10.16	훈령 31호	1. 구휼 및 구제에 관한 사항 2. 이재구조에 관한 사항 3. 아동보호에 관한 사항 4. 노동보호에 관한 사항 5. 실업의 구제 및 방지에 관한 사항 6. 제생원 및 감화원에 관한 사항 7. 기타 사회사업에 관한 사항	1. 사회교화 및 교육관련 업무가 이관되고 사회안정 관련 업무 강화 : 아동보호, 노동보호, 이재구조, 구휼구제, 실업구제 등	내무국(내무국에는 현재의 지방과 외에 사회과가, 학무국에는 사회과 업무 가운데 일부를 이관받아 사회교육과 설치)
1939.2.7	훈령 7호	1. 구호 및 구료에 관한 사항 2. 이재구조에 관한 사항 3. 모성과 아동의 보호에 관한 사항 4. 공익質屋, 주택의 공급개선 기타 사회복리시설에 관한 사항 5. 군사부조 기타 군사원호에 관한 사항 6. 노동보호에 관한 사항 7. 직업의 소개 기타 노무수급에 관한 사항 8. 실업구제 및 방지 9. 국민등록에 관한 사항 10. 제생원 및 감화원에 관한 사항 11. 기타 사회사업에 관한 사항	1. 전쟁확대 및 총동원 체제와 관련한 항목이 추가 : 군사부조 및 원호 관련 업무, 직업소개 및 노무수급 업무, 국민등록 업무· 2. 노무계 신설	내무국

것이다. 그러므로 7항이 적당하다고 판단된다. 특히 노무수급은 1939년 2월에 처음으로 사회과 관장 업무로 등장했다. 이는 일제의 총동원체제와 직접 관련을 갖는다. 즉 이전에는 사회사업의 일환으로 '직업의 소개'나 '실업의 방지' 등이 사회과의 관장 업무였다면, 이제는 조선의 노동력을 전쟁과 관련된 지역에 적절히 배치하여 전쟁물자를 생산하도록 하는 것이 사회과의 관장업무로 자리하게 된 것이다.

2) 남양청

1922년 3월 31일자(칙령107호)로 공포된 남양청 관제에 의하면, 남양청에는 남양청장관(칙임)이 내각총리대신의 지휘감독을 받아 정무를 관리하고, 체신대신과 대장대신, 농상무대신의 감독을 받도록 되었다. 그 후 1929년 拓務省이 설치되자 남양청 관제도 개정되어 拓務대신의 지휘 아래 들어갔다.

1922년 설립 당시 남양청 내부의 사무분장은 장관관방·내무부(지방과, 경무과)·재무부(예산과, 회계과, 토목과)·척식부(산업과, 통신과, 1924년에 토지조사과 추가) 등을 두었는데, 1925년 12월에 사무분장을 개편하였다. 이 때 部制를 폐지하고 장관관방 외에 서무과·재무과·경무과·척식과·통신과의 5과를 설치하기로 한 것이다. 그 후 1936년 12월에 내무부·척식부를 부활하고 나중에 교통부를 신설했다. 지방조직으로는 6개의 지청을 두었고, 사법기관으로는 고등법원과 지방법원을 두었다. 따라서 남양농업이민이 수행되던 기간 동안에 남양청의 해당업무를 담당한 부서인 내무부에는 지방과와 경무과가 소속되어 있었다.

그런데 구체적으로 이주민을 모집하고, 인솔하여 농업노동에 종사시키는 주체는 바로 풍남산업주식회사나 남양흥발주식회사 등이다. 이들 회사는 대표적인 국책회사이다. 남양흥발주식회사는 남양군도에서 활동하던 西村拓植주식회사와 南洋殖産주식회사가 1920년 공황에 의해 도산하자 남양청 총재의 협조를 요청받은 동양척식주식회사가 인수하여 1921년 10월에 설립했다.[12] 남양흥발은 1930년대에 남양청 세입의 60%이상을 차지했으며, 1942년에는 남양무역을 합병하여 사원수 5만명, 계열사 20개의 거대 콘체른으로 팽창하여 '바다의 滿鐵'이라 불릴 정도였다. 남양흥발은 1936년 남양청의 후원 아래 미쓰이(三井)물산과 미쓰비시(三菱)상사, 동양척식주식회사 등의 자본을 합하여 남양척식주식회사를 창설했다.[13] 풍남산업은 남양흥발에 비해 규모가 작았다. 이들 기업과 남양청과의 관계가 공생관계였음은 물론이다. '남양농업이민자'들이 경작하게 되는 토지가 관유지임을 감안할 때, 이들 기업의 관변적 성격은 미루어 짐작할 수 있다.[14]

남양농업이민업무는 남양청 내 내무부 지방과와 남양척식주식회사가 담당했다. 농업이민사업에서 국책회사인 척식주식회사가 행정부서로부터 업무를 일임 받아 수행하는 예는 일반적이었다. 이는 행정효율을 도모하기 위한 조처로 판단된다. 남양농업이민사업에 앞서서 1937년부터 수행되었던 중국관내지역에 대한 집단농장이민사업도 본래는 일본 외무성과 天津주둔 육군특무기관, 조선총독부가 관련부서이지만 실제 업무는 동양척식주식회사에

---

12) 노영종, 「일제말기 조선인의 남양군도 농업이민」, 한일민족문제학회 월례발표회 요지(2002.4.20), 3~4쪽.

13) 도미야마 이치로, 2002, 임성모 번역, 『전장의 기억』, 이산, 58쪽, 277쪽.

14) 1939년 7월 13일자로 내무국장이 경북도지사에 보낸 공문 「남양농업이민알선方에 관한 건」(70)에는 '남양개발 제1차 관유지개간이민계획'이 첨부되어 있어, 이 사업이 관유지를 이용한 농업이민임을 확인할 수 있다.

의해 수행되었다. 이 사업의 진행과정을 보면, 남양농업이민사업
과 동일한 방식 및 과정을 취하고 있음을 알 수 있다.[15] 따라서
풍남산업주식회사 및 남양척식주식회사와 남양청의 관계는 미루
어 짐작할 수 있다.

3) 지방행정기관의 담당 업무 부서 및 문서 관리

1939년도의 지방제도는 1919년 8월 20일에 개정된 내용을 중심
으로 약간의 제도 변화로 이어졌다. 1919년 8월 20일에 개정된 지
방제도의 핵심은 도장관을 도지사로 개칭하고, 각도지사가 경찰
권을 행사하도록 하는 것이었다. 그 후 1921년 2월에는 제1부, 제
2부, 제3부가 내무부, 재무부, 경찰부로 개정되었다. 1930년에는
지사관방, 내무부, 산업부, 재무부, 경찰부로 확대되었다. 조선총
독부가 조선총독부훈령 52호(1930년 12월 3일자)로 개정한 도 사
무분장규정에 따라 내무부 관장 업무였던, 농상공산림수산광산관
련 업무 및 토지개량업무, 도량형 관련 업무 등이 산업부로 이관

---

15) 사업진행과정을 간단히 살펴보면, 조선총독부가 먼저 중국 현지에
안전농촌을 설치하기 위해 사무관을 파견하고 일본 외무성과 긴밀한
연락을 취한 후 농장건설사업은 동양척식주식회사에 일임한다. 아울
러 총독부는 이를 위한 예산을 1937년에 3만 5천원, 1938년에 33만원
을 제공한다. 그러면 동양척식주식회사는 안전농촌건설에 주력하게
되는 것이다. 토지를 매입하고 공사를 진행하며, 조선총독부 및 외무
성과 협의하여 이주자 선정기준을 마련하고, 이주자 선정을 의뢰한
다. 구체적인 선정 및 수송작업은 조선총독부가 담당하였다. 이러한
과정과 방식은 남양농업이민사업과 동일하다. 다만 남양척식주식회
사가 직접 하지 않고 다시 기업이 주관했다는 점이 다를 뿐이다. 중
국관내 한인농업이민에 관한 자세한 내용은 김광재, 1999, 「중일전쟁
기 중국 화북지방의 한인이주와 '노대농장'」『한국근현대사연구』11
참조.

되었다. 그러나 종래의 社寺 종교업무, 사회사업 업무, 교육업무, 토목업무 등은 여전히 내무부의 업무로 규정되었다.[16]

남양농업이민관계업무는 각도 내무부가 담당하였다. 1930년 12월 3일자 조선총독부도사무분장규정(조선총독부훈령 52호)에 따른 내무부 소관 업무를 보면 1. 府郡島面 및 공공단체의 행정감독에 관한 사항, 2. 道지방비 및 임시은사금에 관한 사항, 3. 지방개량 및 사회사업에 관한 사항, 4. 社寺, 종교 및 享祀에 관한 사항, 5. 교육 및 학예에 관한 사항, 6. 명승 및 고적에 관한 사항, 7. 항교재산에 관한 사항, 8. 道令, 훈령 기타 중요한 처분의 심의에 관한 사항, 9. 토목에 관한 사항, 10. 자선에 관한 사항, 11. 회사에 관한 사항, 12. 기타 주관에 속하는 사항 등이다. 이러한 규정은 1943년에 이르기까지 큰 틀에서 변화를 보이지 않는다. 이러한 도 내무부의 소관업무 가운데 남양농업이민관련업무는 제3항(지방개량 및 사회사업에 관한 사항)에 해당되는 것으로 판단된다.

남양농업이민과 관련된 지방 부서의 사무분장을 통해 부서별 업무분장을 살펴볼 수 있다. 1928년 전남도의 경우를 보면, 지사관방과 내무부(지방과・학무과・토목과・산업과・농무과・회계과), 재무부(세무과・이재과), 경찰부(경무과・고등경찰과・보안과・위생과) 등으로 구성되어 있다.[17] 1934년 경남도의 경우를 보면, 지사관방과 내무부(지방과・학무과・토목과・회계과・이재과), 산업부(산업과・수산과・산림과), 경찰부(경무과・고등경찰과・보안과・위생과) 등으로 구성되어 있다.[18] 여기에서 1930년 12월에 마련된 부서 가운데 재무부가 내무부에 통합되었음을 알 수 있다.

---

16) 조선총독부관보 1176호, 1930년 12월 3일자.
17) 전라남도지편찬위원회, 1993, 『전라남도지』 8, 37～38쪽.
18) 조선총독부 경상남도훈령 제5호, 1934년 5월 1일자.

〈표 3-2〉 지방행정기관의 부서별 관장 업무

부서	전 남(1928)	경 남(1934)
지사관방	1) 御眞影의 奉護에 관한 사항 2) 기밀에 관한 사항 3) 인사에 관한 사항 4) 포상에 관한 사항 5) 숙직에 관한 사항 6) 문서의 왕복, 기록, 편찬 및 보관에 관한 사항 7) 통계 및 보고에 관한 사항 8) 관인의 管守에 관한 사항 9) 도서의 보관에 관한 사항	1) 御眞影의 奉護에 관한 사항 2) 전례 및 의식에 관한 사항 3) 인사에 관한 사항 4) 포상에 관한 사항 5) 숙직에 관한 사항 6) 문서의 왕복, 기록, 편찬 및 보관에 관한 사항 7) 통계 및 보고에 관한 사항 8) 道報의 편찬 및 발행에 관한 사항 9) 관인의 管守에 관한 사항
내무부	< 지방과 > 1) 부군읍면 기타 공공단체의 행정감독에 관한 사항 2) 지방비 및 임시은사금에 관한 사항 3) 진휼규제에 관한 사항 4) 향교재산에 관한 사항 5) 神社, 神祠에 관한 사항 6) 지방개량에 관한 사항 7) 도령, 훈령 기타 중요한 처분의 심의에 관한 사항 8) 기타 타 부서의 주관에 속하지 않는 사항 < 학무과 > 1) 교육 및 학예에 관한 사항 2) 사찰 종교 및 향사에 관한 사항 3) 보물고적명승천연기념물에 관한 사항 < 토목과 > 1) 도로하천항만제방상하하수 등에 관한 사항 2) 수면매축 및 사용에 관한 사항 3) 토지수용에 관한 사항 4) 영선에 관한 사항 5) 철도, 선박 및 통신에 관한 사항 6) 토지특량표의 보관에 관한 사항 7) 항만선박에 대한 군수공업동원에 관한 사항	< 지방과 > 1) 道會 및 道稅의 부과징수 기타 도에 관한 사항 2) 부군읍면학교조합 및 학교비의 행정감독에 관한 사항 3) 임시은사금에 관한 사항 4) 지방개량 및 사회사업에 관한 사항 5) 신사에 관한 사항 6) 향교재산에 관한 사항 7) 도령, 훈령 기타 중요한 처분의 심의에 관한 사항 8) 법령의 번역 적용에 관한 사항 9) 기타 주관에 속하는 사항 < 학무과 > 1) 교육 및 학예에 관한 사항 2) 사원종교 및 향사에 관한 사항 3) 學校醫, 학무위원 및 문묘직원에 관한 사항 4) 보물고적명승천연기념물에 관한 사항 < 토목과 > 1) 도로하천항만제방상하하수 등 관한 사항 2) 교통에 관한 사항 3) 공유수면매립 및 사용에 관한 사항 4) 토지수용에 관한 사항

부서	전 남(1928)	경 남(1934)
내 무 부	< 회계과 > 1) 국비, 도비, 임시은사금 기타 특별 경제의 회계에 관한 사항 2) 물품의 출납보관에 관한 사항 3) 도부군 및 경찰서 사용중 관유재산의 보관에 관한 사항 4) 廳中 취체에 관한 사항 < 농무과 > 1) 농업, 잠업 및 축사에 관한 사항 2) 수리 및 국유미간지에 관한 사항 3) 공유수면중 농업의 목적으로서 소택 및 간선의 매립에 관한 사항 4) 미곡, 대두 및 가마니 검사에 관한 사항 5) 기상관측에 관한 사항 < 산업과 > 1) 상공업에 관한 사항 2) 삼림산야에 관한 사항 3) 도량형에 관한 사항 4) 군사공업동원에 관한 사항 5) 수산에 관한 사항 6) 염업에 관한 사항	< 회사과 > 1) 국비, 도비, 임시은사금 기타 특별 경제의 회계에 관한 사항 2) 물품의 출납보관에 관한 사항 3) 도부군 및 경찰서 사용중 관유재산의 보관에 관한 사항 4) 회계감독에 관한 사항 5) 영선에 관한 사항 6) 廳中 취체에 관한 사항 7) 巡視 이하 傭人에 관한 사항 8) 道有재산에 관한 사항 9) 사용료 수수료 기타 세외 제수입에 관한 사항 < 이재과 > 1) 지방금융 및 금융기관에 관한 사항 2) 道금고의 감독에 관한 사항

1934년 5월 1일자에 마련된 「부군사무분장규정」(조선총독부 경상남도훈령 제6호)에 의하면, 부에는 서무과·내무과·재무과를 두고, 군에는 서무계와 내무계를 두는 것이 결정되었다. 즉 서무과는 도의 지사관방에 해당하는 업무를, 내무과는 내무국, 재무과는 산업부에 해당하는 업무를 담당하는 것이다.

위의 두 지역 가운데 1934년 경남도의 경우를 보면, 농사와 관련된 업무는 도의 경우는 산업부 산업과가, 부의 경우에는 내무과가, 군의 경우에는 내무계가 담당한다. 그러나 남양농업이민관련 공문서는 도의 지사관방과 내무부가 담당한 것으로 나타난다. 즉 지사관방은 문서의 출납을, 실제 업무는 내무부가 수행한 것

이다. 조선총독부 내무국 사회과의 경우와 마찬가지로, 도의 입장
에서 볼 때, 남양농업이민은 농사에 관한 업무가 아니라 노무관
련 업무였다. 그러나 지방행정기관의 경우에는 노무과가 설립되
지 않았다. 전남·경남 지역의 도 지사관방과 내무부의 업무내용
을 살펴보도록 하겠다<표 3-2>.

앞에서 제시한 1930년 12월 3일자 조선총독부의 도사무분장규
정(내무부)과 두 지역 가운데 남양농업이민업무가 수행된 시기와
비교적 근접한 1934년 경남도의 경우를 통해, 관련업무를 담당한
부서는 지방과가 해당된다고 판단할 수 있다. 도지사관방은 제6
항(문서의 왕복, 기록, 편찬 및 보관에 관한 사항)의 소관 업무로
서 문서출납을 담당하는데 그쳤을 것이다.

남양농업이민은 남양청 내무부를 경유한 풍남산업주식회사나
남양흥발주식회사의 요청을 조선총독부가 접수하여 해당 도에
내려보내는 과정을 통해 이루어진 것으로 보인다. 강제연행시기
연행 방식 및 절차와 큰 틀에서 벗어나지 않으면서도 집단농업이
민의 특성을 나타낸다.

이 시기에 연행 절차는 다음과 같다.[19] 모집절차 : 사업주의 신
청수 결정 → 부현장관 모집 신청 → 후생성 사정 → 조선총독부

---

19) 연행방식을 보면, 1939년 7월 28일 내무성·후생성 양 차관의 통첩에
   의해 그해 9월부터 시작되고, 관계법령은 「조선인노무자 이주에 관
   한 건」, 「조선인 노무자 모집요강」, 「조선인 노무자 이주에 관한 사
   무취급수속」, 「조선직업소개령」 등이다. 1939년 9월 1일에 발효한
   '조선인 노동자 모집 및 도항취체요강'에 따르면, 조선인이 모집할당
   을 받은 석탄, 광산, 토건 등 시국관계 사업주는 먼저 일본에서 고용
   허가를 받은 다음에 조선총독부의 허가를 받아 총독부가 지정하는
   지역에서 사업주의 책임아래 노동자를 모집하고 신체검사와 신원조
   사, 명부 작성 등을 행한다. 또한 모집된 노무자는 고용주나 책임 있
   는 대리자의 인솔하에 집단적으로 도일하여 취로하게 된다.

접수 → 조선총독부, 모집 할당 → 후생성 → 부현장관 → 사업
장허가서 수령→ 기업 모집원, 조선 도착 → 모집(조선총독부 →
지정된 도청 → 지정 군청, 경찰 → 지정 면 사무소 → 면 사무당
국, 구장,[20] 경찰서 및 주재소, 면 유력자)

그런데 이에 비해 남양농업이민은 기업 모집원이 직접 조선에
와서 활동하는 것이 아니라 조선총독부와 해당 도의 적극적인 노
력에 의해 수행되었다. 해당 도의 도지사는 군을 중심으로 해당
자를 선발하였는데, 선발과정 및 수송과정에 대해서 상세한 보고
를 상신하고 있다.

구체적인 과정을 보면 다음과 같다. 모집절차 : 계획 입안 →
사업주의 요청 → 남양청 접수 → 조선총독부에 요청 → 조선총
독부 접수 → 모집(道에 하달 → 해당 도 내무부, 희망자 선정 및

---

20) 일제시대에 대표적인 면 유력자인 구장은 국민총력운동이 전개되면
서 지방연맹의 理事長을 겸직하였는데, 필자가 강제연행관련자를 대
상으로 구술자료수집을 한 결과, 지역민들은 구장보다는 이사장이라
는 명칭을 더 많이 사용했음을 알 수 있다. 즉 동일인물에 대해, 강제
연행기를 거친 구술자들은 대부분 이사장이라는 명칭이 일제 말기에
구장으로 변경되었다고 인식하고 있었다. 구장을 지낸 당사자만이
구장이라는 명칭을 사용하고 있었을 뿐, 겸직이라는 점을 인식한 구
술자는 찾을 수 없었다. 이는 '구장'이 행정적인 명칭으로써 면사무
소의 지시를 따르는 수동적인 이미지로 받아들여진 데 비해 '이사장'
은 면사무소와 무관하게 주체적인 역할을 하는 이미지로 인식된 것
이 아닌가 여겨진다. 구장이 1940년 10월 이후 이사장의 역할을 담당
함으로써 비로소 진정한 지방 유력자로서 위치를 확립하게 된 것이
다. 이 같은 사실을 통해 일제 말기 국민총력조선연맹의 지방조직이
지역민들에게 미친 영향을 짐작할 수 있다. 그러나 강제연행기 후반
에 들어서면서 직접 노동자 징발업무를 담당한 구장이 경찰과 소방
관 등 관의 힘을 빌어 강제연행업무를 수행하는 양상이 일반화되자
민중들은 이사장이 아닌 '구장'이라는 명칭으로 인식하게 되었다고
생각된다.

신원조사 → 해당 도지사, 조선총독부 내무국에 상신 → 조선총
독부 접수 → 남양청 내무부 전달 → 남양청 내무부 접수) → 해
당 도, 수송업무 → 기업 인수

Ⅲ. 업무추진별 관련문서현황

일제말기 강제연행 노동자에 관련한 문서는 현재 국내에 적지
않은 양이 소장되어 있다. 그러나 남양농업이민관계 자료는 정부
기록보존소에 소장된 조선총독부 문서(노무) 가운데 남양농업이
민관계철(1939), 남양행노동자명부철(1939), 남양행농업이민관계
(1940)에 그치고 있다. 이 외에 당시 일간지에 게재된 기사와 구술
자료가 소수 이용될 수 있을 정도이므로 남양농업이민을 규명하
는데 핵심적인 자료는 바로 세 권의 공문서철이다. 그럼에도 불
구하고 이 공문서철에 대해 주목하지 못한 데에는 문서철의 편철
문제가 큰 요인이 된다. 시기별로 편철되어 있지 않거나 직접 관
련되지 않은 사항까지 포함하고 있어서 문서철에 대한 재편철과
건별 문서에 대한 분석 없이는 내용 파악이 쉽지 않기 때문이다.
본 장에서는 현재 국내에 산재한 일제 말기 강제연행관련문서의
현황 속에서 남양농업이민관련 공문서 현황을 업무추진별로 살
펴보기로 하겠다.

---

21) 자세한 현황에 대해서는 본서 수록 「일제 말 강제연행관련 국내 소
    장자료」 참조.

1. 일제 말기 강제연행 관련 문서[21]

일제말기 강제연행 노동자에 관련한 문서는 공문서, 기업생산 문서가 대표적이고, 그 외 개인이 소장한 문서를 들 수 있다. 이 가운데에서 다수를 차지하는 것은 공문서이다. 공문서는 강제연 행시기에 노동력 이동을 주관한 식민통치기관이 작성한 정책입 안문서 및 지방관청에 내려보낸 시행문, 서신이나 전보 등 관련 문서철로 이루어져 있다. 기업생산문서는 北海道탄광기선주식회 사를 비롯해 일본제철 등 조선인노동력을 이용한 기업이 생산 및 소장한 문서들이다. 이들 기업생산문서의 생산 및 소장현황에 대 해서는 알려져 있지 않은데, 알려진 기업생산문서도 제한적인 명 부를 제외하면, 대부분은 미공개상태이다.

현재 국내에는 정부기록보존소가 가장 많은 관련문서를 소장하 고 있다. 여기에는 조선총독부 문서 가운데에서 관련문서와 각종 명부가 해당된다. 그 외 大野綠一郎 關係文書(일본국회도서관 헌 정자료실 소장 자료)에서도 몇몇 자료를 찾을 수 있다. 大野綠一郎 關係文書는 마이크로 필름 상태로 보존되어 있는데, 크게 제국의 회・참정권・대우개선・징병제・징용・지원병・전시체제-통제 경제・친일단체・총독부예산・기타・호적・노동・지방・언론・ 시정 및 이념・전시체제—사회시설・인물・조선군과 민족해방운 동・창씨개명 등으로 분류되어 있다. 大野綠一郎은 전시동원체제 시기에 정무총감을 지낸 인물이었으므로 이 문서는 전시동원체제 를 주도한 주최측의 자료를 망라하고 있는 것이 특징이다.

국내에 소장된 강제연행된 조선인의 명단은 한일회담 이후 보상 금을 지급하는 과정에서 일본정부로부터 인수했거나 작성된 자료,

노태우 대통령의 방일 이후 일본정부로부터 인수한 자료이다.[22]

정부기록보존소 소장 조선총독부 문서는 총독부 文書庫에서 이관 받은 문서 14,000여 권과 1969년 중앙행정기관과 지방행정기관에서 이관 받은 문서 16,000여 권(중앙행정기관 9,000여 권, 지방행정기관 7,000여 권) 등 총 30,000여 권이 해당된다. 이들 문서는 총독관방·외사·경무국·재무국·내무국·학무국·법무국·재판소·식산국·농림국 등 생산기관별로 분류가 되어 있다. 이러한 분류방식은 조선총독부 시절에 적용된 것인지, 아니면 대한민국정부 수립 이후 이관 받을 당시에 상태인지에 대해서는 알려진 바 없다. 다만 대한민국정부 수립 이후에 조선총독부 문서를 재분류할 정도의 여유가 없었으며, 여러 곳에 분산 보관되고 있었던 점, 정부기록보존소에 이관된 이후에 재분류를 거치지 않은 점 등등으로 보아 이관 받을 당시의 상태가 그대로 유지된 것으로 여겨진다. 다만 생산기관별 중분류 아래 '노무', '징용' 등 하위분류는 주제별로 이루어져 있는데, 대한민국정부가 이관 받은 이후에 부여된 것으로 보인다.[23]

---

22) 강제연행관련자 명부 자료는 파견지역별로 인명, 출생지, 취로기간 등이 기재되어 있다. 전체 동원수의 일부에 지나지 않으므로 전체 강제동원상황을 파악하는 데에는 한계를 갖고 있다. 아울러 조선인명부는 사료분석과 비판이 함께 이루어져야 한다. 명부상에 나타난 개인정보가 정확성을 갖는가 여부는 아직 파악되지 못하고 있다. 예를 들면, 군인과 군속 등이 구분 없이 혼용되는 경우가 있다. 모든 명부에 해당하는 것은 아니지만 노동상황과 관련된 항목, 조선인의 행방에 관한 항목(사망, 귀국 등)에서 신빙성이 약하다는 평가도 있다. 그럼에도 자료적 가치가 높음은 물론이다. 그 동안 명부자료에 대한 전산화작업이 이루어지지 않아서 활용도가 매우 낮았으나 2002년도에 정부기록보존소가 DB화를 완료하였으므로 향후에 연구와 각종 재판에서 귀중한 자료로 활용될 것으로 예상한다.

23) 문서철에는 대한민국정부가 이관받을 당시에 부여한 것으로 여겨지

조선총독부 문서(노무) 가운데 남양농업이민관계 공문서 series
는 남양농업이민관계철(1939), 남양행노동자명부철(1939), 남양행
농업이민관계(1940) 등 모두 세종류이다. 이 세 권의 공문서철은
남양농업이민관련 자료 가운데 가장 중요한 자료이다. 남양농업
이민에 관해서는 이 외에 당시 일간지(조선일보, 동아일보, 매일
신보)와 구술자료를 통해 파악할 수 있다. 그러나 일간지의 경우
에는 당국이 수행하던 사업에 대한 정확한 내용을 담지 못하고
있으며, 기사의 양도 매우 소략하다. 필자가 수집한 구술자료는
구술자들이 너무 어린 나이(4~7세)에 남양으로 이주하거나 현지
에서 출생한 탓으로 이주를 전후한 정황은 전혀 증언하지 못하고
있다.[24] 그 외 남양농업이민사업의 경우에는 경험자들의 기억을
담은 회고록도 발간되지 않은 상태이다. 따라서 조선총독부 문서
에 포함된 세 권의 문서철은 일제 말기에 수행된 남양농업이민을
규명하는데 가장 근간이 되는 필수적인 자료이다.

는 분류번호(단기 4272년, 노무 을종, 기록 제29호)가 있는데, 이는 문
서철 앞장에 편철된 색인부를 중심으로 연도를 부여하고, 다른 항목
은 새로이 마련하여 부여한 것으로 보인다. '노무'와 '징용' 외에 '지
방행정'이나 '경무'로 분류된 공문서 가운데에서도 강제연행관련 기
록이 포함된 것으로 알려져 있다.
24) 필자는 1995년 8월에 전북 임실군에 거주하는 남양농업이민 관련자
5명에 대한 구술자료를 수집하였으나 대부분의 증언이 전쟁 말기의
상황에 치우치고 있다. 주요 내용은 한국정신문화연구원, 1995, 『1995
년도 해외 희생자 유해현황조사사업보고서』, 264~272쪽에 수록되어
있다.

2. 남양농업이민사업의
업무추진별관련문서현황

이들 자료는 시기적으로 보면, 역순 편철을 기준으로 하고 있
는데, 기안문, 시행문, 전보철 및 서신 순으로 각각 역순 편철을
하고 있다. 따라서 현재 편철 상태로는 남양행농업이민의 실태를
파악하기 쉽지 않다. 세 권의 문서철 가운데 「남양농업이민관계
철」(1939∼1940, 총 83건, 326쪽)을 대상으로 현재 편철 순서에 따
라 문서철의 내용을 살펴보면 다음과 같다. 12건의 문서를 편철
순서대로 열거하고 주요 내용을 정리한 결과, 1∼9번까지는 기안
문과 시행문이, 10번부터는 전보와 서신으로 편철되어 있음을 알
수 있다. 10∼83번까지는 모두가 서신이나 전보문이다. 1∼9번의
배치의 경우에도 1∼5번과 6∼9번이 각각 일자별로 역순을 이루
고 있다. 그러나 1∼9번의 경우에도 내용을 보면, 6번(지도자 추
천에 관한 내용)을 제외하면, 동일 사안에 관한 건문서이다. 따라
서 이와 같은 현재 문서철의 편철 질서를 통해서는 남양농업이민
사업의 추진과정과 내용을 파악하기 어렵다. 기록관리의 원리가
파괴된 원질서인 것이다. 이러한 원질서를 회복하기 위해서는 새
로운 배치가 필요하다.

이에 본 장에서는 남양농업이민사업의 업무추진별 관련문서가
현황을 살피기 위해 남양농업이민관계철(1939∼1940, 총 83건,
326쪽)의 문서 각각을 시기 순으로 재배치하고, 현재 편철된 순서
는 별도의 번호를 기입하여 <부록>을 작성했다. 이를 통해 이 문
서철에는 총 2회에 걸쳐 남양농업이민이 수행되었음을 알 수 있
다. 제1회 1939년 6월 6일자∼9월 11일자, 제2회 1939년 9월 13일

〈표 3-3〉 남양농업이민관계철의 편철 질서 현황

편철순서	일자	제목	주무부서	문서번호(접수)	수신처	주요내용
1	11.1	남양농업이민알선에관한건	내무국장	(내무국사회과 제2131호)	남양청 내무부장	
2	9.30	남양농업이민알선方에관한건	경남도지사	社第513호	내무국장	8.12일자 社第513호로 보고 조치한 내용에 이은 보고서
3	10.27	남양농업이민알선方에관한건	경북도지사		내무국장	풍남주식회사(10월 10일자) 명단대로 칠곡군 거주민 52호를 수송하였음을 알리는 내용
4	10.18	남양농업이민알선方에관한건	경남도지사	社第513호	내무국장	수송보고 (협천, 칠곡, 창녕)
5	9.1	남양농업이민알선에관한건	내무국장	(내무국사회과 제1694호)	남양청내무부장	
6	8.15	남양농업이민지도자추천에관한건	경남도지사	社第601호	내무국장	尹炳熙
7	8.17	남양농업이민알선에관한건	내무국장	(내무국사회과 제1560호)	남양청 내무부장	풍남산업으로부터 의뢰받은 이민자 수송에 관한 내용
8	8.12	남양농업이민알선方에관한건	경남도지사	社第513호	내무국장	8.5일자 社第513호로 보고한 내용에 대한 변경내용과 첨부물
9	8.5	남양농업이민알선方에관한건	경남도지사	社第513호	내무국장	
10	10.24		풍남산업(주)	전보문	내무국장	감사의 글
11	10.24	남양농업이민수송의건	내무국장	전보안	경북도지사	풍남산업주식회사로 이주자 45호를 수송해 달라는 내무국장의 지시문
12	10.19		풍남산업(주)	東第256호	내무국장	제2회 수송분 25호(141명)가 무사히 도착했음에 대한 감사의 글

일자 ~11월 1일자(1) 문서이다.25) 이 가운데 제1회 이민관련문서

는 55건이고, 제2회는 24건 등으로 이민사업이 추진되면서 왕복
문서의 수가 줄어드는 것을 볼 수 있다.[26] 이와 같은 과정을 통해
파악된 남양농업이민관련 부서간 업무 진행과정은 다음과 같다.

〈 부서간 업무 진행과정〉

〈 업무 하달 〉	〈 업무 수행 : 이주자 선정〉
이민사업수행 요청(남양청 내부부)	이민대상자 선정하여 면장에 보고(구장)
↓	↓
이민자모집업무 하달 (조선총독부내무국)	이민대상자에 대한 신원조사 실시(면서기)
↓	↓
문서 접수, 해당부서 이관 (도 지사관방)	선정 결과 및 절차를 군 내무계에 보고(면장, 기안자 면서기)
↓	↓
지정 부에 이민자모집업무 하달 (도 내무부 지방과)	선정자 명단 접수, 해당 부서 이관 (군 서무계)
↓	↓
문서 접수, 해당 부서 이관(부 서무과) ⇒	선정자 명단을 군에 보고(군 내무계)
↓	↓
문서 접수, 해당 부서 이관(군 서무계)	군수에 보고(군 내무계)
↓	↓
관할 면에 이민자 모집업무 하달	선정자 명단을 도에 보고(군 서무계)
↓	↓
(군 내무계)	선정자 명단 접수, 해당 부서 이관 (도 지사관방)
↓	↓
문서 접수(면서기)	선정자 명단, 도지사에 보고 (도 내무부 지방과)
↓	↓
구장에게 이민자모집업무 하달(면장)	선정자 명단, 내무국에 보고(도 서무부)

25) 필자는 1940년 2월 14일자(81)~1940년 2월 23(82)일자 문서 4건을 제
   3회 이주자관련문서로 이해하였으나 한일민족문제학회 제11회 월례
   발표회(2002년 4월 20일 개최) 석상에서 노영종(정부기록보존소 학예
   연구사)이 풍남산업주식회사와 관련된 문서가 아니고 남양흥발주식
   회사 관련 문서라는 점을 지적해 주었다.
26) <부록> 참조.

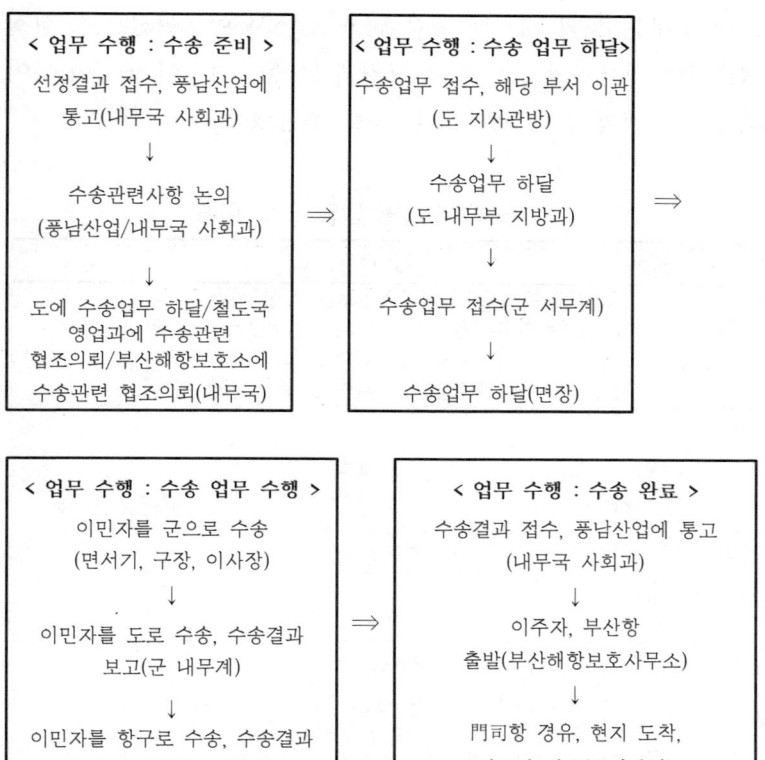

* ( )안은 주관 부서

위와 같이 남양농업이민관계공문서를 기록사료구조론적 방법
을 통해 미시적으로 접근해 본 결과 이 사업과 관련하여 부서별
담당 업무 및 부서별 업무 진행과정을 파악할 수 있게 되었다. 부
서별로 담당 업무를 살펴보면 다음과 같다.

<표 3-4>를 통해 이민업무를 주관하는 총괄부서는 내무국 사
회과와 남양청 내무부이고, 실제적인 수행기관은 도의 내무부 사
회과와 기업(풍남산업주식회사)이며, 선정업무를 실제 수행하는
기관은 행정의 가장 말단인 면임을 알 수 있다. 즉 남양농업이민

관련 업무는 도의 지시를 받은 군과 면에서 이루어졌으며, 실질
적으로는 면서기의 주도 아래 구장과 면 유력자들이 중심이 되어
대상자 선정과 신원조사, 수송 등을 수행했음을 알 수 있다.

<표 3-4> 부서별 담당 업무 현황

담당 부서	업무 내용	참고
총독부 내무국 사회과	관련문서 출납, 남양청으로부터 요청 접수, 도에 업무 지시(이주자 선정, 이주자 신원조사, 지도자 선출, 이주자 수송), 풍남산업주식회사와 업무 조정(이주자 선정 조건, 수송절차 및 조건, 비용 정산)	이민사업 전체를 주관
남양청 내무부	사업 요청	이민사업을 발주(기업이 실제 사업을 수행)
철도국 영업과	수송업무 수행	
부산해항보호 사무소	수송업무 수행	
도 지사관방	문서출납	
도 내무부 지방과	내무국으로부터 업무 하달(이주자 선정, 이주자 수송), 부에 업무 지시(이주자 선정, 이주자 신원조사, 지도자 선출, 이주자 수송), 내무국에 업무 보고(이주자 선정 결과, 지도자 선출 결과, 수송 업무 수행 결과)	이민사업의 실제적인 수행처
군 서무계	문서출납	
군 내무계	부로부터 업무 하달(이주자 선정, 이주자 수송), 면에 업무 지시(이주자 선정, 이주자 신원조사, 이주자 수송, 지도자 선출), 부에 업무 보고(이주자 선정 결과, 지도자 선출 결과, 수송 업무 수행 결과)	
면(면장→면서기→구장)	문서출납, 이주자 선정 업무, 이주자 신원조사 업무, 이주자 수송업무	이주자 선정 업무를 실제로 수행

아울러 제1회 남양농업이민사업 관련 문서를 업무추진별로 재
배치해보면 다음과 같다<번호는 편철순>.

〈 제1회 남양농업이민 업무추진별 관련문서현황 〉27)

제1단계	계획 입안 및 요청(9건) (관련부서 : 남양청 내무부, 조선총독부 내무국 사회과)
	계획입안 : 7.13자(67) ↓ 사업주의 요청(풍남산업) : 없음 ↓ 요청서 접수(남양청 내무부) : 없음 ↓ 조선총독부에 요청(남양청 내무부) : 6.6자(79) ↓ 계획서 및 요청서 접수(조선총독부 내무국 사회과) : 6.21(78) ↓ 내용 문의 및 협의(조선총독부와 남양청 내무부) : 6.27(77) / 6.28(76) / 6.30(75) / 7.10(73) / 7.11(72) / 7.13(69)
제2단계	모집(11건) (관련부서 : 남양청 내무부, 조선총독부 내무국 사회과, 평북도, 경북도, 풍남산업주식회사) 道에 하달(조선총독부 내무국 사회과) : 7.6(74, 평북도에 하달) / 7.28(65)
	희망자 모집(평북도 내무부) : 7.12(71, 평북도 응모자 없음) ↓ 중역 파견(풍남산업주식회사) : 7.13(67) / 7.15(68) ↓ 지도자 선출을 상신(내무국 사회과) : 7.25(66) ↓ 지도자 선출(경북도) : 8.15(6) / 8.17(38) ↓ 이주희망자 선정 및 신원조사(경북도) : 없음(조선총독부에 상신한 보고 공문에 포함) ↓ 이주자명단을 조선총독부 내무국에 상신(경북도) : 8.5(9) / 8.12(8) ↓ 접수한 명단을 남양청 내무부에 전달(조선총독부 내무국 사회과) : 9.1(5)

27) <부록> 참조.
28) 실제로 계획이 입안된 일시는 7월 13일 이전이지만, 입안일시가 명시
되어 있지 않으므로, 계획서가 첨부된 문서 일시에 따랐다.

	↓ 명단 접수(남양청 내무부) : 없음 풍남산업에 명단 전달(남양청 내무부) : 없음 ↓ 희망자 모집(평북도 내무부) : 7.12(71, 평북도 응모자 없음) ↓ 중역 파견(풍남산업주식회사) : 7.13(67) / 7.15(68) ↓ 지도자 선출을 상신(내무국 사회과) : 7.25(66) ↓ 지도자 선출(경북도) : 8.15(6) / 8.17(38) ↓ 이주희망자 선정 및 신원조사(경북도) : 없음(조선총독부에 상신한 보고 공문에 포함) ↓ 이주자명단을 조선총독부 내무국에 상신(경북도) : 8.5(9) / 8.12(8) ↓ 접수한 명단을 남양청 내무부에 전달 (조선총독부 내무국 사회과) : 9.1(5) ↓ 명단 접수(남양청 내무부) : 없음 ↓ 풍남산업에 명단 전달(남양청 내무부) : 없음
제3단계	수송업무(35건)(관련부서 : 남양청 내무부, 조선총독부 내무국 사회과, 평북도, 경북도, 철도국 영업과, 부산해항보호사무소, 풍남산업주식회 사)
	수송업무 논의(풍남산업과 조선총독부 내무국 사회과) : 7.31(62) / 8.1(64) / 8.1(61) / 8.3(60) / 8.3(63) / 8.4(59) / 8.5(58) / 8.5(57) / 8.8(56) / 8.8(45) / 8.9(54) / 8.10(52) / 8.10(50) / 8.11(49) / 8.11(48) / 8.11(47) / 8.11(46) / 8.12(47) / 8.12(44) / 8.12(43) / 8.14(42) / 8.14(41) / 8.17(37) / 8.17(36) ↓ 수송업무 수행(경북도, 조선총독부와 협의) : 8.6(56) / 8.9(51) / 9.11(30) ↓ 수송업무 완료(경북도) : 8.9(53) ↓ 수송 업무 수행(조선총독부, 철도국 영업과 및 부산해항보호사무소와 협의) : 8.12(40) / 8.15(39) / 8.17(7) ↓ 이주자 인수(남양산업주식회사) : 8.28(34) / 9.8(33) / 9.10(31)

제1회 남양농업이민사업 업무는 계획의 입안에서부터 수송이 완료되어 기업이 인수할 때까지 전 과정을 망라한 것으로서 특히 구체적인 진행과정과 관련하여 남양청과 각도 및 조선총독부 간에 업무협의가 매우 빈번했음을 나타내준다. 단계별로는 제3단계 수송업무에 가장 많은 문서가 생산되었음을 볼 수 있다. 문서의 대부분은 전보문이나 서신으로 같은 업무수행을 위해 1일 2회 전보가 오간 경우도 있다.

그러나 위에서 알 수 있는 바와 같이 관련문서현황은 업무추진 과정의 전체를 포괄하지 못하고 있다. 부서별로 보면, 남양청과 풍남산업주식회사간에 왕복 문서가 모두 누락되어 있다. 이는 문서철 자체가 조선총독부가 수신하거나 발신한 문서 및 전보(서신)로 구성되어 있기 때문이다. 내용상 보면, 입안된 계획서도 이주자 선정대상이나 조건 중심으로 되어 있어서, 전체적인 사업의 목표나 방향 등은 담고 있지 않다. 제3단계는 거의 모든 업무추진 과정에서 생산된 문서를 확인할 수 있으나 1, 2단계에서는 누락되는 업무추진과정이 적지 않다. 특히 계획이 입안되고, 사업주가 요청하게 된 과정이나 사업주가 모집과정에 개입하게 된 과정을 알 수 있는 문서는 찾을 수 없다. 아울러 전국의 도 가운데, 경북도만이 지원자를 선정하게 된 과정이나 배경에 대해서도 전혀 파악할 수 없다. 평북도가 모집에 실패한 것만을 알 수 있을 뿐이다. 이는 조선총독부가 전체 지방을 대상으로 이주민선정을 요청한 것이 아님을 추측하게 한다.

7월 13일자로 내무국장은 경북도지사에 보낸 공문 「남양농업이민알선方에 관한 건」(70)을 통해 경북과 경남지방의 旱害지역민을 대상으로 이민자를 선정해줄 것을 요청하고 있다. 당시 경북은 1939년 旱害의 가장 큰 피해지역이다. 조선총독부가 조사한 旱害의 피해내용을 보면, 경북지역의 피해농가는 259,740호(구조요망호수 175,897)로 총 미작농가호수(322,212호)의 80%에 달한다. 그 뒤를 전북과 전남, 경남 순으로 잇고 있다.[29] 이는 旱害로 인한 이재민의 발생과 남양농업이민자 선정이 관련이 있음을 의미한다.

앞에서 언급한 7월 13일자 공문에 첨부한 '남양개발 제1차 관유지개간이민계획(남양청 주관)'에 의하면, 경남과 경북에서 각각 20호와 30호씩 선정할 것을 요청하고 있다. 아울러 1939년 旱害와 관련지어 볼 때, 경북과 경남지역 등 남부지역은 남양농업이민 선정 대상지이다. 그런데, 旱害와 무관한 평북도에 지원자를 모집하도록 한 배경에 대해서는 확인할 수 없다. 더구나 평북도에 제시한 이주조건이 경북도와 차이를 보이고 있지 않는데도, 평북에서는 지원자가 없었다는 점은 이해하기 어려운 점이다.[30]

---

29) 조선총독부, 『昭和14年旱害誌』, 90쪽(樋口雄一, 앞의 책, 209쪽 재인용).
30) 내무국장이 평남도에 보낸 전보 「남양농업이민알선方에관한건(74)」(7.6자)에 제시된 이주조건은 경북도에 제시한 내용과 차이를 보이지 않는다. 차이점은 선정대상지역과 호수가 명시되지 않았다는 점이다. 경북에 보낸 공문에는 경북도라는 지역과 필요한 호수를 기재하였는데, 평남도에 보낸 전보에는 그런 내용들이 보이지 않는다. 본고 <부록> 참조. 이재민과 관련 없는 지역에서 이주민을 모집한 사실은 같은 시기 중국관내에 건설한 집단농장이주사업의 일환인 蘆臺농장 이주내용에서도 나타난다. 1937년부터 준비하여 1939년 11월 21일 현지를 향해 대전역을 출발한 이주농민 155호의 경우에 출신지역은 이재민이 산출된 경상도와 전라도, 충청도 외에도 평안남도의 농가까지 포함되었다. 특히 평안남도 출신 농민은 155호 가운데 37호(199명)로 경상북도(50호)에 이어 두 번째로 많은 지역이다. 김광재, 앞의 논문, 292~293쪽.

Ⅳ. 관련문서철을 통해본 남양농업이민

식민지 말기에 조선총독부는 전쟁 수행을 위해 조선인을 활용하는데 주저함이 없었다. 여기에 가장 우선시된 대상은 노무자였다. 1937년 7월 중일전쟁을 개시한 일본은 전쟁의 확대와 장기화에 따라 군수물자의 보급과 노동력을 공급하기 위해서 전면적인 국가통제와 동원이 필요하다고 판단하였다. 이를 위해 1938년 4월 1일, 국가총동원법을 제정 공포하였는데, 이 법은 5월 5일부터 한반도에도 실시되었다(칙령 제316호). 또한 일본은 노동력의 효율적인 동원을 위해서는 먼저 노동력의 양과 질, 소재에 관한 실태파악이 절대적으로 필요하다는 생각 아래 국가총동원법 제21조를 근거로 각종 직업능력 조사제도를 실시했다. 노동력 동원을 위해 일제는 노동력 실태파악, 노동력통제, 자금통제, 사업통제, 문화통제에 관한 각종 관련 법령을 제정 공포하고 이를 근거로 노동력을 동원했다.

이와 같이 노동자를 직접 동원하고자 하는 일본의 제도적 조치와 준비 아래 조선인은 강제적인 방법을 통해 고향을 떠나게 되었다. 1939년 7월 28일, 내무성과 후생성은 「조선인 노무자 내지(內地) 이주에 관한 건」을 발표함으로써 집단적 전시노동력동원체제의 서막을 선언했다. 이 통첩은 조선총독부가 9월 1일에 각 도지사 앞으로 '조선인노동자 모집 및 도항취체요강(要綱)'을 통보함으로써 9월부터 발효하였다. 그 결과 조선인은 이전시기의 도일정책과 완전히 다른 형태로 실시된 '노무동원계획'에 의해 집단적으로 도일하게 되었다.

아울러 조선총독부는 만주와 중국관내, 남양군도 등 한반도 이
외의 지역에 농민을 이주시키기 위한 제도적인 장치 마련과 이주
정책 수행도 게을리 하지 않았다. 이러한 이주정책이 침략전쟁의
본격화와 궤를 같이 함은 물론이다. 일제가 점령지를 대상으로
전개한 척식사업의 일환이었다. 조선총독부는 남양농업이민을 비
롯한 농민의 외지 이주를 원활히 하기 위해 1939년 2월 22일에 이
민위원회 규정(조선총독부훈령 제9조)[31]을 마련하고, 정무총감이
직접 주관하도록 했다. 규정 제1조에 '농업을 목적으로 만주 기타
지방으로 조선인의 이주에 관한 중요사항을 조사심의하기 위해
조선총독부에 이민위원회를 설치한다'고 명시하였다.[32]

특히 일본당국에게 있어서 남양군도는 침략확대의 거점으로서

---

31) * 이민위원회 규정 : 1939.2.22(훈령9)
　　제1조 농업을 목적으로 만주 기타 지방으로 조선인의 이주에 관한 중
　　　　　요사항을 조사심의하기 위해 조선총독부에 이민위원회를 설치
　　　　　한다.
　　제2조 위원회는 위원장 1인 및 위원 약간명으로 조직한다.
　　제3조 위원장은 조선총독부 정무총감으로 충당한다. 위원은 조선총독부
　　　　　내 고등관 및 학식경험자 중에서 조선총독이 명하거나 촉탁한다.
　　제4조 위원장은 회무를 통리한다. 위원장 사고가 있을 때에는 위원장
　　　　　이 지정한 위원이 그 사무를 대리한다.
　　제5조 위원장은 필요가 있다고 인정될 때에는 조선총독부내 고등관
　　　　　기타 적당하다고 인정되는 자에게 회의에 출석하여 의견을 진
　　　　　술하도록 할 수 있다.
　　제6조 위원회에 간사를 두고 조선총독부 고등관 중에서 조선총독이
　　　　　임명하며, 간사는 위원장의 지휘를 받아 서무를 정리한다.
　　제7조 위원회에 서기를 두고 조선총독부 판임관 중에서 조선총독이
　　　　　이를 임명하며, 서기는 상사의 지휘를 받아 서무에 종사한다.
32) 이후에 이민위원회가 정식으로 발족하여 어떠한 활동을 하였는지에
　　대해서는 자료를 찾을 수 없다. 다만 조선총독부가 한반도 외 지역으
　　로 농업이민을 본격적으로 추진하기 위한 제도를 마련하였다는 점은
　　주목할 만하다.

의미가 높은 지역이었다.[33] 1910년대부터 일본은 南洋經略에 주
력했다. 남양군도는 식민지 경영에서 얻어지는 이득보다 필리핀
과 인도네시아 등지로 침략을 확대해가기 위한 거점으로 인식되
었다. 이러한 인식은 1930년대에 더욱 구체화되어 남양군도는 '내
남양'으로써 '외남양(필리핀과 인도네시아)'으로 가기 위한 남진
의 거점으로서 상징성을 갖게 되었다. 이러한 지역에 조선인들이
초기에는 토목노동자로 1939년도에는 농업노동자로서 이주하게
된 것이다.

　남양군도에 진출한 국책회사는 선주민인 차모로나 카나카의
노동능력을 대체할 노동력으로 오키나와 및 가고시마(鹿兒島)·
야마가타(山形)·이와테(岩手) 등지의 출신자를 들여와 노동력을
조달했다. 초기에는 오키나와인을 대거 이주시켰으나 1927년과
1933년에 남양흥발 소속 농업노동자들이 대규모 파업을 일으키
자 노무관리가 손쉬운 본토인으로 대체하기 시작한 것이다. 이들
은 소작인제에서 출발하여 농업노동자에 의한 직영농장형태로
경영형태를 바꾸면서 이득을 노렸다. 조선인 노동자는 1910년대
말과 1920년대 초반에 대만인과 함께 남양군도에서 취로하였으

---

33) 일본과 남양군도와의 인연은 일본의 남양군도 점령에서부터 찾을 수
　　있다. 1914년 10월 제1차 세계대전이 발발하자 일본해군은 日獨국교
　　단절에 의해 당시 독일의 보호령이었던 남양군도를 점령하고 특별육
　　전대를 주둔시키며 군정을 선포했다. 그해 12월에 임시남양군도방비
　　대조례를 만들어 임시남양군도방비대사령관이 군정을 장악했다.
　　1918년에는 방비대에 민정부를 설치하여 칙임관인 해군사무관이 민
　　정부장으로 봉직하도록 했다. 1921년에 국제연맹규약 제22조 규정
　　및 C식위임통치조항에 의해 남양군도는 일본의 위임통치지역이 되
　　었다. 위임통치조항에 의해 일본은 남양군도에 시정과 입법기관을
　　두도록 되었고, 이에 1922년 4월 남양청을 창설하게 된 것이다. 戰前
　　期官僚制研究會 編, 1980, 『戰前期日本官僚制の制度·組織·人事』,
　　東京大出版部, 721쪽.

나 대규모 노동력이 필요하게 된 것은 직영농장형태가 정착하면서부터이다.[34]

남양농업이민관련문서철 3권(남양농업이민관계철, 남양행노동자명부철, 남양행농업이민관계)을 통해 알 수 있는 남양농업이민의 상황은 다음과 같다. 남양농업이민은 1938년 8월부터 1940년 2월까지 총 13회에 걸쳐 수행되었고, 1,266명(285호)의 조선인이 농업이민을 떠났다. 이 가운데 총 2회는 풍남산업주식회사가, 총 11회는 남양흥발주식회사가 수행했다. 이들 회사는 남양청으로부터 대여받은 토지에 조선인 노동력을 투입하여 카사바와 사탕수수를 생산하고 이를 일본 오사카(大阪)에 보내 전분(澱粉)이나 방적용 풀을 제조하였다. 이를 위해 수행한 것이 바로 조선인농업이민이었다.

남양군도에 대한 조선인의 집단이주는 1939년 6월에 처음 수행된 것이 아니었다. 이보다 앞서 2월에 조선인에 대한 노동력 이동이 수행되었는데 이주한 조선인들은 노동자로서 도로와 항만을 닦는데 동원되었다. 이 점에 대해서는『매일신보』기사와 문서철「노동자명부철」을 통해 확인할 수 있다. 「노동자명부철」에서 확인되지 못한 남양행 노동자 이동에 대해서는『매일신보』기사를 통해 확인할 수 있다. 즉 1939년 1월 27일자 ; 2월 4일자 ; 2월 7일자에는 경상북도 김천과 경상남도 거창을 비롯하여 전남과 전북 등지에서 3회에 걸쳐 200여 명의 조선인이 노동자로 남양군도로 출발했음을 알려주고 있다. 특히 2월 7일자 기사에는 6월 이내에 500명을 수송할 것이라고 보도하고 있다. 이를 통해 농업이민 이전에 노동자 이주가 수행되었음을 알 수 있다. 「노동자명부철」에 의하면, 1939년 2월 7일부터 이주자를 인수한 주체는 일본 枋木縣

34) 도미야마 이치로, 앞의 책, 57~58쪽.

上都賀郡 日光町166 소재 토목건축청부업 木村組 대표이다. 「노
동자명부철」을 통해 파견상황을 보면 다음과 같다.

〈표 3-5〉 1939년 남양행 노동자 파견 상황

| 일시 | 인계자 | 인수자 | 파견 노동자 | | | 첨부자료 |
			노동자	가족	출신지	
2.7	木村組	내무국 사회과	49명	1명	경남 남해군	인도서,명부
2.20	木村組	내무국 사회과	90명	10명	전남 광주부, 광산군, 화순군, 담양군, 나주군, 장성군, 고흥군, 목포군, 전북 정읍군, 부안군	인도서,명부
3.13	木村組	내무국 사회과	47명	2명	전북 순창군, 남원군, 임실군,김제군, 정주군	인도서, 명부,조서, 총괄표
3.19	木村組	내무국 사회과	95명	4명	경북 김천군, 상주군, 예천군, 칠곡군, 군위군, 경주군, 영천군, 경산군	인도서,명부

그러나 조선총독부와 남양청이 장기적으로 필요한 인력은 사
탕수수와 카사바 재배인력이다. 당국은 1939년 8월부터 11월까지
총 250호에 대한 농업이민을 완료하고 조선농민을 일용인부로서
사탕수수와 카사바 재배에 동원하고자 했다. 이를 통해 무수알코
올을 생산하여 공업원료로 이용하고자 했던 것이다. 그러나 모집
상황이 예정대로 진행되지 않아 1940년 초까지 계속하게 되었다.
　남양흥발주식회사는 18세~40세 정도의 조선인 남성 200명을
영주시켜 甘藷를 재배하도록 하고자 했다. 문서철 「남양행농업이
민관계」에 편철된 '移民斡旋依賴에 관한 건'에는 入植조건이 잘
나타나 있는데, 고용기간은 섬에 도착한 이후 2년이 경과하면 계
약을 갱신할 수 있도록 하였고, 취업시간은 오전 5시 30분부터 오
후 5시 30분까지(식사시간 및 휴식시간 2시간)였으나 필요에 따라
연장할 수 있도록 하였다. 임금과 수당은 지급하는 것으로 되어

있었으나 임금의 1할 이상을 저금하도록 하는 규정도 명기되어 있다. 주택은 무료로 제공되고 퇴직금과 상여금을 지급한다고 규정되어 있다. 이러한 조건에 응하여 선발된 조선인들은 대부분 무학자이고, 자산이 없는 편이었다. 1940년 1월 17일에 포나페를 향해 부산을 떠난 10호(경북 영일군과 김천군 출신)에 대한 이주자선정조서를 살펴보면, 단 1호의 세대주만이 소학교 4학년 학력 소지자였고, 전원이 자산이 없는 것으로 기록되어 있다.

이들이 남양군도로 집단이민을 떠나는 경우에는 前貸金으로 1호당 20원씩 지급되었고, 최대 640원까지 전대할 수 있었다. 이주자는 반드시 가족이 있는 자를 선정하였는데, 독신이주는 단 한 건도 없었고, 모두 가족을 동반한 가족이민이었다. 이주자의 휴대품은 하계용 의류, 가재도구 및 취사용 도구, 낫과 창, 가래 등 농기구, 고추와 마늘 등 조미료였다. 이 가운데 농기구와 조미료는 가능한 한 많이 가져갈 것을 권유하였다.[35]

V. 맺음말

일제 말기에 당국이 수행한 다양한 농업이주정책에도 불구하고, 이에 대한 학문적 작업은 매우 부진한 편이다. 전체적인 이민사는 연구성과가 있지만, 농업이주정책에 대한 연구는 찾기 어렵다. 중국관내를 대상으로 한 농업이주정책연구도 드문 상황이고,

---

35) 노영종, 「자료－남양농업이민관계」, 한일민족문제학회 강제연행문제 연구분과 세미나 발제문(2001.11.10), 1쪽.

남양군도로 간 농업이주에 대해서는 본격적인 연구가 전무하다
고 할 정도이다.

본고는 조선총독부 소장 남양농업이민관계 공문서에 대한 미
시적 분석을 통해 남양농업이민업무의 진행과정과 부서별 업무
상황을 확인한 글이다. 남양농업이민업무와 관련된 부서는 조선
총독부 내무국 사회과를 비롯하여 남양청 내무부, 철도국 영업과,
부산해항보호사무소, 도 지사관방, 도 내무부 사회과, 군 서무계,
군 내무계이다. 실제 선정작업은 면장과 면서기 및 구장에 의해
서 수행되었고, 남양군도에서의 실무는 풍남산업주식회사와 남양
흥발주식회사 등 일본기업이 담당하였다.

1939년과 1940년에 수행된 남양농업이민은 3단계로 업무가 수
행되었다.

> 제1단계 : 계획 입안 및 요청(계획입안 → 사업주의 요청 → 남양청
>   접수 → 조선총독부에 요청 → 조선총독부 접수)
> 제2단계 : 모집 (道에 하달 → 해당 도 내무부, 희망자 선정 및 신원조사
>   → 해당 도지사, 조선총독부 내무국에 상신 → 조선총독부
>   접수 → 남양청 내무부에 전달 → 남양청 내무부 접수)
> 제3단계 : 수송업무(해당 도, 수송업무 완료 → 기업 인수)

남양농업이민은 1939년 6월부터 업무가 시작되어 9월에 첫 이
주자를 수송하였고, 이듬해 2월까지 13회에 걸쳐서 수행된 이주
사업이다.[36] 일제가 이들을 이주시키려는 목적은 甘藷 재배였다.
이를 통해 무수알코올을 생산하여 공업원료로 이용하고자 했던
것이다.

---

36) 상세한 이민상황 및 이주자의 구성에 대해서는 노영종, 「일제말기 조
    선인의 남양군도 농업이민」, 한일민족문제학회 월례발표회 요지(2002.4.20),
    5~6쪽 참조.

조선총독부가 소장한 공문서만으로 남양농업이민에 대한 전체적인 실태를 확인하기 어렵다. 어떤 농민들이 이주에 응했는지, 선정과정에서 나타난 문제점은 무엇인지, 그곳에서의 생활실태는 어떠하였는지, 전쟁의 악화가 조선인에게 미친 영향은 어떠한 지 등등은 공문서만으로 확인할 수 없는 과제이다. 이에 대해서는 당사자에 대한 구술자료를 비롯한 추가 자료발굴을 통해 보완되어야할 것이다.

〈부록〉남양농업이민관계철(1939~1940)의 주요 내용, 총 83건, 326쪽

일자	편철순서	제 목	주 무 부 서	문서번호(접수)	수신처	기타사항(첨부물)	주요내용
1939. 6.6	79		남양청 내무부장	전보	내무국장		이주자의 조건 (가족 지참)
6.21	78	남양행노동자 알선方에관한건	내무국장	전보	남양청 내무부장	전보	6.6자 전보 조회(이주계획)
6.27	77		남양청 내무부장	전보	내무국장	전보	6.16자, 22자 전보 내용 실시 요망 (이주조건 등)
6.28	76	남양농업이민 알선方의건	내무국장	전보	남양청내 무부장	전보	6.27자 전보 내용 실시 요망
6.30	75	이주계약조항에 관한건	남양청 내무부장	전보	내무국장	전보	이주 조건
7.6	74	남양농업이민 알선方에관한건	내무국장	(내무국 사회과제 1196호)	평북도지 사	전보	6.22자 조회 (이민자 모집)
7.10	73		남양청 내무부장	전보	내무국장		가족지참자 50명 파견 요망
7.11	72	남양농업이민 알선方에관한건	내무 국장	(내무국 사회과제 1226호)	남양청 내무부장	전보	
7.12	71		평북 도지사	전보	내무국장		남양이민모집 상황(응모자 없음)
7.13	69	남양농업이민 알선方의건	내무국장	(내무국 사회과제 1253호)	남양청 내무부장	전보	
7.13	69	남양농업이민알 선方의건	내무국장	(내무국 사회과제 1285호)	경북 도지사		남양청 주관 남양 개발 제1차 관유 지개간이민계획 내용
7.13	67		남양청 내무부장	전보	내무국장		풍남산업주식회 사 중역의 출장건
7.15	68		남양청 내무부장	전보	내무국장		풍남산업주식 회사 중역의 출장건

일자	편철순서	제 목	주무부서	문서번호 (접수)	수신처	기타사항 (첨부물)	주요내용
7.25	66		사회과장	전보	내무국장		지도자 선출건
7.28	65	남양농업이민알선方에관한건	내무국장	(내무국 사회과제 1366호)	경북 도지사	계약서/ 신원조 사내용	7.18자 통첩관련
7.31	62		풍남산업(주) 田中初三郎	서신	三浦義城 (사회과 노무계)	서신/편 지봉투	
8.1	64	남양농업이민알선方의건	내무국장	電報案 (秘)	남양청 내무부장	전보	
8.1	61		풍남산업(주) 田中初三郎	收受전보	사회과 노무계		수송 준비
8.3	60		三浦義城 (사회과 노무계)	私信案	풍남산업 (주)田中初 三郎	전보/여 비지출 결의서	수송 준비
8.3	63	남양농업이민알선方에관한건	내무국장	(내무국 사회과 제1422호)	경북 도지사		7.28자 통첩관련
8.4	59		경북	전보	내무 국장	전보	8.2자 통첩내용 보고
8.5	9	남양농업이민알선方에관한건	경남도지사	社第 513호	내무 국장	선출자 명단/신 원조사 내용	
8.5	58		풍남산업(주) 田中初三郎	전보	사회과 노무계	전보	수송 준비 (8.20 출발. 운임할인)
8.5	57		풍남산업(주) 田中初三郎	전보	사회과 노무계	전보	수송 준비 (8.20 출발)
8.8	55	남양행농업이민 수송의건	내무국장	電報	풍남산업 (주)田中初 三郎	전보	수송준비(8. 20 출발 이민자 인원 통보)
8.8	45		풍남산업(주) 田中初三郎	서신	三浦義城 (사회과 노무계)		8.3일자에 대한 답신

일자	편철순서	제 목	주무부서	문서번호(접수)	수신처	기타사항(첨부물)	주요내용
8.9	54		풍남산업(주)田中初三郎	電報	내무국장	전보	이민자 명부 요망
8.9	53		경북도지사	전보	내무국장		수송 관련 보고
8.9	51	남양농업이민 수송의건	내무국장	전보안	경북도지사	전보	이민자 20호 수송(8.19 출발)관련 보고 요망
8.10	52	남양농업이민 알선에관한건	三浦義城(사회과 노무계)	전보	풍남산업(주)田中	남양농업이민 명단(경북 의성, 영천군 20호)	9일자 전보내용에 이은 수송 준비
8.10	50		풍남산업(주)田中	전보안	三浦義城(사회과 노무계)		이민자 취사도구 지참 요망
8.11	49	남양농업이민 알선方에 관한건	내무국장	電報案	풍남산업(주)田中初三郎	전보	수송 준비(출발 시일)
8.11	48		풍남산업(주)田中初三郎	電報案	내무국장	전보	수송준비(출발 시일, 8.20, 오후 10시)
8.11	46		풍남산업(주)田中初三郎	東제185호	三浦義城(사회과 노무계)	서신(인쇄문)	
8.12	47		풍남산업(주)田中初三郎	電報案	내무국장		수송 준비(출발 시간 변경, 8.20 오전 10시)
8.12	44		풍남산업(주)田中初三郎	電報案	三浦義城(사회과 노무계)	收受 전보	수송 준비(운임 할인건)
8.12	42		풍남산업(주)田中	電報案	三浦義城		수송 준비(인솔자 건, 호적 등본 지참 요망)

일자	편철순서	제 목	주무부서	문서번호 (접수)	수신처	기타사항 (첨부물)	주요내용
8.12	40	노동자수송 신고서	내무국 사회과장		철도국 영업과장		8.19자 수송인원(82명) 및 수송처(남양군도 팔라오)
8.14	42	남양농업이민 수송의건	三浦義城	電報案	풍남산업(주) 田中	收受 전보	수송 준비(호적등본 지참)
8.14	41		풍남산업(주) 田中	電報案	三浦義城		8.23일로 수송 연기
8.15	6	남양농업이민 지도자추천에 관한건	경남도지사	社第 601호	내무국장		尹炳凞
8.15	39	남양농업이민 수송의건	내무국장	電報案	경북도지사		8.22일자 이민 수송(20호)
8.17	7	남양농업이민 알선에관한건	내무국장	(내무국 사회과제 1560호)	남양청 내무부장	이민자 명단/신원조사 내용/이주희망 자선정조서	경남, 경북도지사로부터 받은 문서를 첨부하여 남양청내무부에 보낸 문서(풍남산업으로부터 의뢰받은 이민자 수송에 관한 내용)
8.17	38	남양농업이민 수송의건	三浦義城	電報案	풍남산업 (주) 田中	收受 전보	이민지도자(경남협천군 출신)를 경남도청에서 면접
8.17	37		풍남산업 (주) 田中	收受電報	내무국장	收受 전보	
8.17	36		풍남산업 (주) 田中	收受電報	三浦		이민관련업무 조정
8.18	35	남양농업이민 수송의건	三浦義城	電報案	풍남산업 (주) 田中		경남북도 출신자 이주 관련
8.28	34		남양청	서신	경북 사회과		제1회 수송이민(23일 도착) 관련 감사글

일자	편철순서	제 목	주무부서	문서번호(접수)	수신처	기타사항(첨부물)	주요내용
9.1	5	남양농업이민 알선에관한건	내무국장	(내무국 사회과제 1694호)	남양청 내무부장	변경이주자명단/신원조사내용/이주희망자선정조서/이주자여행증명서	
9.8	33		풍남산업(주)	收受電報 공람	내무국장		제1회 수송 완료(6일 팔라오 도착)
9.10	31		풍남산업(주)	서신(초서)	내무국장	편지 봉투 및 편지(초서)	27의 서신 원본
9.11	32	남양농업이민 알선方의건	三浦義城		경북 사회과		이민수송비 부족분 (50원) 송금
9.13	29	노동자수송 신고서	내무국 사회과장		철도국영 업과장		10.7자 수송인원 (173명) 및 수송처(남양 군도 팔라오)
9.13	28	남양농업이민 수송에관한건	내무국장	電報案	조선총독 부부산해 항보호사 무소주임	收受 전보 (9.15일자)	7.18, 28일 통첩관계 (10.7자 수송관련 내용, 이주자 수)
9.13	27	남양농업이민 알선方에 관한건	내무국장	電報案	경남 북도지사	收受 전보 (9.15일자)	7.18, 28일 통첩관계 (10.7자 수송관련 내용)
9.16	26		풍남산업(주)	收受電報	三浦義城		2회수송이민 은 취사도구, 침구 등을 지참

일자	편철순서	제 목	주무부서	문서번호(접수)	수신처	기타사항(첨부물)	주요내용
9.16	25	남양농업이민 수송의건	내무국장	電報案	풍남산업(주)	收受 전보 (9.27일자)	10.7발(제2회 이민 30호) 이주자 수송 출발 통보
9.16	24	남양농업이민 수송의건	내무국장	電報案	경남북도지사	收受 전보 (9.27일자)	10.7발 이주자 수송(취사도구, 침구 등 지참) 의뢰
9.25	15		내무국사회과三浦義城	전보문	풍남산업(주)		내용 누락
9.28	22	노동자수송 신고서	내무국사회과장		철도국영업과장		10.10자 수송인원 및 수송처(남양군도 팔라오)
1939.9.29	21	남양농업이민 수송변경의건	내무국장	電報案	풍남산업(주)	收受 전보	10.10자 수송을 11일자로 변경
9.29	20	남양농업이민 수송변경의건	내무국장	電報案	경북도지사	收受 전보	10.10자 수송을 11일자로 변경
9.30	2	남양농업이민 알선方에관한 건	경남도지사	社第513호	내무국장	이민자명단/신원조사내용/이주희망자 선정조서	8월 12일자 社第513호로 보고 조치한 내용에 이은 보고서
10.4	19		풍남산업(주)	收受電報 공람문서	내무국장		9.30일자전보 관련 수송내용
10.9	18	남양농업이민 수송의건	내무국장	電報案	풍남산업(주)	전보	10.4일자전보 의뢰건 처리내용

일자	편철순서	제 목	주무부서	문서번호(접수)	수신처	기타사항(첨부물)	주요내용
10.11	16		도항과보호사무소주임	收受電報공람문서	사회과장	收受 전보(풍남산업주식회사에서 발송)	남양행농업이민 25호 141명 昨日 인도하여 도항시킴(경북5호 25명 경남 20호 116명)
10.11	17	남양농업이민수송의건	내무국장	電報案	풍남산업(주)	收受 전보	
10.13	13		내무국사회과	私信案	풍남산업(주)	선만척식(주)가 작성한 入植조건개요	
10.16	14	남양농업이민알선方의건	내무국장	전보안	풍남산업(주)		10.11(수송관련)
10.18	4	남양농업이민알선方에관한건	경남도지사	社第513호	내무국장	이민선정명단/이주회망자선정조서/편지봉투/남양이주자연령명세표	수송보고(협천, 칠곡, 창녕)
10.19	12		풍남산업(주)	서신/東第256호	내무국장		제2회 수송분 25호(141명)이 무사히 도착했음에 대한 감사의 글
10.24	10		풍남산업(주)	전보문	내무국장		감사의 글
10.24	11	남양농업이민수송의건	내무국장	전보안	경북도지사	전보	풍남산업주식회사로 이주자 45호를 수송해 달라는 내무국장의 지시문

일자	편철순서	제 목	주무부서	문서번호 (접수)	수신처	기타사항 (첨부물)	주요내용
10.27	3	남양농업이민알선方에 관한건	경북 도지사		내무국장	이주자 명단	풍남주식회사 10월 10일자 명단대로 칠곡군 거주민 52호를 수송하였음을 알리는 내용
11.1	1	남양농업이민알선에 관한건	내무국장	(내무국 사회과 제2131호)	남양청 내무부장	이주자 명단	경남지사가 내무국 사회과에 올린 문서를 조선총독부 내무국장이 남양청 내무부를 거쳐 풍남산업주식회사(남양척식주식회사내) 田中初三郎에게 전달
1940.2.14	81	남양농업이민에 관한건	조선총독부부산도항보호사무소주임	釜渡保發 제26호	내무국 사회과장		2.10자 이주자 중 사망자 및 소재 불명자
1940.2.14	80	남양농업이민에 관한건	조선총독부부산도항보호사무소주임	釜渡保發 제26호	경북 사회과장		경북 출발 이주자 중 사망자 및 소재 불명자
1940.2.20	79	남양농업이민에관한건	경북 도지사	경북제 호	내무국장	전보	2.9자 경북 출발 통보
1940.2.23	82	이민가족 사망의건	東京 사무소 노무과		내무국 사회과장		19호 수송 완료 및 이민자 사망(1인)

범례: 일자별로 재배치. 문서제목 옆의 숫자는 편철 순서. 결재일 기준. 전보의 경우는 접수일 기준.

제4장

일제 말기 강제연행관련
구술자료 관리방안

I. 머리말

1994년, 국내에서 구술사가 학문적 영역에서 제기되기 시작한 이후 구술사에 대한 관심은 조금씩 증가하고 있다.[1] 생애사는 물론이고 특히 강제연행시기의 일본군위안부나 6·25전쟁 당시 민간인 학살 등 피해의 역사에서 구술사의 역할은 적지 않다. 처음에는 피해의 사실을 고발하는 역할에서 시작되어 이제는 연구분

---

1) 1994년에 윤택림이 『한국문화인류학』 25집에 「기억에서 역사로:구술사의 이론적, 방법론적 쟁점들에 대한 고찰」을 발표한 이후, 같은 해에 윤형숙이 「생애사 연구의 발달과 방법론적 쟁점들」(배종무총장퇴임기념 사학논총』)을 발표했고, 이듬 해에는 제임스 홉스의 『증언사입문』이 유병용에 의해 번역 출판되기도 했다(한울출판사). 또한 서울대학교 교육학과의 김기석 교수는 1994년부터 대학원 과정에 구술사 강좌를 개설하여 지금에 이르고 있다.

야의 하나로 정착하게 된 것이다.

그러나 구술사에 대한 관심이 증가하고 연구성과가 산출되는 것에 비해 구술사의 자료인 구술자료에 대한 관심은 미진한 편이다. 인류학이나 사회학의 사회조사방법론을 제외하면 수집방법에 대한 고민은 전무하다고 할 정도였다. '녹음기 하나만 들고 나가면 해 올 수 있는 자료'이기에 별다른 고민이 있을 리 없었다.[2] 더구나 수집한 자료를 어떻게 정리하고 분류해서 활용하도록 할 것인가 하는 점에 대해서는 생각할 여지가 없었다. 많은 양이 축적되어 정리에 골머리를 앓게 되기까지 굳이 정리에 신경을 쓸 필요가 없었다. 거기에 신경을 쓰기 보다는 한 사람에게게라도 더 증언을 받아내는 편이 시급하다는 생각이 앞선 것이다. 얼마나 많은 녹음테입을 가지고 있는가, 얼마나 많은 사람의 증언록을 출간하는가 하는 점이 연구기관의 위상으로 이어지는 상황에서는 열심히 녹음 테입의 양을 늘리는 것이 필요했기 때문이다.[3]

녹음테입의 양이 늘어나고, 자신이 수집해 놓은 자료인데도 내용을 확인하려면 일일이 녹음기에 걸어야 하는 수고로움을 경험한 이후에야, 또는 축 늘어져 녹음기 안에서 헛도는 녹음테입을 놓고 난감해질 때 비로소 정리와 관리의 필요성을 느끼게 된다.

---

2) 필자가, 수년간 한국현대사관련 구술자료수집활동을 해온 기관의 수집관련자로부터 "'이용허가서' 라는 것이 있다면서요. 그런 양식 좀 보내주세요. 우린 여태 그런 거 없이 했거든요." 라는 연락을 받고 느낀 당혹감은 바로 국내 구술자료수집의 현주소일 것이다.

3) 서울대학교 한국교육사고(史庫長: 김기석 교수)는 구술사와 구술자료에 관한 기본적인 지식을 공유하고, 국내 구술사가 양성 및 자료관리에 도움을 주기 위한 목적으로 국내 최초로 2003년 1월에 '구술사이론방법워크샵'을 개최했다. 그러나 30명을 상회했던 참가신청자 가운데 구술자료수집발주기관의 담당자는 단 한 명도 찾아볼 수 없었다. 이들 기관의 담당자는 대신 필자에게 "자료나 달라"는 요청을 할 뿐이었다.

또한 녹음내용을 들으며, '좀 더 잘 증언을 받을 걸' 하는 아쉬움
이 늘어날 때, 수집의 방법을 다시금 생각해 보게 되는 것이다.

지금이 바로 그러한 시기라고 생각한다. 아무리 귀한 자료라고
해도, 정리가 되지 않으면, 쓰레기와 다를 바 없다. 쓰레기까지 가
지 않는다 하더라도 정리가 되지 않으면 활용이 어려워지므로 아
무 소용이 없는 물건이 되고 만다. 정리가 안된 자료는 중복수집
을 피할 수 없고, 인력과 물자의 낭비로 이어진다. 더구나 구술자
료의 경우에는 유일성을 특성으로 하고 있으므로, 이후에 다시
수집을 하려고 한다 해도 이루어지기 어려운 경우가 허다하다.
어렵사리 재수집을 한다해도 같은 내용은 보장할 수 없다.

본고는 지금까지 습관적으로, 타성적으로 해 오거나 방치해 온
구술자료의 관리(수집을 포함)에 대한 체계적인 방안을 생각해보
고자 하는 시론이다.4) 특히 구술자료 가운데에서도 일제말기 강
제연행의 역사와 관련한 구술자료의 수집과 자료정리, 자료 분류
를 통해 활용을 용이하게 하는 방안을 대상으로 삼는다.

---

4) 구술자료관리에 대해서는 정혜경, 2000, 「한국의 구술자료관리현황」,
'한국역사기록의 관리와 발전방안' 학술심포지엄 발표문(한국역사연
구회, 대전대학교 인문과학연구소 공동주최) ; 정혜경, 2001, 「강제연
행관련 구술자료수집의 현황 및 활용방안」『구술자료로 복원하는 강
제연행의 역사－2001년도 구술자료수집결과보고회 자료집』, 일제강
점하강제동원피해진상규명등에관한특별법제정추진위원회 ; 권미현,
2002, 「구술사료의 수집과 기록학적 관리」, 제2회 명지대학교 기록과
학대학원 기록관리학과 학술대회 등이 발표되었다. 이 가운데 정혜경
의 논문은 수집방안에 중심을 두고 있고, 권미현의 논문은 기록학적
관점에서 정리·분류 등에 관한 방안을 체계적으로 제시한 글이다.

Ⅱ. 일제과거청산과 구술자료

구술자료란 '연구를 위해 심층면접을 통해 얻은 자료'로서 구술자(피면담자, 또는 話者)가 면담자(연구자)앞에서 자신의 과거 경험을 기억을 통해 현재로 불러오는 작업을 통해 얻은 자료이다. 여기에는 구전(oral tradition : 여러 세대에 걸쳐 말로 전해져 오는 것. 종교적 주문이나 설화와 같은 구비문학, 마을의 설촌에 관한 이야기와 같은 기록되지 않은 역사적 지식에 관한 이야기, 신화처럼 이야기되는 개인적인 경험에 관한 이야기), 구술증언(oral testimony : 한 개인이 과거의 특정 사건이나 경험을 현재로 불러내어 서술하는 것), 구술 생애사(oral life history : 한 개인이 태어나면서부터 현재까지 살아온 경험을 현재로 불러내어 서술하는 것. 그 안에는 특정사건이나 경험에 대한 증언도 포함될 수 있음)가 포함된다.[5]

현재 구술자료의 활용도는 역사학은 물론이고 사회학, 언어학, 정신분석학, 심리학 등등 다양하다. 이 가운데 역사적 가치라는 점에서 보면, 구술자료의 효용성은 크게 세 가지로 볼 수 있다.

첫째, 구술자료란 사료로 이용될 수 있는 기록을 남기지 못한 대다수의 평범한 사람들이 역사서술에 참여하여 스스로 말할 수 있도록 하는 기회를 제공함으로써 '아래로부터의 역사' 혹은 '역사의 민주화' 가능성을 열고 있다.

둘째, 문헌자료로 확인이 불가능한 사실에 대해 대체가 가능하

---

5) 유철인, 1999, 「생애사연구방법」, '한국문화연구의 방법론 모색: 구술사적 접근을 중심으로' 한국문화인류학회 제6차 워크샵 발표논문집.

다. 강제연행의 역사를 비롯하여 한국현대사와 관련해 청산되지 못한 과거를 규명하는 작업과정에서 구술자료의 효용성은 매우 높다. 사실을 은폐하려는 가해자의 노력 앞에는 피해자의 목소리만이 유일한 증거가 되기 때문이다. 일제청산관련(강제연행 및 강제노동)이나 민주화운동보상, 민간인학살관련, 국군유해조사사업 등에서 구술자료는 결정적인 단서를 제공하기도 한다. 특히 피해자의 역사를 복원할 경우에 감히 구술자료의 가치는 절대적이라고 단언할 수 있다. 강제연행이나 일본군위안부, 민간인학살의 역사에서도, 그리고 유태인의 학살역사에서도 가해를 입증할 문서자료는 확보하기 어렵다. 패전에 임박하여 자신들에게 불리한 자료를 폐기 처분하는 것은 동서양을 막론하고 일반적이다. 더구나 가해자가 이를 입증하는 예는 극히 드물다.[6] 증거를 말살하거나 가해자가 완전히 침묵해버리면 범죄인멸이 가능하다고 믿기 때문이다. 그러므로 피해자의 증언만이 역사자료로 남아 있게 된다.[7]

셋째, 구술자료는 동일한 사실의 경우 문헌자료에 대한 분석 및 이해를 더욱 촉진한다. 문헌자료만 접할 경우에 피상적으로 치우칠 수 있는 한계가 구술자료를 접함으로서 좀더 명확해질 수 있다.

---

6) 2002년 2월에 BBC에서 제작한 '노근리 민간인 학살'에 관한 프로그램 "Killem All − American war crimes in Korea"(노근리 보고서)에서 증언한 전 미군병사 버디 웬젤(제7기병 연대 소속 보병)도 자주 밤 꿈에 나타나는 여자아이의 幻影이 없었다면 학살사실을 밝히지 않았을 것이다.

7) 법리적으로도 범죄증거책임을 입증하기 위해 약자구제라는 성격을 감안하여 적용하는 예가 있다. 일본의 공해방지법은 피해를 받은 사실에 대한 증거책임을 피해자입증에서 가해기업의 반증책임으로 전환했다. 즉 피해자가 자신이 피해당한 증거를 입증하는 것이 아니라 가해자가 가해를 입히지 않았다는 점을 입증하도록 법리를 반전한 것이다. 우에노 치즈코 지음, 이선이 옮김, 1999, 『내셔널리즘과 젠더』, 박종철출판사, 162쪽, 일본군위안부나 강제연행, 유태인학살사건 등에서 약자구제를 위해 사용할 수 있는 방법이다.

현재 한일간 과거청산이 이루어지지 않고 있는 상황에서, 강제연행 피해자에 대한 구술자료수집작업의 필요성과 의미는 더욱 높아지고 있다. 문헌자료로 확인되지 않는 史實을 밝힘과 아울러 현재 미공개 상태인 문헌자료의 공개를 촉진하는 데에도 일정한 기여를 하기 때문이다. 강제연행 역사의 복원에서 구술자료가 갖는 필요성과 의의를 살펴보면 다음과 같다.

첫째, 구술자료는 피해자의 역사를 복원할 수 있는 중요한 자료이다. 따라서 구술자료수집을 통해 일제시대에 있었던 강제연행의 역사 복원이 가능하다. 강제연행과 관련한 문헌자료는 당국의 정책문서를 비롯하여 관련기업의 문서, 명부 등 적지 않은 분량으로 알려지고 있다. 그러나 이 가운데, 기업의 문서는 대부분이 공개되지 않고 있고, 당국의 정책 문서는 역사적 사실을 복원하는데 적합하지 않은 자료가 많다. 일제말기의 강제연행정책과 송출과정을 알려주는 정책문서의 대부분은 패전 당시 폐기·소각되었고, 남아 있는 자료들도 당시 실상을 알려주는 자료로서는 충분하지 않다. 정책문서에 나타난 내용들이 실제로 실행되지 않았거나 축소, 변형된 예가 적지 않기 때문이다. 필자는 「일제 말기 강제연행 노동력 동원의 사례 : '조선농업보국청년대'」(『한국독립운동사연구』 18, 2002년)에서 정책문서와 당국이 발간한 자료에 나타난 내용과 실상이 큰 차이를 보이고 있음을 확인했다.

기업문서의 경우에는 은닉과 왜곡실태가 더욱 심각하다. 본서에 수록된 「일제 말기 강제연행관련 국내소장 자료」에도 간략히 소개한 바와 같이, 오노다(小野田) 시멘트 자료는 비교적 노무관리가 잘 되어 있어 노동자들이 불이익을 당하는 경우가 적은 모범적인 기업임을 입증한다. 그러나 오노다 시멘트에서 인간 이하의 노동에 시달린 계훈제의 회고는 이와 정 반대의 사실을 제시한다. 오노다 시멘트 평양 승호리 공장과 천내리 공장에서 조선인학병거부자 80명이 해야했던 노동은 '차마 인간으로서 할 수 없는 일'이었다. 이들은 '크랑카'라고 불리우는 반제품 시멘트를 상승기에 퍼 넣어 가공 처리하는 작업을 했는데, 크랑카 밑의 노란 독성 가루가 노동자들의 허파를 메우고 눈을 헐게 하여 잡부들도 한사코 피하는 '인간이 해낼 수 있는 한도 밖의 일'이었다.[8] 오노다시멘트의 자료는 민간인의 법정투쟁이 일본 대기업의 은닉된 자료를 공개하게 된 성과의 하나이다. 그러나 오노다 시멘트의 자료를 통해서는 강제연행과 강제노동의 사실을 확인할 수 없다. 그에 대한 사실은 당사자의 회고록과 증언을 통해 확인될 뿐이다. 北海道탄광기선주식회사 자료의 경우에는 『釜山往復』을 비롯해서 조선인강제연행과 강제노동의 실상을 생생하게 알려주는 자료들이 지금 北海道대학 도서관에서 미공개자료로 보존되어 있다. 몇몇 연구자들이 국내로 이관 것으로 알려져 있으나 허가를 얻지 못하였으므로 활용은 불가능하도록 되어 있다. 내용이 공개됨으로써 강제노동의 사실이 확인되고, 이것이 보상요구로 이어지는 것을 방지하기 위한 의도이다.

둘째, 구술자료수집의 시급성이다. 현재 생존한 피해자들이 연만하고, 사망 속도가 매우 빠른 상황이어서 시기를 놓치면 구술자료 수집 가능성이 희박하게 된다. 1차 구술수집작업을 한 후 2차 작업 일정을 잡는 사이에 사고를 당하거나 사망하는 경우도 비일비재하다. 필자가 1996년에 처음으로 본격적인 구술자료수집 작업을 할 당시에는 시골의 노인회관을 방문하여 노인회관에서 소일하는 할아버지의 80% 이상이 강제연행의 경험자였다. 그래

---

8) 계훈제, 2002, 『흰 고무신 - 계훈제, 미완의 자서전』, 삼인출판사, 71~ 109쪽.

서 자료수집작업은 그리 어렵지 않았다. 그러나 2002년에 노인회
관을 방문하였을 때, 경험자를 찾는 것은 쉽지 않게 되었다. 충남
공주지역에서 30여명의 노인이 모인 식사자리에 동석을 하면서
가졌던 희망은 단 한 분의 경험자도 찾지 못하면서 한순간에 무
너졌다. 경험자들이 노인회관으로 나오기 어려울 정도로 노쇠하
거나 이미 사망한 것이다. "다 죽었어", "이젠 없어", "좀 더 일찍
오지" 하는 노인들의 말씀이 연구자에게는 아쉬움 그 이상이다.

셋째, 구술자료의 효용성으로는 연구 활성화와 강제연행을 비
롯한 한일간 식민지청산을 위한 자료로 활용된다는 점을 들 수 있
다. 강제연행에 관한 문헌자료의 한계 속에서 연구 활성화를 도모
하기 위해서는 구술자료의 의존도가 높을 수 밖에 없다. 문헌에서
는 한번도 본 적이 없는 이야기나 새로운 사실을 확인할 수 있는
유일한 자료원은 구술자료이기 때문이다. 강제연행연구에서 가장
취약한 부분은 구체적인 송출과정이다. 누가, 어떻게, 어느 경로를
통해서 끌고 갔는가 하는 점이다. 현재 이 과정은 문헌을 통해 확
인이 쉽지 않다. 강제연행의 연구가 일본에서 1965년에 시작이 되
었지만, 국내는 물론이고 일본에서도 이 과정에 대해서는 대략적
으로 파악하고 있을 뿐이다. 노동력 동원의 경우에 조선노무협회
나 직업소개소가 개입되었을 것이라는 점은 알고 있으나 구체적
인 과정은 파악이 되지 않는다. 이 부분을 밝혀줄 정책문서는 전
무한 상황이고, 조선노무협회의 기관지『조선노무』에서도 내용 확
인은 쉽지 않다. 강제연행의 사실 확인이 어려운 상황에서 한일간
과거청산이란 도모하기 어렵다. 과거청산이란 진상규명이 전제되
어야 하기 때문이다. 이 점에서 강제연행역사에 관한 구술자료수
집의 중요성과 효용성이 다시 한번 강조된다.

그동안 구술사와 관련된 논의의 촛점은 구술자료의 성격이나

필요성, 효용성, 자료적 가치 및 해석 등이었다. 그러나 이제는 '증언은 믿을 수 있는가', '구술자료가 객관성을 담지한 자료인가', '왜 구술자료를 수집해야 하는가', '텍스트 분석은 어떻게 할 것인가' 하는 논의에서 벗어나 구체적인 수집과 관리방안에 대해 고민할 시점이 되었다. 물론 구술자료도 문헌자료와 마찬가지로 자료적 한계에서 자유로울 수 없다. 연구자들에게 자료의 가치와 객관성, 효용성에 대한 고민은 절대로 불필요한 과정이라고 할 수 없다. 이러한 과정을 통해 인간의 역사와 문화는 좀 더 정확하고도 풍부하게 복원될 수 있기 때문이다.

그러나 현실은 연구자들이 충분하게 고민하고 깊은 사색에 빠질 수 있도록 배려하지 않는다. 연구자들이 구술자료의 효용성과 객관성에 대해 고민하고 논쟁하는 사이에 우리 역사와 문화를 증언할 주인공은 점차 사라지고 있다. 흔히 바로 내일, 아니면 다음 주에 면담 일정을 잡아 놓고 幽明을 달리하거나 병세가 위독해져서 증언 자체가 불가능해지는 상황을 경험한다. 그 뿐이 아니다. 어느 사이 하나 하나 쌓이기 시작한 녹음 테입들이 연구기관의 서고나 책상 서랍에서 뒹굴고 있기도 하다. 어렵게 수집한 자료들이 재생이 어렵게 방치되거나 녹취문이 준비되지 않아 내용을 일일이 확인해야 하는 경우도 비일비재하다. 언제까지 탁상공론을 할 수 없는 일이다. 그렇다면 방법은 너무나 분명하다. '제대로 수집하고 관리하기' 그리고 나서 '철저히 분석하기'

III. 구술자료 관리방안[9]

구술자료관리에는 구술자료의 수집부터 정리, 분류를 거쳐 활용되는 과정까지 포함한다. 구술자료는 문헌자료와 달리 구술자료가 갖는 특성이 자료관리에서도 중요한 부분을 차지한다. 흔히들 구술자료관리라고 하면, 적정한 온도와 습도를 유지하고 라벨링을 잘 하는 등의 보관방법을 떠올리게 된다. 그러나 구술자료관리에서 이보다 더 중요한 부분은 수집단계이다.

이에 대한 한 가지 예를 들어보도록 하겠다. 일본에서 최근에 공개된 가장 주목할만한 구술자료는 학습원대학 우방협회·중앙일한협회 문고가 소장하고 있는 조선총독부 관계자에 대한 자료이다. 이 자료는 식민지 조선정책에 대해 연구하는 몇몇 조선사 연구자들(강덕상, 宮田節子 등)이 식민지에서 조선통치를 수행했던 당사자들을 대상으로 한 구술자료이다. 학습원대학 우방협회·중앙일한협회 문고가 소장하고 있는 이 구술자료(338종)는 릴 테입 상태로 보관중인데, 별도의 보존시설을 마련하지 않고 일반서고에 보관하고 있어서 재생이 불가능한 테입이 많은 것으로 알려져 있다. 아울러 기록관리에서 필요한 구술자료에 대한 기본목록이 마련되어 있지 않고 분류기준도 수립되어 있지 않았다. 공개를 꺼리는 문고 측의 입장으로 인해 녹취문도 작성되어 있지 않아 내용을 확인하기 어려웠다. 그 동안 녹음 테입이 처한 상태를 확인했던 많은 연구자들은 귀한 녹음 테입이 보관을 잘못

---

9) 강제연행관련 구술자료수집현황에 대해서는 본서 수록 「일제 말기 강제연행관련 국내소장 자료」 참조.

하여 들어보지도 못하고 사장되게 되었다고 통탄해왔다. 그러나 문고 측이 공개를 결정한 후 이러한 우려는 기우임이 확인되었다.

현대의 발달된 과학기술은 '다 들러붙어서 이제는 더 이상 사용이 불가능할 것' 같은 릴 테입을 디지털화하는데 성공했다. 이 자료들은 최근에 녹취작업이 진행되어 2000년 3월에 『동양문화연구』 2호의 별쇄본으로 「미공개자료 조선총독부관계자 녹음기록(1)－15년 전쟁하 조선통치」(정재정 번역, 『식민통치의 허상과 실상』, 혜안, 2002)를 시작으로 총 3편의 녹음기록이 발간되었다. 구술내용을 훼손하지 않는 선에서 녹취문이 작성되었으나 구술된 시점으로부터 너무 많은 시일이 경과하였으므로 청취가 불가능하거나 확인이 어려운 부분이 불가피하게 발생했다. 당시의 지명이나 인명을 수십 년이 지난 후 다른 연구자가 확인한다는 것은 정확성을 보장하기 어렵기 때문이다. 또한 수집단계에서 좀 더 준비가 있었다면 내용이 충실해지지 않았을까 하는 점도 아쉬움의 하나이다. 미진한 부분이 있지만 지금에 와서 구술자를 대상으로 다시 한번 자료수집을 할 수는 없기 때문이다. 이 예는 구술자료관리에서 중요한 점이 무엇인가를 보여주는 한 사례이다.

1. 구술자료의 특성

구술자료는 자료가 생산되는 과정이 문헌자료와 차이를 보인다. 따라서 구술자료수집을 위한 방안을 마련하기 위해서는 구술자료의 특징을 이해하는 작업이 선행되어야 한다. 구술자료의 특성은 구술자료수집과 밀접한 관련을 갖는다.

첫째, 구술성이다. 구술자료를 다른 자료와 구별짓는 가장 큰 특징은 구술이라는 점이다. 구술의 특징은 口語라는 점인데, 구어이므로 구술은 생산되는 상황에 크게 영향을 받게 된다. 구술은 구술자 개인의 언어 행위의 특성을 반영할 뿐만 아니라 문헌에 기록되기 힘든 구술에 동반되는 제스처와 얼굴의 표정, 음성의 고저와 떨림 등을 모두 포함한다. 또한 구술은 매우 상황적이기 때문에 면담자에 대한 친화감(rapport)과 구술자가 갖는 목적의식에 영향을 크게 받는다. 즉 구술이 누구에게, 언제, 무엇 때문에, 어디에서 생산되는가 하는 점이 주요하게 작용을 한다. 따라서 구술성의 포착은 구술자의 언어 자체와 언어행위가 이루어지는 상황을 재현하는 작업이기도 하다.

구술성이라는 특성은 기억력의 정확성과 연관되면서 자칫 구술자료의 한계로 자리하기도 한다. 그렇다면, 인간의 기억에 대한 정확성을 생각해보자. 인간의 기억은 선별적이고 시간에 따라 쇠퇴한다. 그러나 관심 있는 사건에 대한 기억은 시간과 독립적이다. 관심의 정도에 따라 기억은 상상을 초월할 만큼 생생하다. 실제로 구술자료수집을 해보면, 구술기록의 정확성이 놀라울 정도로 높음을 알 수 있다. 어떤 특정한 주제, 즉 구술자가 인생의 경험에서 충격을 받았거나 깊은 인상을 받은 사실에 대해서는 정확성이 매우 높다. '평생을 잊지 못할 사건'이기 때문이다. 이점은 최근 노인학의 연구성과에서 입증되고 있다. 노인들이 최근의 경험에 대해서는 망각이 신속히 이루어지는데 비해 오래 전의 경험에 대해서는 망각이 진행되지 않는다는 점이다. 그러나 그렇다고 구술자의 기억에만 의존하고 면담자의 역할을 포기할 수는 없다. 면담자는 구술자가 정확히 기억할 수 있도록 상황을 조성하고 사전에 문헌자료를 충실히 연구할 필요가 있다.

둘째, 주관성과 개인성이다. 구술자료는 개인의 주관적 경험을 회상을 통해 현재로 불러내는 작업이므로 지극히 주관적이고 개인적이라는 평가를 피하기 어렵다.

기록의 주관성에 대해 생각해보자. 이 점도 구술자의 기억과 무관하지 않다. 여기에서 '기억의 주관성'이나 '선택적 기억'에 대한 우려가 자리할 수 있다. 일반적으로 구술자는 사건을 자신이 기억하고 있는 상태로, 그리고 감정을 부여한 상태로 구술한다. 따라서 구술자료에 임할 때에는 인간 기억력에 부여된 감정의 의미와 관련된 쟁점을 해명해야 한다.[10]

아울러 중요한 것은 구술자가 진실이라고 믿고 증언하는 내용이다. 일반적으로 기억된 과거가 객관적인 사실과 일치하지 않는다면 그 기억은 거짓이라고 평가된다. 그러나 다른 한편으로 보면, 그러므로 그 기억은 의미 있는 것이다. 구술자가 믿고 있는 바―즉

---

10) 구술기록채록과정의 행위선택에서 감정개입의 대표적인 사례는 무의식적 망각과 침묵이다. 상상을 초월한 억압적 경험을 당한 경우에 더욱 심하게 나타난다. 일본군 위안부로 끌려갔던 할머니들은 오랜 기간 동안 자신의 경험에 대해서 침묵하곤 한다. 이는 자신의 자존심을 지키는 심리적 방어기제 탓이다. 이러한 특정 사실을 망각하는 예는 가해자에게서도 찾을 수 있다. 태평양전쟁에 참전한 일본인 재향군인들의 조직인 창지회(싱가폴 창지지역에 설치된 포로수용소 관련자 모임)는 전쟁 후 50년이 지나도록 정규적인 모임을 가지고 있으나 포로수용소의 경험은 공유하지 않는다. 패전국 일본의 국민에게 전쟁에 대한 기억은 그 자체가 고통이다. 따라서 그들은 침묵을 선택하거나 선택적으로 망각하는 것이다. 그러나 말하지 않는 이야기는 말한 이야기 만큼 중요하다. 간혹 구술채록과정에서 이 침묵이 무너지는 경우가 있다. 이 때 구술자들은 괴성을 지르거나 울음을 터트린다. 그리고 어떤 경유를 통해서든 일단 구술증언을 경험한 다음부터는 참담한 과거 기억의 멍에에서 자유로워지기도 한다. 이 점에서 구술은 상처받은 자에게 일종의 '치료'이기도 하다. 김기석·이향규, 1998.7.22, 「구술사 : 무엇을, 왜, 어떻게 할 것인가」, 제12회 현대사연구소 집담회 발표문, 9~11쪽.

그가 그것을 믿고 있다는 사실은 그 자체가 실지로 무엇이 일어났는가 하는 史實만큼이나 중요한 사실이기 때문이다. 여기에서 바로 사료비판의 필요성이 제기되고, 면담자의 역할이 중시되는 것이다.

그러므로 객관적인 역사적 사실과는 일정한 거리가 있으나 구술자가 역사적 사실이라고 믿고 구술을 하는 경우에, 이를 자료적 가치가 없다고 간과하는 것은 바람직한 자세로 볼 수 없다. 이러한 경우에 면담자는 역사적 사실을 규명하는데 주력하는 것이 아니라 구술자의 문화적 배경에 주목해야 한다. 특히 역사적 사건에 대한 기억일 경우에 민중들이 일종의 검열을 실시하여 집단적 기억을 보존한다는 점을 중시해야 한다.[11] 이러한 경우에 구술자는 사실과 다른 내용을 구술할 수도 있게 된다. 그러나 그렇다고 하여 구술자료가 거짓된 기록은 아니다. 즉 면담자는 '왜곡된 기억'과 '왜곡된 진술'의 행간을 읽어내야 한다.

이상에서 알 수 있는 바와 같이 중시해야 하는 점은 구술자의 특정사건에 대한 기억은 사실이나 정보의 요소와 함께 그것에 부여한 의미나 감정의 요소가 병존한다는 점이다. 그러나 감정은 이성만큼 또는 그 이상으로 일상생활에서 취한 행위의 결정요인이다. 아무리 거대한 변화, 소위 구조적 변화 과정 속에서도 개별 행위자의 행위선택에는 고통, 두려움, 공포, 무력감과 같은 정서가 작용한다. 그럼에도 시민혁명, 산업혁명, 국가형성, 노동운동 등과 같은 대규모 사회변화에 대한 역사서술에서는 다루는 대상의 추상화 수준 때문에 행위의 감정적 요소와 그 작동에 주목하

---

11) 동일한 사건에 대해 지배층과 민중들의 이해가 달리 나오게 된다. 구체적인 예는 백승종, 「입에서 입으로 전해진 역사—'집단의 기억'으로서 민중의 역사」, 한국문화인류학회 제6차 워크샵 발표요지, 34~36쪽 참조.

는 경우가 거의 없다.

셋째, 유일성이다. 구술자료는 동일한 구술자와 면담자라 하더라도 매번 수집할 때마다 다른 자료를 생산한다. 구술자료는 문헌자료와 달라, 생산된 자료를 복사할 수 있는 것이 아니라 생산되는 과정에 있기 때문이다. 흔히, 장비사용에 문제가 생겼다거나 준비해간 소모품이 부족해서 녹음을 못하는 상황을 경험한다. 그럴 때 위안으로 삼는 것이 '다음에 다시 한번 오리라'이다. 그러나 '다음에 다시'라는 것은 보완이나 추가 작업일 뿐이다. '다음에 다시' 작업을 해 본 면담자들은 기대 이하의 구술에 실망하고 만다. 물론 얼핏 보면, 구술내용의 핵심은 큰 차이를 보이지 않을 수 있다. 그러나 구술자료는 단지 사실 확인을 위한 자료가 아니다. 여기에 유일성이 갖는 중요함이 있다.

넷째, 공동작업이라는 점이다. 구술자료수집과정에서 가장 중요한 점은 바로 구술자와 면담자간의 공동작업이라는 점이다. 연구자인 면담자와 연구대상이 되는 구술자의 상호관계 속에서 구술자료가 생산되는 특성을 갖는다. 그러므로 구술자료구술자료는 구술이 언제, 어디서, 누구에게, 어떤 목적으로 이루어지는가, 면담자가 얼마나 준비를 하고 임하는 가에 따라 그 내용이 달라질 수 있다. 같은 구술자라 하더라도 면담자에 따라 구술자료의 질이 달라지는 경우를 흔히 볼 수 있다. 구술이란 단순히 면담자의 질문에 따라 수동적으로 이루어지는 것이 아니라 구술자가 구술상황에서 자신의 과거 경험을 해석해내면서 생산하는 과정이다. 따라서 구술자는 단순한 연구대상이나 자료를 만들어내는 일방적인 존재가 아니다. 구술자는 바로 그 구술의 주체이고 해석자이다. 그러므로 구술자료구술자료는 구술자와 연구자의 공동작업이고, 성과물이다. 그러나 구술자가 구술의 주체가 되고 해석자가 되는 과정에는 면담자의 노력이 필요하다. 면담자의 구술자의 현재 상황에 대한 무관심·몰이해나 편견, 자료수집에 대한 과욕은 구술자에게 상처를 안겨줌은 물론이고 자료수집에서도 부정적인 결과만을 낳을 뿐이다.

일반적으로 경험과 증언은 일치하기 어렵다. 경험된 기억의 전체가 증언으로 이어지는 것은 아니다. 다만 증언으로 이어지도록 양자는 노력할 뿐이다. 이를 위해 면담자의 역할이 더욱 중시된다. 면담자에게 요구되는 자세는 구술자를 資料原으로만 여기지 말아야 한다는 것이다. 구술자는 면담자의 연구 수단이 아니다. 이는 구술자료의 질을 위해서도 필요하다. 면담자의 자세와 인식, 방법에 따라 수집되는 구술자료의 질이 달라짐은 물론이다. 구술자가 면담자에 대해 신뢰성을 갖을 때 구술내용은 정확성을 갖는다. 인간의 기억은 냉장고에 넣어둔 음료수를 꺼내어 먹듯이 그렇게 필요할 때마다 꺼내어 사용할 수 있는 것이 아니다. 면담자가 구술자를 연구의 수단으로만 여길 때, 신뢰성이나 친화감(rapport)이 형성되기는 어렵다. 그러므로 면담자는 구술자가 정확히 기억을 할 수 있도록 하기 위해 인내심을 갖고 史實에 이르는 통로를 열어주어야 한다.[12]

구술자료는 이러한 네 가지 특성으로 인해 대표성과 신뢰성을 요구하는 역사연구나 다른 사회과학연구에서 사료적 가치를 의

---

12) 일반적으로 구술자료수집사업을 발주하는 기관은 적절한 구술자인가 여부에 대해서는 비중있게 인식하지만 면담자 문제는 소홀하게 다룬다. 간혹 이런 기관으로부터 사업을 운영할 때 가장 중요한 점을 자문해달라는 요청을 받곤 한다. 이에 대한 필자의 답변은 면담자의 자질이나 자세이다. 면담자를 위한 최소한의 준비(메뉴얼 제공, 관련 자료 제공)도 없이 예산집행으로 가능하다는 생각은 좋은 자료수집으로 이어지지 못한다.

문시하는 원인이 되기도 하였다. 그러나 현재 여러 학문분야에서 구술자료가 차지하는 위치는 점차 증대하고 있다. 인문사회과학 분야에서 인간의 역사와 문화를 이해하고자 하는 작업은 문헌자료만으로 이루어질 수 없기 때문이다. 그로 인해 일상사 연구는 물론이고 심성사나 생애사, 생활사 연구에서도 귀중한 자료로 활용되고 있다.

흔히 구술자료의 한계로 지적되는 점은 바로 구술자료의 성격이기도 하다. 그러나 이들 한계는 문자로 '씌어진 역사'에서도 찾을 수 있다. 즉 구술자료의 한계가 아니라 역사자료가 갖는 한계이기 때문이다. 먼저, 망각이나 잘못된 기억은 문헌자료에서도 찾을 수 있다. '南京학살은 없었다'는 것과 같이, 있었던 사실을 없었다고 하는 正史는 일본 기록들에 의해 뒷받침된 것이다. 이러한 예는 무수히 많다. 오늘날 손에 넣을 수 있는 문헌자료가 어떠한 '검열'을 거쳐 우리 손안에 남겨졌는가에 대해서 의심해 볼 필요가 있다.[13] 선택적인 기억의 예도 마찬가지이다. 이러한 예는 특히 문서자료가 멸실되고 은폐된, 비인간적이고 부도덕한 인간의 범죄에서 더욱 두드러진다. 그 동안 역사는 문헌자료의 힘을 빌어 독일의 나치가 행한 유태인 학살이나 한국의 일본군위안부, 그 외 많은 민간인학살사건을 복원할 때, 피해자의 증언을 '믿을 수 없는 것'으로 치부함으로써 좋은 피난처가 될 수 있었다.

---

13) 우에노 치즈코, 1999, 이선이 옮김, 『내셔널리즘과 젠더』, 박종철출판사, 171~172쪽.

2. 수집 방안

이와 같은 구술자료의 특성은 단지 한계로 간과해도 좋은 것인 가. 그보다는 자료적 특성을 인정하고, 이를 감안한 수집이 이루 어지는 것이 필요하다.

구술자료의 한계를 극복하는 방법 가운데 중요한 것은 바로 수집방법이다. 면담자는 구술자료를 수집하기에 앞서서 몇몇 요 건을 갖추어야 한다. 면접 이전의 준비가 필요하고, 면접을 하는 과정과 면접 이후 자료정리과정에서도 요건이 필요하다. 준비 없 는 구술자료수집은 부작용만 낳을 뿐이다.14) 국내 최초로 서울대 학교 한국교육사고가 주최한 구술사이론방법워크샵(2003년 1월 18~28일)에서는 수강생들의 실습주제로 강제연행관련피해자와 청계피복노동자를 선정하고, 구술자료수집조사를 진행했다. 이 워크샵에서는 이론학습과 실습을 병행하였는데, 이와 같이 특정 주제에 따른 사례별 조사과정을 통해 구술자료수집의 수준이 한 단계 올라서리라 생각한다.15) 일반적인 수집작업의 진행은 다음 과 같이 상정할 수 있다.

---

14) 서구에서는 현지조사방법론과 같이 구술자료수집방법을 알려주는 안 내서가 마련되어 있어서 중고등학생들도 참고할 수 있다. 그러나 한국 의 경우에는 전문적인 연구자들도 녹음기 하나만을 믿고 구술자료수집 작업에 임하는 형편이다. 가장 중요한 것은 안내서의 존재 여부가 아니 라 구술자료에 대한 연구자의 인식과 고민일 것이다. 비록 안내서를 읽 지 않았다 하더라도 면담자가 수집작업에 임할 때 얼마나 올바른 자료 수집을 할 것인가 고민한다면, 구술자가 구술을 잘 할 수 있도록 준비 하고 노력한다면, 질 높은 자료를 수집하게 될 것이다.

15) 필자가 경험한 수집의 구체적인 예에 대해서는 본서 수록 「강제연행 의 기억을 찾아」 참조.

〈진행 개요〉16)

Ⅰ.주제선정 : 선행연구 검토, 핵심 쟁점 파악, 질문전략 수립
Ⅱ. 구술자 선정 : 연구주제와 밀접한 예상 구술자 선정·접촉, 구술동의 획득
Ⅲ. 면담전 준비 : 질문목록 점검(구어체), 면담일정수립, 장비점검, 시간 장소 결정
Ⅲ. 면담진행 : 테이프 첫머리 기본정보 녹음 → 시간약속 엄수 → 래포형성 → 장비설치 → 면담진행(초반 녹음시험) → 자료공개 허가서 작성
Ⅳ. 면담직후 : 테이프 탭 제거, 면담일지 작성, 신상기록카드 작성
Ⅴ. 녹취문 작성 → 검독 → 구술자 회람 → 공개허가서 작성 → 상세목록작성 → 관련 기록의 집성

강제연행관련 구술자료수집조사과정과 방법을 살펴보면 다음과 같다.

〈 일반적인 강제연행관련 구술자료수집조사과정 〉

1. 계획 단계
1-1 입장과 범위 설정 단계
1-2 분석단계
1-3 설계단계
1-4 실행단계 : 기초자료 및 관련자료 수집단계, 면담자의 훈련단계
1-5 평가단계 : 계획에 대한 평가

---

16) 한국교육사고, 2003.1,『구술사이론방법워크샵 자료집』.

2. 수집실행
2-1 기초연구 : 문헌자료연구, 현지기초조사 실시
  (① 직접 조사 방법 : 군청 방문 → 면사무소 방문 → 면 소재
    노인회관 방문 → 리 소재 노인회장 방문 조사 → 구술자 방문)
  (② 피해자단체의 자료를 이용하는 방법 : 피해자단체 소장 명
    부확인 → 전화통화 → 구술자 방문)
2-2 구술자료수집 실행
2-2-1 1차 면담 : 예비조사
2-2-2 2차 면담 : 본격조사
2-2-3 3차 면담 : 보충조사(녹취문 제공)
2-2-4 마무리 : 녹취문, 감사의 편지 및 사진 송부

3. 정리 및 관리 : 자료정리, 작업후기 작성, Check list 작성,
            구술자료작성(녹취문, 상세목록 작성, 라벨링, 관리)

이상의 과정을 진행하는데 필요한 대략적인 시일은 5개월 정도
(구술자 개인별 수집의 경우, 면담자 교육과정 제외) 소요된다. 군
단위의 지역전체를 대상으로 한다거나 할 경우에는 수년간의 프
로젝트가 필요하다.

< 과정별 강제연행관련 구술자료조사 >

1) 면담자 교육

이론서 탐독과 실습이 병행한 교육이 이루어져야 하고, 실습을
거친 면담자들이 토론할 수 있는 기회가 마련되어야 한다.

  ▣ 면담자 교육의 유의점 ▣
    ·구술작업현장에 대한 경험 축적 : 3회 이상의 참관 및 실습 수료
    ·정신분석학이나 심리학 등 인간의 심성을 이해할 수 있는 기본

적인 이론 숙지
· 강제연행에 대한 역사를 충실히 인지
· 당시 용어(함바, 바라크, 당꼬, 구미, 고쬬 등)와 파견지역에
  대한 이해
· 객관적이고, 관조적인 입장에서 구술할 수 있도록 작업을 진행
  하는 자세 : 피해사실을 억지로 각인시키지 않음
· 구술자가 이해하는 용어에 대한 수용자세가 필요 : 징용을
  모집으로 이해하고 있거나 취업으로 이해하고 있는 경우 등
· 연도나 지역명, 인명에 대한 연상법 사용 : 정확한 연도를 억지
  로 기억
  하도록 강요하지 말고 계절이나 기억나는 사건으로 연결지어
  이해하는 방법

2) 기초연구

(1) **문헌자료 연구** : 인터뷰에 앞서 1, 2차 문헌자료를 충분히
검토하는 것은 필수적이다. 기초자료를 많이 가지고 있을수록 좋
은 면접을 할 수 있다. 구술자료 수집에 앞서, 그 사건에 관한 기
존의 연구물을 검토하고, 주요 쟁점들을 확인한다. 문헌기록들을
집성하여 '사실'을 확인하고, 사건일지를 작성한다.

(2) **현지기초조사 실시**(군청 방문 → 면사무소 방문 → 면 소재
노인회관 방문 → 리 소재 노인회장 방문 조사 → 구술자 방문)

3) 면접주제 목록 작성

연구자들이 논의를 통해 면접을 통해 알아내고 싶은 내용을 미
리 질문형식으로 작성하는 것도 좋은 방법이다. 구술자의 배경(가
정 및 교육환경), 식민지 시기 교육경험, 해방 후 상황, 사건 당시

의 활동 등을 큰 항목으로 하고, 각 항목에 세부 주제들을 정한다. 면접의 세부 주제들을 정하는 것은 인터뷰 전체 과정의 핵심을 잃지 않게 하고, 일관성 있는 인터뷰를 하도록 도와준다. 특히 각기 다른 연구자들이 다수의 구술자를 면접하는 프로젝트 형태의 작업에서는 전체 프로젝트의 통일성을 기하기 위해 필요하다. 그러나 세부주제들을 너무 구체적으로 정해 두는 것은 인터뷰의 역동성을 해칠 수도 있다. 인터뷰를 하는 동안 주제목록은 계속적으로 수정된다.

■ 예 : 질문지 내용
1. 인적사항
1-1 이름
1-2 출생지
1-3 현주소
1-4 나이
1-5 경제상황 : 농가소유관계, 부채관계
1-6 가족상황 : 결혼여부 포함
1-7 학력 : 서당, 보통학교 등

2. 강제연행관계
2-1 연행된 계기
2-2 연행된 시기 : 구체적인 일시가 아니라고 해도 연도나 계절을 파악
2-3 연행의 방법 : 모집, 관알선, 강제징용, 국내 징용 여부
2-4 연행 집결 장소 및 이동 과정 : 구체적인 이동수단(선박, 열차 등. 중간 집결지→최종 집결지), 이동 과정에서 발생하는 사건
2-5 연행되어 파견된 장소 : 지리적인 설명 (주변 경관에 대한 설명, 숙소 위치 등)

3. 노동 및 생활상태
3-1 노동현장의 상황 : 임금의 정도, 노동시간, 휴일, 여가시간 활용, 임금지급 방법,

도주, 동료와의 관계, 작업자와의 관계(인신적인 구속, 구타
및 억압 상황), 작업반장, 書土 등의 역할

3-2 생활상태 : 숙소 상황, 식사내용

3-3 현지에서 일본인과의 관계 : 차별대우 상황, 전쟁에 대한
일본인의 인식

3-4 현지에서 일반재일조선인과의 관계 :
재일조선인의 생활, 강제연행자와의 관계

3-5 기타 : 도주한 경우, 지시에 따라 다른 작업장으로 이동한
경우, 현지 징용에 재연행된 경우, 징병에 해당된 경우 등

4. 일제 말기의 상황

4-1 일제 말기의 시대적 상황(황민화 정책의 수행 정도, 생활상태,
애국반 운영)

4-2 시대에 관한 구술자의 인식 정도 : 전쟁에 대한 인식 등

5. 해방 이후 내용

5-1 귀환 직전의 상황

5-2 귀환 일시 및 과정

5-3 귀환 이후 정착 및 사회화 과정

5-4 귀환 이후의 보상

5-5 현재 생활실태

6. 강제연행 및 노동에 대한 인식

6-1 강제연행 및 노동에 대한 평가 및 인식

6-2 일본정부나 한국정부에 대한 바램

4) 예상 구술자 접촉

프로젝트 주관기관에서 예상 구술자들에게 편지를 발송한다.
편지에는 프로젝트의 주제·목적·필요한 시간·활용방안을 설
명하고 주관기관을 소개한다. 편지와 동시에 전화로 연락하며, 구
술자가 요청하는 경우, 예상 질문 등을 우송한다. 일정 기간(약 1
주일)이 경과한 후에 구술 허락 여부를 확인한다.

5) 구술자 동의

경우에 따라서 구술자를 설득하는 것이 필요할 수도 있다. 막상 인터뷰를 부탁하면 거절당할 수 있다. 이것은 흔히 경험할 수 있는 일이다. 구술자는 인터뷰의 시작 단계에서 늘 망설인다. 특히 자신의 생애에 대해 구술할 때 더욱 그러하다. 구술자는 자신의 삶이 무슨 연구거리가 되겠느냐고 주춤거리고 거절하면서도 한편에서는 그러한 제안을 계기로 스스로의 삶을 돌아보고 싶어한다. 면담자는 구술자의 동의를 받지 않은 상태에서 '몰래 녹음'을 하는 경우도 있는데, 범죄행위에 버금간다는 인식을 가져야 한다.

면담자는 구술자의 삶의 경험이 지니는 가치에 대해 진솔하게 설명하고, 증언은 '말한 그대로' 기록된다는 점을 확신시켜야 한다. 실지로 '말한 그대로' 기록에 남기는 것은 반드시 지켜야만 한다. 설득의 과정은 연구자에게도 의미가 있다. 설득과 결단의 과정을 통해 구술자 뿐만 아니라 연구자도 자신이 하는 일의 목적과 가치를 보다 분명히 할 수 있다. 설득과정 없는 심층 인터뷰는 없다고 해도 과언이 아니다. 쉽게 응하지 않는 구술자는 그만큼 구술행위에 대해 의미를 부여하고 있기 때문이다. 이러한 구술자가 일단 인터뷰가 시작된 다음에 보여주는 정성은 연구자의 기대 이상일 경우가 많다.

6) 구술자 예비접촉

가능하면, 연구자는 구술자와 사전에 예비접촉을 하는 것이 좋다. 이는 라포(Rapport)를 형성하고, 구술자의 기본적인 신상에 대한 자료를 수집하기 위해 필요하다. 구술자와 첫 대면에서는, 발표자의 소개와 연구과제를 설명하고, 구술자의 간단한 이력만을 확인한다. 예비접촉은 이후 '생면부지'의 사람에게 자기 이야기를 해야하는 어색함과 두려움을 감소시킬 수 있다.

그러나 현실적으로는 예비접촉에서 구술자료 수정이 진행되는 경우가 더 많다. 이는 구술자가 '조금이라도 빨리' 이야기를 하고 싶어하기 때문이다. 따라서 융통성있는 운용이 필요하다.

7) 인터뷰 일정 수립

구술자료수집은 연구자와 구술자간 공동의 프로젝트이므로, 인터뷰 시작 전에 전체 계획을 함께 세우는 시간을 갖는 것이 좋다. 결국 구체적으로 일이 진행되면서 계획은 수정되지만, 시작단계에서의 계획은 연구자와 구술자 모두에게 그 일의 규모와 들이는 시간과 노력에 대해 생각해볼 수 있는 시간을 갖게 하고, 보다 진지하게 인터뷰를 진행해 나갈 수 있게 한다. 큰 질문들과 대강의 일정을 확인하고, 인터뷰의 시간을 정한다. 사정이 허락하면, 인터뷰는 규칙적으로 하는 것이 좋다. 연구자와 구술자가 모두 다음 인터뷰를 준비하는데 자신의 시간을 계획할 수 있기 때문이다.

8) 필요장비 준비

필요한 장비를 준비하고, 익숙해지도록 연습한다. 녹음기는 음성 이외의 잡음을 제거하는 음성 전용 녹음기가 가장 좋다. 건전지가 약해졌을 때 불이 깜빡이는 배터리 전등이 있는 녹음기를

구입하는 것이 편리하다. 녹음기는 충분히 익숙해지도록 연습해
두어야 한다. 연구자들이 녹음기 조작에 서툴러서 실수하는 경우
는 매우 많다.

　테이프는 현재까지 마그네틱 보통 크기 테이프가 가장 일반적
으로 쓰인다. 녹음기 및 재생기가 모두 60분 테이프를 표준으로
하므로 테이프는 60분 길이의 것으로 통일하는 것이 좋다. 90분
이나 120분 테이프를 사용하는 경우 녹음자료가 손상될 가능성이
더 높다. 인터뷰가 시작되면 건전지와 테이프는 반드시 필요량의
2배를 준비해 간다. 최근에 많이 사용하는 가장 좋은 수집 기자재
는 MD이다. 부피도 많이 차지하지 않으며 보관에도 용이하다. 그
러나 완벽하게 신뢰할만한 기자재는 없다고 생각하는 편이 옳을
것이다.

9) 시간, 장소 결정

　인터뷰 시간과 장소를 정한다. 한 번의 인터뷰는 2시간을 넘지
않도록 계획을 세운다. 2시간이 넘는 인터뷰는 연구자와 구술자
모두를 지치게 만든다. 식사 직후의 시간은 가급적이면 피하는
것이 좋다.

　노인들을 대상으로 구술자료수집을 하면서 4~5시간을 넘는
것은 정확한 기억을 기대하기 어렵다. 사업의 중요성으로 인해
장시간 구술자료를 수집하거나 야간 장면이 필요하다고 하여 저
녁 늦게 방문하는 경우도 있었는데, 무엇을 위한 구술자료수집인
가 하는 점을 망각한 예이다. 강제연행 피해자들은 대부분 노동
현장의 후유증을 갖고 있어서 장시간 앉아 있는 것도 어려운 경
우가 많다는 점을 인지해야 한다.

인터뷰 장소는 소음, 다른 사람의 방문 등 외부로부터 방해받지 않고 조용히 이야기 할 수 있는 곳이어야 한다. 구술자의 집에서 하는 경우가 일반적이다. 구술자의 집은 구술자가 심리적으로 안정되고, 앨범이나 편지 등 회상을 돕는 여러 단서들이 있다는 점에서 가장 좋은 장소이다. 전화나 뻐꾸기 시계 등에 방해를 받지 않도록 조치한다.

10) 구술자료수집

1차 면접 : 친화감 형성 및 인적사항 조사
2차 면접 : 강제연행 및 강제노동 관련 증언 청취
3차 면접 : 보완 증언 청취, 사진 촬영, 구술자료이용허가서 작성, 감사편지 및 사진 송부

11) 자료공개 허가서 작성

최종적인 인터뷰를 마친 후에는 반드시 구술자로부터 자료공개 허가서(release form)를 받아야 한다. 바람직한 것은 최종적인 인터뷰 내용(녹취문)을 구술자가 확인한 이후에 받는 것이다. 구술자가 구술내용에 대해 객관적으로 평가하는 데에는 어느 정도 시간이 필요하기 때문이다.

허가서에 서명을 받지 못하면 자료를 공개할 수 없다. 인터뷰 전에 미리 자료공개 취지를 설명했다 하더라도, 구술자가 자료공개허가서에 서명하기를 주저하는 경우가 많다. 연구자는 연구와 교육의 목적에 쓰인다는 것을 재차 설명하고, 필요한 경우 제한

조건을 달 수 있다는 점을 알린다(구술자의 사망 후 공개하거나, 통일이후에 공개한다는 등 공개기간을 제한할 수도 있고, 녹음내용 가운데 특정부분을 제한할 수 있다). 구술자가 구술내용의 공개를 제한할 경우, 연구자는 반드시 이를 지켜야 한다. 제한조건을 충실히 지키는 것은 연구자의 윤리이자 책임문제이다. 이 점은 향후 가장 중요한 현안으로 대두될 것으로 예상된다.[17]

구술자료를 수집하고 구술사를 쓰는 것은 신문기자나 방송인이 인터뷰하고 기사를 쓰는 것과는 다르다. 그 이유는 다음과 같다. 첫째, 구술자료는 도서관, 史庫, 기록보관소 등에 영구적으로 보관되는 공공의 기록이다. 구술자료는 한번 쓰고 버리는 것이 아니며, 연구자 개인의 사적 전유물이 아니다. 둘째, 연구자의 목적은 흥미나 폭로에 있는 것이 아니라 역사에 대한 새로운 기술, 해석을 목적으로 한다. 세째, 연구자(면담자)와 구술자는 상호작용 속에 면담이 이루어지며, 연구자가 구술자에게 질문할 수도 구술자가 연구자에게 질문할 수도 있다. 네째, 구술자료의 보관, 공개, 그리고 활용에 대한 권한은 구술자와 연구자, 혹은 구술자와 연구자, 연구기관에 모두 주어지되, 이 권한의 일차적인 근거는 구술자의 동의에 있다.

구술면담은 저작권, 명예훼손, 그리고 사생활 침해 등과 같은 법적 문제와 관계될 수 있다. 면담이 끝나면, 구술자료의 소유권은 연구자와 구술자 양자에게 모두 주어진다. 그러나 만약, 면담자가 특정 기관이 발주한 구술프로젝트로 면담에 임했다면, 구술자료의 보관, 공개, 활용에 대한 권한은 구술자와 기관에게 주어진다.

---

17) 구술자료의 법적, 윤리적 문제에 대한 이하의 내용은 한국교육사고, 2003.1, 『구술사워크샵 자료집』을 참조한 것임.

〈미국 구술사협회(Oral History Association)의 원칙과 기준〉

구술자에 대한 책임(10개항)

1. 구술자에게 구술사 연구의 일반적인 목적들과 절차, 그리고 면담의 목적 및 기대효과에 대해 알려줘야 한다.
2. 구술자에게 편집, 공개 여부, 저작권, 활용, 저작권 사용료, 그리고 디지털화되는 것을 포함하여 구술기록이 활용·보급되는 모든 방식들에 대해 구술자가 권한을 갖고 있음을 알려 줘야 한다.
3. 구술자에게 공개허가서에 서명할 수 있음을 알려줘야 한다. 기록은 그 활용에 대한 구술자의 동의가 있을 때까지 공개될 수 없다.
4. 면담자는, 구술자료가 공공의 작업으로 만들어진 이후 면담자에 의해 구술자료에 대한 관권이나 사용권을 행사하지 않는다는 약속을 준수하여야 한다. 이후 자료가 선의의 취지로 사용될 때에도 구술자의 동의가 중시되어야 한다.
5. 면담은 상기와 같은 동의 아래 진행되어야 하며, 그러한 동의는 문서화되어야 한다.
6. 면담자는 프로젝트의 목적과 구술자의 입장을 동시에 고려하여야 한다. 면담자는 사회적·문화적 경험의 다양성과, 인종, 성, 계급, 민족성, 연령, 종교, 성적 지향에 대해 민감하여야 한다. 구술자는 구술자가 자신의 스타일과 언어를 갖고, 그들에게 중요한 관심사를 말할 수 있도록 고무시켜야 한다. 면담자는 피상적인 부분에 만족할 것이 아니라, 면담자를 이해하기 위한 모든 부분들에 관심을 기울여야 한다.
7. 면담자는 면담이 악용될 수 있는 가능성을 경계하면서 자료가 사용되는 방식에 민감하여야 한다. 면담자는 구술자가 특정주제들에 대한 구술을 거부하거나, 면담자료를 비공개로 하거나, 혹은 조건부로 익명으로 공개될 것을 요구할 수 있다는 점을 존중하여야 한다. 면담자는 이 모든 선택상황을 구술자에게 명확히 설명하여야 한다.
8. 면담자는 최상의 녹음장비를 활용하여 면담자의 목소리와, 유용하다면 시각적 이미지 뿐만 아니라 다른 소리까지 정확하게 재생하여야 한다.
9. 신기술이 급속하게 발전되었기 때문에, 구술자료가 다양한 범위에서 활용될 가능성에 대해서 구술자에게 알려줘야 한다.
10. 구술자의 동의에 기초한 공개허가서 그리고 그 정신에 근거하여 구술기록과 녹취문이 활용되도록 성심을 다해야 한다.

공공성과 전문성의 책임 (14개항).....
사업 발주 기관과 기록관리 기관의 책임(7개항)....

구술면담과 관련된 법적인 문제보다 더욱 근본적인 것은 윤리적인 문제이다. 이는 구술자료를 이용한 연구성과의 하나인 구술사라는 영역에서 요청되는 연구자의 윤리와 연결된다. 미국 구술사협회에서 명시되고 있는 면담자의 책임문제를 살펴보면 위와 같다.

위 10개 항목의 한 가지 요점은 면담계획, 면담취지, 면담진행, 자료의 보관, 공개, 활용 등 면담과 관련된 모든 사안은 구술자의 동의에 기초하여야 한다는 것이다. 특히 다섯 번째 항목에서 언급되고 있는 공개허가서(release form)에 주목하자. 공개허가서는 그러한 원칙을 문서형태로 구현한 것으로서, 연구자 혹은 연구기관이 구술자에 대한 법적·윤리적 책임을 문서형태로 서약하는 것이다. 면담이 끝나면, 구술자에게 면담자료가 이후 어디에 소장되고, 어떤 형태로 보관·공개되고, 활용되는 지에 대해 최대한 상세하게 말해주고, 구술자의 동의에 기초하여 공개허가서를 작성하여야 한다. 공개허가서는 각 연구기관 및 개인마다 외양을 달리하나, 기본적으로 다음과 같은 사항들을 포함하고 있어야 한다.[18]

  i) 면담을 통해 생산된 자료의 정체(주제/면담일시·날짜·장소/면담자)
  ii) 기본적으로 자료의 소장·공개(공개 여부/범위)·활용
  iii) 구술자의 제안사항
  iv) 구술자의 인적사항과 인증(친필 서명이나 도장)이 있어야 한다.

법적·윤리적 문제에서 가장 중시되는 것은 무엇보다 면담자의 내면화된 태도이다. 수년 전, 한국교육사고의 연구원 두 명은 1950년대 말까지 빨찌산 투쟁을 해온 여성의 구술을 허락 받기 위해 한 학기 내내 그녀의 집안 일(설거지, 청소, 야채 다듬기, 밥상 차리기, 정원에 물주기 등등)을 거들며 '선심'을 얻어 보려고 했으나, 끝내 면담은 이루어지지 않았다. 이전에 한 작가가 그녀의 이야기를 "멋대로" 조작하여 선정적인 책으로 출판한 경험이 그녀에게는 큰 상처였기 때문이다. 한국교육사고 연구원들이 몸

---

18) 관련양식은 한국교육사고, 2003.1, 『구술사워크샵 자료집』 부록에 수록.

으로 깨달은 사실은 좋은 면담이 가능하기 위해서는 구술자와 연구자 사이에 충분한 '인간적인 신뢰'가 선행되어야 한다는 점이다. 이러한 신뢰 없이 심층면담은 불가능하다. 한번 마음의 문을 닫은 구술자의 입은 시간이 지난 후에도 열리지 않는다.

면담과정에서 한 연구자 개인의 잘못으로 발생한 불신감은 개인차원의 과오로 끝나지 않는다. 그것은 공공의 자료로서 보존·활용될 수 있었던 기억이 영원히 손실된다는 것을 의미한다. 연구자는 공공의 역사자료로 활용될 구술자의 기억이 소중하게 채록, 보존, 관리, 활용될 수 있도록 연구자로서의 사명감을 준수하여야 한다. 아직까지, 국내에서 이러한 문제를 공표한 기관이나 법제적 근거는 부재하다. 추후, 구술채록 프로젝트가 급속히 확산될 추세에 있다고 하는 상황에서, 이제 관련 연구자들은 그 문제에 대해 진지하게 고민하고 토론하여야 할 것이다.

12) 구술자료 정리

카세트 테이프 정리
면담일지의 작성
구술자 신상기록카드 작성
녹취문의 작성
상세목록 작성

구술자료수집은 누구나 할 수 있는 것이다. 그러나 동시에, 아무나 할 수 있는 것은 아니다. 좋은 인터뷰에는 준비가 필요하다. 성실한 연구자라면 적어도 준비되지 않은 인터뷰가 야기할 수 있는 문제의 심각성을 알아야 한다. 그 중요성은 구술사가 데일 트릴레븐의 말로 압축된다.

"아무렇게나 한 인터뷰는 역사 기록에는 위험천만한 것이고, 기록관 아키비스트들에게는 고통이며, 연구자들에게는 민폐를 끼치는 것이다. 그러한 인터뷰는 무엇보다도 후손을 위해 기꺼이 자신의 기억을 공유하고자 하는 구술자를 모욕하는 것이다.[19]"

13) 시행착오에 대한 자기성찰

〈 check · list 〉[20]

A. 긍정적인 측면(각 항목에 + 10점) 　1. 적절한 때에 공감을 보였는가? 　2. 구술자의 도움에 감사를 표했는가? 　3. 경청했는가? 　4. 구술의 흐름을 따라갔는가? 　5. 주제가 바뀔 때 그 이유를 설명했는가? 　6. 질문할 때 맥락과 의미를 설명하였는가? 　7. 적절한 때에 면밀하게 규명하였는가? 　8. 정보가 더 필요할 때 추가 질문을 사용했는가? 　9. 감수성 있게 의욕적인 질문을 던졌는가? 　10. 필요할 경우 분명하게 표현하도록 요구했는가?
B. 부정적인 측면(각 항목에 −10점씩) 　1. 구술의 흐름을 방해했는가? 　2. 구술자가 방금 말한 것을 따라하고 있는가? 　3. 구술자가 말하지 않은 것을 추론했는가? 　4. 구술자가 중요하다고 말한 내용을 파악 못했는가? 　5. 구술자에게 상관없고 엇나간 평가를 했는가? 　6. 구술자의 감정을 무시하고 동정적인 반응을 보이는데 실패했는가? 　7. 녹음기 소음 체크에 실패했는가? 　8. 구술자가 주제와 무관한 구술을 하도록 오랫동안 방치했는가? 　9. 유도적인 질문을 했는가? 　10. 동시에 여러 질문을 했는가?

출처: Valerie Raleigh Yow, RECODING ORAL HISTORY, SAGE Publication, 1994, p.79.

---

19) Dale Treleven, "Oral History and the Archival Community: Common Concerns about Documenting Twentieth Centry Life" International Journal of Oral History 10 (February 1989), p.53

20) 한국교육사고, 2003.1, 『구술사이론방법워크샵 자료집』.

수집의 마지막 단계는 바로 면담자의 자평이다. 체크 리스트를 통한 면담과정에 대한 점검이 이후 수집작업에 주는 도움은 더할 나위 없다.

3. 정 리 및 분 류

구술자료를 어떻게 관리하고 활용하는가 하는 점은 수집작업에 버금가는 중요성을 갖는다. 구술자료는 구술자 중심으로 생산되지만 수집된 기록을 활용하는 것은 바로 연구자의 몫이다. 관리는 영구보존을 위한 노력과 활용도를 높이기 위한 노력이 동시에 이루어져야 한다. 그 가운데 정리와 분류방안은 기록학적 방법론의 도움이 필요하다.

1) 영구보존 방법

영구보존방법은 복제본 제작과 디지털화로 나눌 수 있다. 복제본은 최소한 2벌(저장용과 열람용)을 유지하도록 해야 한다. 디지털화는 카세트 테입이나 릴 테입 상태의 녹음 자료를 CD로 복사해 놓던지 수집단계에서부터 MD를 이용하는 방법이 해당된다. 한국정신문화연구원과 같이 오디오테입을 Digitilizing 후 Filtering 하여 음질을 복원하는 과정을 거친 후 WAV(저장용)와 MP3(웹서비스용)로 구분하는 것도 좋은 예이다. MD를 이용하여 녹음을 한다면, CD에 음성과 녹취문을 동시에 보관할 수 있어서 더욱 좋다. 디지털화의 경우에 적정한 온도와 습도 보존에 신경을 덜 써도

된다는 장점이 있지만, 결코 아날로그 보다 안전하다고는 생각할 수 없다. 따라서 디지털화를 했다고 하여 아날로그 자료를 폐기하는 것은 매우 위험하다.

아날로그 자료는 적정온도를 유지하는 보존장소를 요구한다. 특히 종이에 비해 기록매체의 보존성이 매우 취약하여 특별관리가 필요하다. 녹화테이프나 녹음테이프도 자성체가 도포되어 있어서 최적의 온도와 습도가 필요하다. 현재 기록법 시행규칙에 명시된 보존과 장비기준은 다음과 같다.

〈 기록물관리기관의 보존시설 및 장비의 기준 〉
(기록물관리법 시행규칙 의거)

구 분			자기매체	필름매체
1. 시 설	서고면적	고정식 서 가	· 비디오 테이프 1천개당 14.2㎡ (5단 복식서가 기준)	· 사진 · 필름앨범 1천개 당 38.4㎡(5단 복식서가 기준) · 영화필름 1천캔당 29.5 ㎡(11단 복식서가 기준)
		이동식 서 가	고정식 면적의 40퍼센트	
2. 장 비	환경적응장비		구비	
	공기조화설비		항온 · 항습설비, 공기청정장치	
	자기온습도계		서고당 1대	
	소화설비		가스식 자동소화시설	
	보안장치		폐쇄회로감시장치	
3. 온 · 습도 조 건	온도(℃)		13 ~ 17℃	-2 ~ 2℃
	습도(%)		35 ~ 45% (변화율은 10% 이내)	25 ~ 35% (변화율은 10% 이내) 흑백 사진 · 필름, 마이크 로필름은 자기매체 온 · 습도의 기준에 따른다.

2) 녹취문과 상세목록

·

수집단계에서 녹음테입으로 수집된 자료에 대한 녹취문과 상세목록이 작성되어야 함은 물론이고, 이러한 작업이 완료된 후에는 이들에 대한 기본목록이 작성되어야 한다. 기본목록이 갖추어져 있지 않으면 검색이 불가능함은 물론, 중복수집을 피할 수 없다. 문헌자료와 달리 구술자료는 중복 수집을 하였을 경우에 동일한 자료내용을 보장할 수 없다.

상세목록의 작성은 구술자료수집단계에서 기본적이다. 그러나 대부분의 구술자료는 상세목록이 갖추어져 있지 않다.

* 일반적인 상세목록의 예
  1 - A
  1. 성장과정 : 익산군 망성면 어량리에서 출생, 충청남도 논산군
     노성면 장구리에서 성장(양자)
  2. 부친의 사망
  3. 서당과 간이학교에서 수학
  4. 中馬상점의 점원 생활

  1 - B
  1. 조선무연탄주식회사(평양 소재) 견습생 시절
  2. 이발소 근무 생활
  3. 징병대상자가 되어 연성소에서 군사훈련
  4. 일본제철 주식회사 大阪제철소에 응모

외국의 Sound Archives에 구비된 worksheet에는 해당 소요시간을 명기하고 있어서 시사점을 주고 있다.

이를 원용해서 상세목록을 작성한다면, 다음과 같은 형태를 취할 수 있다.

1 — A
00:00~00:11 : 익산군 발성면 어량리에서 출생
00:11~00:20 : 부친의 사망

녹취문은 자료수집 직후에 작성하지 않으면 정확도가 떨어지게 된다. 그러므로 시간이 경과한 녹음테입을 다시 틀어놓고 들었을 경우에 내용전달이 잘 되지 않는 상황을 경험했을 것이다. 정확한 내용이 들리지 않는 것이다. 구술자의 대부분이 노인이므로 전달도는 더욱 약해지게 된다.

필자가 경험한 녹취문 작성 요령은 다음과 같다. 전체 내용을 여러 번 들어서 숙지한다 → 녹취 중에 내용을 놓치더라도 앞으로 되돌리지 않고 공백을 남긴 채 진행한다 → 녹음 테입 1개를 다 녹취한 후에 다시 앞에서부터 들으면서 누락된 부분을 채워나간다.

1차 녹취문 작성시 유의점은 '사투리를 그대로 기재한다·말줄임이나 당시 상황이 그대로 드러나도록 한다' 등 두 가지이다. 2차 녹취문 작성(검독)시 연구자의 역할은 다음과 같다. 이해를 돕기 위해 한자를 삽입·지문을 삽입·구술내용이 명확한 오류라고 판단될 경우에 각주나 괄호를 이용해 관련 정보를 기재·구술자의 구술 당시 상태를 알 수 있는 참고의 말을 기재.

구술자료의 정확성을 기하기 위해 녹음테입의 녹취는 면담자가 직접 해야 한다. 그러나 실제로 1차 녹취문을 면담자가 작성하는 경우는 별로 많지 않다. 대부분은 타인이 해놓은 녹취문에 대한 윤문 작업을 할 뿐이다. 이 정도도 하지 않으려는 면담자도 간혹 접할 수 있다. 그러나 현실이 그렇다고 하여 "녹취문은 반드시 면담자가 작성해야 한다"는 원칙을 무너트릴 수는 없다.

< 녹취문의 예 >

구술자 : 그런데 너무 내 생활이 좀 참혹했었어. 아무리 생각해도. 그래
　　　　한번은 아버지께서 오시다가 내가 나무를 해 가지고 오는 거를
　　　　보고, 동지섣달에 눈이 펄펄 날린 땐데
면담자 : 예.
구술자 : 그것도 비극 아니에요? 그런 얘기하자면…. 그런 어린 것이 나
　　　　무를 해 가지고, 손에 토시도 없이 손은 쩍쩍 터 가지구서
면담자 : 갈라지구
구술자 : 새까맣지 그러니까. 그런데 나무를 해 가지고, 망에다 해 가지
　　　　고 오는데 아버지가, 내 선친이 동상(*동생)의 집으로 내가 잘
　　　　있나 보러 오시던 길이지요. 그런데, 그 말하자면 개울이 하나
　　　　가 있는데, 내(川)가 하난데 다리가 있어. 그래 이제 거기까지
　　　　와 가지고 내가 어깨가 아픈게 그래 나무를 내려놓고서 있는
　　　　중인디, 이제 아버님이 오시다가 보니께, 이렇게 보니 쪼그만
　　　　한 것이 나무를 그렇게 해 가지고 가다보니께 앉아 있으니께
　　　　보니께, 자기 아들인게. 얼싸안고 통곡을 하고 우시더라구.
　　　　(* 눈시울을 적심. 잠시 구술 중단)

3) 기본목록과 라벨링 (녹음 테이프, CD 케이스)

　자료의 등록이란 등록을 통해 자료가 비로소 자료관(Archines)
관리의 대상이 되는 첫 단계이다. 일정한 등록서식을 거쳐 등록
된 자료는 이후 분류와 기술을 거쳐 보존과 활용단계로 이어진다.
기본목록이란 바로 등록서식이자 활용을 위한 첫 번째 문이다.
이용자들은 기본목록을 통해 비로소 자료의 정보에 접근하게 되
기 때문이다.

　편의적으로 기본목록은 라벨링으로 대체할 수도 있다. 그러나
라벨링에 기본목록내용이 기재되었다 하더라도 기본목록은 필요
하다. 기본목록에 포함되어야 하는 내용은 다음과 같이 제시할
수 있다.

〈 기본목록의 예 〉[21]

등록번호 : 구술자료제목 :
주제 (간단한 내용 요약) :

구술자	면담자/ 기증자	수집 일자	구성 자료 (녹취문, 상세목 록 유무)	물리적 형태	자료의 상태	공개 여부에 대한 제한 주기	주기

〈 라벨링의 예 〉

구술자료제목 : 등록번호
등록번호 : 구술자명 : 면담자명 : 수집일자 : 수집장소 : 제한정보 :

4) 분류 및 기술(description)

분류와 기술은 구술자료를 소장중인 기관에서 반드시 거쳐야 하고, 구비해야 할 작업이다. 기록관리에서 분류와 기술은 관리,

---

21) 권미현, 앞의 글, <표 2>, 113쪽.

검색, 활용을 용이하게 하기 위한 방법이다. 분류를 통해 이용자는 자료에 계층적으로 접근할 수 있다. 구술자료의 분류방법은 문헌 기록물과 동일한 방법을 취하는 것이 적절하지 않을 수 있다. 일반적인 기록물의 경우에는 출처와 원질서에 따라 정리되고 이에 대한 계층적 분류가 적절하다. 그러나 구술자료는 일관성을 결여하고 있으므로 주제에 따라 다른 분류가 요구된다. 해당 연구기관이 발주하는 프로젝트의 주제에 따라 수집되기 때문이다. 경우에 따라서는 생산·수집되는 순서에 따른 분류도 가능하다.

〈 분류체계의 예 〉

group/collection	series	sub-series	sub-sub-series	file
피해의 역사	강제연행의 역사	전남	노동력동원	구술자
	민간인양민학살	노근리		구술자
생애사	민주화운동	민청학련		구술자
	향토사	해녀		구술자

기술이란 기록물을 식별해주고 원본기록물에 대체될 정도로 그 기록을 생산한 경위와 체계를 설명해주는 정보를 확보·대조·분석·조직하는 과정을 통해 하나의 기술대상과 그것을 구성하는 부분들을 정확하게 설명하는 것을 의미한다.

SAA가 제정한 Oral History Cataloging Manual (1995)의 요소는 서문, 소개, 일반규칙, 구술자료의 기술, 접근점 등이다.

도서관이나 소장기관에서는 구술자료를 도서와 같이 취급하여 카드 목록(카드 카달로그) 형식을 사용하기도 한다. Main entry는

본래 저자명을 기입하는 것인데 구술자 이름을 기입하는 식으로
활용하는 것이다. 그러나 카달로그는 기록물에 대한 개괄적인 요
약과 조언을 할 수 있기 때문에 콜렉션 수준에서만 사용이 가능
하다. 구술자료의 양이 늘어나고 기술해야할 정보의 필요성이 증
가하면 카달로그의 유용성은 감소한다.[22]

〈 Individual Oral History interview Catalog 〉

Main entry : Strong, Paul I. V., interviewee

Description
Oral History interview with Strong, Paul I. V, 1990 Feb. 14
Sound recordings : 4 sound cassettes(ca. 60 min. each)
Transcript : 79 p. ; 28 cm

< 중략 >

Add entry
Fogerty, Fames E., 1945-interviewer
Minnesota Environmental Issuew Oral History Project.

Main entry : 구술자 이름
Description : 자료수집 날짜, 장소, 물리적 기술, 연관자료(녹취문 등) 유
무, 구술자 상세정보, 내용과 범위 요약 등
Add entry : 면담자의 이름, 구술자료의 제목

---

22) Frederick J. Stielow, "The Management of Oral History Sound Archives"
1986, pp.61~81.

카드목록의 한계를 상쇄하는 것은 기술서식이다. 기술서식을 통해 이용자는 자료의 정보에 대해 좀 더 풍부한 내용을 확인하게 된다.

〈 기술서식의 예 〉

식별기호			
구술자		면담자/기증자	
구술자료제목			
수집일자			
기술수준	group/collection - series - file		
외적형태	예 : 녹음테이프 5개, 녹취문 528매		
구술자 내력			
구술자료내력			
상세목록			
배열상태	구술자명 - 제목 - 수집일 등		
제한주기	공개여부	검색도구	
		복제가능여부	
물리적 상태			
연관자료			
출판주기	(자료집이나 증언집으로 출판되었을 경우)		
주기	위 내용에 해당되지 않는 사항(예 : 기증자료의 경우, 녹취문이 존재하지 않고, 관리기관에서 작성한 요약본이 있다거나, 다른 정보원이 있더라도 녹음내용과 일치하지 않을 경우, 관련사항을 기술)		
기술자		기술 날짜	

4. 활용 방안

구술자료의 1차적인 자원은 역시 녹음 Tape이다. 녹취문은 작성 구술자료의 원형을 변형시키는 '새로운 자료'이다. 활용의 방향은 활용도의 증대보다는 구술자료의 훼손 정도를 감소하려는 노력이라고 생각한다. 구술자료는 녹취문 작성 과정에서 훼손이 불가피하다. 구술자료가 문자화되는 과정에서 이미 원형은 모습을 달리할 운명에 처해지는 것이다. 의도적이지는 않지만 녹취과정을 거치면서 녹음된 내용은 수정이 가해진다. 녹음내용은 '듣는 사람이 아는 만큼 들린다'는 이야기가 회자될 정도로 아는 정도에 따라 달리 들리기 때문이다. 또한 면담자가 1차 녹취문을 작성하는 과정에서도 훼손은 불가피하다. 구술자료수집작업을 한 후 며칠이 경과하면 벌써 내용이 가물 가물해짐을 경험할 수 있다. 녹취문을 원형 그대로 녹취하고자 생각할 경우에는 훼손도가 줄어들 것이다. 그러나 여전히 적지 않은 녹취문은 원형 그대로 녹취 방식에 적합하지 않은 결과물들이다. 전라도에 거주하는 70대 후반 노인의 녹취문이 사투리 하나 없이 또박 또박 표준어로 기재되어 있어서 연령과 거주지역을 확인할 수 없는 경우는 비일비재하다. 심지어는 테입 전체에 담긴 내용을 재구성하여 문맥에 잘 맞도록 편집한 요약문도 녹취문이라는 이름으로 제출된다. 이러한 상황은 구술자의 표현법이나 구술 당시의 상황보다는 내용이 더욱 중시되기 때문이다. '구술자료가 사실확인을 위한 자료'라는 잘못된 인식이 사라지지 않은 결과이다.

구술자료의 활용방안은 크게 세 가지로 제시할 수 있다. 첫째는 도구서의 제공이다. 초록집이나 목록집, 해제집이 여기에 해당된다. 자료의 양이 적을 때는 도구서의 필요성이 크지 않다. 그러나 자료의 양이 많아질 경우, 도구서 발간은 필수적이다. 이용자가 일일이 해당기관을 방문하여 기본목록이나 카드 카탈로그를 뒤지도록 하는 것 보다는 자료소장기관에서 초록집과 목록집, 해제집을 통해 자료의 정보를 제공해주는 것이 훨씬 효율적임은 말할 나위 없다. 도구서는 자료소장기관이 소장된 자료에 대한 기본적인 정보를 제공하는 행위이다. 이를 통해 중복수집을 피할 수 있고, 연구 활용도를 높일 수 있다. 이는 연구자 개인에게는 물론이고, 학계 전체로 볼 때도 대단한 인력과 비용의 절감 효과를 갖는다. 제공기관의 입장에서도 소장된 자료의 내용을 공개함으로써 얻는 이익이 실보다 많을 것이다. 정기적으로 자료통보를 발간하여 해당기관이 수집한 자료에 대해 소개하는 것도 중복수집을 막고, 연구에 도움을 주는 방법 가운데 하나이다.

둘째는 자료집 발간을 비롯한 간행물 발간이다. 자료집은 구술자료와 문헌자료가 함께 구성된 형식이 가장 바람직하다. 구술자료내용에 대한 면담자의 주석은 반드시 달려 있어야 한다. 가능하다면 구술자료 수집상황 당시를 잘 이해할 수 있는 주석도 필요하다.

흔히들 신속하고도 저렴한 비용으로 많은 정보를 제공하기 위해 구술내용을 간략하게 편집한 발간물을 선호한다. 그 한 예로 『채인 돌』을 살펴보자. 『채인 돌』은 경남 창녕지방을 대상으로 한 강제연행실태 구술자료수집내용을 담은 증언록이다. 이 작업은 1992년부터 2000년 초에 걸쳐 原山茂夫에 의해 이루어졌는데, 그 결과물은 『채인 돌』(2000년, 창녕박물관)이라는 증언집으로 발간되었다. 하라야마는 일본의 전쟁최고사령부인 大本營 공사에 희생된 조선인을 추모하기 위한 자료 발굴작업을 시작하여 경남 창녕지방에서만 160여 명의 강제연행희생자명단을 파악하고 이

가운데 55명에게서 증언을 채록했다. 그러나 1인당 증언내용이
원고지 10~15매 정도로 요약 정리되어 실림으로써 기본적인 내
용만 파악하는데 그치게 되었다.

현재 구술자료는 자료집으로 발간되는 시점에서 윤문이라는
가공을 거친다. 可讀性을 고려한 배려이다. 그러나 윤문은 말 그
대로 원문 자체를 갈고 닦는 것이다. 윤문자가 구술내용을 이해
하는 정도에 따라 전혀 다른 내용으로 만들어질 수도 있고, 중요
한 내용이 삭제될 수 있다. 그러한 예는 '구술사'의 전통이 오래
된 외국에서도 찾을 수 있다.[23]

그러나 가독성만을 이야기한다면, 영인 출판된 문헌자료의 경우
에 가독성에서 만족할만한 상태에 있는 자료집이 어느 정도나 되는
지, 문헌자료의 영인본에서 가독성이 우선시되는지에 대해 생각해
보아야 한다. 난필로 알아보기 어려운 기록물은 물론이고 보고서
귀퉁이에 표시된 작은 사인 하나, 메모 하나도 좋은 자료로 취급되
어 왔다. 그러므로 가독성을 고려해 깨끗이 제거하지 않는다. 가독
성이 자료 활용을 위한 우선 순위가 될 수 없음의 예이다.

---

23) Studs Terkel은 구술자료를 이용해 많은 저서를 발표했음에도 불구하
고 면담방법과 편집방법 때문에 비난을 받았다. 그는 원하는 정보를
얻기 위해 면담을 했으므로 면담자의 편견과 선입관이 그 결과를 조
종하도록 방치했고, 녹취문을 편집하는 과정에서 많은 질문 부분을
삭제했으므로 질문이 상당히 중립적인 것처럼 여겨졌다는 비난이다.
그래서 터켈은 위선자로 평가받아 'Terkelism'이라는 불명예스러운 호
칭을 얻게 되었다. 제임스 홉스, 유병용 옮김, 1995, 『증언사 입문』,
한울, 22~23쪽. 또한 미국 하층 흑인여성들의 생활에 관한 구술기록
집 『Women of Crisis』는 흑인여성의 증언을 문법적으로 정확한 "대학
교육을 받은 백인여성의 언어"로 바꾸어 출간하였다. 그 결과 이 책
은 생각있는 구술사가들로부터 '구술자의 생생한 삶의 현실로부터
언어를 빼앗아 기록을 박제화하였다'는 비판을 받았다. 김기석·이
향규, 앞의 글, 18쪽.

어느 연구자라도 '자료집은 읽기 쉬워야 한다'는 생각은 하지 않는다. 그러나 구술자료의 경우에는 내용이 중복되거나 증언순 서가 일관되지 않으면 바로잡아야 한다고 생각한다. 이는 구술자 료의 성격을 인지하지 못한 결과라고 감히 지적할 수 있다.

현재 국내에서 '자료집'이라는 이름으로 발간된 간행물 가운데 녹취문 전문이 수록된 출판물은『지운 김철수』와『나는 조선노 동당원이오』두 권에 불과하다.『遲雲 金錣洙』(현대사연구소편, 한국정신문화연구원, 1999년)는 구술자료와 문서자료를 함께 수 록하였고, 관변자료인 신문조서를 수록하여 상호 비교가 가능하 도록 구성하였다. 가능한 한 구술자료의 원형을 유지하고자 하는 편집방향에 따라 발간된 자료집이다. 이러한 편집방향은 색인이 나 편집자주, 해설 등이 뒷받침될 때 의미를 갖게 되는데, 그 점에 서는 충분한 준비가 이루어지지 않은 상태로 발간되었다. 그러나 『지운 김철수』에 담긴 구술자료는 면담자와 상호관계 속에서 나 온 산출물이 아니라 구술자의 일방적인 진행의 결과물이어서 엄 밀한 의미에서 구술자료로 자리매김하기는 어려운 부분도 있다. 그에 비해『나는 조선노동당원이오』(김석형 구술, 이향규 녹취 정리, 선인, 2001년)는 이향규가 비전향 장기수 김석형을 상대로 3년간 수집한 구술기록이다. 면담자는 구술자와 합의하여 지나치 게 중복된 부분에 대해서는 줄이기도 했다. 면담자가 작성한 각 주가 첨부되어 있어 내용을 이해하는데 도움을 주고 있다. 수원 시가 발간한『수원근현대사 증언자료집』총 2권(2002년)이나 기타 증언자료집 혹은 구술자료집의 이름으로 출간된 발간물은 모두 '잘 소화된' 구술관련 출판물이다.

『나는 조선노동당원이오』는 5년간의 작업 끝에 출간되었다. 3 년간의 구술자료수집작업 외에도 녹취문 작성과 각주 작성, 내용

정리에 2년이라는 기간이 더 소요된 것이다. 전체 구술내용을 원문 그대로 발간하는 데에는 인력과 기간 외에 비용문제에 직면하게 된다. 현재 오프라인 출판과 인터넷 원문 서비스는 비용 면에서 10배 정도의 차이를 보이고 있다. 그렇다면 다른 활용방법을 고민해야 한다.

기술적으로 보면, MP3를 이용해 홈페이지를 통해서 내용전체를 청취하도록 하는 것이 가능하다. 현재 한국정신문화연구원에서는 구비문학대계자료의 음성을 제공하고 있고, 몇몇 기관은 구술자료에 대한 음성제공도 고려하고 있는 것으로 알려져 있다. 그러나 비용만 생각하고 음성자료의 제공을 결정할 수 있는 문제는 아니다. 여기에는 고려해야 할 점이 적지 않다.

구비문학대계자료의 경우에는 이미 『구비문학대계』라는 방대한 자료집이 발간되었으므로 이를 확인하고 생동감을 얻고자 하는 이용자에게 도움이 된다. 구전자료와 달리 구술증언이나 구술생애사자료를 자료이용허가서만으로 무한정 음성 제공을 하는 것은 이용하려는 연구자에게나 수집주체에게나 모두 바람직한 것은 아니다.

문제는 음성서비스제공 자체에 대한 법적 문제가 아니라 구술자에 대한 윤리적 문제이다. 이러한 공개방법이 자료를 제공한 구술자에게 영향을 미치는가 여부에 대해 고민과 숙의가 있은 후에 예상되는 문제에 대한 준비가 된 상태에서 음성서비스를 제공한다고 하면, 가능한 방법은 있을 것이다. 그러나 음성서비스를 준비하는 대부분의 소장기관은 '성과주의'의 망상에서 자유롭지 않다. 정보화사업이 활발해지면서 얼마나 많은 자료를 디지털화하여 제공하느냐 하는 것은 새로운 문제로 대두되고 있다. '이용자를 위한'이라는 미명 아래 사용도 불편하고 내용 검증도 부족한 자료가 마구 공개되고 있다. 여기에는 '구술자가 허가서에 서명을 하고 자료를 제공했으면 우리 자료인데 우리 마음대로 하는 것이 어떠하냐'는 자신감(?)도 깔려 있다.

녹취문은 작성자(면담자)에게 책임소재가 있다. 그러나 구술자료는 구술자·면담자·소장기관 모두가 소유권을 갖는다. 전체 음성자료에 대한 공개는 무책임하게 내용 자체가 왜곡 변형될 소지가 있다. 청취자에 따라 음성내용에 대한 다른 이해가 가능하다. 음성자료는 청취자가 갖는 지식의 정도 만큼 들리는 것이며, 다른 생각을 하고 있으면 다른 내용으로 들린다는 점은 이미 많은 사람이 경험한 바이다. 음성청취는 녹취문을 바탕으로 한 참고자료나 확인자료로 필요한 것이므로 제한적으로 공개가 되어야 한다. 또한 구술자가 자료이용허가서를 작성할 때에는 텍스트의 이용을 전제로 하는 것이지, 자신의 목소리가 언제 어디서나 들리는 것을 허가하는 것은 아니다. 그러한 조건이라면 허가할 구술자는 많지 않을 것이다. 자신과 무관한 사람이 자신의 목소리를 듣고 다른 내용으로 이해하고, 그 이해를 바탕으로 연구를 진행하는 상황이 올지도 모른다면, 그것을 허가할 것인가. 이는 구술자에 대한 예의에도 어긋난다고 생각한다.

음성서비스 제공으로 인해 발생될 수 있는 여러 문제에 대해서는 심각한 고민이 필요하다. 열심히 생각하고 나면 가능한 길을 찾을 수 있다고 생각한다. 현재 외국의 유수한 구술자료관에서 방문자에 한해 정해진 시간 내에 일부 자료를 청취하도록 제한하고 있는 것은 단지 공개·활용의지가 박약하기 때문이 아님을 인지해야 한다.24)

---

24) 일반적으로 구술사연구소나 자료관에서 음성자료는 웹사이트상에서 공개되지 않는다. 소장기관을 방문하여 청취하는 경우에도 일부만

또 다른 대안으로는 자료집 외에 다양한 연구물을 발간하는 것
이 될 것이다. 『항일 혁명가의 회상』(이정식 면담, 김학준 편집·
해설, 민음사, 1988년)과 같이 구술내용에 대한 편집자의 해설비
중을 높여서 '전문적 지식을 갖지 않은' 일반 독자의 이해를 돕는
것도 필요하다.

세째는 구술자료를 이용한 연구사업이다. 연구과제지원과 심포
지엄 개최가 해당된다. 연구기관에 소장된 자료(녹취문)를 이용해
연구가 활성화될 수 있도록 연구프로젝트를 발주하고, 연구성과물
로 이어질 수 있도록 지원하는 것이다. 외국의 예를 보면, 구술자
료를 이용한 연구성과물은 매우 활발히 생산되고 있다. 콜럼비아
대학 구술사연구소의 예를 보면, 활용부분은 제한이 많은 듯 보인
다. 녹취문이나 연구과제 지원상황, 연구결과물 등은 온라인상 검
색(RLIN : Research Libraries Information Network)이 가능하다. 이용
자는 기관을 방문하여 카드 카탈로그를 통해 녹취문을 열람할 수
있고, 청취시설을 통해 정해진 시간 내 열람이 공개된 구술자료에
대한 직접 청취가 가능하다. 그러나 방문자가 요구하는 녹취문의

청취가 가능하다. 녹취문의 경우에도 복사는 쉽지 않아서 양적으로
제한을 두고 있다. 제한하는 이유는 활용을 억제하려는 목적보다는
이용자가 구술자료에 대해 존중하기를 바라는 마음과 구술자에 대한
예의라는 점이 클 것이라고 생각한다. 물론 공개되는 기관도 전혀 없
는 것은 아니다. 남가주대학(USC)의 한국계 미국인 구술사시리즈에
는 27명의 인터뷰 자료가 있는데 이들 가운데 인터뷰 내용의 일부를
MP3로 다운로드받을 수 있다. 전문이 제공되는 파일은 소수이고 대
부분은 미공개이거나 테이프 중 일부이다. 독립운동사와 같이 구술
자의 활동내용이 대외에 알려지는 것이 사회적으로 인정받는 주제의
경우에는 공개가 비교적 어렵지 않은 점도 있다.
http://www.usc.edu/isd/archives/arc/findingaids/kamoral/index.html(정병준,
2002, 「해방전후 미주한인 독립운동관련자료연구」『해방전후사 사료
연구1』, 선인사, 145쪽 재인용)

복사도 무한정 허용하는 것이 아니라 1일 복사할 수 있는 양을 제한하고 있다. 그럼에도 콜럼비아대학 구술사연구소가 소장하고 있는 10,000개 이상의 녹음테입과 1,000,000매 이상의 녹취문을 이용해 1년에 1,000권 이상의 책과 수백편의 논문이 생산되고 있다.[25]

그에 비해 국내 연구기관은 자료수집에만 열중하고 있다. 녹취문도 제대로 갖추어지지 않은 녹음테입은 열심히 축적되고 있지만, 그것 뿐이다. 청취시설을 갖춘 곳은 찾을 수 없고, 기관을 방문해도 제대로 된 녹취문을 열람하기는 어렵다. 그렇다면 발간물을 통한 활용은 길이 보이지 않는가

기관 소장물 가운데 우선 순위에 따라 녹취문 전문이 실린 자료집을 발간하고, 기타 자료는 가공물의 형태(수기, 회고 등등)로 발간하는 방법을 추천하고 싶다. 상세한 내용을 원하는 연구자는 소장기관을 방문하여 녹취문을 열람하고 녹음 Tape을 청취하도록 한다. 초록집·해제집 등 기본 도구서가 발간되었다면 결코 이용자들에게 불편한 여건은 아니다. 이는 '자료집'이라는 이름의 두툼한 가공물이 실제 연구에 도움도 되지 않으면서 지적 갈증만 북돋우고 있음을 경험한 후에 얻은 결론이다.

Ⅳ. 맺음말

현재 강제연행관련 구술자료수집은 극소수 연구자 개인의 수공업적인 노력에 의지해 왔다. 장기적인 계획 아래 자료수집이 이루

---

25) www.columbia.edu/cu/libraries/indiv/oral/

어지지도 못했다. 강제연행의 역사를 이해하지 못하는 면담자가 1~2회의 기초교육만으로 작업에 '투입'되어 온 것도 현실이다. 전국을 대상으로 체계적으로 작업을 진행하기 어려우므로 특정지역을 임의대로 선정하거나 작업이 용이한 지역을 선정하기도 했다.

그러나 전국에 산재한 강제연행관련자에 대한 구술자료수집작업은 이제 '올바른 수집'이라는 과제와 함께 '시급성'이라는 과제도 동시에 해결해야 하는 작업이다. 이는 연구자 개인의 힘으로 이루어질 수 있는 일이 아니라 역사적 사명감을 가지고 수행해야 하는 국가적 사업이다. 연구자 개인에게 역사적 사명을 요구하는 것으로는 해결할 수 없는 방대한 작업이다. 기본적인 매뉴얼은 물론, 작업과 관련된 표준서식 조차 마련하지 않고, 연구비 지급으로 모든 것을 대신하는 상황은 바로 구술자료에 대한 몰이해가 낳은 현실이기도 한다.

이제 우리에게 남은 몫은, 현실을 바탕으로 어떻게 강제연행관련자에 대한 구술자료수집사업을 전개하고, 이를 효율적으로 관리하는가 하는 점이다. 이를 위해서는 먼저 정부 차원의 재정지원이 뒤따라야 함과 동시에 수집된 자료에 대한 체계적 관리가 수반되어야 한다. 아울러 구술자료를 이용한 연구가 활성화되도록 연구사업이 발주되어야 한다. 이 모든 과정에는 구술자료수집과 관련한 연구자의 고민이 바탕을 이루고 있어야 함은 두말할 나위 없다.[26] 구체적으로 몇 가지 방안을 제시하는 것으로 결론에 대신하고자 한다.

---

26) 연구자들의 지나친 연구의욕이 가져다주는 부작용은 점차 늘어나는 추세라고 생각한다. 비교적 정리가 잘된 구술자료의 경우에는 좀 더 수난의 정도가 심하다. 제도나 규정에 선행되어야 하는 점은 연구자의 고민과 성찰이 아닐 수 없다.

1) 구술자료수집

장기계획에 따른 자료수집·면담자의 교육과 훈련을 통한 정확한 수집·수집방법에 대한 연구 및 협의를 통한 매뉴얼 개발·교사나 연구자 등 지역이 중심이 된 자료수집이 필요하다. 연구비를 수주받아서 하는 경우가 아니면 작업비를 감당할 수가 없으므로, 발주처의 상황과 필요성에 따라 수집사업을 계획하는 경우가 일반적이다. 그러므로 발주처에서 남은 예산집행을 위해 무리한 요구를 하는 경우에도 거절하지 못하고 수행하게 된다. 또한 발주처에서는 면담자 개인의 능력에 전적으로 일임을 함으로 면담자에 따른 자료 질의 편차가 매우 크다. 지역별 조사에서는 현지인의 도움이 절실하다. 중앙에서 일일이 내려가 작업을 하는 현재의 방법보다는 지방의 인력을 면담자로 양성하는 것이 장기적으로 도움이 될 것이다.

2) 관리방안

분류와 記述 등 기록관리적 측면의 논의가 선행되어야 한다. 또한 현재 각 연구기관이 소장하고 있거나 개인이 수집한 자료에 대한 통합적인 관리 체계도 마련되어야 한다.

3) 연구 및 활용

외국의 구술자료관이나 자료수집기관과 연계 활동이 필요하다. 세계대전과 이후 국지적인 전쟁을 겪으면서 세계 각지에서 '피해의 역사'는 다수 발생했고, 지금도 현재 진행중이다. 그 결과 유사한 성격의 자료관이 대거 설립되고 있다. 이들 자료관과 연계활동을 통해 교차 전시 등 연대활동을 모색하는 것이 필요하다. 또한 연대를 통해 수집작업 자체를 공동으로 진행할 수 있는 방안도 모색될 수 있다. 일본은 물론, 중국이나 미크로네시아는 강제연행과 직접 관련된 지역이다. 이들 지역과 공동 수집작업은 필수적이다. 아울러 구술자료를 이용한 연구가 활성화되도록 방안을 마련해야 한다. 여기에는 연구과제지원과 심포지엄 개최 등이 해당된다. 수집된 구술자료를 이용한 심포지엄은 특별법제정추진위원회가 2001년 12월에 개최한 '구술자료로 복원하는 강제연행의 역사'가 유일하다. 수집된 자료는 수장고나 서고의 한 구석을 차지하는 것으로 그치는 것이 일반적이다. 강제연행과 관련한 자료수집을 주관하는 기관은 자료를 이용한 연구성과가 활발해질 수 있도록 연구과제지원사업을 해야 한다. 연구기관이 제공하는 자료를 통해 연구성과가 산출될 때 그 자료의 활용성은 배가되는 것이다.

마지막으로 강제연행연구를 위한 자료센터나 기록관 설립을 촉구하고 싶다. 피해의 당사국인 한국에 강제연행과 관련한 자료를 한 곳에서 관리하는 기관이 없다는 것은 우리 역사의식의 현주소를 보여준다.[27]

---

27) 강제연행관련 기록관 설립의 필요성과 설립방안은 본서 수록 「'한일과거청산'(가칭) 기록관 설립을 위한 시론」 참조.

제5장

'한일과거청산'(가칭) 기록관 설립을 위한 시론*

I. 머리말
- 기록관 설립의 필요성

기록관(Archives, 자료관, 문서관)은 영구히 보존할 가치가 있다고 인정된 기록물의 보관장소를 의미한다.[1] 공공기관이 생산하는

---

* 본고의 완성을 위해 좋은 시사점을 제공해 주고, 적절한 지적을 해 주신 이현주박사(국가보훈처)와 정혜정 박사(동국대 연구교수)의 도움이 컸다.

1) Archives은 영구보존할 가치가 있다고 인정된 기록물과 기록물의 보관장소 두 가지를 다 의미한다. Archives의 정의와 의미에 대해서는 다음의 글 참조. T. R. Schellenberg, 이원영 옮김, 김기석 감수, 2002, 『현대기록학개론』, 진리탐구, 12~18쪽. 기록물 보관장소로서 Archives에 대해서도 현재 국내에서는 법규상으로 자료관으로 명시하고 있으나, 기록관이 더 적합하다는 의견도 많다. '기록관'보다 '자료관'을 선호하

기록물에 대해서는 이미 지난 1999년에 제정 공포된 '공공기관의 기록물관리에관한법률'과 시행령 및 시행규칙에 의해 중앙기록물관리기관은 물론이고 각급 기관 및 지방자치단체에 '자료관'을 설립하도록 규정하고 있다. 현재 기록학 관련 연구자와 전문가들 사이에서는 공공 기록관은 물론이고, 대학이나 기업, 단체 등 각종 기록관 설립을 둘러싸고 구체적인 성격과 설립방안에 관한 연구와 고민이 계속되고 있다. 기록학이나 근대적 개념의 기록보존 역사가 일천한 한국에서 법령에 의해 단기간에 한국 실정과 정서에 맞는 기록관이 설립 운영되기를 바라는 것은 성급한 바램일지 모른다. 그러므로 연구와 고민은 심도 있고, 오래면 오랠수록 바람직할 것이다.

본고는 일반적인 기록관 설립의 필요성을 제기하기 보다 강제연행의 역사를 비롯해 야스쿠니합사 문제, 귀환 당시 조선인 조난사고 등 강제연행의 산물에 관한 한일과거청산(가칭) 기록관 설립을 촉구하고 설립방안을 제시하는 시론이라는 목적을 갖는다. 따라서 구체적인 기록관의 운영체계에 대해서는 다루지 않았다.[2]

현재 한국현대사와 관련해서는 민주화운동 관련 기록관이 설립되어 있다. 또한 동학혁명이나 광주민주화항쟁, 제주 4·3사건 등 피해의 역사와 관련하여 역사관(또는 자료관, 박물관)이 개설 준비중이다. 그러나 아쉽게도 국내에 '한일과거청산'과 관련한 기

는 의견에는 자료관이 좀더 포괄적인 의미를 담은 명칭이라는 점을 강조하고 있다. 그러나 기록물이라고 할 때 문헌 외에 시청각기록물 이나 디지털매체까지 포함하고 있으므로 기록관이라고 명명한다 해서 의미가 손상되기 보다는 더 명료하게 다가선다고 생각한다.

2) 본고는 기록학 관련 논문이 아니므로 수집 및 등록체계, 분류와 배열, 보존처리 등에 관해 원론적인 수준에서 간략히 언급하였다. 이에 대한 상세한 내용은 이미 기록학(기록관리와 보존처리 분야)의 연구성과가 있으므로 이를 참조하기 바람.

록관은 현존하지 않는다. 기록관은 물론이고 전문 연구소도 한국정신대연구소를 꼽을 정도이다. 국내 학계가 이 분야에 관한 자료를 수집하는 데 주력한 것도 아니지만 그나마 국내에 이관된 자료에 대해서도 체계적으로 관리하는 기관은 찾을 수 없다. 조선총독부 문서와 조선인 명부는 정부기록보존소에, 정부기록보존소 소장 명부와 중복된 조선인 명부의 일부가 독립기념관이나 외교통상부에 있으며, 일본군위안부 관련 자료가 한국정신대문제대책협의회와 한국정신대연구소에 있을 뿐이다. 최근 국사편찬위원회의 강제연행관련 공문서 수집이 활발히 진행되고 있음은 매우 고무적이다. 그러나 여전히 제한성을 보이고 있다. 일제강점하강제동원피해등에관한진상규명특별법제정추진위원회 조사연구실이나 개인 연구자가 소장하고 있는 양도 극히 적다.

이러한 상황에서 기록관 설립을 바란다는 것은 무리일지도 모른다. 그러나 "한 국민이 과거시대 기념물의 보존에 기울이는 관심의 정도는 그 나라 국민이 도달한 문명의 수준에 대한 진정한 척도"라는 미국 역사학자 앤드류의 말[3]이 없다 하더라도 피해당사국에 피해의 사실에 관한 역사를 보존하고 관리하며, 이를 전시하여 교육에 활용하도록 하는 기능을 가진 기관이 없다는 것은 국민의 역사의식 수준을 말해준다고 해도 과언이 아닐 것이다.[4]

우리에게 '한일과거청산' 기록관이 필요한 이유는 기록관에 대

---

3) 전명혁·김영경, 2001, 「기록관 건립과정에서 아키비스트의 역할에 관한 연구」『기록학연구』3, 66쪽.
4) 가해국인 일본에는 현재 리츠메이칸(立命館)대학의 국제평화뮤지엄, 히로시마(廣島)의 평화기념자료관, 오사카(大阪)의 평화센터(Peace O SAKA), 가와사키(川崎)의 평화관, 사이타마(埼玉)현의 평화자료관 등이 설립되어 운영중이다. 이들 기관은 전쟁의 참상을 폭로하고 평화와 민주주의의 가치를 교육하는데 기여하고 있다.

한 일반적인 기능과 필요성 외에 '과거의 극복'이라는 과제 해결을 위해서이다. 피해자가 '피해의 증거'를 확보하고 가해자를 '옥죄기' 위한 수단으로 활용하려는 것이 아니다. 물론 피해자에 대한 사과와 보상을 요구하는 각종 소송에서 영향력을 행사할 수는 있을 것이다.

기록물이란 단지 수장고를 지키는 데 만족하지 않고 시민교육의 자료로 활용될 수 있는 구체적인 존재이다. 유태인 학살의 역사를 보여주는 홀로코스트기념관이나 베트남의 여러 지역에 세워진 민간인학살관련 피해자 기념관, 북한 신천지역의 학살기념관, 독일의 나치강제수용소 자리에 복원된 기념관 등은 단지 참혹한 학살의 모습을 보여주는데 그치지 않는다. 이들 기념관은 역사의 산 교육장으로써 역할을 담당한다.[5] 또한 이곳은 '과거의 극복이란 함께 기억하는 것이지 혼자 묻어버리는 것이 아님'을 깨우쳐주고 있다.[6]

청산이란, 표나 망각을 의미하지 않는다. 청산이란, 문제 해결

---

5) 독일에서는 최근 10여 년 동안 나치즘의 범죄를 추적하고 그 기억을 후세에 전하려는 노력을 기념관 건립으로 구체화했다. 베를린에 있는 유럽유대인절멸정책을 협의한 반제(Wannsee)회의기념교육관, 폭력지배와 학살의 중추기관이었던 나치친위대 전국치안본부 옛터에서 시행한 '테러의 地勢'전과 독일 각지에 있는 강제수용소 기념관 등이다. 이들 기념관은 학교의 역사교육을 보완하는 것으로서 자리잡아 가고 있다. 물론 여기에 전시된 전시물들은 보는 사람에게 부담감을 주기도 한다. 그러나 학생들은 나치폭력지배의 현장에서 1차 자료인 사진을 포함한 가해와 피해의 기록을 마주하면서 생생한 역사를 배운다.

6) 독일 뮌헨 근처의 다하우(Dachau)란 조그만 마을에는 예전 나치 강제수용소를 복원한 전시관이 있다. 인간의 잔인성이 벌인 극치의 행각을 보여주는 전시실 출구 바로 위에 산타야나의 글 하나가 씌어져 방문객들을 짓누른다. "과거를 기억하지 않는 사람은 그 과거를 다시 경험하도록 단죄받는다." 이기상 한국외국어대학 철학과 교수의 한겨레신문 기고문(2001년 5월 28일자) 중에서

을 위한 한일 양측 공존하고 생생하기 위한 적극적인 발걸음이다. 과거의 극복은 단지 과거의 망령과 굴레로부터 벗어나는 것을 의미하지 않는다. 과거극복의 첫 번째 단계는 피해자들 영혼의 치유이다. 피해자가 억울한 과거를 이야기하고 이들 기억을 사회적으로 공유하도록 하는 것은 그들이 인간에 대한 신뢰를 회복하는 데 도움이 된다. '내가 당한 억울한 일'을 누군가가 듣고, 이해한다는 것 자체만으로도 이들은 과거의 굴레로부터 벗어날 수 있다.

두 번째 단계는 과거에 대한 진정한 성찰을 통한 건강한 사회 만들기이다. 과거의 사실에 대한 진실을 밝힘으로써 평화에 대한 신념체계를 만들어 현실적인 힘을 만들어가는 단계이다. 누구나 가해자가 될 수 있다는 점, 희생자 입장에 대한 접근, 어렵지만 저항도 가능하다는 점을 이해하는 과정이 바로 그것이다. "다 전쟁 때문에 있었던 일, 옛날에는 그러고 살았어"라는 생각은 관용이나 용서가 아니라 체념이고 포기이다. 한국사회에서 외국인 노동자에 대한 착취와 차별이 사라지지 않는 것도 건강한 사회 만들기에 노력을 기울이지 않은 탓으로 돌릴 수 있다. '우리는 왜 끌려갔고, 앞으로 이런 불합리한 세상이 오지 않게 하려면 어떻게 해야할까'하는 생각을 갖게 될 때, 비로소 미래사회에 대한 상이 제시될 수 있다.7) '한일과거청산' 기록관은 이러한 목적을 달성하는데 필요한 최소한의 요소이다.

'기념관'과 '기록관'은 시민교육의 장으로 활용될 수 있다는 점에서 공통점을 갖으나 내용에서는 많은 차이를 보인다. '기념관'은 기록을 보존하고 활용하도록 하는 목적을 갖는 곳이 아니므로 기록이 갖는 비중이나 의미가 적다. 또한 활용 목적이나 활용 범

---

7) 최근 일본에서 출간되는 일련의 책(『전쟁과 인간』, 『전장의 기억』)은 이러한 움직임의 일환이다.

위가 매우 제한적이다. 설립 및 운영 주체에 의해 이미 사건이나 인물에 대한 평가가 만들어져서 보여지는 곳이기 때문이다. 이에 비해 '기록관'은 기록의 보존과 활용을 목적으로 하는 곳이다. '기록관'은 이곳을 이용하는 사람들만이 의미를 부여할 수 있는 곳이다. 그런 면에서 '기록관'은 더욱 적극적인 시민교육의 장으로 역할을 할 수 있다.

2001년도에 국회에 발의한 일제강점하강제동원피해진상규명등에관한특별법(이하 특별법)에서도 설치될 위원회의 사업 내용에 '역사기억재단'의 설립을 명기하였다. 진상규명의 다음 단계는 조사를 통해 확보한 관련 사료를 관리하고 연구와 시민교육에 활용하는 것이다. 그러므로 특별법이 발의한 내용 그대로 제정된다면, 기록관을 포함한 연구센터의 탄생은 어려운 일이 아닐 것이다. 그런 점에서 본고는 특별법의 제정을 통해 탄생할 수 있는 역사기억재단이나 또는 다른 형태의 기록관을 설립하기 위한 밑그림으로서 의미가 있다고 생각한다.[8]

---

8) 2003년 2월, 이 논문의 초고가 완성된 즈음에 국회 '민족정기를 위한 국회의원 모임(회장 김희선)'이 기록관과 연구기관 등을 포괄하는 종합적인 연구센터로서 '한일과거청산관련사료보존회' 설립 계획을 발표했다. 물론 계획의 발표가 곧 바로 연구기관의 탄생으로 이어지는 것은 아니다. 다만 강제연행관련 기록관이나 연구기관의 필요성이 사회적인 수면 위로 대두했다는 점에서 관련연구자로서 의미를 부여하며 추이를 주목하고자 한다.

Ⅱ. 국내 현황

국내에서 '한일과거청산'과 관련한 역사자료를 전시하는 곳은 나눔의 집이 운영하는 일본군위안부역사관(경기도 광주군 퇴촌면 원당리 65 나눔의 집)이 유일하다.[9] 일본군위안부역사관은 세계 최초의 성 노예 테마 인권박물관이기도 하다. 인권박물관은 각국마다 여러 군데 있으나 성 노예를 테마로 하는 인권박물관은 세계 어디에도 찾을 수 없다. 일본군위안부역사관은 잊혀져 가는 일본의 전쟁범죄 행위를 고발하고 피해자 할머니들의 명예회복과 인권·역사·평화교육의 장으로 활용하기 위해 1998년 8월 14일 개관했다. 지상 2층, 지하 1창 총 104평 규모로 마련된 일본군위안부역사관은 주식회사 대동주택 곽정환 회장의 건물기증[10]과 한국·일본시민들의 자발적 성원에 힘입어 순수 민간 차원으로 설립되었다. 애초 계획과 달리 설립구상에서부터 완공까지 2년여라는 짧은 기간이 걸린 것은 바로 한일시민연대의 결과라고 할 수 있다. 건립과정을 보면 다음과 같다.

---

9) 일본군위안부역사관에 대해서는 할머니 그림전 실행위원회, 2000, 『봉선화에 부치는 고백』, 깊은 자유, 193~196쪽 ; 일본군위안부역사관 안내 책자의 내용 및 필자의 탐방경험을 중심으로 정리하였음.
10) 당초 대동주택측은 할머니들 건강을 위해 나눔의 집 방바닥을 황토로 바꾸어주겠다는 제안을 했었는데, 이러한 논의가 발전하여 역사관 설립으로 이어졌고, 결국 대동주택은 회사창립 10주년 기념사업의 하나로 역사관 건물을 헌납하게 된 것이다. 나눔의 집 역사관 후원회, 2003, 『일본군위안부역사관을 찾아서』, 역사비평사, 127쪽.

1997년 3월 1일 : 기공식

1997년 5월 : 일본군위안부역사관을 일구려는 사람들의 모임 결성

1997년　9월~12월 : 일본전국순회전인 '할머니 그림전' 기간 동
안역사관의 일본 홍보 활동 전개

1997년　9월 : 일본군위안부역사관추진위원회 서울 연락사무소 개소

1997년 10월 : 일본군위안부역사관 건립 3000인 발기인 모집 개시

1997년 11월 : 일본에서 일본군위안부역사관 후원회 결성

1998년　3월　1일 : 일본군위안부역사관 준공

1998년　8월 14일 : 개관

　　본격적인 건립사업은 1997년부터 시작되었지만 구상은 1995년 12월 '나눔의 집'이 경기도 광주로 옮기면서 시작되었다. 당시 나눔의 집 원장이었던 혜진 스님은 나눔의 집을 할머니들의 생활터로서 뿐만 아니라 기념하는 곳, 즉 삶의 흔적을 남기는 공간, 나아가 이미 돌아가신 할머니들에 대한 추모의 공간을 합한 장으로 발전시키고자 했다. 나눔의 집을 현재(생활), 과거(역사기록), 미래(추모)의 삼위일체 공간으로 만든다는 구상이었다.[11] 그러한 구상이 결국은 현실적인 어려움을 극복하고 기공식을 맞이하게 된 것이다.

　　일본군위안부역사관의 사업내용은 역사자료 및 관련자료 전시와 관리, 교육사업, 추모 및 기념사업, 연구조사사업, 홍보 및 출판사업, 후원사업, 특별사업 등이다.

　　일본군위안부역사관은 2층의 건물로서 두 동의 전시관이 서로 마주보며 지하통로로 이어지는 특이한 구조를 갖고 있다. 즉 지상에서 들어가 지하를 거쳐 다시 지상으로 나오는 구조를 가진 것이다. 그 지하의 위 지상 공간은 반원형 야외 소극장 및 광장 공간(옥외 광장)을 낳게 되어 또 다른 전시와 공연 기능을 하고

---

11) 나눔의 집 역사관 후원회, 2003, 『일본군위안부역사관을 찾아서』, 역
사비평사, 125쪽.

있다. 이러한 구조는 처음부터 의도한 것은 아니었고, 건립과정에서 농지법 및 건축법 규정과 암반 등 여러 가지 문제에 봉착하여 불가피하게 만들어지게 되었다.[12]

6개의 전시코너(제1 전시장 : 증언의 장 / 제2 전시장 : 체험의 장 / 제3 전시장 : 기록의 장 / 제4 전시장 : 고발의 장 / 제5 전시장 : 정리, 맹세의 장 / 제6 전시장 : 옥외 광장)와 연구자료실로 구성되어 있다. 역사관의 전시자료는 크게 세 부류로 나뉜다. 첫째는 할머니들 유품과 그림이다. 둘째는 한국 예술가들에게서 기증받거나 재료비 정도의 비용만으로 사들인 조형물이다. 세 번째는 역사자료로서 일본의 연구자나 시민들이 제공한 것이다.

일본군위안부역사관은, 스스로 밝혔듯이 세계 유일의 성 노예 테마 인권박물관으로서 의미가 매우 높다. 그러나 위의 전시자료의 구성이나 역사관 구성에서 알 수 있듯이 '일본군위안부역사관'이라는 명칭에도 불구하고 역사관의 핵심은 제한적이다.

첫 번째는 일본군위안부역사관의 성격이다. 역사관의 주요사업은 박물관과 마찬가지로 전시와 이를 통한 교육 및 추모사업이다. 전시된 자료를 통해 반전 평화교육이 가능해지고, 피해자인 할머니에 대한 추모로 이어지게 되기 때문이다. 일반적으로 박물관이 갖는 기능은 전시와 교육 정도에 그친다. 그러나 일반적으로 역사관 또는 기록관의 경우에는 자료의 전시보다는 관리와 연구사업에 비중이 두어진다. 즉 전시기능을 포함하여 관련자료의 수집·관리 및 이를 통한 활용이 기록관의 기능이기 때문이다. 전시기능은 활용의 한 부분이 되고 활용에는 전시와 출판, 연구 등이 포함된다. '한일과거청산'과 관련한 자료를 위해 기록관이 필요한 이유는 박물관에 비해 좀 더 포괄적이고 자료에 대한 체계

---

12) 앞의 주, 129~130쪽.

적인 관리가 이루어지기 때문이다.

그 두 번째로 세계 유일의 성 노예 테마 인권박물관이라는 이름에 걸맞지 않게 이들 자료를 전담할 연구인력이 단 1명도 없다는 것은 결정적인 약점이다. 비록 시민단체의 입장에서는 "관심 있는 사람들이 참가하여 손수 만드는 자료전시관이라는 점에서 긍정적"이라고 자평할 수도 있겠지만 참으로 안일한 인식이라 할 수 있다. 순수성이 강조된다 하여 기본적인 전문성의 결여를 긍정적으로 수용할 수 있는 기준은 어디에서도 찾을 수 없다. 물론 자료수집을 위해 자체 내 자료수집단이 관련지역을 답사하여 귀한 자료를 수집한 공은 높이 평가해야 한다. 그러나 역사관에 전문인력이 필요한 이유는 자료수집에 국한되지 않는다. 시민의 힘으로 만든 역사관이기에 전문성은 더욱 강조되어야 한다.

그럼에도 불구하고 일본군위안부역사관은 동아시아 반전과 평화운동에 큰 영향을 미쳤다. 그 한 예가 타이완위안부기념관이다. 일본군위안부역사관의 존재 자체가 타이완의 위안부기념관 설립운동을 촉발시켰음은 물론이다. 식민지 조선의 여성 외에 타이완(臺灣) 여성도 위안부로서 전쟁범죄를 겪었음이 알려지면서 타이완에는 부녀구원기금회가 만들어졌다. 타이완의 군위안부 피해자들을 위한 생활지원정책과 일본정부를 상대로 한 소송을 제기하는 등 과거청산작업의 한 가운데에는 기념관 건립이 포함되어 있었다. 기념관 건립을 위해 타이베이(臺北)시는 2000년 초, 문화국을 신설하여 설립계획을 담당하도록 조치했다. 기념관 건립사업이 1년이나 지연되면서 설립계획이 제대로 추진되지 못하고 있을 때 한국의 혜진스님이 제공한 일본군위안부역사관의 영문판 비디오와 안내책자는 설립 방향에 큰 도움이 되었다.13) 비록 아직

---

13) 타이완부녀구원기금회 이사인 朱德蘭은 한국의 일본군위안부역사관

타이완위안부기념관의 완공 소식은 기다려야 하지만, 기념관건립을 위해 담당 부서까지 신설되었다는 점은 일본군위안부역사관의 덕택임이 분명하다.

Ⅲ. 설립방안

기록관 설립을 위한 일반적인 과정은 다음과 같이 제시할 수 있다.[14]

<추진의 준비 및 과정>
  · 국민 홍보 및 의식 고양 차원의 노력 : 국민청원운동 등 설립을 위한 국민운동
  · 기구 설립추진을 위한 위원회 발족(관련전문가, 시민사회단체, 행정당국, 문화원관계자)
  · 관련법안 등 제도적 장치 마련
  · 특수자료 홍보, 강연회 개최
  · 설립안 및 사업계획(예산) 마련
  · 설립안 상정
  · 전문인력의 확보와 역량 강화
  · 시설과 장비 마련

의 영향을 받아 디지털화한 기념관을 설립하여 전자네트워크를 통한 역사교육과 인권의식 보급의 필요성을 언급하기도 했다. 앞의 책, 174쪽.
14) '한일과거청산'관련 기록관 설립을 위한 구체적인 방안은 민간기록물 관리기관으로서 2000년 4월에 임시 개관하여 민주화운동기념사업회 자료관의 모태가 된 '민주화운동자료관'에서 시사점을 얻을 수 있다. 전명혁·김영경의 앞의 글 참조.

기록관 설립을 위해 가장 먼저 필요한 것은 필요성에 대한 인
식을 공유하는 일이다. 강제연행의 역사를 '이미 오래 전의 지난
일'로 간과하고 '생존자도 별로 없는데 무엇 하러 하느냐'는 인식
이 남아 있다면, 기록관은 설사 설립된다 해도 소기의 목적을 달
성하기 어렵다. 설립 필요성에 대한 국민적 공감대를 형성하기
위한 방안의 예로는 국민청원운동을 들 수 있다. 여기에는 일본
과 독일 등 가해국에 설립된 각종 기념관은 물론, 중국의 남경대
학살기념관 등의 사례를 통해 공감대를 형성하는 방법이 적용될
수 있다. 이 과정을 통해 사회 전 부문에 걸친 지원세력을 확보할
수 있다. 세부적으로는 전국을 대상으로 특수자료를 홍보하거나
강연회 개최를 들 수 있다. 강제연행을 비롯한 과거청산에 관한
기록물 가운데 일부를 몇몇 관련 지역(주요 송출지)에서 전시하는
것은 공감대 형성뿐만 아니라 기록물 발굴에도 큰 도움이 된다.[15]
정기적인 강연회의 개최도 동일한 효과를 가져올 수 있다. 일본
군위안부역사관에서도 할머니 그림전을 비롯해 공감대 형성을
위한 활동을 다양하게 전개했다. 이 단계에서 후원회가 마련된다
면 설립작업에 큰 활력소가 될 것이다. 일본군위안부역사관은 대

---

15) 2003년 4월 29일부터 6월말까지 '일제강점하강제동원피해등에관한
진상조사특별법제정추진위원회'(www.truelaw.net)와 '민족정기를 위한
국회의원 모임(회장 김희선)'은 강제연행 조선인 명부 전국 순례전시
회를 개최했다. 전시자료는 조선인강제연행진상조사단의 홍상진 사
무국장이 국회의원 모임에 제공한 42명분의 명부와 국내에 소장중인
명부가 중심이 되었다. 서울과 인천, 안양, 제천, 대전, 전주, 광주, 대
구, 부산, 원주 등 전국 주요 도시에서 개최된 전시회를 통해 강제연
행 피해자들은 명부를 통해 강제연행의 사실을 확인하고자 했다는 점
에서, 일반 시민들에게는 미청산과제인 강제연행문제에 대해 사회적
인 공감대를 확산시켰다는 점에서 의미가 있었고, 성과가 있었다. 특
별법제정추진위원회는 이 전시회 기간 동안에 몇몇 지역에서 피해자
증언회도 개최하여 사회적인 인식 확산에 성과를 배가시키기도 했다.

동주택이 건축을 담당하기로 함에 따라 역사관 건립이 가능했다.

두 번째 단계는 설립추진위원회의 발족이다. 설립추진위원회는 설립에 이르는 제반 준비는 물론, 설립의 방향과 위상 정립에도 영향을 미치는 기구이다. 위원회에는 강제연행관련 연구자는 물론이고, 기록학 전문가, 향토사 연구자, 교사, 건축가, 사회단체 대표, 후원회 인사, 피해당사자 등이 포괄적으로 참여해야 한다.

세 번째 단계는 법안 등 제도적 장치의 마련이다. 이 문제는 기록관의 위상 및 성격과도 관련이 된다. 독립기념관과 같이 문화관광부 산하의 법인으로 자리매김하거나 민주화운동기념사업회와 같이 행정자치부에 등록된 민간기구로 구성되는 방안이 있다. 그러나 어떤 성격으로 설립을 하든 설립을 위한 법안이 마련되어야 한다. 민주화운동기념사업회는 민주화운동기념사업회법이 2001년 7월에 통과됨에 따라 민주화운동자료관이 민주화운동기념사업회의 기구의 하나로 자리잡을 수 있었다(http://kdemocracy.or.kr).

네 번째 단계는 설립안 및 사업계획(예산) 마련이다. 여기에는 부지와 건물의 설계도 등 세부사항은 물론이고 설립 및 운영방향이 제시되어야 한다. 일반적으로 기록물은 생산 → 사용 → 보존 → 활용이라는 네 단계의 순환구조와 자료수집 및 이관 → 등록(인수 → 수집 및 이관 목록 입력) → 평가(분류, 기록물 정보 입력) → 보존처리 → 서고보존·열람 활용(전시, 교육, 출판 등)이라는 순환구조를 거치므로 '한일과거청산'기록관의 설립 방향도 이를 바탕으로 추진되어야 한다.

다섯 번째 단계는 전문인력의 확보와 역량 강화이다. 기록관은 예산만으로 가능한 것이 아니다. 기록관을 설립하고 운영하기 위해서는 강제연행의 역사 및 관련자료에 대한 지식과 아울러 관련자료의 관리(수집 포함) 및 기록관 운영에 관한 지식을 갖춘 전문인력의 확보가 더욱 시급하다. 여기에 적합한 전문인력은 역사학과 기록학의 지식을 고루 갖추고 나아가 행정 마인드까지 갖춘 인물이 될 것이다. 일반적으로 기록관 기록관리전문가의 업무는 기록관리업무에 그치지 않고 소장기록물을 이용한 연구업무도 포함된다. 자료에 대한 해제는 물론이고 연구논문이나 번역 등 연구성과물을 산출할 수 있는 역량이 요구된다. '한일과거청산' 기록관의 경우에도 예외가 아니다. 그러나 모든 인력이 이러한 능력을 갖추는 것은 어렵다면, 기본 원칙을 준수하는 자세가 필요하다. 아울러 필요한 것이 이들이 역량이 강화될 수 있도록 여건을 마련하는 것이다. 각종 연수기회를 제공하는 것이 해당된다.

여섯 번째 단계는 시설과 장비 마련이다. 기록관은 기록물보존서고, 보존실, 전산실, 열람실, 전시관, 연구실, 행정사무공간 등이 마련되어야 한다. 시설과 장비는 소장 기록물의 내용 및 성격에 따라 영향을 받는다. '한일과거청산' 관련 기록물의 경우에는 문헌기록 외에 구술자료나 사진 등 시청각기록물의 비중이 높기 때문에 이 점을 고려해야 한다. 또한 다른 기록관에 비해 전시와 교육, 출판 등 열람기능이 확대되어야 한다는 점도 감안해야 한다. 구술자료의 경우에는 수집된 자료를 이관 받는 경우도 있으나 새로이 기획하여 수집하는 경우도 적지 않을 것으로 예상된다. 그러한 경우에 수집발주업무는 기록관의 몫이다. 그러므로 수집업무의 능동성이 좀 더 요구된다

기록물보존서고에 필요한 장비는 일반문서용 모빌렉과 시청각기록물 보존서고, 도면함, 항온항습설비, 자동소화장치, 서고출입감시장비, 중앙컴퓨터제어시스템 등이다. 그 외 기타 소모품(파일박스 등)이 필요하다. 보존실에는 사무용 책상, 의자, 사물함, 작업대 등이 구비되어야 한다. 문서기록물을 위한 문서스캐너와 시

청각기록물을 위한 장비(텔레시네, 오디오전산장비, 필름세척기와 편집장비)가 갖추어져야 하며, 문서복원을 위한 장비도 필요하다. 열람실에는 열람테이블, 의자, 확대경 등이 필요하다.

기록물 최적의 보존환경은 일반문서고의 온도 20C%, 습도 45%이고, 시청각물 서고의 경우에는 온도 1～16C%(칼라사진과 영상필름/흑백사진과 필름), 습도 30～40C%(칼라사진과 영상필름/흑백사진과 필름)이다.

마지막 단계는 기구구성이다. 이사회를 비롯하여 상근 인력의 구성과 배치단계이다. 민주화운동기념사업회는 설립비용과 사업예산을 정부와 지방자치단체에서 지원 받는 공공특수법인체(행정자치부 등록)의 민간기구로서 사무처·기획관리실·연구소·사료관 등을 두고 다음과 같은 사업을 전개하고 있다. 민주화운동기념관 건립 및 민주공원 조성, 민주화운동 사료의 수집·보존 및 DB화, 민주주의 관련 연구총서 편찬, 민주주의 시민교육 사업, 전시회·추모제·기념행사 기획 및 주관, 민주화운동 정신 선양사업, 민주주의 발전을 위한 지원·기여 사업, 민주화운동 사적의 발굴 및 관리, 민주화운동의 역사적 재정립과 제도화, 수익사업 및 기금모금 사업. 민주화운동기념사업회는 정부의 예산 지원을 받지만 민간기구로서 운영되므로 행정력의 외압을 적게 받을 수 있고, 운영의 자율권을 갖을 수 있다. '한일과거청산' 기록관의 경우에도 민주화운동기념사업회에서 많은 부분 시사점을 얻을 수 있다.

'한일과거청산' 기록관의 궁극적인 지향점은 민주화운동기념사업회와 같이 '한일과거청산연구센터'(가칭)로 자리잡는 일이다. 그러나 현실적으로는 기록관을 설립한 이후에 이를 모태로 연구센터로 확대하는 방법이 가능성이 있다.

〈 기록관 관장업무 및 소요 인원의 예 〉

구 분	관 장 업 무	최소소요인원 (26명)	비 고
관장(소장)	기록관 업무 총괄	1명	상근
학예실	수집과(수집 및 이관, 등록, 평가업무, 6명), 보존과(전산, 복원, 보존처리업무, 4명), 대외협력과(국내의 관련연구기관과 연대사업수행, 국제 기구와 교류 및 연대 활동수행업무, 2명) 전시과(전시관 기획 및 운영업무, 3명), 교육과(교육프로그램 기획 및 운영업무. 2명), 출판과 (출판 기획 및 간행업무, 3명), 열람과 (열람실 운영업무, 2명) 소속 업무 및 연구기능	22명(역사학, 기록관리전문가, 전산직)	상근
행정과 (사무국)	서무, 회계, 홍보, 시설운영 및 관리	5명	상근

이하는 필자가 기록관으로 한정하여 임의로 구성한 기구표와 관장업무이다. 경우에 따라서는 행정과가 사무국으로 격상되어 학예실과 동등한 위치에서 설치될 수도 있으나 학예실의 상위 부서로 배치되는 것은 바람직하지 않다고 생각한다.16) 한일과거청산 문제는 한·일 양국은 물론이고 샌프란시스코 강화조약 체결 당사국과 ILO, 국제인권위원회 등 국제적 관련이 매우 깊다. 그러므로 다른 주제의 기록관과 달리 학예실에 국제관계업무를 담당할 부서를 설치할 필요성이 높다.

---

16) 국내의 많은 기념관이나 박물관 등은 행정부서의 비중이 높은 편이다. 기구가 설립될 때 사무국이 먼저 마련되어 설립준비를 한 후 연구 부서를 충원하는 형식을 취하기 때문이다. 이러한 점은 기록관의 운영 방향이나 인사에 직접적인 영향을 미칠 수 있다. 행정인력이 실제 업무를 운영하는데 지원의 역할이라는 점을 감안한다면, 적정한 인력배치가 필요하다.

〈기록관 기구표의 예〉

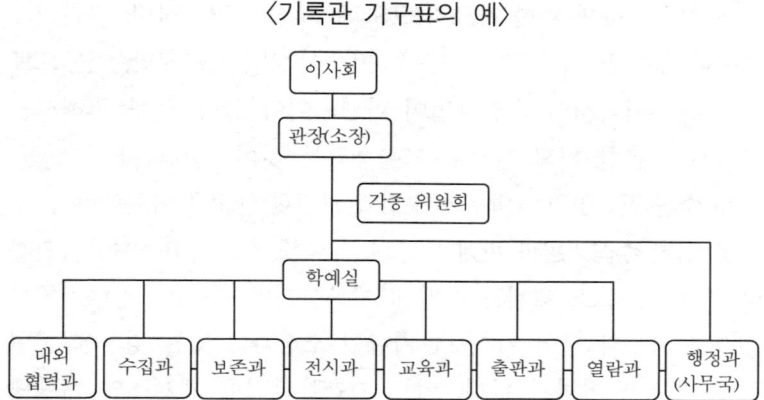

'한일과거청산' 기록관이 아니라 '한일과거청산연구센터'(가칭)
로 발족되고, 기록관은 센터의 한 부서로 구성된다면 별도의 기
구표가 필요할 것이다. 그러나 그 부분은 필자의 능력 밖이므로
여기에서는 기록관에 한정하고자 한다.

기록물의 순환과정에 따른 단계는 자료수집 → 등록 → 분류
및 평가 → 보존 → 열람 및 활용의 순으로 설정할 수 있다. 단계
별로 업무내용을 설정해보면 다음과 같다.

1) 자료 수집

① **수집계획 수립** : 생산된 자료의 이관과 생산(구술자료)을 동
시에 추진해야 하므로 이에 대한 준비가 필요하다. 지역별, 주제
별(병력동원, 노동력동원, 성동원, 준병력동원 등)로 수집계획을
수립하고 수집대상을 선정하며 자료수집에 필요한 제반사항(면담
자 교육, 장비 제공, 예산 확보 등)을 마련하는 것이 해당된다.

② **자료조사** : 수집대상과 범위를 설정한다. 이를 위해서는 강

제연행의 역사에 관한 자료지도(Guide Map)가 필요하다. 민간기록
관이나 주제별 기록관의 경우에, 기증이 일반적이지만, 기증으로
유도하는 적극적인 수집방법이 마련되어야 한다. 이를 위해서는
앞에서 언급한 기획 전시회를 활용하는 것이 필요하다.

③ **수집규정 마련** : 내부의 수집과 관련한 규정을 마련해야 한다.

④ **다른 수집기관과 관계** : 관련 자료를 소장하고 있는 기관과
의 관계 및 협조 체제는 어떻게 이루어져야 하는가. 정부기록보
존소의 경우와 같이 기록보존기관이 소장하고 있는 경우에는 협
조를 받으면 어렵지 않다. 이는 기록물관리법 제24조와 시행령
및 시행규칙에서도 명시하고 있는데, 보존매체수록을 통해 복본
소장은 가능하다. 수집기관 가운데 국사편찬 위원회나 독립기
념관과 같이 기록보존소가 아닌 경우에는 자료공유협정을 통해
複本을 이관받는 방법이 필요하다. 기록관이 수집 업무만 담당하
는 기관이 아니듯이 수집기관도 기록관의 기능을 모두 겸하고 있
지 않는다. 국편의 경우에도 '사료의수집및보존등에관한법률(법
률 제6400호, 1987년 11월 28일 제정, 2001년 1월 29일 일부 개정)'
과 '사료의수집및보존등에관한법률시행령(대통령령 제17115호,
1989년 4월 25일 제정, 2001년 1월 29일 일부 개정)'에 의해 사료
(국사연구에 자료가 되는 문서류)조사를 실시하고 수집하며 보존
하는 기능은 부여받았으나 기록보존기관인 기록관과는 구별된다.
각 기관이 자신들의 필요와 목적을 위해 수집한 자료는 그 기관
의 소유물이 아니다. 자료에 대한 공 개념은 아무리 강조해도 부
족하지 않다.[17)]

⑤ **대외 협력업무를 통한 자료 수집** : '한일과거청산' 기록관은

---

17) 이 점에 대해서는 본서 수록 「일제 말기 강제연행관련 국내소장 자료」
에서 강조하였다.

국내 소장 자료만을 관리 대상으로 하지 않는다. 일본의 200개가 넘는 강제연행관련 시민단체가 수집한 자료는 물론이고, 北海道 등 일본내 주요 지역에서 수집 소장한 기록물도 관리대상이 된다. 사할린과 미크로네시아, 중국과 러시아 등 관련지역의 기록물도 여기에 해당된다. 이들 지역은 물론이고, 미국의 국립기록문서청 (NATA), 스위스 제네바 도서관 등에서도 한일과거청산 기록물은 수집대상이다. 또한 한일과거청산문제와 관련되는 국제기구(ILO) 나 국제인권위원회 등이 생산하는 기록물에 대한 수집작업도 소홀히 할 수 없다. 그러므로 기록관의 업무 가운데 대외협력 및 교류업무는 매우 중요하다. 물론 이 업무는 수집단계에 국한하지 않지만 수집단계에서도 중요성은 지적할 수 있다.

2) 등 록[18]

① **이관 및 인수** : '한일과거청산' 기록관과 같이 주제별 기록관의 경우에는 일반적인 기록보존소와 달리 일정한 연한이나 이관 프로그램에 따라 이관되는 것이 아니므로 생애주기에 따른 업무가 이루어지지 않는다. 그보다는 수집계획에 따른 이관작업이나 다른 기록보존소 및 수집기관이 소장한 자료에 대한 복본수집작업이 일반적이 될 것이다.

② **등 록** : 등록이란 기록물에 대해 공식적인 관리대상으로서 자격을 부여하는 일이다. 기록관에 이관된 모든 기록물은 등록대상이고, 기록물은 즉각 등록되어야 한다. 이 때 기록되는 등록정보(기본등록사항)는 정확성을 기함과 동시에 기록물의 고유한 특

---

18) 등록과 분류 및 평가, 보존 항목의 많은 부분은 이원규, 2002, 『한국 기록물관리제도의 이해』, 진리탐구, 해당항목을 참조하였음.

성이 반영되어야 한다. 등록과정에서 등록번호가 부여된다.

③ **1차 보존처리** : 보존처리는 기록재료 및 기록매체의 보존성을 강화하고, 중요 기록물의 안전성을 증대하며 이를 위해서는 최적환경의 조성·유지와 보존기법의 개발이 필요하다. 보존처리를 위해서는 원본에 대한 영향을 최소화하고 다중효과를 지향해야 하며, 과학적·현대적 기법을 적용한다는 원칙이 필요하다. 또한 친환경적 방법론을 도입하며 경제성도 고려되어야 한다. 보존처리는 분류 및 편철을 하기 이전에 최소한의 소독과 해체된 기록물에 대한 수리·복원과정을 거치는 1차 보존처리와 분류·편철이 완료된 이후에 서고 입고를 위한 2차 보존처리 과정이 있다. 1차 보존처리는 이관 및 인수받은 바로 다음 단계인데, 기록물의 수명에 결정적인 영향을 미친다.

3) 분류 및 평가

① **분류 및 편철** : 분류란 기록이 필요로 할 때 기록의 소재를 밝히는데 편리하게 하기 위한 목적을 갖으며 기록물을 순서로 그리고 이용 가능한 방법으로 보존하도록 돕는 일 가운데 하나이다.[19] 이를 위해서는 원질서(Original Order) 존중과 출처별 원칙이 지켜져야 한다. 쉘렌버그에 의하면, 일반적으로 기록물의 분류는 기능적 분류, 조직적 분류, 주제식 분류로 대별된다. 기능적 분류란 기록이 관련하는 활동에 따른 분류방식이고, 조직적 분류는 기록을 생산한 기관이나 단체의 조직적 구성에 따른 분류방식이며 주제식 분류는 앞의 두 가지 방법으로 불가능한 기록물을 대

---

19) 전명혁·이영경, 앞의 글, 76쪽.

상으로 인정되는 분류방식이다.

　한일과거청산과 같이 특정한 주제의 수고본(manuscripts)과 공기록물이 혼합된 기록관의 경우에는 원질서 존중과 출처별 원칙을 지키면서도 한일과거청산에 포함되는 각각의 주제들이 전체적으로 조망될 수 있는 새로운 분류방식이 요구된다.

　편철이란 관련기록물을 묶어 관리하는 단위이자 기록물의 물리적인 손상을 방지하는 수단이기도 하다. 편철을 위해서는 보존 파일과 보존상자 등이 구비되어야 한다.

　② **목록작성과 기술(description)** : 기록물에 대한 정보를 담은 각종 목록을 작성한다. 목록은 검색과 이용 및 관리상의 효율성을 도모하기 위해 필요한 과정이다. 목록은 소장기록물에 대한 안내나 기록물 관리의 투명한 운영을 지원하고 이용을 원할하게 하기 위해 반드시 구비되어야 한다. 목록은 열람·검색용 목록과 관리용 목록이 있다. 열람·검색용 목록은 기본목록·세부목록·특수목록을 들 수 있다. 기본목록은 생산연도와 기록물철 제목 및 부제목, 분류제목, 관련주제명, 내용 요약 등으로 구성되는데 단위가 기록물철이고, 세부목록은 기록물철에 편철된 개별 기록물을 단위로 한 목록이다. 특수목록은 위 두 목록 외에 추가가 필요한 목록이다. 관리용 목록은 기록물 등록대장·색인목록·수집목록·이관목록·폐기목록 등 다양하다. 이들 목록은 전산처리 되어 있어야 활용이 가능하다. 그러나 다양한 관련정보를 종합적으로 반영하기에는 충분하지 않다. 이를 위해 기술 단계가 필요하다. 기술은 기록물에 관한 각종 유용한 정보를 분석·조직화·기록하는 행위를 의미하는데, 기술을 통해 다양한 목적과 형태의 검색도구가 생성된다. 기술을 통해 기본목록과 세부목록의 한계가 극복될 수 있다.

③ **기록물 평가** : 기록물의 평가는 기록물의 보존과 폐기여부를 결정하거나 영구보존의 필요성이 있는 중요기록물을 선별해내는 작업이다. 이 단계를 통해 기록물은 가치등급과 상태평가를 거쳐 등급분류를 정한 후 공개범위와 수록 매체를 결정한다. 보존가치의 평가는 사료적 가치와 증빙자료적 가치, 업무참고적 가치 등을 고려하여 이루어진다. 보존상태 평가는·기록재료 및 매체의 보존성과 훼손도에 따라 결정된다. 평가 단계를 통해 보존가치와 보존상태가 결정되면, 이에 따라 수록 매체와 수록범위가 지정되고, 등급분류가 결정된다.

4) 보 존

① **2차 보존처리** : 스캐닝 촬영, 디지털화, 기록물 복원(문서복원, 사진복원)이 해당된다. 이 단계에서 보존매체에 수록하고, 중요 기록물은 다중 보존하게 되는데, 보존매체수록을 통해 원본기록물의 취약성을 극복할 수 있다. 매체수록은 복수로 제작해야 보존의 효율성을 높이고 본래의 의미를 살릴 수 있다. 서고 면적을 이유로 MF나 디지털화 등 보존매체수록이 완료된 원본을 폐기하는 일은 적극 피해야 한다.

② **서고보존** : 기록물을 보존하는 보존서고는 조직과 기관의 정통성과 정체성을 보호하고 강화하는 기지이다. 보존서고는 최적의 보존환경을 통해 기록물 실물의 수명을 연장하고 기록정보가 손상·유출되지 않도록 방호하고 보안관리하는 고유기능을 수행한다. 또한 기록물의 이관·정리 등 보존관리와 이용의 편의를 제공한다.

이러한 기능을 담당하기 위해서 서고는 적절한 입지조건을 갖추어야 한다. 먼저 자연환경을 보면, 건축물에 危害를 줄 수 있는 지대는 회피해야 하고 지진과 홍수·해일 등 자연재해, 위험지대도 회피해야 하며, 높고 건조하며 시원하고 배수와 배기가 원활해야 한다. 사회환경은 가연물질·폭발물·부식물·고압선·환경오염·밀집지역·전략적 요충지·사회적 불안지역은 회피해야 하며 보안기관·소방대·유사시 안전시설 등의 부근지역이 유리하다. 활용환경으로는 관할행정기관과 근접하며 교통이 편리하고 일반이용자들과 근접한 곳, 도시의 공공시설(도서관, 대학 등) 인접지역이 유리하다. 일반적으로 국내의 연구기관은 대중교통수단을 이용하기 어려운 곳에 설치된 경우가 많은데, 이용자들과 근접성은 매우 중요하다.

서고운영에는 안전보존의 실현과 효율성 제고 및 효과 극대화라는 두 가지 원칙을 지켜야 한다. 이 가운데 전자의 원칙을 지키기 위해서는 기록물의 특성에 맞는 최적의 보존환경을 구비하는 것과 주변 자연환경과 사회환경에 맞는 입지조건·부대시설을 구비해야 한다. 또한 전문시설·장비 등 현대적이고 과학적인 보존환경을 구비해야 한다는 점이다. 후자인 효율성 제고 및 효과 극대화를 위해서는 기록물 보존관리업무(수집 및 이관, 정리, 점검, 소독, 보안유지, 보존환경 유지, 재난대비, 검색·이용 등)의 효과를 극대화하고 효율적 서고운영방법이 모색되어야 하며 기록물 관리의 전 영역과 유기적 연결을 통해 계획적이고 예측적인 서고 운영방법론을 도출할 필요가 있다. 현재 정부기록보존소의 보존서고가 서울과 부산, 대전 외에 또 다른 서고를 요하게 된 것은 서고운영에 대한 계획성과 예측성이 부족한 결과일 것이다.

보존서고는 건축형태에 따라 지하형과 지상밀폐형, 자연조절형으로 구분되며 수장기록물의 종류에 따라 일반서고와 귀중본 서고, 시청각·비밀 등 특수서고로 구분된다. 현재 국내에서는 공간 절약을 위해 지하형을 선호하는데, 건축형태는 각각의 장단점을 갖는다. 서고설계에서 고려할 점은 위에서 언급한 원칙 외에도 하중과 높이가 고려되어야 한다.

서고에 배열할 때에는 등록 당시에 목록이 전산화되고, 스캐닝을 통해 내용에 대한 디지털화가 완료되었다 하더라도 분류원칙을 훼손해서는 안된다. 완벽한 상황 아래에서도 변수는 일어날 수 있으며, 그로 인해 서고에서 기록물을 직접 찾아야하는 경우도 일어날 수 있다.

5) 열람·활용

① **열 람** : 열람을 위한 설비로는 문헌열람실, 시청각 열람실이 해당된다. 문헌열람실에는 열람에 필요한 용구를 비치해둔다. 기록물의 열람은 원본열람을 제한하고 사본 열람을 원칙으로 한다. 그럼에도 열람자들은 개인 필기구를 소지하고 열람실에 들어올 수 없다. 열람실에 필수적으로 비치해야 하는 도구는 연필과 메모지, 확대경 등이다. 또한 열람자들은 직접 서고에 들어가 기록물을 찾거나 들고 나올 수가 없으므로 아키비스트의 역할이 중요하다. 열람자의 단편적인 정보만으로도 관련 기록물을 제공할 수 있어야 하기 때문이다. 문헌 외에 시청각열람실도 구비가 되어 있어야 한다. 시청각열람실의 경우에는 웹사이트상으로 제공해주는 것이 아니고 직접 매체를 제공하는 경우에는, 반드시 열람자로부터 일정한 기한 이전에 열람 신청을 받아야 한다. 적정한 온도와 습도상태로 보관되어 있는 시청각기록물은 시청각열람실로 가기 이전에 일정기간이 필요하기 때문이다. 1~16C%로

보관되어 있던 시청각기록물이 곧 바로 20C%의 열람실에서 열화가 있는 장비로 작동을 하게 되면 급격한 온도 차이로 인해 훼손이 심해진다. 그러므로 최소한 3일 이전에 열람신청을 받는 세심함이 필요하다. 또한 기록관은 기록보존기관이지만 기록관에 소장된 기록물을 이해하는데 도움을 주는 관련서적도 비치하여 열람할 수 있도록 해야 한다. 특히 사전 등 공구서의 비치는 필수적이다.

② 전 시 : 상설전시, 특별전시, 순회전시 등. 일반적으로 기록관은 상설전시관을 운영하고 있다. 그러나 3년이 지나도 동일한 내용이 전시되고 있다면 교육적 기능을 다하고 있다고 보기 어렵다. 상설전시라 하더라도 전시물 교체는 필수적이다. 아울러 주제별 특별전시도 기획을 해야 한다. 순회전시는 여러 어려움이 있지만 전시물이 복제품이라는 점을 감안한다면 기록물 자체가 훼손되는 행사는 아니다. 기록관이 순회전시를 하는 이유는 기록관이 갖고 있는 역할과 기능을 극대화하기 위해서이다. 기록관에 대한 홍보는 물론이고, 기록관을 찾기 어려운 지역민들에 대한 봉사의 의미도 있다. 또한 미공개된 기록물의 수집에도 큰 기여를 한다. 민주화운동기념사업회 내 사료관은 2002년 6월에 부산에서 부마항쟁과 관련한 순회전시를 했다. 이 기회를 통해 경남 지역민들의 민주화운동에 관한 자부심을 고취시킴은 물론, 개인이 소장하고 있는 자료의 공개도 활발해졌다. 순회전시를 해당 지역 연구기관의 협조를 받거나 공동으로 주최한다면, 효과는 배가될 것이다.

③ 교 육 : 방문객 대상 교육, 외부파견교육, 내부인력 교육. 상설 강좌 운영 등이 해당된다. 일본군위안부역사관이나 서대문형무소는 일정한 시간마다 자원봉사자들이 상세한 안내를 해준다.

이러한 전시물 안내도 중요하지만, 더욱 필요한 것은 체계적인 교육프로그램을 운영하는 일이다. 외국 지방기록관의 주요 사업의 하나인 소장기록물을 이용한 무료자료강독프로그램을 비롯해 방문객을 대상으로 한 상설강좌 운영이 대표적인 사례이다. 주제별 체험 프로그램을 운영하는 것도 효과적이다. 또한 학교나 기관의 요구에 따른 파견 교육의 프로그램도 대상에 맞추어 다양하게 준비해야 하다. 아울러 필요한 것은 내부인력에 대한 교육이다. 국내외 관련기관과 전문연구기관이 개설하는 연수프로그램을 이용하는 것도 한 방법이다.

④ 출 판 : 목록집, 해제집, 초록집, 자료집, 연구서, 휘보, 소식지 등. 기록관은 소장 기록물이 훼손되지 않도록 잘 보존하는 점이 가장 큰 임무이다. 그러나 다음 역할은 이들 기록물이 훼손되지 않는다는 전제 아래 기록물의 내용을 효과적으로 제공하는 일이다. 목록집과 해제집, 초록집은 바로 이용자들이 기록물에 접근하는데 도움을 주는 안내서이다. 이용자들은 기록물을 직접 보지 않고도 이들 도구서를 통해 기록물의 내용을 가늠할 수 있다. 휘보는 기록관 아키비스트의 자료해제와 연구논문을 통해 기록물의 자세한 내용과 이를 이용한 연구내용을 확인할 수 있는 학술지이고, 소식지는 어떠한 기록물이 수집이 되었고, 보존처리되었으며, 어떤 교육프로그램이 운영되고 있는가 하는 점을 알려주는 안내물이다. 그외 소장한 기록물 가운데 필요하다고 생각되는 기록물을 자료집으로 발간하거나 연구기획의 결과물로 연구서를 발간하는 일도 기록관의 업무 가운데 하나이다.

⑤ 연구기획 : 연구과제 발주. 기록관의 소장 기록물의 활용을 극대화시키는 방법의 하나는 연구과제를 발주하여 한일과거청산 연구의 활성화를 도모하는 일이다. 이 점도 역시 기록물이 훼손

되지 않는다는 전제에서 벗어나지 않는다. 연구과제를 위해서 반드시 기록관에 소장된 기록물을 이용해야 한다는 제한은 필요 없다. 다만 관련된 주제로 연구가 이루어지도록 지원하는 것이다.[20]

1999년 필자가 방문했던 일본의 지방자료관은 항상 방문객들로 붐볐던 것으로 기억한다. 비가 억수같이 쏟아지는 여름날, 홋카이도의 공문서관(기록관의 명칭) 현관은 주부들로 북적이고 있었다. 공문서관의 소장 기록물을 가지고 운영하는 고문서 강좌의 수업이 막 끝났기 때문이다. 초급, 중급, 고급의 단계로 설치된 강좌는 자원봉사자와 기록관리전문가에 의해 운영되고 있었는데, 모든 강좌는 성황리에 운영되고 있었다. 무료로 운영되는 상설전시관과 열람실에도 이용객이 붐비기는 마찬가지이다. 비단 초등학생들의 역사산책코스로 설정된 이유만은 아닌 듯 여겨지는 것은 어린아이들도 쉽게 이해할 수 있고, 편안히 감상할 수 있도록 마련된 각종 시설 덕분일 것이다. 또한 위압적이지 않은 친근한 이미지의 건물과 교통의 편이성도 한 몫을 하는 것으로 생각된다. 다른 지역의 기록관도 이와 크게 다르지 않다.

소극장과 같이 마련된 공간에서 편안한 의자에 앉아 시청하고 싶은 비디오필름의 번호를 누르면 20초 정도가 경과한 후에 바로 비디오를 볼 수 있는 시청각실도 일본 지방자료관의 또 다른 자랑이다. 그 지방의 과거 역사를 알 수 있는 다큐멘터리가 수십 편 마

---

20) 부마민주항쟁을 기념하기 위해 설립된 민주공원은 2003년도 민주공원 연구지원을 공모했는데, 그 내용을 보면, 부마항쟁 연구논총 10편, 부산경남지역 항쟁문학 사료조사연구 1건, 부산지역 민주화운동 관련 인명록 편찬 2건 등 총 13건이다. 「민주공원공고 제2003-004호」. 이와 같이 주제의 성격과 관련한 연구지원은 관련 연구의 활성화와 자료수집 및 기관의 인지도를 높이는데 크게 기여한다.

련되어 있었기 때문이다. 교토지방 역사관에서 1920년대 교토지방의 상수도 설치에 관한 기록물을 보았던 기억이 남는다. 지방자료관의 현관에는 소장기록물에 대한 안내 팜플렛이 무료로 제공되고 있었고, 기록관의 기록관리전문가들의 논문이 수록된 휘보나학술지, 자료통보도 지방자료관의 발간물 가운데 하나였다. 이러한 지방자료관은 시민들이 부담 없이 드나드는 문화공간으로서역할을 담당함은 물론이고 자연스러운 시민교육의 장으로 활용되고 있다. 지방자료관을 통해 지역민들은 그 지역의 역사를 이해하고 나아가 앞으로 지역에서 담당할 역할을 인식하게 된다.

'한일과거청산' 기록관도 이러한 모습과 다르지 않아야 한다고생각한다. 기록물의 관리 기능을 충실히 하면서도 시민교육의 장으로 기능을 강화하는데 주력해야 할 것이다.

피해의 역사라고 해서 장중함에만 치중하는 것은 소극적인 자세일 것이다. 그 보다는 일반인들이 손쉽게 찾아와 강제연행의역사를 이해하고 전쟁 없는 사회를 만들어 가려는 동력과 지혜를얻는 곳으로 기능해야 한다. 또한 연구의 활성화를 위한 토대가되어야 한다. 이를 위해서는 많은 사람들의 고민과 지혜가 요구된다. 그러나 더욱 더 필요한 것은 기록관을 만들어야 한다는 의지일 것이다.

2003년 3월 28일 국회 '민족정기를 위한 국회의원 모임(회장 김희선)'은 학술대회를 개최하고 '한일과거청산관련사료보존회법(안)'의 초안을 발표했다. 그 내용은 한일과거청산관련기록보존회를 설립하고 기록관과 연구기관 등을 포괄하는 종합적인 연구센터를 설립하겠다는 것이다.

이에 대해 강제연행관련 자료를 소장하고 있는 기관은 중복 설치라는 점을 들어 우려를 표하기도 한 것으로 알고 있다. 개중에는 '연구기관이 통합되어야 시너지 효과가 큰 마당에 무슨 신설이냐' 거나 '소장된 자료의 양이 방대함'을 들어 특정한 기관을 중심으로 통폐합되어야 한다는 의견도 들려 온다. 이러한 배경에는 규모가 적은 연구기관의 설 자리가 줄어들 수 있다는 현실적인 고민도 자리하고 있을 것이다.

그러나 새로운 기관의 설립은 긍적적인 측면에서 인식할 점이 더 많다고 생각한다. 이는 국내외 기관의 설립에서도 예를 찾을 수 있다. 일본의 오사카에는 인권박물관이 2개소에 운영되고 있다. 이들 인권박물관은 2개소에 설립 운영됨으로써 부정적인 영향보다는 긍정적인 측면이 훨씬 많다. 상호간에 소장자료 공유와 연대를 통해 오사카지역이 인권의 중심지라는 인상을 갖는데 도움을 주고 있다. 평화자료관도 일본 내 여러 지역에서 찾을 수 있다. 국내의 경우도 마찬가지이다. 이미 오래 전에 나눔의 집에 일본군위안부역사관이 운영되고 있으나 최근에 한국정신대문제대책협의회도 동일한 성격의 역사관을 지을 수 있도록 하는 법적인 규정이 마련되었다. 성노예와 여성의 인권문제를 대상으로 하는 역사관이 궁극적으로 한국의 시민사회에 도움이 된다는 사회적인 인식에서 나온 결론이다. 민주화운동기념사업회도 그 모태는 성공회대학교에 마련되었던 민주화운동자료관이다. 지금 현재도 민주화 운동자료관과 민주화운동기념사업회는 공존하고 있다. 민주화운동에 관한 연구기관은 이에 그치지 않는다. 부산에는 부마항쟁을 기리는 민주공원이 있고, 광주에는 5·18기념재단이 있다. 그러나 현재 이들 기관은 연대활동을 통해 자료수집이나 교육사업의 성과를 배가하고 있다고 생각한다. 2002년 6월 민주화운동기념사업회가 민주공원과 함께 공동 개최한 전시회가 그 예이다.

작은 규모라고 해서 큰 규모의 기관에 흡수 합병되는 것은 연구기관이 가야할 방향이 아니다. 경영 마인드는 모든 부분에 적용되는 문제여서는 안되기 때문이다. 한 국가와 사회의 아이덴티티와 사회 정의를 지향하는 데에는 적용될 수 없다.

물론 자료의 중복수집이나 경쟁적인 운영 등 새로운 기관이 설립함으로써 발생할 수 있는 문제는 있다. 빠른 시기에 연구기관으로 정립하기 위한 무리수도 예상할 수 있다. 그러나 이러한 문제는 자료의 공유와 통합운영체계를 통해 해결될 수 있다. 결국 문제는 기관이기주의를 벗어난 거시적인 안목과 인식에 있다. 어떤 기관이 이니셔티브를 잡고, 많은 예산을 확보할 것인가를 고민하기 보다 기관간 연대 방향에 지혜를 모으는 것이 바람직할 것이다. 해당 주제와 관련한 기관들이 공존해야 한다는 의식이 있다면 무리하게 자료제공을 요구하지 않을 것이고, 자료공유협정을 통한 공유나 연대활동이 가능하다. 이를 통해 시민사회는 해당 주제(민주화운동이든 강제연행이든)에 관해 큰 관심을 기울이게 된다.

Ⅳ. 맺 음 말

'한일과거청산' 기록관은 위에서 제시한 모습과 다른 형태로 설립될 수 있다. 소규모의 기록관으로 설립되어 전시와 교육의 기능을 담당할 수 있고, 연구센터로 발족하여 기록관이 내부 기구로 구성될 수도 있다. 추모의 기능까지 담당하려면 후자의 방안이 적합할 것이다. 만약 기록관만으로 설립된다면, 기록물 보존

외에 교육과 연구, 전시기능이 강조된 기록관으로 자리매김되어
야 한다. 그러나 가장 중요한 것은 '왜 기록관을 만들어야 하는가'
하는 점이다.

역사의 교훈을 몸소 체험할 수 있는 곳은 바로 기록관이다. 끔
찍한 민간인 학살의 경험을 가진 베트남의 인민들이 가해자들에
게 가장 중요시하면서 요구하는 것은 추모비와 역사관(기록관) 건
립이다. 경제원조나 병원 설립, 교육시설 지원은 부차적인 문제이
다. 피해자는 기록관을 통해 새로운 세상을 염원할 수 있고, 가해
자는 영원히 참회할 수 있다. 가해자가 사과하고 배상하며, 피해
자의 인권을 돕는 것은 지난 과오를 되풀이하지 않는 사회가 될
것을 약속하는 신뢰회복의 기회이다.[21] 일본군위안부로서 전쟁으
로 인한 참혹한 고통의 역사를 체험한 할머니 두 분(문명금, 김옥
주)이 정부로부터 받은 생활지원금 전액을 '베트남전 민간인 학
살 진실위원회'에 기탁하고, 이 돈이 종자돈이 되어 평화역사관
건립사업이 착수된 것은 바로 전쟁 없는 사회, 억울함을 호소하
지 않아도 되는 건강한 사회를 만들기 위함이다.

미국 워싱톤에는 2000년에 설립된 日係미국인에 대한 피해의
역사를 보여주는 '기념관'이 자리하고 있다. 2차대전이 발발했을
당시에 약 12만명에 달했던 재미 일본인들은 1942년 4월부터 특
정지역에 집단 수용되어 생활했는데, 훗날 백악관은 공식적으로
이 문제를 '전쟁 중 우리가 저지른 최악의 실수'로 발표하기도 했
다. 그 동안 이 문제는 미일간 조용한 '과거사 현안'이었다. 그 후
1946년부터 꾸준히 소송을 제기하고 '역사 바로 세우기' 차원에
서 1970년대에 들어서 전쟁기간 중 가혹행위에 대한 미국의 여론
을 움직인 결과, 1976년에 포드 대통령이 공식으로 인정했고,

---

21) 김현아, 2002, 『전쟁의 기억, 기억의 전쟁』, 책갈피, 271쪽.

1986년과 1992년에 대통령 사과 및 정부 차원의 사과에 이어 1988년에는 1인당 2만달러씩 보상금을 받아냈으며, 1998년에는 남미에 거주하는 피해자들도 5000달러를 지급받았다.

1990년에 조지 부시 대통령은 희생자들을 수소문해 다음과 같은 내용의 사과문을 보냈다. "아무리 많은 돈과 사과의 말씀으로도 잃어버린 시간들에 대한 귀하의 고통스러운 기억을 치유할 수 없을 것입니다. 그것들이 정의를 되돌려 줄 수 없다는 것도, 개인이 잃었던 권리를 되찾아줄 수 없다는 것도 아닙니다. … 이제 우리는 일본계 미국인들이 2차 대전 동안 얼마나 불공정한 처우를 받았는지 솔직하게 인정합니다"[22]

그러나 미국에 진출한 일본기업과 재미일본인은 여기에 만족하지 않고 기념관을 설립함으로써 미국에 의한 전쟁피해의 역사를 영원히 기억하고자 했다. 이 기념관 건립은 우리에게 여러 시사점을 준다. 단지 일본이 자신들의 전쟁 책임을 은폐하고 있으면서 약삭빠르게 움직이는 점을 비판하는데 그쳐서는 안된다. 중요한 사실은 전쟁 가해국인 일본이 전쟁피해관련 기념관을 만들었다는 점이 아니기 때문이다. 왜 전쟁피해의 사실을 기억하도록 해야 하는가 하는 점이다.

"기록을 홀대하면 역사가 앙갚음 한다"

한국에 기록관 설립이나 기록학이라는 용어가 생경하고 척박했던 1990년대 후반에 김기석 교수가 교내 행사에서 내 걸었던 표어이다. '한일과거청산' 기록관을 설립해야 하는 이유를 명쾌하게 보여주는 표어이다.

---

22) 『조선일보』 1999년 8월 11일 기사 ; 이진, 1999년 10월호 「2차대전 중 미국의 일본인 수용소 스토리」 『신동아』 중에서.

제2부

기억을 찾아, 현장을 찾아

제1장

강제연행의 기억을 찾아

Ⅰ. 1995년, 첫 경험

필자의 '강제연행 기억 찾기'의 첫 발걸음 떼기는 그야말로 부끄러운 고백이다. 너무나 무지했기에 할 수 있었던 무모하고도 용감한 길이었기 때문이다. 그러나 아울러 그 길은 하나 하나 스스로의 힘으로 체득하고 만들어 간 길이기도 했다. 따라서 감히 수치스러움을 무릅쓰고 밝힐 수 있다.

필자가 강제연행의 기억을 찾아 나선 것은 1995년, 한국정신문화연구원 한국학대학원 박사과정 재학시절에 보건복지부 프로젝트(해외희생자유해조사사업. 연구책임자 권희영 교수)에서 조교 일을 하면서부터이다. 두 명의 조교 가운데 필자가 담당한 업무에는 피해자의 면담이 포함되어 있었다. 그러나 그 당시에는 본격적인 인터뷰를 한다는 생각까지 가지고 있지 않았기 때문에 녹음기 조차 구비하지 않고 면담을 하기도 했다. 그야말로 무모한 시작이었던 것이다. 한번도 경험하지 않았기에 일단 나름대로 질문지를 작성하기는 했으나 질문지도 당시 공동연구자였던 최영호 교수의 면담 길에 몇 번 동행을 하여 참관하는 횟수가 많았기에 크게 사용하지는 않았다. 당시 준비했던 질문지는 비록 거칠기는 하지만 큰 방향은 설정된 것이어서 약간의 보완을 거쳐 지금도 사용하고 있다.

> ■ 인터뷰 설문지 내용 ■
> 1. 인적사항
> 1-1 이름
> 1-2 출생지
> 1-3 현주소
> 1-4 나이
> 1-5 경제상황 : 농가소유관계, 부채관계
> 1-6 가족상황 : 결혼여부 포함
>
> 2. 징용(또는 징병)관계
> 2-1 징용(또는 징병)된 계기
> 2-2 징용(또는 징병)된 시기
> 2-3 징용(또는 징병)의 방법 : 모집, 관주선, 강제징용 여부
> 2-4 징용(또는 징병)된 장소
> 2-5 징용(또는 징병)되어 파견된 장소
>
> 3. 징용지(또는 징병지)관계
> 3-1 징용지(또는 징병지)에서 현지인과의 관계
> 3-2 징용지(또는 징병지)에서 일본인과의 관계 : 차별대우 상황
> 3-3 기타 징용과 관련된 주변상황에 대한 언급
>
> 4. 해방 이후 내용
> 4-1 귀환일시
> 4-2 귀환직전의 근무지
> 4-3 귀환당시의 경제상황
> 4-4 귀환 이후의 보상

5. 현재 상황
5-1 현재 보상에 대한 만족도
5-2 일본정부나 한국정부에 바라는 것

최영호 교수는 일본 유학시절 인터뷰 경험이 있어 먼저 시범을 보이기 위해 수고를 해주셨다. 몇 번의 시범을 거친 후 본격적으로 독자적인 면담이 시작되었다. 본격적인 면담에 들어서자 녹음기를 준비해야 할 것 같은 생각이 들어 집에 있던 녹음기를 들고 나서게 된 것이 지금에까지 이른 필자의 구술자료수집작업의 역사이다. 평소 현장학습의 필요성을 강조하던 은사 박성수 교수가 현지조사에 나설 때마다 반드시 손목에 녹음기를 걸고 다니며 녹음을 하던 기억이 났던 것이다. "어디를 가든지 반드시 녹음기를 가지고 다녀야 한다"던 말씀이 생각나 들고나선 녹음기였는데, 그 이후로 필자와 녹음기와의 인연은 지금까지도 이어지고 있다.

서울과 경기지역에서 시작된 피해자 면담이 점차 지방으로 확산되면서 점차 면담작업의 어려움은 피부로 느끼게 되었다. 원거리까지 왕래하는 번거로움도 그러하지만, 시골의 구석 구석을 찾아다니는 것은 체력적인 부담도 감당해야했기 때문이다. 장대비가 억수같이 쏟아지던 날 오후에 시외버스를 타고 임실로 가던 날은 지금도 기억이 난다. 남양군도에 다녀온 피해자를 만나기 위해 임실로 갔는데, 버스에서 내릴 즈음에는 이미 해가 넘어가 있었다. 터미널 주변의 작은 여관에 짐을 풀고, 면담대상자들과 연락을 취한 뒤 얼마 되지 않은 출장비를 아낀답시고 빵 쪼가리를 씹으며 여관방에서 밤을 보낸 기억은 그다지 유쾌한 추억은 아니다.

다행히 당시 면담작업은 피해자를 직접 물색하는 단계는 해결되어 피해자단체가 제공해준 기본적인 정보(주소와 전화번호)가 있었기에 발 품을 많이 줄일 수 있었다. 그러나 이것은 장점이자 단점으로 작용하기도 했다. 이 조사연구사업의 취지에 충분히 공감하고 적극적으로 도움을 주려는 단체도 있었으나, 피해자단체의 직접적인 관할 아래 면담이 이루어져야 한다는 원칙(?)을 고수하여 진행에 어려움을 준 단체도 있었기 때문이다. 피해자 단체 측에서 '보여주어야 하는 대상자' 또는 '보여주고 싶은 대상자'를 선정하여, 단체 구성원의 참관 아래 피해자와 만남을 가질 수 있게 하였고, 질문 내용도 제약을 받는 경우가 있었다. 면담 중간에 개입하여 피해자에게 "이렇게 대답하세요" 라거나 "이런 것을 이야기해주세요" 라고 권하는 일이 반드시 뒤따랐다. 증언 도중에 신이 난 구술자가 자신의 특기인 한시를 읊어 주었는데, 동행한 피해자단체의 회장이 "할아버지 그거는 그만하고, 그 몸에 난 상처나 좀 보여주세요"하니 노인은 바로 옷을 들추고, 흉터를 보여준다. 절단된 팔과 다리의 흉터였다. 노인에게 그 회장은 당장이라도 보상금을 받아다 줄 것 같은 능력있는 인물로 각인되어 있었다. '내 말 한마디면 다 된다'는 위풍당당함에서 짙은 화장의 회장님 얼굴이 필자에게 추하게 다가선 이유는 무엇일까. 이러한 경험은 뒤에 구술자료수집에 본격적으로 뛰어들면서 '해서는 안 되는 금기사항'을 확실하게 인식하는 기회가 되었다.

　면담자의 주소지를 알고 있더라도 만나는 일은 쉽지 않았다. 당시는 휴대전화기가 사용되지 않은 시기였으므로 논에서 일하는 피해자를 찾는 것은 술래잡기와 같은 일이기도 했다. 집으로 찾아가면 "논으로 갔다"고 하고, 논으로 찾아가면 "방금 과수원으로 갔다"고 하는 등 같은 동리에서도 술래잡기 하듯 뱅글 뱅글 돌면서 찾아야 하는 경우도 있었다. 연만한 연세에도 농촌의 일손이 노인들을 편하게 쉬게 하지는 않았기 때문이다.

일단 녹음기를 사용하고 난 이후에는 녹음기로부터 자유로워질 수 없었다. 녹음기를 들고나섰으니 녹음을 해야 할 것 같았고, 일단 녹음을 시작하니, 증언채록에 대한 욕심이 생기기 시작했다. 아주 사소한 것도 반드시 녹음을 해야할 것 같고, 녹음기가 없으면 인터뷰 자체를 진행할 수 없었다. 그래서 면담 일정의 말기에는 완전히 녹음기에 의존한 면담으로 일관했다. 그런데 인터뷰 후에 집에 돌아가서 녹음내용을 확인해보면, 필자의 인터뷰 내용이 확연하게 드러나게 되는데, 부족한 점이 한 두 가지가 아니었다. 이렇게 되니 점차 당시에 하고 있던 증언채록 방식에 의문점이 일지 않을 수 없었다. 그러나 촉박한 연구프로젝트 진행 일정과 보고서 작성은 더 이상의 고민을 유보하도록 해주었다.

Ⅱ. '기슈광산의 진실을 밝히는 모임'과 함께한 기억 찾기(1997~1998년)

1. 강원도 평창

1997년 지도교수인 박성수 선생님의 지시로 일본에서 온 '기슈광산의 진실을 밝히는 모임'(회장 : 金靜美)의 현지 답사를 돕게 되었다. 평소 연구성과를 통해 깊은 인상을 가졌던 김정미 선생의 작업을 돕는다는 소박한 심정에서 떠난 강원도 평창의 인터뷰 작업은 강제연행이라는 연구분야를 "나중에 반드시 해야 하는 연구 주제"로 마음에 새기는 계기가 되었다.

'기슈광산의 진실을 밝히는 모임'은 오랫동안 일본 미에(三重)현에서 일어난 조선인학살사건을 조사하던 연구자와 활동가들이 銅광산이던 기슈(紀州)광산에서 노역 당하던 조선인강제연행자의 자료를 찾으면서 만들어진 단체였다. 기슈광산의 사업주인 이시하라(石原)산업은 미에현 외에 중국 카이난도(海南島)에서도 광산을 경영하며 조선인 노동력을 착취한 기업이다. 일반인들에게 휴양지로 알려진 카이난도는 바로 이들 강제연행된 조선인들이 수백명씩이나 강제노역 끝에 죽임을 당한 피와 한의 땅임을 이 모임의 힘으로 밝혀냈다.

김정미 선생은 쿠마노(熊野)市史에 이시하라 산업의 강제연행 및 강제노동 사실이 기록되도록 운동을 하고, 이에 관한 자료를 수집했다. 비록 시사에 내용이 명기되지는 못했지만 관련자료는 다수 수집할 수 있었다. 이 모임은 한국의 정부기록보존소에 소장된 기슈광산 조선인명부를 확보하였는데, 이를 통해 지역별로 피해자가 편중되었음이 확인되었다. 피해자의 많은 수가 강원도와 경북지역 출신자였다.   따라서 명부의 본적지를 중심으로 지역별로 피해자를 찾아다니며 증언을 채록하는 작업을 하게 된 것이다.

8월 6일 동서울터미널 평창행 버스승차장에서 만난 일행은 여전사와 같은 모습의 김정미 선생·사이토 히데하루(齋藤 日出治) 교수였다. 사토 쇼진(佐藤正人) 선생은 먼저 평창에 가서 현지조사를 하고 있었기에 같이 출발하지 못했다. 형평운동과 중국 동북부 지방의 민족운동에 관한 저작을 통해 알려진 김정미 선생은 연구자라기 보다는 활동가의 모습을 보이고 있었다. 한 가닥으로 땋아 내린 긴 머리에 하얀 개량한복 상의에 화장기 없는 얼굴, 강한 경상도 사투리가 일본어 발음과 섞이면서 인상을 더욱 강렬하게 만들어준다. 경상도 사투리와 일본어 발음의 조화는 평소에 필자도 어머니를 통해서 친숙한 발음이다. 사이토 교수는 눈 맞추는 것도 어색해하는 천상 일본인 연구자의 스타일을 보여주었다.

3시간의 버스 여행 끝에 평창에 내려 터미널 근처의 허름한 숙소에서 사토 선생과 만났다. 예전에 박성수 교수가 마련한 식사 자리에 동석한 기억이 있는 사토 선생은 여전히 굳은 표정을 풀지 못하고 있었다. 마치 격전장에 온 듯한 표정. 사토 선생은 박동락 선생과 함께 자리를 하고 있었는데, 박동락 선생은 임업협동조합의 임원으로 2일간 차량과 여러 지원을 해주었다. 사토 선생이 생존자를 확인하기 위해 들른 면사무소에서 우연히 박동락 선생을 만났다고 한다. 박동락 선생은 떠듬거리는 한국어로 명부의 조회를 부탁하는 사토 선생을 보고 평소 익혀둔 일본어 실력을 발휘해 명부 확인작업을 도와주게 된 것이다.

박동락 선생은 면사무소의 도움을 받아 노인회관을 수배해놓고 봉고차를 직접 몰면서 우리 일행을 안내했다. 노인회관에 가서는 조사단의 목적을 설명하고, 작업이 진행되는 동안에 노인들에게 음료수를 대접하며 분위기를 돋구는 역할을 적극적으로 수행했다. 박동락 선생의 도움이 없었다면 짧은 기간 동안에 그 넓은 강원도 땅에서 피해자를 찾는 일은 무척 어려웠을 것이다.

평창행은 강제연행의 역사를 찾아 다니는 작업을 기초부터 경험하게 된 좋은 기회였다. 각자 주머니에서 염출한 비용으로 떠난 궁핍한 壯途였기에 숙소는 허름한 여인숙이었고, 제대로 된 식사를 할 수 없는 상황이었다. 그렇기에 거친 음식으로 허기를 채우며, 면사무소와 노인회관, 그리고 피해자의 집을 찾아다니는 일은 쉽지 않았다. 박동락 선생이 차량지원을 해주었을 때는 어려움이 덜했지만 이후에 평창읍에서 멀리 떨어져 있는 곳까지 다녀오는 길은 어려움의 연속이었다. 미리 전날 전화를 통해 확인을 하고 떠나기는 하지만, 일이 순조롭게 되기 위해서는 긴장을 하지 않을 수 없었다. 돌아갈 버스 시간도 확인해야 하고, 이동하는 사이 사이에 식사를 챙기는 것도 큰 일이었다. 낮에야 빵이라도 씹으면 되지만 조금이라도 더 많은 피해자를 찾겠다고 돌아다니다가 보면, 밤 10시가 되어 읍내로 돌아와 간신히 식당을 찾게 되었다. 메뉴나 취향은 엄두도 못 내고 문이 열린 식당이 있다는 것에 감지덕지하면서 허기를 채우는 것이다. 숙소로 돌아와도 그날의 작업을 결산하는 회의가 2~3시간 계속되어 휴식은 쉽지 않았다. 만난 생존자와 사망한 피해자를 확인하고, 생존이 확인된 분들과 연락을 취하는 것은 필수적인 일이었다. 사망이 확인된 사람들에 대한 부분도 빠짐없이 조사하고자 했다.

하루 동안에 작업내용을 확인하고 면담내용을 다시 한번 정리하고, 내일의 일정을 확인하는 것도 오랜 시간이 걸렸지만 하루 작업에 대한 자아비판(?)에도 적지 않은 시간이 걸렸다. 그냥 고지식하다고 표현하기에는 너무 부담스러울 정도로 각자의 원칙을 고수하는 몇몇 구성원으로 인해 논의는 더욱 길어졌다. 작업내용을 한번만 확인을 해도 될 것을 여러 차례 확인을 해야 직성이 풀리는 사토 선생의 회의 진행방식은 효율성을 무시한 낭비로 여겨지기도 했다.

김정미 선생은 과연 장기간 회장의 책무를 감당할 수 있는 능력의 소유자였다. 사토 선생의 괴팍함을 받아주면서도 기본 원칙에서 이견이 생기면 두 세시간의 논쟁도 마다하지 않았다. 줄담배를 피워대며 논전을 펼치는 모습은 인상적이라는 말로 적합하지 않을 정도이다. 특히 일본인 작업자들이 가질 수 있는 민족적 우월감에 대해서는 절대 허용하지 않았다. 김정미 선생은 아침에 생존자를 찾아 떠나기 전에 일본인 작업자들에게 "아닙니다. 우리는 당연히 할 일을 하는 것 뿐입니다"를 암송하게 했다. 이는 행여나 한국의 노인들이 "아이구 이렇게 좋은 일을 해주니 얼마나 고마워"하고 치사를 할 경우에 대비한 교육이었다. 기회만 있으면 '일본인인 당신들이 지금 하는 일은 너무나 당연한 일'이라는 점을 강조하고, 한국어를 능숙하게 하지 못하는 것을 부끄러워해야 한다는 일갈(一喝)도 빠짐이 없었다.

일행 중에 한국어가 가장 서툴다는 사이토 교수가 회계를 맡았는데, 회계라고 해봤자 아침마다 일행으로부터 1인당 1만원씩 걷어서 살림을 꾸리는 일이다. 버스 터미널 부근의 가게에서 아침 식사거리(빵과 음료)를 사고 행선지행 버스 표를 끊어오며 또한 식당에 가서 돈을 지불하고 저녁에 돌아와 남은 돈을 공평하게 나누는 것도 사이토 교수의 몫이었다. 1만원으로 시작한 하루가 저녁에는 단 몇천원이라도 돌려받는 즐거움으로 마감하곤 했다. "봉평행 버스표 네 장 주세요" 하는 것이 사이토 교수에게는 쉬운 일이 아니었다. 발음이 정확하지 않아 다른 지역으로 가는 버스에 오를 뻔한 일도 있었다.

필자는 일본인 작업자를 대신해서 질문을 하고 인터뷰를 주도하는 일을 담당했다. 김정미 선생이 한국어가 가능했지만 독학으로 배운 것이어서 경어사용이 능숙하지 못했고, 이해하지 못하는 어휘가 많았다. 그리고 노인들이 여러분 모인 노인회관에서는 팀을 나누어 증언채록을 했기 때문에 김정미 선생 혼자서는 감당하기 어려웠다. 따라서 인터뷰는 늘 필자와 김정미 선생이 주도해야 했다.

평창의 작업은 그야말로 '맨 땅에 헤딩한' 작업이었다. 인터뷰 경험이 별로 없었던 필자가 어느새 전담 면담자가 되어 구술작업을 이끌어야 했던 것만 보아도 그 참상(?)을 짐작할 수 있을 것이다. 녹음을 하던 도중에 준비해간 녹음테잎이 떨어져 그저 메모만 했던 기억도 있고, 증언 도중에 면담자들끼리 의견 충돌을 보인 경우도 있었다. 혹시나 하는 마음에 몇 년 전에 사용하던 질문지를 가지고 가서 사용을 했는데, 구술자료수집에 대한 전문적인 교육의 기회가 없었던 일본측 면담자들이 대책이 없는 질문을 퍼붓는 통에 난감했던 적도 많았다.

이 작업은 본래 기슈광산에 다녀온 생존자를 목적으로 하였으나 필자의 의견에 따라 강제연행의 경험자는 모두 인터뷰의 대상으로 삼기로 했다. 그 결과 진부면 노인회관에서는 십 수명의 노인을 상대로 작업을 해야 했다. "나는 언제 할끼여. 언제까지 기다리라는 것이여"라는 노인들의 재촉 속에서 작업이 제대로 될 리 만무했다. 넓은 방 이곳 저곳에서 인터뷰를 하노라니 서로간의 목소리가 섞이기도 했고, 인터뷰를 하고 있는 중간에 끼어 들어서 자신의 경험만을 쏟아내고 사라지는 노인 덕분에 정신이 멍하기도 했다.

그러나 가장 문제가 된 것은 일본측 면담자들의 고집스러운 태도이다. '기슈광산의 조선인 노동자는 이러 이러했다'는 선입견으로 무장을 했기에 원하는 답변이 제한되기도 했고, 문헌자료 수집에 대한 열망이 강했다. 물론 당시에는 일반적으로 구술자료가 문헌자료의 보완적인 의미에 국한되어 있었고, 특히 보상을 위한 증거 확보를 위해서는 문헌자료만이 실질적인 효력이 있었기 때문이다. 그러나 필자는 유달리 이 작업방식이 갖는 문제점에 신경이 쓰였다.

인상에 남는 것은 완강히 증언을 거부하던 尹 노인이다. 그는 기슈광산에 다녀온 귀한 증언자였는데, 먼저 현지조사를 시작했던 사토 선생이 윤 노인을 만나 강경한 어조로 "반드시 보상을 받아야 합니다"라고 역설한 결과, 일행이 도착했을 때 증언은 불가능한 상황에 놓여있었다. 윤 노인은 일행 가운데에서 사토 선생의 얼굴을 보더니 '나는 일본에 가서 고생을 하지 않았으니 보상이 필요 없다. 그러니 말도 하지 않겠다'며 완강히 반응했다.

잠시 동안 필자가 증언을 왜 해야 하는지에 대해 설명을 하고 거의 강압에 가까운 허락을 받아 인터뷰를 시작하였는데, 도중에도 여러 차례 중단될 위기에 봉착했다. 윤 노인이 증언을 거부한 이유는 자신의 경험이 일반적인 강제연행자와 달랐다는 이유 외에 하나 더 있었다. 나중에 다른 증언자를 통해서도 확인한 사실이지만 강제연행피해자를 대상으로 한 브로커들의 사기가 횡행하고 있었던 것이다. '당장에 보상금이 나온다'는 감언이설로 생활이 궁핍한 노인들에게 접근하여 보상신청을 위한 서류비 명목으로 적게는 수만원에서 많게는 수십만원씩 거두어가는 브로커들의 모습을 그동안 적지 아니 보아왔기에 사토 선생이 찾아와서 '보상 운운'했을 때, 부정적인 생각을 갖게 된 것이다. 졸지에 일본인까지 낀 '집단 사기단'이 몰려 와서 증언을 하라고 한 꼴이 되었으니 거부감을 갖게 된 것은 당연했을지도 모른다. 강제연행피해자를 대상으로 한 사기는 시간이 지나면서 점점 더 극성을 부려 근자에는 사기를 당한 액수가 1인당 기백만원씩으로 느는 상황이다. 이 모든 것이 정부차원의 진상조사가 없었던 탓이기도 하다.

윤 노인의 증언은 이들이 그 동안 들었던 증언내용과 여러 가지 면에서 차이가 있었다. 강제연행 이전 시기에 기슈광산에 취업을 한 윤 노인이 기억하는 기슈광산에서 생활은 비교적 자유로운 작업환경 아래 있었다. 자주 일터를 벗어나 여행을 하기도 했는데,

돌아와 일터로 복귀했을 때 감독으로부터 질책을 당하기는커녕 "돌아와 주니 감사하다"는 인사를 들었다고 한다. 심지어 '어여쁜 일본 애인을 두고 귀국하고 싶지 않을' 정도로 여러 가지 면에서 일본 생활에 만족하고 있었다. 가끔 접하게 되는 민족차별이나 부조리한 상황에 대해서는 즉각 완력으로 대처했으므로 생활상 불편함도 거의 느끼지 못했다. 윤 노인의 증언 가운데 일부는 왜곡된 진술이 자리하고 있을지 모르지만 필자의 생각으로는 진실이거나 아니면 왜곡된 기억일 가능성이 더욱 높다. 일단 전체적으로 그의 진술에서 과장을 찾기 어려웠고, 진술의 많은 부분이 같은 작업현장에서 근무하던 노인들과 일치했기 때문이다.

그러나 기슈광산의 경험자이기에 더욱 관심을 갖고 달려드는 일본인 면담자들의 의지가 한 몫을 하면서 증언은 위태 위태하게 진행되었다. 일본측 면담자들은 그동안 가지고 있었던 '기슈광산의 조선인 노동자는 이러 이러하다'는 공식에 어긋나는 증언을 참을 수 없어 했다. "안 맞았습니까. 왜 안 맞았습니까"라는 질문은 구술자의 부인에도 불구하고 끊임없이 이어졌다. 다른 내용을 듣다가도 강한 경상도 억양으로 "잠시 말씀 좀 묻겠는데요. 아까 안 맞으셨다고 하셨는데요. 진짜로 안 맞으셨습니까?" "아까 안 맞으셨다고 하셨는데요. 다른 사람은 맞았다고 하던데요" 하는 식이다. 마치 '왜 너만 안 맞았다고 하느냐'는 질책을 넘어서 '맞았다'고 이야기하지 않으면 그치지 않을 태세는 추궁에 가까웠다. "나는 그 동안 이런 얘기 안했고, 내가 말 안 할라고 했는데 색시(*필자) 때문에 한다"고 시작한 증언이 순조롭게 이어지지 않을까 참으로 조마조마 했다. 다행히 증언이 시작되자 분위기가 고조되어 증언에 심취되어 있던 노인은 증언이 끝나고 녹음기가 꺼지자 필자에게 "나는 친일파가 아니여. 물론 일본 사람들이 잘했다는

것은 아니지만 안한 것은 안한 것이니까"라고 이야기 한다. 증언
하는 동안 내내 마치 자신이 친일파라도 되는 듯 여겨진 것이다.
그 표정 속에서 필자는 '지금 우리가 하는 짓이 무엇인가'라는 큰
자괴감을 느끼기까지 했다. 결국에는 이런 상황을 필자 스스로가
견디지 못해 질문 도중에 질문을 하는 일본측 면담자에게 항의를
하는 적도 있었으니 가히 면담상황은 짐작할 수 있을 것이다.

그래도 김정미 선생은 자기 성찰적인 면을 견지하고 있었기에
의견 차이를 좁힐 수 있었다. 그러나 사토 선생은 본인의 생각과
원칙을 쉽게 바꾸지 않는 분이어서 필자는 내내 불편함을 느끼곤
했다. 거기에 때때로 토해내는 한국사회에 대한 불신감(한국사람
들은 거짓말을 잘 하고 신뢰할 수 없는 존재라는 생각에서 나오
는 여러 표현)은 지나칠 정도여서 일행으로서 친화감에 저해요소
가 되기도 하였다. 그 모든 것이 좀더 많은 자료를 수집해야 한다
는 의욕, 그리고 옳은 일을 하므로 다들 이해할 것이라는 믿음에
서 나온 부작용이었다고 생각한다.

그럼에도 평창의 조사작업은 수업료도 없이 현지조사의 기초
과정을 학습한 셈이다. 비록 필자가 급히 현대사연구소의 전문연
구원으로 채용이 되었다는 연락을 받고 서울로 올라오느라고 3일
동안만 동행할 수 있었으나 개인적으로는 여러 가지를 공부한 기
회였다.

이 팀과의 작업은 그 후에도 한번 더 있었고, 개인적인 교류는
계속되었다. 김정미 선생과 만남은 일본의 강제연행연구 및 조사
활동에 대한 실태를 일부나마 체험하게 되었다는 점과 아울러 강
제연행연구가 실천성을 수반해야 하는 이유를 확인하게 된 계기
가 되었다. 이틀 후에 평창에서 남은 작업을 마치고 돌아온 팀과
서울에서 해후를 하였는데, 서울신문사(현 대한매일)의 취재에 응

[사진 1-1] 평창군 진부면 노인회관 앞에서. 맨 오른쪽이 김정미 선생

하기 위해서였다. 며칠 후 신문에 실린 사진을 보고 '한 여름의 여자 빨치산'을 연상케 하는 필자의 몰골에 모두 다 웃었던 기억이 있다. 이 사진은 작업팀이 신문사에 제공한 사진이었는데, 참으로 필자의 몰골이며 행색이 처참하게 보였던 것이다.

평창에서 만난 것은 피해자만이 아니었다. 노인회관에서 만난 사람 가운데에는 친일파의 후손도 있었다. 부친이 비행기를 두 대나 헌납했다는 노인은 하얀 양복과 모자, 백 구두로 치장을 하고 하얀 승용차를 몰고 오셨는데, "지금도 일정시대였다면 나는 장관이 되었을 것이다"고 호언하던 분이었다. 해방이 되고 나서는 '토지개혁으로 그 많던 토지를 다 빼앗기고 지금은 평범한 생활을 하게 되었다'는 노인은 그 연배에도 관동대학교 사회교육원에 다닐 정도로 가진 자로서 혜택을 누리던 분이었다. 겉으로 보아도 윤택함이 흐르고 있었다. 그러나 노인회관에서 강제연행 피해자들의 증언작업을 도와주고, 건강이 좋지 못하여 노인회관으로 나오지 못하는 피해자에게 우리 일행을 데려다 주는 등 작업에 도움을 많이 주었다. 그 노인을 보면서 느끼는 것은 피해자와 친일파의 후손이 함께 어울리면서 서로 도우며 살아가는 조화와 배려였다. 이런 자연스러움은 단지 '늙어가기' 때문에 가능한 것인가.

2. 경북 안동과 군위지역

'기슈광산의 진실을 밝히는 모임'과 함께 한 두 번째 작업의 대상지는 1998년 8월의 경북 안동과 군위지역이었다. 이 팀의 전체 일정은 19일부터 23일이었는데, 필자를 비롯한 한국팀은 19~20일만 참가하였다. 이 작업을 위해 일본에서는 김정미 회장과 사토, 사이토 교수 외에 재일동포학생 김사원과 김지원이 참가하였다. 한국팀은 필자와 당시 조교를 하던 이승엽(현재 일본 교토대 박사과정 재학중), 충남대학교 석사과정 재학생 노영종(현재 정부기록보존소 학예연구사)이 참가하였고, 정신문화연구원 대학원생으로 안동 출신인 석사과정생 탁효정이 합류했다. 필자와 이승엽, 노영종은 모두 수요역사연구회원이었으므로 돌아온 이후에 간단한 참가기(노영종 작성)를 수요역사연구회 홈페이지에 올려 놓았다.

이번에는 일본에서 온 모든 참가자와 한국측 참가자가 함께 18일 밤에 청량리역에서 출발을 하고, 한국측의 참가자 가운데 노영종과 탁효정만 현지에서 합류를 했다. 대전에서 학교를 다니던 노영종은 미리 안동에 내려와 숙소를 잡아놓고 기다렸고, 탁효정은 나중에 숙소에서 합류했다.

　지난 번 조사와 달리 젊은이들의 참가가 많아서 조사는 매우 활기찼다. 김사원과 김지원 자매는 기록을 담당했는데, 청량리역에서 떠날 때부터 빠짐없이 기록했다. 기차 안에서 홍익판매 아저씨로부터 커피를 사서 마셨는데, 이들이 그 가격을 기록하지 않았다. 잠시 후에 이 사실을 알게 되자 김정미 선생이 다시 판매원을 불러 커피 값을 확인함으로써 사명을 완수하도록 도와주었다. 부르는 소리에 매상을 기대하고 다가온 판매원의 황당해하는 표정이라니. 이들 자매의 기록업무는 그리 쉽지 않았다. 늦은 시간까지 이어지는 회의에서도 졸린 눈을 비비고 기록을 해야 했기 때문이다. 그러나 한국어가 익숙지 않으면서도 인터뷰 현장에서 열심히 눈빛을 빛내고 있었다. 재미로 하고 있다고 하기에는 어려운 일이었으니, 그 이상의 의미를 스스로 갖고 있었기에 가능하지 않았을까.

　작업방식은 지난번과 다르지 않았다. 명부(石原産業紀州鑛山作製名簿, 정부기록보존소 소장)를 바탕으로 기슈광산에 강제연행되었던 분들의 명부를 다시 정리하고 이를 바탕으로 인터뷰를 하는 것이다. 기슈광산에 강제연행된 피해자들의 명부는 일본에서 정리해왔는데, 이들에 대한 확인을 위해 면사무소를 방문하고, 다음 단계로 노인회관을 찾으며, 생존자의 자택을 직접 방문하는 순서였다.

　기슈광산으로 강제연행되었던 피해자는 경상북도 군위군의 경우 총 32명이었고, 안동시의 경우 총 30명이었다. 이 중 확인된 수는 경상북도 군위군의 경우 6명으로서 사망은 5명이고, 1명이 생존해 있었다. 지난번 조사와 마찬가지로 조사의 중심은 기슈광산 피해자들이었고, 기타 다른 강제연행 피해자에 대한 증언도 채록하였다. 이승엽과 노영종은 경험이 전무한지라 평창에서와 마찬

가지로 필자와 김정미 선생이 인터뷰를 주관하고 다른 참가자들
은 참관했다.

구술자료수집상의 문제점은 이번에도 별로 개선되지 않았다.
원하는 증언이 나올 때까지 질문을 퍼붓는 것이나 개인의 프라이
버시와 무관하게 진행되는 인터뷰 등등. 이번에도 역시 문헌자료
를 수집하겠다는 일본측 참가자의 의지가 강해서 조사인지 취조
인지 모르는 상황이 발생하기도 했다.

기슈광산에서 대장을 맡았다고 알려진 이모 노인의 장남에게
찾아간 일행 앞에서 장남은 작고하신 부친이 그런 일을 했다는
것을 받아들이는 것 자체가 힘들어 보였다. 더구나 장남은 부친
이 귀국 이후에도 일정 기간 동안 일본인 아내와 살다가 경력상
오점으로 남을 것을 걱정하여 일본으로 보내고 현재의 어머니와
재혼을 한 사실도 전혀 모르고 있었다. 어머니는 당시까지도 자
신이 첫 부인인줄 알고 있었다. 물론 다른 증언자들은 이 노인이
기슈광산에서 노동자들의 방패막이 역할을 해주었던 것으로 기
억하고 있는데, 그럼에도 아들이 받은 충격은 매우 커 보였다. 부
친이 일본에 다녀온 사실 조차 전혀 들은 바 없었던 아들은 그 자
리에서 어머니에게 전화를 걸어 몇 가지 사실을 확인했다. 그런
데 수십년간 함께 살아온 어머니에게도 이 사실은 생소한 내용이
었다. 아들이 어머니에게 확인한 사실은 단지 '아버지가 일본에
다녀온 적이 있느냐' 정도였다. 그런데 그 외에 다른 사실은 이들
가족에게 더 충격적인 내용이었다. 더구나 당시 아들은 얼마 전
에 일어난 수해로 경영하던 돼지농장이 피해를 입어 많은 돼지가
폐사한 직후였다. 경제적인 어려움에 불쑥 찾아온 한 무리의 사
람들이 전하는 내용은 한번도 들어본 적이 없는 이야기였다.

이렇게 정신적으로 매우 혼란스러워 하는 아들에게 계속 문헌

자료를 요구하는 일본측 참가자들은 참으로 많은 것을 생각하게 해주었다. 이들이 듣고자 하는 이야기, 얻고자 하는 것은 의미가 있을까 하는 극단적인 생각까지 들면서 작업에 동행한 것이 후회되기까지 했다. 저녁에 회의에서 김정미 선생에게 그러한 점을 문제 제기하였으니 '기슈광산의 진실을 밝히는 모임'과 공동 작업이 이후에 더 이어지지 못하게 된 원인 가운데 하나가 되었다고 생각한다.

이번 작업은 안동MBC가 동행 취재하였으므로 차량을 안동MBC가 지원해주었다. 안동MBC는 '기슈광산의 진실을 밝히는 모임'과 '三重縣 木本에서 학살된 조선인노동자(李基允・裵相度)의 추도비를 건립하는 회'(회장과 구성원의 대부분이 중복)의 활동을 특집방송으로 보도할 계획을 가지고 있었으므로 '기슈광산의 진실을 밝히는 모임'의 한국현지조사작업을 취재한 것이었다. 일반적으로 언론기관과 공동작업을 하면, 행정기관의 협조가 원활하다는 장점이 있다. 그러나 언론기관의 요구에 따라 작업의 방향이나 원칙이 흔들리는 단점도 함께 갖고 있다. 이 작업에서도 그러한 점은 여지없이 발휘되었다.

19일부터 시작된 조사작업은 안동MBC가 제공한 봉고 자동차에 취재기자와 카메라 기자가 동승하면서 시작되었다. 인터뷰 장면은 물론이고 차에 오르내리는 장면, 면사무소를 찾아가는 길 등 모든 조사작업과정은 취재용으로 연출되었다. 좋은 화면을 위해 차에서 다시 내리거나 손을 흔드는 일은 그래도 쉽게 양해가 되는 일이었다. 그러나 '밤 장면을 찍어야 한다'는 말에 늦은 밤임에도 낮에 인터뷰를 하고 나온 노인의 집에 다시 쳐들어가 인터뷰를 연출하곤 했다. 카메라 기자가 인터뷰 중간에 끼어 들어 '이런 식으로 질문을 하라'는 둥 할 때는 다 털고 일어나고 싶은 심정이었다. 하나라도 더 화면에 담기 위한 방송국팀의 노력은 조사작업 자체에 의미를 상쇄시키는 듯 하여 필자는 귀경 일정을 당겼다.

두 번에 걸친 '기슈광산의 진실을 밝히는 모임'과 공동작업은 여러 가지 면에서 한국측 참가자들에게 많은 자극이 되었다. 한국에 거주하는 많은 강제연행 피해자에 대해 한국의 연구자들이 아무런 노력도 하지 않았다는 자극을 받은 것은 물론이다. 당시 노영종은 강제연행문제에 관해 석사논문을 계획하고 있었으므로 귀한 경험을 한 셈이다. 필자의 경우에는 제대로 된 방식의 구술 자료수집은 무엇인가 하는 고민을 본격적으로 하고 방법을 찾아 나선 계기가 되어 주었다. 특히 평창의 조사를 마친 후 서울로 돌아와 구술자료녹취문을 작성하면서 김기석 교수와 이향규 연구원으로부터 구술사에 대한 정보를 알게 된 것은 가장 큰 수확이었다. 윤문과 편집을 거친 녹취문이 녹취문이 아니었음을 안 것이 바로 그 때였기 때문이다. 두 번의 작업에 대한 자료 전체에 대한 녹취문은 작성되지 못했다. 일본측 참가자 가운데 김정미 선생이 간단한 내용만 정리하여 논문에 인용했을 뿐이다. 필자가 지금 조금씩 녹취문 작업을 하고 있으나 시일이 많이 지난지라 내용의 정확성은 보장할 수 없는 상황이다.

그 후로 필자는 구술자료수집작업에서 잘못된 수집방법을 언급할 때에 반드시 두 번의 공동작업을 예로 든다. 녹취문 작성은 물론이고, 평창과 안동의 작업이 '구술자가 냉장고에 넣어둔 음료수와 같이 언제나 필요할 때 꺼내 먹을 수 있다'는 식의 수집방법이었다는 아쉬움을 떨칠 수 없기 때문이다.

Ⅲ. '강제동원진상규명특별법제정을 위한 추진위원회'의 구술자료수집작업

2001년 6월에 들어서 '일제하강제동원진상규명을위한특별법'을 제정하기 위해 연구자와 피해자단체, 시민사회운동단체가 모인 '강제동원진상규명특별법제정을 위한 추진위원회 준비위원회'는 추진위원회 산하에 조사연구실을 두고 문헌자료와 구술자료에 대한 수집을 하기로 했다. 추진위가 발족하기 이전에 조사연구사업에 착수하기로 하고, 준비를 진행하던 중 한국독립운동사연구소로부터 연구비지원 제의를 받고 2001년 10월부터 2개월간 일제하 강제연행관련자 구술자료수집작업을 전개하게 된 것이다.

이를 위해 한일민족문제학회와 역사문제연구소, 한국교육사고 소속 연구자들의 도움을 얻어 작업팀(팀장 : 정혜경, 면담자 : 김명진, 김인덕, 남신동, 우수미, 이병례, 이혜정, 이홍기, 장신, 정혜경, 표영수, 실무 : 우수미)을 구성하게 되었다. 추진위는 서울과 경기, 전남과 전북 지역을 작업대상지로 정하고, 태평양전쟁피해자보상추진협의회의 기초조사자료를 바탕으로 작업을 진행했다. 두 차례에 걸친 면담자 오리엔테이션을 거쳐, 11월 10일부터 12월 10일까지 4개 지역에서 구술자료수집작업이 진행되었다. 이 기간 동안에 총 55명에 관한 자료를 수집할 수 있었다.

1. 자료수집, 어떻게 이루어졌는가

이 자료수집은 강제연행연구나 구술자료수집에서 몇 가지 과제와 의미를 남긴 작업이다. 이 작업이 갖는 의미는 연구비를 받아서 수행된 국내 최대의 강제연행관련구술자료수집작업이라는 점과 이들 결과를 바탕으로 한 심포지엄이 국내 최초로 개최되었다는 점이다.

그러나 부작용과 향후 과제도 적지 않았다. 어찌 보면 감추어야 할 치부이기도 하다. 그러나 앞으로 한 단계 나아가기 위해서 우리는 이 작업에 대한 뼈 아픈 성찰이 필요하다. 그러므로 필자는 그러한 점을 중심으로 자료수집과정의 전모를 언급하고자 한다.

발주처의 무리한 요구와 이에 대한 주관처의 대응은 진정 '한국식 자료수집'의 전형을 보이기에 충분했다. 발주기관은 연말에 남은 자료수집비를 좀 더 '의미있게' 집행하고자 하는 의도가 있었고, 특별법추진위는 이러한 무리한 요구라도 수용하는 것이 자료를 생산한다는 입장에서 필요한 것이 아니냐 하는 상황론에 따라 작업을 진행하게 되었다.

조사연구실에서 작성하여 제출한 계획서의 내용과 달리 계약은 예산이 삭감되고 여러 부가조건이 붙은 상태에서 체결되었다. 당시 추진위가 발족 이전 상태여서 민족문제연구소에서 연락을 담당하고 있었는데, 수집작업을 담당할 당사자의 의견은 고려하지 않고 덜컥 계약을 해 버린 결과이다. 최소한의 비용을 제시한 예산이 삭감된 것보다 더욱 큰 문제는 단기간에 많은 결과물을 제출해야 하는 것이었다. 발주처는 물론, 계약 당사자도 구술자료수집을 한 번도 한 경험이 없었기에 이러한 무모한 계약이 가능했던 것이다.

"구술자료가 가게에서 물건을 사듯이 그렇게 간단한 일인 줄 아느냐"는 필자의 항변도 '이런 조건이라도 어디냐'에 묻혀 담당자의 헌신을 요구하는 것으로 굳어진 것이다. 결국 필자는 '이미 엎질러진 물'이지만 열심히 해보자는 의욕에서 일단 가능한 방법을 생각하게 되었다. 구술자는 '태평양전쟁피해자보상추진협의회'의 협조를 얻어 섭외하기로 했고, 면담자를 모아 교육하는 작업도 동시에 수행했다. 여기 저기에 수소문하여 면담자를 모았으나 역시 효과를 거둔 것은, 흔히 사용하는 '박정희식' 또는 '강제연행연구에서 터득한 방식'이다. 안면을 무기로 강요하거나 자료라는 당근(?)을 제시하여 무조건 응하도록 강권하는 것이다. 이 과정에서 남신동, 표영수를 동원하는 데 성공했다. 당시 서울대학교에서는 김기석 교수가 개설한 구술사강의가 진행 중이었으므로 김기석 교수에게 부탁을 하여 수강생들 가운데 일부를 동원하는 성과(?)를 거두기도 했다. 우수미 간사는 오로지 간사라는 '죄' 하나로 자연스럽게 동원대열에 동참했다. 그 외에 새로운 경험을 위해, 또는 쥐꼬리만한 작업비에 속아 면담자를 자청했다.

그러나 두 번에 걸쳐 실시된 면담자 교육은 참석율이 부진했다. 필자의 영향력이 직접 미치는(?) 남신동과 표영수 선생, 김인덕 박사와 우수미 간사를 제외하고는 2회의 교육과정에 모두 참가한 면담자는 없었다. '아르바이트를 한다고 생각하는 분은 참여하지 말아주었으면 좋겠다'는 호소에도 불구하고 신청한 면담자 그대로 수집작업을 담당하게 되었다. 면담자의 자질은 곧 바로 자료의 질로 이어진다. 필자는 녹취문을 정리하는 과정에서 녹취문 전체를 일독할 기회를 가졌다. 참으로 많은 아쉬움을 남긴 결과물이 적지 않았다. 구술자료가 무엇인지에 대한 이해도 없이 수집에 참여한 면담자가 예상보다 많았던 것이다. 이 작업

은 필자로 하여금 구술자료수집의 현실을 다시 한번 확인하도록
하는 기회였다.

준비가 부족한 상태에서 역사문제연구소의 장소제공에 힘 입
어 수집작업은 시작되었다. 부족한 면담자를 채우기 위해 1인의
면담자가 하루 3명의 구술자로부터 자료를 채록하는 작업은 한마
디로 중노동이었다. 아침에 생생한 얼굴로 면담장소에 나온 면담
자가 저녁에는 눈이 퀭한 상태가 되는 것이다. 2개월간 55명분의
증언채록결과물을 제출한다는 것이 얼마나 무모한 일인가.

작업의 무리함은 지방작업에서 여실히 드러났다. 전주와 광주,
두 지역에서 실시한 작업은 지방 피해자단체의 실태를 온몸으로
체험하는 기회였다. 사전준비가 다 되었다는 보상추진협의회 사
무국장의 말을 믿고 11월 23일 전주팀(정혜경, 표영수)과 광주팀
(남신동, 우수미)은 2박 3일간 자료수집을 위해 현지에 도착했다.
거기에서 우리가 봉착한 것은 '보상을 미끼로' 피해자를 이용하
는 단체의 횡포였다. 강제연행의 생존자들은 노구에도 불구하고,
하던 일을 다 팽개치고, "보상을 받고 싶으면 나와라"는 지부장의
엄명에 응했다. 미리 연락을 해서 면담준비가 되어 있을 것이라
고 생각한 우리 앞에는 김장독을 묻다가 정신없이 뛰어온 할아버
지나 당장 보상금을 받는 것으로 알고 자식까지 앞세우고 온 노
인이 모여 있었다. 이들에게 증언은 예상치 못한 일이었다.

이런 상황을 모르고 여관방에서 자료수집을 하던 면담자 일행은
면담이 진행되면서 점차 이상한 느낌을 받았다. 차마 "돈은 언제
주나요"라는 소리를 참고 있던 노인들이 오후가 되자 말문을 열기
시작한 것이다. 이들을 이해시키고 다시 작업을 하는 과정에서 면
담자들이 느낀 황망함은 이루 말 할 수 없다. 더구나 이들에게 전
달한 교통비 2만원 마저 지부장이 회비로 회수해가는 장면을 보면

서, 무엇을 위한 자료수집작업인가 하는 회의는 더욱 커졌다.

미리 면담자를 추천받아서 하기로 한 작업은 이런 아수라장 속에서 단체장이 알선해 주는데로 진행될 수 밖에 없었다. 전주팀의 경우에는 보상금을 주는 것이 아니라는 사실을 알고 노인들이 썰물처럼 빠져나간 여관에서 구술자를 제공해주기를 기다리는 진풍경이 펼쳐지기도 했다. 전주지부장을 기다렸지만 소식이 없어 전주시내로 나가 구술자를 찾기로 했다. 택시기사의 말을 듣고 노인들이 많이 모인다는 경기전을 찾아갔으나 이미 늦은 오후인 데다가 날씨가 추워 노인들은 모습을 찾을 수 없었다. 우연히 만난 택시기사가 자신의 아버님이 군인으로 동원되었다고 알려주어서 황급히 연락을 해보았으나 결혼식 참석과 여러 일이 있어서 도저히 만날 수 없다는 답변이었다. 서울행 밤 열차를 타고 전주를 나오던 길은 그동안 강제연행관련 구술자료수집작업을 하면서 가졌던 긍정적인 면은 떠올릴 수 없는 경험이었다.

광주에서의 작업은 전주보다 더 심했다. 군림하는 피해자단체의 장에 대해 피해자들이 순응하는 이유를 알 수 없을 정도로 피해자는 여전히 약자였다. 물론 단체를 운영하면서 어려움도 적지 않을 것이다. 회원들의 회비로 운영되는 피해자단체가 회비를 징수하려면 이런 무리수는 불가피할 것이다. 수십년 간의 기다림에 지쳤을 피해자들도 충분히 이해할 수 있다. 그러나 전혀 생각지도 못한 현실 앞에 망연한 기억은 오래토록 남는다.

그러나 이러한 경우는 극단적인 사례에 속함을 2002년의 전국순례에서 확인했다. '헌신'이나 '봉사'라는 말로는 적당하지 않은 정도의 노력을 보여주는 피해자 단체의 임원이 더욱 많았기 때문이다. 사재를 터는 것은 물론, 불철주야 노력하는 임원들로 인해 피해자들은 힘을 얻고 집회에 참석하곤 한다.

2. 정리와 활용단계로

수집에 이은 작업은 녹취문 작성과 라벨링, 분류이다. 일반적으
로 연구자들이 가장 귀찮아 하고 소홀히 하는 부분은 바로 이 단
계이다. 면담자 교육에서 강조를 하였음에도 불구하고, 녹음테입
만 던져놓고 나 몰라라 하는 면담자가 발생하기 시작했다. 면담
자가 참여하지 않은 녹취문은 자료로서 가치를 잃는다. 또한 수
집작업을 많이 한 면담자의 작업부담은 더욱 커지게 마련이다.
지방출장작업자(남신동, 우수미, 정혜경, 표영수)들은 성탄절과 연
말의 흥청거림은 뒤로 한 채 연일 밤을 새우는 고역에 시달렸다.
"우리는 미쳤어. 다시는 이런 짓은 하지 않을꺼야"를 외치며 연휴
의 밤을 녹취록 작업으로 보냈던 기억이 새롭다.

테이프 98개의 복사본을 만드는 일도 만만치 않은 공정이었다.
일단 테이프 98개와 녹취문, 상세목록, 사진 등을 독립기념관에
제출하고 정리작업은 생각할 겨를이 없었다.

그 후 2002년 1학기에 명지대학교 기록과학대학원에서 구술사
강의를 담당한 필자는 학생들의 실습자료로 이 녹음테입을 사용
함으로써 정리가 가능해지게 되었다. 학점이라는 족쇄에 묶여 녹
음테입의 라벨링을 하고 분류하는 거추장스러운 일을 해준 수강
생들에게 진심으로 감사함을 전한다. 현재 이들 자료는 조사연구
실이 소장하고 있다.

녹취문은 분류순서에 따라 편집하여 A4 용지 총 1368쪽의 방대
한 녹취자료집으로 묶었다. 이는 추진위 보관과 면담자에게 제공
하기 위한 목적으로 편집한 것이어서 외부인은 이용이 불가능하
다. 이 자료에 대한 판권이나 지적소유권은 바로 비용을 제공한

독립기념관에게 있기 때문이다.

수집작업을 발주한 독립기념관측은 98개의 녹음테이프를 접수하는 것으로 만족한 듯, 여전히 정리작업이 진행되었다는 소문은 들리지 않는다.

국내에서 특정주제에 관한 구술자료수집작업은 적지 아니 이루어졌지만 이를 바탕으로 학술심포지엄을 개최하는 경우는 한번도 없었다. 문헌자료가 아닌 구술자료의 결과물을 비중있게 다룬 심포지엄 자체가 없었기 때문이다. 추진위는 자료수집이 일단락된 직후인 12월 19일에 일본의 연구자(김정미 선생)를 초청하여 '구술자료로 복원한 강제연행'이라는 주제로 학술심포지엄을 개최하였다. 이러한 학술행사는 강제연행관련 구술자료수집의 활성화는 물론이고 자료공개 및 연구에도 촉매제가 되었다. 일본에서 수십년간 강제연행의 현장을 찾아다니며 자료수집에 노력했던 김정미 선생은 감개무량함을 감추지 못했다.

3. 앞으로 어떻게 해야 할 것인가

면담자와 작업관련자가 모인 평가회에서 가장 크게 제기된 문제점은 장기적인 계획 아래 추진되지 않았다는 점으로 귀결되었다. 면담자의 문제나 진행상의 문제 등은 모두 장기적으로 계획을 수립하고 진행한다면 보완할 수 있는 문제였다.

'최초의 작업'이므로 시행착오를 거치는 것은 당연할 것이다. 그러나 시행착오가 구술자나 후일에 자료를 이용하게 될 이용자에게 가져오는 부작용이나 영향은 적지 않을 것이다. 녹취자료집을 접한 일본의 재일조선인사연구회장 히구치 유이치(樋口雄一)

선생은 감탄을 연발했다. 한국 연구자들의 노고에 벌어진 입이 다물어지지 않는다는 것이었다. '일본인 학자가 더욱 분발해야 한다' '일부 내용이라도 번역해서 일본에 소개할 수 없느냐' '이제 한국의 강제연행활동은 日就月將하게 되었다' '우리는 이제 안심하고 일본에서 해야할 역할을 찾겠다' 등등은 모두 일본의 연구자와 시민운동가에게 들은 찬사이다. 그러나 이러한 찬사를 들을만한 자격이 있는지에 대해 냉정하게 생각하게 된다.

앞으로 우리가 해야할 일은 천박한 '성과주의'에서 벗어나 정성이 담긴 자료를 생산하는 일이다. 또한 '우리가 지금 무엇을 하고 있는가'하는 자기성찰이다. 이를 위해 필요한 것이 자료수집비이고 자질을 갖춘 면담자이다. 이러한 원칙을 지킨다면 다른 문제는 모두 부차적이 될 것이다.

Ⅳ. 기억의 현장에서 만난 사람들

1. 평창군 진부면의 민속박물관

구술자료와 관련한 자료에서 필자가 앵무새처럼 되뇌는 단골 메뉴인 작은 민속박물관(강원도 평창군 진부면 안미노인회)은 평창 작업의 백미이자 살아있는 역사교육장이다. 진부면은 홋카이도 탄광에 다녀온 조병두와 군속 피해자 우영철 등 다수의 구술자를 만날 수 있었던 지역이었다. 박동락 선생의 도움으로 방문할 수 있었던 이곳에서 귀한 구술을 수집했다는 수확 외에 더 큰

수확은 일제시대에 대한 노인들의 이해 정도와 노인들이 만들어
나가는 민속박물관이다. 남양군도에 끌려갔다가 '죽다 살아난' 노
인회장(우영철)은 후손들에게 우리의 것을 가르치기 위해 노인회
관에 작은 민속박물관을 만들어놓았다. 인형과 캡션, 쇼 케이스로
장식된 실내 전시관은 여느 박물관 못지 않다. 모두가 노인들의
힘으로 비용을 마련하고, 수집한 전시물들이었다.

　1997년 여름, 필자 일행이 찾았을 때에 전기세와 운영비를 감
당할 수 없어서 문을 닫아놓고 있었던 박물관의 문이 필자 일행
을 위해 열렸다. 증언을 마친 노인들이 외지에서 온 손님을 위해
문을 열어주신 것이다. 冠婚喪祭는 물론이고 농촌의 생활상을 작
은 전시관이 그대로 보여주고 있었다. 비록 폐관되었다고는 하지
만 실내 전시관은 비교적 깨끗했고, 캡션이나 인형들도 온전한
상태를 유지하고 있었다. 캡션의 내용도 대단히 우수했다. 너무
어렵지도, 너무 많은 문장을 담지도 않아 일반인의 이해를 도울
수 있는 글귀.

　부지는 면에서 제공했지만 노인들은 이 박물관을 만들기 위해
수시로 풍물을 잡아 비용을 마련했다고 한다. 노인들의 열성이
없었다면 부지도 제공받지 못했을 것이다. 동리에서 버리는 옛
물건이 있다는 소식을 들으면 한달음에 달려가 지게로 져 날랐다
고 하는 항아리와 농기구들도 건물 밖에 작은 마당과 어울려 그
야말로 자연학습장을 이루었다. 박물관 앞의 작은 마당에는 여러
꽃들이 피어 있었는데, 30~40명은 족히 쉴 수 있는 규모였다. 박
물관이 운영될 때에는 동네 초등학교에서 학생들이 소풍도 왔다
고 하니 아이들의 웃음소리가 흐드러진 꽃밭과 조화를 이루었을
모습이 상상이 된다.

　일제시대 피해의 역사를 개인의 문제가 아닌 식민지라는 구조

의 문제로 이해하는 그 분들은 대부분 無學이었다. '끌고 간 사람
들도 나라를 빼앗겼기 때문에 어쩔 수 없이 해야했던 피해자'라
는, 가혹한 노동을 강요하며 '나에게 고생을 시킨 일본인이 미운
것이 아니라 일본 정부가 잘못한 때문'이라는 인식은 자신들의
피해를 피해 그 자체에 고착시키지 않을 수 있는 능력으로 이어
졌다고 생각한다. 그래서 그들은 우리의 것을 후세에 전하기 위
해 마을에 작은 민속박물관을 만들었던 듯 하다.

　진부면에서 돌아오는 길에 필자는 한국의 민중과 기층문화에
대해 다시 한번 생각하게 되었다. 또한 구술자료수집을 통해 얻
는 것은 구술자료가 아니라 한국인의 심성과 역사인식에 대한 필
자의 깨달음이라는 점도. 흔히들 우리 스스로를 '엽전'이라고 부
르며 폄하하거나 '박정희와 같은 독재자 밑에서 신음을 해야 제
대로 움직이는 민족'이라는 편향된 자평을 자주 들어왔다. 이러

[사진 1 - 2] 진부면의 민속박물관 전경

한 인식은 지방으로 갈수록 심했다. "우리한테 민주주의가 뭔 해당이 된당가요. 우리 민족은 그저 내리 조저야 한당게. 지방 자치 이런 거 다 소용없어". 택시 기사가 자신있게 내뱉는 말이다. 그러나 강제연행의 역사를 증언하는 노인들에게서, 민속박물관을 만들어 옛 전통과 우리의 일상적인 삶을 소중히 남기고 싶어하는 이들에게서 한국민의 자부심과 가능성을 느꼈다. 이분들이 계시기에, 이러한 생각을 하고 실천하는 분들이 계시기에 그 오랜 기간동안의 독재와 상층의 부정부패 속에서도 건강한 뿌리를 내릴 수 있었다.

최근 작가 김성동이 이 곳으로 이주했다고 하는데, 그에게도 박물관을 열람할 기회가 주어졌으면 하는 생각이 든다.

2. 박동락 선생과 평창

평창의 작업은 박동락 선생을 떠올리게 한다. 당시 林協의 임원이었던 박동락 선생은 차량과 여러 지원을 해주었다. 사토 선생은 생존자를 확인하기 위해 들른 면사무소에서 우연히 박동락 선생을 만났다고 한다. 박동락 선생은 떠듬거리는 한국어로 명부의 조회를 부탁하는 사토 선생을 보고 평소 익혀둔 일본어 실력을 발휘해 명부 확인작업을 도와주게 된 것이다. 업무상 여러 차례 일본을 왕래하던 박동락 선생은 '한국인만이 해야 하는 일을 일본인이 해주니 너무 고맙다'는 순수한 열정에서 조사작업을 도와주었다. 강제연행의 피해자를 찾는 일이 왜 '한국인이 해야 하는 일'이고, 이런 일을 하는 '일본인'에게 감사를 느끼는 것이 잘못된 생각이 아닌가를 생각하기에 앞서 작업이 조금이라도 편하게 진행될 것이라는 안도감이 조금 더 강했던 것은 사실이다.

박동락 선생은 면사무소의 도움을 받아 노인회관을 수배해 놓고 봉고차를 직접 몰면서 우리 일행을 안내했다. 노인회관에 가서는 조사단의 목적을 설명하여 협조를 구하고, 작업이 진행되는 동안에 노인들에게 음료수를 대접하며 분위기를 돋구곤 하였다. 증언 순서를 기다리느라 지루해하는 노인들에 대한 시중과 위로도 박동락 선생의 몫이었다.

박동락 선생의 도움이 없었다면 짧은 기간 동안에 그 넓은 강원도 땅에서 피해자를 찾는 일은 무척 어려웠을 것이다. 집안에 행사가 있다 하여 박 선생의 지원활동은 이틀에 그쳤는데, 그것이 그분과의 처음이자 마지막 만남이었다. 그 해 말에 안부전화를 했을 때, 춘천에 있는 강원도청에 근무한다는 장남으로부터 '교통사고로 돌아 가신지 얼마 안되었다'는 소식을 들었기 때문이다. 웬 여자로부터 전화가 걸려온 것을 이상하게 여길까 싶어 연전에 박동락 선생이 작업에 도움을 준 이야기를 하니, 아드님은 흔쾌히 '아버님이 하시던 일이니 이후에라도 조사작업을 하신다면 제가 돕겠다'고 한다. 지금도 그 말이 기억이 난다. 불의의 사고로 부친을 여읜지 얼마 안 되는 시기에 그렇게 이야기를 할 수 있다는 것이 부럽기까지 했다. 나중에 사토 선생은 평창을 방문하여 묘소를 참배했다고 한다. 그런데 이번에 찾아보니 박선생을 기억할 수 있는 사진이 한 장도 없다.

제2장

조국이 모셔갈 때까지 :
일본의 현장을 찾아가는 길

2002년 6월 24일, 홋카이도(北海道) 삿포로(札幌)의 치도세(千歲) 공항 외국인용 입국 심사대 앞에는 한 무리의 한국인 관광객들이 서 있었다. 아니 한국인 관광객들만 있었다. 3박 4일의 관광을 떠나온 아줌마 관광객들은 참으로 들 떠 있었다. 유수한 일본의 관광지는 거의 다 다녀본 듯한 이 관광객들에게 홋카이도에 산재한 조선인강제연행의 역사란 상상할 수 없을 것이다.

독립기념관이 발주하고 한국근현대사학회가 주관하는 일본지역 독립운동관련 유적지조사단(단장 김상기)의 일원이 되어 19일간의 일본현지조사를 떠나는 길은 이렇게 시작되었다.

일본지역 독립운동관련 유적지조사를 떠난 조사단 일행들이 남한 영토 보다 조금 크다는 일본의 홋카이도부터 큐슈 남단 까지 일본 전역에서 조선인강제연행의 역사 발자취를 찾는 것은 어렵지 않았다. "아니 이런 奧地에 까지 추모비가 있나"하는 감탄이 나올 정도로 일본 전역의 구석 구석까지 이들의 발자취는 남아 있었다.

홋카이도에서 첫 방문지는 유바리(夕張)이다. 유바리는 국제영화제가 열리는 곳이다. 한국의 폐광지를 관광상품으로 활용하듯이 일본에서도 대표적인 폐광지인 유바리는 석탄박물관을 만들고 국제영화제를 개최하면서 회생의 몸부림을 치는 지역이기도 하다.

유바리시 다카마츠(高松) 7번지에 소재한 석탄박물관과 석탄의 역사촌이 조사단의 첫 방문지였다. 석탄박물관장이 설명해주는 유바리 탄광의 역사나 전시물에서 조선인의 희생은 드러나지 않는다. 방문객들이 들어가도록 되어 있는 지하 갱도에 들어서도 조선인의 피와 땀은 느낄 수 없었다. 그저 박물관을 견학한다는 느낌이 더 강했다.

그러나 석탄박물관 바로 건너편에 있는 옛 건물이 노동자 숙소가 있었던 자리였다는 설명에서 예전에 다코베야(문어방)로 일컫는 조선인노동자합숙소가 연상되면서 이내 그들의 모습이 떠올랐다. 붉은 색 연립주택이 늘어선 이곳은 예전에 문어방이 있던 자리였다. 문어가 먹을 것이 떨어지면 자신의 다리를 잘라먹는 것처럼 노동자들도 결국에는 자신의 육체와 생명을 좀 먹어간다고 해서 지어진 이름 문어방.

그러나 강제연행된 조선인이 처한 상황을 더욱 실감할 수 있었던 것은 합숙소에 그치지 않는다. 바로 조선인들의 노동현장이 놓인 자연 환경이 더했다.

유바리에서 슈마리나인으로 가기 위해 일단 숙소를 잡아 놓은 아사히카와(旭川)로 가는 길은 2차선으로 잘 닦여져 있었다. 그런데 6시간 동안 자동차로 이동하는 동안에, 조금 해가 기울기는 하였지만 도로상에서 자동차를 단 한 대도 발견할 수 없었다. 그제서야 실감하게 되었다. 비로소 확인할 수 있었다. "아 이런 곳이

[사진 2-1] 노동자 숙소가 있던 자리

구나. 이런 奧地구나" 이곳에 온 20대 초반, 또는 10대 후반의 젊은 청년들이, 일본어도 전혀 하지 못하는 조선청년들이 가졌을 암담함을 조금이나마 짐작할 수 있게 되었다. 이런 곳에서 도망은 꿈꾸기조차 어려웠을 것이다. 더구나 한반도에 비해 기온이 10도 이상 차이나는 홋카이도에 홋겹 옷을 입고 도착한 이들은 추위와의 전쟁도 혹독히 치루어야 했을 것이다. 6월 24일에 아사히카와에는 눈발이 내리고 있었다. 조사단원 가운데 일본에 처음 온 사람들이 가진 작은 설레임을 날려버리기라도 하는 듯 첫날 밤은 추위에 떨어야했다.

24일에 일행이 찾은 슈마리나인은 '신령의 묘'와 조선인 위령비가 있는 곳이다. 치도세 공항에서 자동차로 약 2시간 소요된다. 신유바리 삼거리에서 좌회전하여 국도 452번을 따라 약 18킬로미터 직진하면 유바리 시내가 나오고 여기에서 시청을 지나 다시 삼거리에서 좌회전하면 쇼겐지(照源寺)를 찾을 수 있다. 이 사찰의 뒤 편에 신령의 묘와 無緣靈骨합장비가 있다.

유바리 탄광에 동원되어 강제노동 속에 희생된 조선인 노동자들은 제대로 장례절차를 밟지 못하고 매장되거나 화장터에서 한 줌 재로 사라지곤 했다. 이 같은 조선인의 넋을 달래주기 위해 세운 묘소가 신령의 묘이다.

합장비는 유바리 탄광에 징용되었다가 희생된 중국인과 조선인을 추모하는 비이다. 기록에 의하면 1941년 5월 말 유바리 탄광에 투입된 조선인은 3,920명이라고 한다. 이듬해 7월 30일 이 탄광에서 개스가 분출되어 폭발하는 사고가 있었는데, 이 때 희생자 17명 가운데 11명이 조선인이었다. 이런 식의 사고는 이후에도 계속되었는데, 이러한 사고의 희생자를 추모하기 위한 비가 합장비이다.

매년 25일에 열리는 추모제를 위해 벌초를 해놓은 쇼겐지의 주지 스님은 '남한에서 처음으로 찾아온 손님'에 대해 놀라움과 감사를 동시에 표하였다. 증조부였던 다케다(竹田) 주지가 유바리산 기슭에 방치된 조선인과 중국인 유해를 수습하여 무연불 묘인 신령의 묘를 조성했다고 한다. "조선학교(*총련이 운영하는 민족학교를 통칭하는 듯) 학생들이 수학여행으로 홋카이도에 올 때 마다 일부러 이곳을 찾아와 전교생이 양복으로 갈아입고, 반별로 꽃을 바치며 추모행사를 하고, 관리를 해준 절에 시주를 하며 감사를 표한다"는 이야기에 '남한에서 처음 찾아왔다'는 스스로의 위안과 대견함(?)이 졸지에 사라짐은 물론이다.

이튿날 방문지인 호롯카나이(幌加內)정 슈마리나이(朱鞠內)의 우류(雨龍)댐에 서 있는 시멘트로 만든 위령탑은 댐 공사에서 사망한 노동자를 추모하기 위한 구조물이다. 아사히카와 시내에서 슈마리나이 방면으로 자동차로 약 1시간 40분 정도 달리면, 댐이 보이고, 댐의 입구에서 좌측방면으로 약 10분 직진하다가 오른쪽 발전소 방면으로 약 300미터 달리면 우류댐순직자위령탑을 볼 수 있다.

이 탑은 우류댐 공사 중에 희생된 조선인 노동자들의 넋을 기리기 위해 1977년에 건립한 비이다. 홋카이도에서도 가장 기온이 낮고 눈이 많이 쌓이는 곳으로 유명한 곳이 바로 호롯카나이이다. 이 호롯카나이에서 북쪽으로 30여 킬로미터 떨어진 곳에 슈마리나이라는 인공호수가 있다. 이 인공호수를 만들어낸 것이 우류댐인데, 댐 공사는 1937년부터 1943년까지 진행되었다고 한다. 1942년에 동원된 조선인의 수는 3,000명이다. 여기에서 희생된 조선인은 근처 고켄지(光顯寺)에 보관중인 과거장에서만 36명으로 나타나고 있다. 그러나 '콘크리트 속에 산채로 매장된 노동자도 있었다'는 참가자들의 증언이나 도주하다가 붙잡힌 노동자들이 고문 속에서 죽어간 경우도 있었다고 하니 그 수는 36명에 그치지 않을 것이다. 이 사건의 진상조사에 대해서는 민간단체를 중심으로 1976년부터 슈마리나이 공사희생자 조사가 진행되고 있다. 1997년부터는 이 조사활동에 한일 양국의 대학생들의 모임인 '한일공동역사워크샵'이 참가하고 있다.

눈으로 보아도 "어떻게 이런 곳에 댐을 세울 수 있었을까" 하는 감탄이 나올 정도로 댐이 자리한 지역은 다수의 사망자 발생이 불가피한 곳으로 보였다. 그 한 가운데 세워진 시멘트 위령탑은 그 덩치 만큼이나 더욱 외롭고 쓸쓸해보인다.

시멘트 위령비에서 조금 이동하면, 고켄지가 자리하고 있다. 사찰의 목조건물이 마치 유명한 관광지의 별장을 연상케 한다. 고켄지의 법당은 강제연행에서 희생된 조선인을 위한 공간이다.

[사진 2-2] 광현사법당

1976년에 이 사찰 본당에 안치된 나무위패 70여 개가 발견되었는데, 그 가운데 우류댐 공사에 동원된 조선인의 이름도 다수 발견되었다. 이에 따라 1976년부터 1982년까지 3차에 걸쳐 유골발굴활동을 전개했고, 그 결과 유골을 반환할 수 있었다고 한다.

법당 내부에는 우류댐 공사 당시 희생된 조선인 노동자를 추모하기 위해 1995년부터 소라치(空知)민중사연구회가 마련한 관련 사진 및 자료들이 전시되어 있었다. 명칭 또한 '笹의 墓標 전시관'이라고 붙였다. 법당 내부를 전시관으로 사용하고 있는 셈이다. 사진 속에는 소라치민중사연구회 등 재일동포진상조사활동가들과 한양대학교 학생들로 구성된 '한일공동역사워크샵'의 활동과 공동작업의 과정이 고스란히 담겨져 있었다. 1976년 7월에 '소라치의 민중사를 이야기하는 모임'으로 시작한 모임은 9월 고켄지에서 위패를 발견하는 등 본격적인 조사활동을 전개했다. 한일공동역사워크샵은 1997년에 슈마리나이 지역에서 유골발굴작업

을 했다. 이 때 유골 4구를 발굴했는데, 참가자가 200명이 넘었다
고 한다. 매년 개최되는 한일공동역사워크샵은 2001년 8월에 슈
마리나이 발굴작업을 통해 유골 2구를 발굴했다. 고켄지에 전시
되고 있는 사진은 2001년 발굴작업의 과정을 담고 있다.

고켄지 주변 옛 호센지(法泉寺) 터 뒷편 공동묘지에는 '메이우
(名雨)선 철도공사 우류댐 공사 희생자 묘표'가 자리하고 있다. 이
묘표는 1935년부터 1941년에 공사중이던 메이우선 철도공사 조
선인 희생자와 1939년부터 1943년에 동원된 조선인 희생자에 대
한 유골을 수습하여 모신 자리에 세워진 것이다. 소라치민중사연
구회와 '한일공동역사워크샵'의 공동작업의 결과이다. 매년 여름
마다 이곳에서 유골발굴활동을 하는 이들은 둥근 조선식 봉분을
만들어 수습한 유골을 모셔두었다. 이들이 함께 만든 조선식 봉
분은 아직 떼도 완전히 입혀지지 않았으나 따스함을 간직하고 있

[사진 2 - 3] 법천사 뒷편 조선식 봉분

었다. 조선식 봉분 앞에는 반반한 돌을 갖다 놓아 상석으로 삼았
다. 수십년간 버려진 유골들이 이들의 손에 의해 비로소 유택을
차지할 수 있었던 것이다.

　그 봉분을 만든 일원 가운데 한 사람인 손대용은 바로 도쿄(東
京)에서 우리 조사단 일행과 상봉한 지 1주일만에 세상을 등졌다.
"이제 정 박사만 믿습니다. 내가 뭘 압니까. 아이고, 학자에게 모
든 것을 맡겼으니 이제 연구가 다 잘 될 터이니 죽어도 여한이 없
네" 하던 그의 안도감이 그렇게 쉽게 그의 命을 내려놓게 하였던
가. 조사단의 촉박한 일정을 맞춰주기 위해 雨中에 사이타마(埼
玉)에서 3시간이나 기차를 타고 우리 일행의 숙소에 와서 늦은 저
녁 시간까지 기다려주었던 손 선생은 가슴의 통증을 참으며 스이
토바시역 플랫포옴으로 들어갔다. 그리고 1주일만에 그는 세상을
등졌다. 총련의 활동가로서 한국에 입국비자를 받기 어려웠던 그
가 한국에서 오는 연구자 정혜경을 만나기 위해 시급한 심장수술
을 미룬 대가였다. 주변 사람들은 '선생이 돌아와서 이제는 마음
이 놓인다고 했으니 아마 편안한 길을 가셨을 것'이라고 전했지
만 연구자라는 업이 그토록 부끄러운 적은 없었다. 정혜경 개인
을 떠나서 연구자가 무엇이 대단하길래 위태로운 목숨까지 소홀
히 해야 했던가. 평생의 빚이다. 그럼에도 여전히 나는 선생이 부
탁한 농경대 연구를 시작도 하지 못하고 있다.

　25일 오후에 찾은 또 다른 곳은 홋카이도(北海道)개척기념관이
다. 개척기념관은 삿포로 시내에서 신삿포로(新札幌)역에서 하차하
여 1.5킬로미터 걸으면 찾을 수 있다. 폐관시간을 1시간 남짓 앞두
고 들어선 기념관에서 우리 일행이 찾는 것은 조선인 명부자료였다.

　기념관의 문화교류과장 테라바야시(寺林伸明)는 명부와 사진
등이 담긴 상자를 들고 와서 마음대로 촬영하라고 한다. 자료는

언제든지 열람할 수 있지만 복사는 해줄 수 없다고 하면서. 복사기가 구비되어 있지 않아서라고 했다. 믿을 밖에. 사진까지 붙어 있는 명부에는 신상정보 외에도 작업장에서 파악한 여러 정보가 비교적 상세하여 조사단의 감탄을 자아냈다. 비디오와 디지털 카메라의 셔터가 터지는 가운데 그 짧은 시간에 할 수 있는 여러 가지 행동은 다 한 듯 싶었다. 자료에 대한 충분한 사전 지식도 없이 폐관시간이 임박한 시간에 몰려와 법석을 떠는 한국의 조사단의 모습은 자료를 담당하는 일본인들에게 익숙한 모습일 것이다.

이런 귀중한 자료를 '납작 들어서 한국으로 가져가지 못하는 것'을 아쉬워하면서 기념관을 나왔는데, 후에 한국에 돌아와 들으니 이 명부는 이미 국사편찬위원회에 이관되어 있다고 한다. 스스로의 무지를 탓하고, 정리를 기다릴 뿐이다. 누가 그랬던가. "국편에 들어갔다니, 이젠 그 자료 못 보겠구만." 자료수집과 정리에 대한 실상을 정확하게 나타내주는 명언(?)이다. 한번 들어가면 나오지도 않을 것을 수집은 왜 그리 열심히 하는지.

조사 7일 째 찾은 지역은 나가노(長野) 지역에 소재한 마츠시로(松代) 대본영이다. 이곳에는 대본영의 잔재인 조산(象山)지하호와 함께 마츠시로 대본영 한국인 추도 평화기념비(松代 大本營 韓國人犧牲者 追悼平和紀念碑)가 자리하고 있다. 나가노 역에서 마츠시로행 버스를 타고 20분 가량을 가서 다시 택시로 7분 가량 올라오면 조산지하호 입구에 도착한다.

지하호에 도착하기 전에 눈에 띄는 것은 마을주민들이 내건 '위안부 사적지 건립 반대' 현수막이다. 마츠시로 대본영 지역은 전쟁 중에 설치 운영된 대표적인 기업위안소의 존재가 알려진 지역이기도 하다. 공사에 동원된 노무자를 위한 위안소였던 기업위안소에 대해서는 이미 미국에서 소송지원을 하고 있던 정연진 위

원장에게 들은 적이 있었다. 그런데 최근 일본에서 패전 이후 점
령상태에서 운영되었던 위안소를 고발하는 르포집이 발간되면서
내용 가운데에 전쟁 기간 중의 기업위안소가 거론되기도 했다.
기업위안소는 군위안부 연구의 범주와 지평이 확대되어야 함을
요하는 소재이기도 하다.

나가노시 마츠시로(松代) 대본영은 태평양전쟁과 조선 식민지
화로 상징되는 일본의 아시아침략의 역사와 반성을 영원히 되새
기는 역사적 유적지이다. 1944년 1월에 들어서 일제는 전운의 패
색이 짙어지자 본토결전을 준비하고, 방위청이 중심이 되어 大本
營이전안(松代倉庫신설공사설계도)을 수립한 후 후보지를 물색
하기 시작했다. 그해 6월에 마츠시로 외에 후쿠오카(福岡), 다카
츠키(高槻), 코마키(小牧), 아사카와(淺川) 등에 지하시설을 건립
하기로 하고, 7월 각의 결정을 거쳐 9월부터 건립공사가 개시되
었다. 중부지역은 물론이고 큐슈지역에 까지 대본영을 건립하기
로 계획한 것이다.

나가노시 마츠시로町 일대에 대규모로 건립될 大本營에는 일
왕의 거처(舞鶴山)와 정부기관·NHK·중앙전화교환센터(象山)·
황족의 거처(皆神山)·賢所(弘法山)·수신시설(妻女山) 등을 이
전 유치할 예정이었다. 12월 초부터는 위안소 건립공사도 시작되
었다. 大本營 공사에는 1일 평균 10,000명 정도가 동원되었다. 이
공사에 동원된 일본인은 東部軍과 工兵隊 등의 군인·아타미(熱
海)철도교습소생도·산업보국대·근로정신대였다. 그러나 이 공
사에서 가장 중심적인 역할을 담당한 것은 조선에서 강제연행된
사람들이었다.

조선인은 1944년 11월부터 마츠시로 대본영 지하호 공사에 동
원되기 시작하여 1945년 4월부터 패전까지는 약 7,000명 정도가

동원되었다. 굴 안에는 조선인들이 남긴 '大邱', '密城(밀양의 옛
이름)' 등의 낙서가 남아 있다.

공사 기간 동안 발파와 낙반사고, 그리고 영양실조로 다수의
조선인이 사망했다. 또한 열악한 상황을 이기지 못하여 자살하거
나 대우개선을 요구하다가 사살된 경우도 있었다. 더구나 일제는
패전이 임박하자 강제연행된 약 2,000명의 조선인을 가두어둔 채
濠를 폐쇄하여 약 500명 이상이 사망하였다. 그 외에도 일제는 인
근 安茂里에 도쿄에 있던 일본 해군성과 해군사령부를 이전하기
위해 지하호를 굴착하였는데, 이 공사에도 약 500명의 조선인이
동원되었다.

마츠시로 대본영은 1985년 篠ノ井旭고등학생이 중심이 되어 시
작한 보존·공개운동의 결과, 비로소 1990년에 나가노시에 의해
일부 공개된 이후 1991년에는 공개 규모가 500 미터로 늘어났다.

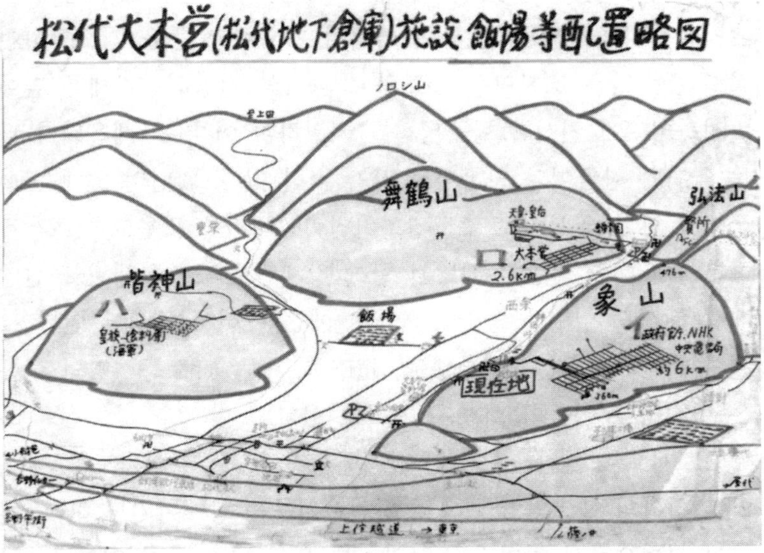

[사진 2-4] 마츠시로대본영 배치도

1991년에는 마츠시로대본영조선인희생자위령비건립과 함께 '위안부의 집'을 복원하고 '또 하나의 역사관·松代'를 건설하기 위한 목적에서 마츠시로대본영조선인희생자위령비건립실행위원회(발기인 대표 花岡堅而, 실행위원장 塩入隆)가 결성되었다. 위원회는 영화 '金의 십자가' 상영실행위원회의 제의에 의해 조산지하호견학자, 평화단체, 노동단체, 재일동포 단체(민단과 총련), 관계 기업, 그 외 많은 시민들의 협력으로 2,500엔 정도를 모금하여 전후 50년을 맞이하여 기념비를 세우게 되었다. '松代大本營조선인희생자추도평화기념비'는 1995년 8월 10일에 조산지하호 입구 바로 옆에 대본영지하호 공사장에서 희생된 조선인 노동자를 추모하기 위해 조성된 작은 공원 안에 건립되었다. 위원회는 '松代大本營조선인희생자추도평화기념비유지관리위원회'를 결성하고 매년 8월 10일에 추도식전을 벌임과 동시에 조사활동도 계속하고 있다.

기념비는 한다(半田孝淳)의 글씨로 "전후 50년을 즈음하여 마츠시로 대본영 건설에 강제연행되어 가혹한 노동을 강요당하여 희생된 수많은 조선인을 추도하고 과거의 전쟁침략가해를 깊이 반성하며 우호친선과 항구평화를 기원하여 이 비를 세웁니다"라는 글귀가 한국어와 일본어로 각각 적혀 있다. 기념비 옆에는 한국어와 영어, 일본어로 추도평화기념비안내판을 세우고 마츠시로 대본영에 대한 간단한 설명과 함께 강제연행되어 희생된 조선인에 대해서도 설명해 놓았다. 안내판에는 특히 이름이 확인된 조선인 희생자 朴道三과 金快述, 趙德秀, 中野次郎 등 4명의 이름을 명기하고 이들의 희생을 기리고 있다.

마츠시로 대본영은 조선인 강제연행자의 희생지이기도 하지만, 일본 천황의 불굴의 戰意(?)를 확인시켜주는 장소이기도 하다. 천황이 전범으로서 처벌받지 않았기에 오랜 기간 동안 일본은 제2

차 대전을 '군부와 도죠 히데키
라는 악마가 저지른 작품'으로
위장할 수 있었다. 조사에 동행
한 일본 치바(千葉)대학 박사과
정의 南相九 선생은 각료들의
항복 권유를 물리치고 항전을 결
의한 히로히토의 실체를 각인시
켜 주었다. 황실은 물론, NHK까
지 이전시키려고 했던 대본영은
마츠시로 대본영으로 끝나지 않
았다. 일본의 대표적인 古都 나
라(奈郞)에 마츠시로와 같은 규
모의 대본영을 건설하여 항전을

[사진 2 - 5] 마츠시로대본영
한국인희생자 박도삼

하고자 했음이 최근에 밝혀졌다고 한다.

　시간이 없다는 이유로 주저하는 조사단 앞에 까맣게 그을린 얼굴
의 노인이 굳이 안내를 해주겠다고 자청한다. 조사단은 "20분이면
20분, 30분이면 30분, 원하는 시간에 맞추어 설명을 해준다"는 노인
의 제의에 따라나섰다. 노인의 설명을 듣지 않았다면 지하호 방문
이 의미가 없을 정도로 노인은 '大邱', '密城' 등 조선인이 글자를
남긴 호 입구로 안내해주고, 자세한 설명도 잊지 않는다. 이 노인은
하라야마 선생이었다. 간단한 한국어도 구사하는 하라야마 선생은
지하호 앞에 자신이 쓴 책(原山茂夫, 『松代大本營』, 1995 ; 松代大
本營勞働證言集編輯委員會, 『岩陰の語り』, 향토출판사, 2001 등)
도 팔고 있었다.

　마츠시로 대본영 지하호 앞에서 또 다른 관람객들에게 설명을
해주던 하라야마 선생은 기념사진을 찍자는 조사단의 제의에 얼

른 영정 하나를 들고 나선다. "누구의 사진이냐"는 질문에 기다렸다는 듯이 얼른 한국어로 '조선인희생자 朴道三'이라고 답하며 조선인희생자에 대해 설명하기 시작한다.

가슴이 메어지는 것은, 그가 단지 조선인 희생자를 기억하고 있어서만이 아니다. 지하호 앞에는 우리 일행 외에도 견학자가 계속 쇄도하고 있었다. 이미 3년간 10회나 경남 창녕지방을 왕래하며 강제연행피해자에 대해 구술작업을 하여 『채인 돌』(2000년, 창녕박물관 간행)을 간행했던, 東京제국대학 출신의 하라야마씨가 조선인위령비를 관리하고, 견학자들에게 조선인강제연행의 역사를 설명하고 있기 때문이다. 그가 이런 일을 하게 된 원인에는 전쟁의 기간동안에 玉碎를 강요하던 천황이 전쟁이 끝난 이후에도 아무 일도 없었다는 듯이 버젓이 살아 있는 데서 시작된 의문도 하나 있다. 천황은 왜 할복하지 않았는가. 玉碎하지 않으면 세상이 끝장날 것 같이 대중들을 추동하던 것과 달리 세상은 끝나지 않았다. 무엇인가 속고 있는 것 같은 생각은 전쟁의 역사를 조사하면서 하나씩 풀려갔다. 마츠시로 대본영에서 사망한 박도삼의 가족들에게 사과하기 위해 방문한 경남 창녕지방에서 박도삼 외에도 많은 사람들이 강제연행으로 끌려갔다는 사실을 알게 되고, 그래서 강제연행에 대한 하라야마씨의 조사는 3권의 저서를 낳을 정도로 활발해졌다. 사회의 정의를 밝히고 당당한 일본인으로 살기 위해 지금도 하라야마씨는 일흔이 넘은 나이에도 매일 지하호 앞에 나와 박도삼의 영정을 목에 걸고 견학자들을 안내하며 강제연행의 역사를 알리고 있다.

조사 9일 째 찾은 지역은 시즈오카현(靜岡)과 아이치(愛知)현이다. 이 곳에는 세 군데에 강제연행 피해자를 위한 무연공양탑과 납골당, 공양탑이 있는 곳이다.

그 첫 번째는 시즈오카현 카게가와(掛川)시 하라노야(原野谷)
묘지에 자리한 무연공양탑이다. JR 카게가와역에 내려서 다시 天
龍浜名号(사철)를 타고 하라노야역에 내리면 역에서 동남쪽 방향
산 중턱에 하라노야 공동묘지가 자리하고 있다. 도보로 15분 가
량 걸린다. 사철은 1칸 짜리 기차이다. 너무도 신기하여 일행은
기념촬영까지 했는데, 1칸 짜리 기차도 붐비지 않는 것을 보니 이
지역이 얼마나 작은 마을인가를 알 수 있다.

기차에서 내려 시원한 에어컨 바람이 나오는 곳에서 점심식사
를 하려던 계획은 무산되었다. 이 마을에는 식당이 없었기 때문
이다. 콤비니(편의점)에서 도시락을 사 들고 공동묘지 자리인줄
알고 찾아간 죠후쿠지(長福寺)의 마당에서 점심식사를 하는데, 왕
모기가 달려들어 이들에게 헌혈하느라 정신을 못 차릴 지경이다.
사찰에서 나와 방황을 하다가 우연히 만난 재일동포 조영제(趙英
濟) 선생 덕택에 공동묘지를 찾을 수 있었다. 이 마을에서 세탁소
를 하는 조영제 선생은 알려준 위치를 제대로 찾았는지 걱정이
되어 다시 자전거를 타고 오셨다. 인근지역에서 재일동포를 거의
찾을 수 없다니 조영제 선생의 반가움은 짐작할 만하다.

이곳 묘지에는 태평양전쟁 말기 나카시마(中島)비행기 엔진제
작을 위한 하라노야 지하공장을 건설하는 과정에서 희생된 조선
인을 추도하는 무연공양탑이 세워져 있다. 일본 본토에 미군 비행
기의 공습이 시작된 1944년과 1945년에 걸쳐 시즈오카현 내 6개소
에 항공기부품을 생산하기 위한 지하공장 건설이 계획되었다. 이
지하 공장 중 일부가 완성되었으나 공작기계가 장착되기 이전에
패전을 맞았다고 한다. 그러나 이미 만들어진 철도터널을 이용한
다거나 계획단계에 그친 것도 있어서 전쟁이 끝나기 전에 실제로
완성된 것은 나카시마 비행기 엔진제작을 위한 하라노야 지하공

장 1개소에 불과하였다. 이 공장공사는 1944년 봄에 입안되어 1945년 2, 3월경부터 시작되었는데, 터널공사에는 2000∼3000명 정도의 조선인이 동원되었고, 일본인은 없었다. 이들은 마을의 사찰이나 공회당, 민가 등지에 숙박했으나 그 후 인원이 증가하자 여러 곳에 함바(노동자 합숙소)를 지어서 수용했다. 나카시마 비행기는 1945년 4월에 군용기부품을 제조하던 中島 浜松항공기 공장의 疏開장소로 카게가와시 1979년에 日韓友好協會가 건립공사 중에 희생당한 조선인을 기리는 무연 공양탑을 카게가와 시내 혼고(本鄕)묘지에 세웠다.

공사 중 사고로 사망한 조선인 시체는 화장을 하여 혼고에 있는 공동묘지에 모셨다. 그런데 이 가운데 다수를 한국인 유족들이 모셔가자, 이 지역민을 중심으로 구성된 日韓友好協會가 기금을 마련하여 남아 있는 몇 구를 무연불로 모시고 비를 세우게 된 것이다. 그 결과 1979년에 건립공사 중에 희생당한 조선인을 기리는 무연 공양탑이 카게가와 시내 묘지에 세워졌다. 이들은 힘든 노동 속에서 사망한 동포들이 조금이나마 편안히 잠들 수 있도록 공양탑을 고향을 향하도록 배치하고, 매년 8월 13일 공양탑에 모여 추도식을 거행하고 있다.

'시즈오카(靜岡)縣의 한인강제연행을 기록하는 모임'은 1992년 5월 카게가와시에 대해 태평양전쟁 당시 지하군수공장을 조사 보존하고, 전적지로 보존하자는 요청서를 제출했다. 이에 대해 시 당국은 지하호 조사위탁료 700만엔을 포함한 1993년도 일반회계 예산을 확보하고, 조사·보존작업에 들어갔다. 이러한 작업의 결실을 기다릴 뿐이다.

시즈오카현의 두 번째 방문지는 시미즈(清水)시 키타야베(北矢部)町 소재 시립 화장장 입구에 세워진 '조선인유골안치당·무연

납골당'이다. 시미즈시역에서 택시로 20분 가면 농업도로의 정상 부근에 시립화장장을 만날 수 있다. 화장장 입구 좌측에 바로 '조선인유골안치당·무연납골당'이 자리하고 있다. 이 납골당에 모셔진 유골은 시미즈시 각지의 사찰로부터 도카이지(東海寺)로 위탁된 무연불을 총련(재일본조선인총연맹) 소속 한국인 유지가 모신 것이다.

1920년대부터 시미즈의 항만과 토목현장으로 다수의 조선인이 취업하기 시작했다. 침략전쟁이 확대되면서 시미즈는 항만과 군수생산 및 군사기지의 거점으로 변해갔고, 이를 위해 조선인과 중국인들이 강제연행되어 왔다. 강제연행된 조선인들은 鈴与·日輕金·淸水港運送·豊年製油·日本鋼管·黑崎窯業 등 기업 외에 항만과 기지공장건설, 토목현장에 동원되었다.

1956년 5월 총련 시미즈 지부는 시장에게 요청하여 조선인희생

[사진 2 - 6] 시미즈화장장 납골당

자를 위한 작은 건물을 설치했다. 그 후 1965년 7월에 舊납골당이 키타야베(화장장)에 건설되었고, 그 해 9월에 석비도 만들어졌다. 이곳에는 전쟁기간 중에 강제연행되어 시즈오카현 시미즈 시내의 군수공장건설, 오키츠카와(興津川)제방공사, 아타미(熱海)터널 공사 등지에서 희생된 조선인 무연불이 모셔졌다.

그러나 구납골당은 산의 중턱에 있고 햇빛이 들지 않아 습기가 많은 곳이었으므로 유골이 변색되는 등 보존환경이 좋지 못하였다. 따라서 1977년 9월 총련 시미즈 지부는 납골당의 이전신축을 시에 요구하여 개수를 하게 되었다. 그 후 1991년에 민단과 총련이 시 당국에 대해 신축을 요구하자 1991년 7월에 시즈오카현 시미즈시 당국은 민단과 총련의 진정을 받아들여 1993년 2월까지 조선인 무연불납골당을 정비하기로 결정하고 이에 필요한 예산으로 14,450,000엔을 책정한 후, 1991년 7월 조사작업에 착수했다. 조사작업을 통해 93인분의 유골이 확인되었으나 이름이 확인된 것은 30구이다. 그 후 1993년 3월 31일에 시미즈시에 의해 改葬되었다.

이로써 조선인 유골은 시미즈시가 세운 새로운 납골당에 민단과 총련지부에 의해 안치되었으며, 납골당 완성식 후, 120명이 모인 가운데 공동으로 위령 법요가 거행되었다. 그러나 새로운 납골당도 여전히 어둡고 침침해 보인다. 일행 중 한사람이 화장실인 줄 알고 잘못 찾아가다가 확인을 하였으니.

조선인납골당에는 한국어와 일본어로 "이억만리 남의 땅, 남의 나라에서 억울하게 희생당하여 無主孤魂이 된 당신들이여. 당신들의 백골도 영혼도 주인이 있고 조국이 있다. 멀지 않은 장래에 당신들을 데리러 올 그날 까지 고이 잠드시라. 1965.9.5"이라고 적혀 있었다.

찌는 듯한 무더위에 정확한 위치를 찾지 못해 여러 군데 다니

[사진 2-7] 시미즈화장장 유골안치당

며 기운을 있는 데로 다 소진한 상태에서 이곳을 찾은 필자는 이 글귀를 보고 그 자리에서 그대로 얼어버리는 듯 했다. 이는 단지 그들을 잊고 지낸 죄책감 때문만은 아니었다. "백골에게도 영혼이 있고, 조국이 있다"

솔직히 말해 그 동안 유골에 대해서는 관심이 거의 없었다. 그들에게도 조국이 있을 것이라는 생각은 하지 못했다. 유골을 이용한 사기사건이나 보상금을 위한 유족들의 줄다리기를 적지 아니 보아왔기에 유골과 관련해서는 부정적인 인식이 강했다. 살아 있는 피해자를 찾아 다니는 일만도 대단한 것인 양 자부심을 가졌던 자신이 너무도 창피하고 죄스러운 순간이었다. 이분들은 조국이 데리러 올 그 날을 기다리고 계신다고 한다. 그런데 그 조국이 이들을 기억하고 있는가.

강제연행과 관련한 세 번째 지역은 아이치현이다. 해가 뉘엇뉘엇한 오후에 토요가와(豊川)시 이도나리(稻荷)공원 내 묘겐지(妙嚴寺) 정원 뒤 광장에 자리한 '전 토요카와(豊川)해군공창전몰자공양탑'을 찾을 수 있었다. 토요가와역에서 도보로 10분 정도 걸으면 이도나리 공원을 찾을 수 있고, 공원 앞에서 남쪽으로 담장을 따라가면 묘겐지 정원을 찾을 수 있다. 그 정원 뒷편에 공양탑이 자리한다. 조사단이 찾은 시간에는 이미 묘겐지 정원에서 공양탑으로 나가는 철망의 문을 잠근 다음이어서 관리인을 찾아 문을 열고 나갈 수 있었다. 이 문은 이도나리 공원에서 외부로 나가는 후문의 역할을 하기도 하다.

이 공양탑은 1945년 8월 7일 미군의 공습으로 사망한 토요가와 해군공창관계 희생자 2500여 명을 추도하는 탑이다. 아이치현은 육해군 교통의 요충지였으므로 나고야(名古屋)육군조병창, 토요가와해군공창을 비롯하여 군관계시설과 항공기관계의 공장과 비행장이 다수 존재하였다. 토요가와 해군공창은 동양 제일의 규모를 가진 해군용 총화기 탄약제조공장으로서; 전국에서 다수의 학생(학도단)과 여자근로정신대도 동원되었는데 한창일 때에는 56,000명에 달하기도 하였다. 이 공창은 1945년 8월 7일 오전 10시를 조금 지난 시간에 미군의 공습을 받아 다수의 사망자가 발생하였다.

1945년 10월에, '豊川해군공창종업원일동'의 이름으로 '전 토요가와(元豊川)해군공창전몰자공양탑'이 건립되었다. 공양탑을 떠받치고 있는 사방의 벽에는 6단으로 희생자 2,500여 명의 이름이 새겨져 있다. 이 가운데에서 조선인 희생자 23명을 확인할 수 있다. 이 공창에는 회계부·화공부를 비롯한 8개 부문이 있었는데, 종전 당시 화공부에는 150명의 조선인 징용공이 소속되어 있었고, 출신지는 충남 사천·부여·아산군 등으로 집중되어 있었다. 이 가운데 9명이 공습으로 희생되었다.

공습 당시 해군공창에서 근무하던 사람들과 희생자 유족들은 '八七會'를 만들고, 매년 8월 7일에 위령제를 지냄은 물론, 공양탑의 청소와 관리를 담당하고 있다. '八七會'는 1957년 8월 7일에 '공양탑의 유래'를 건립하여 일반의 이해를 돕는 한편, 1985년에 다시 표석을 세웠다. 1986년 8월, 자원봉사자로 구성된 '토요가와해군공창한국인희생자위령실행위원회'의 초청으로 한국인 묘참단(墓參団)이 토요가와를 방문하기도 했다. '팔칠회'의 관리 덕분인지 공양탑은 매우 잘 보존이 되어 있었다. 저녁 노을 속에서 전등을 들이대고 조선인 희생자의 이름을 확인하면서, 그래도 '이분들은 이름이나마 남길 수 있었으니' 하는 자위를 한다.

조사 11일 째, 조사단은 교토(京都)지역에 소재한 마이즈루(舞鶴)만을 찾아나섰다. 일본의 대표적인 군항인 마이즈루만은 우키시마마루(浮島丸) 순난자추모비기념공원 및 순난의 비가 있는 곳이다. 마이즈루만은 동마이즈루역에서 자동차로 30분 정도 소요되는 지역이다. 국도 27호를 따라가다 지방도 21호와의 교차로에서 북쪽으로 이동한 후 해안도로 쪽으로 10분 정도 더 가면 해안

가에 추도비가 자리하고 있다.

　1945년 8월 24일 오후 5시 20분 경 마이즈루만으로 들어오던 우키시마호가 침몰하여 승선 중이던 조선인 7천여 명 가운데 4,000여명이 사망하였다(일본승무원 255명 가운데 사망자 25명). 우키시마호는 일본해군의 특무함대로서 아오모리(青森)현 시모키타(下北) 반도에 있는 오미나토(大湊) 항구를 출발한 후 이틀만에 폭침되었다.

　우키시마호에 타고 있던 조선인은 홋카이도(北海道)와 마주보고 있는 아오모리현 시모키타반도 철도공사장과 터널공사장에서 강제노동에 동원되었던 사람들이었다. 시모키타반도지역은 산악지대이고 해협이 산기슭까지 접근하여 낭떠러지를 이룬 최악의 지형이었는데, 이곳에서 조선인들은 미사와 비행장에서 격납고와 탄약지하저장고, 가바야마 비행장 활주로 공사, 오미나토항에서 석탄과 목재하역작업, 오마철도공사장 교량과 터널공사, 방공호

[사진 2 - 8] 토요가와해군공창공양탑

파기, 항만건설과 수리작업 등 각종 난공사와 위험한 작업을 도 맡아했다.

전세의 악화로 인해 일본군은 미군의 본토상륙을 가상한 전략을 세우게 되었는데, 1945년 1월 대본영은 본토결전체제를 지령하게 된다. 당시 오미나토에는 약 5~6만명 정도의 해군병력이 주둔하고 있었는데, 이들이 외부에서 보급을 전혀 받지 않은 상태에서 적어도 3개월간 적의 공격을 버틸만한 무기와 탄약·식량·의약품 등을 비축한다는 작전이 시작되었다. 이를 위해 일본 각지에서 오미나토로 각종 군수물자를 수송했다. 그러나 이 시기에는 적의 공습으로 인한 피해가 예상되므로 지상의 창고에 물자를 비축하는 것은 위험이 따른다고 판단하여 터널공사를 하기로 하였다. 이와 함께 오마철도공사와 1만톤급의 배가 접안할 수 있는 부두, 해군비행장건설공사를 서두르기로 하였다. 이러한 공사에 동원된 것이 바로 조선인이었다.

8월 15일 전쟁이 끝나자 18일에 오미나토해군본부에서는 조선인 군속과 징용공 및 가족 등 약 7000여명에 대해 우키시마호에 승선하도록 하라는 명령을 내렸다. 그러나 승무원들이 출항을 거부하여 출항은 22일에야 가능했다. 그러나 우키시마호는 부산으로 가지 않고 교토시 시모사바가(下佐彼賀)에서 300미터 떨어진 마이즈루만으로 들어오던 중 원인 모르는 폭음과 함께 침몰되었다. 승선자 가운데 900여명이 생존한 것으로 알려졌다. 사고 당시에 500여구의 사체가 수습되었는데, 당국은 수습한 사체를 해병부대 뒷산 계곡에 집단 매립하거나 기름을 붓고 태워 집단 매립하였다.

사건이 발생한 지 1주일이 지난 9월 1일에 우키시마호의 도리우미 함장은 사건에 대한 전모를 발표하고 조선인 승선자 3,735

[사진 2 − 9] 마이즈루만 입구 폭침 추정 지역

명 가운데 524명이 사망하였고, 일본인이 25명 사망하여 총 549명
의 사망자가 발생하였다고 발표하였으나 증언에 따르면 실제 승
선인원은 이 숫자를 훨씬 상회한 것으로 알려져 있다. '순난의 비'
옆에 세워놓은 안내판에도 일본 당국의 공식발표결과에 따른 승
선자수와 사망자수를 명기하고 있다.

  갑작스러운 진로 변경이나 폭발사고의 원인에 대하여 일본 당
국은 "음료수를 싣기 위해", "미군이 발포한 일본 선박의 항해금
지 명령 때문에", "미군이 설치한 기뢰를 건드렸기 때문" 등으로
발표했으나 사고 직후부터 고의적인 폭발설은 끊이지 않고 제기
되었다.

  사고가 난 직후인 9월 10일에 재일조선인연맹은 일본 정부에
대해 우키시마호사건의 진상규명을 요구하였고, 9월 18일에 피해

자 장종식의 제보로『부산일보』에 사건이 보도되었다. 또한 재일 조선인연맹 아오모리(靑森)현 본부는 연합군최고사령부(GHQ)사령관에게 조사보고를 하고, 조사에 미온적인 일본정부를 고발하는 등 사건의 진상을 규명하기 위한 노력을 기울였다. 그러나 연합군최고사령부(GHQ)가 이를 기각하여 사건은 미궁에 빠지게 되었다. 그 후 선박인양작업을 통해 우키시마호사건의 의문이 제기되면서, 1965년에는 박경식(朴慶植)의 저서 『조선인강제연행의 기록』을 통해 다시 알려지기 시작하였고, 1977년에는 NHK에서 '폭침'이라는 다큐멘터리를 제작 방송하여 일본인의 관심을 끌었다. 우키시마호사건 진상에 대한 의문은 1984년에 재일동포 르포작가인 김찬정(金贊汀)이 『우키시마호, 부산항으로 향하지 않았다』를 출간하면서 전면에 부각되었다. 시모키타(下北)지역문화연구소 소장인 사이토(齋藤作治)가 1992년에『아이고의 바다』를 출간하였는데, 이를 우키시마호폭침사건진상규명위원회 전재진 회장이 『우키시마호 폭침사건 진상』(1996년)이라는 제목으로 편역하여 출판함으로써 국내에도 널리 알려지게 되었다.

1950년 한국전쟁이 일어나자 선박의 고철회수를 목적으로 민간회사(주식회사 이이노중공업)에 의해 인양작업이 이루어졌다. 1차 인양작업은 1950년 3월 13일에 개시되어 103구의 유골이 수거되었고, 1954년 1월 제2차 인양작업을 통해 340여구의 유골이 수거되었다. 그러나 이이노중공업은 인양작업 결과 수습된 유골을 한데 모아 태운 후 9년 전에 발표한 사망자 524명의 숫자에 맞추어 분골하였다. 분골된 유해는 厚生省 引揚援護局의 의뢰로 도쿄(東京) 유텐지(祐天寺)에 봉납되어 현재에 이르고 있다. 유텐지에서는 매년 8월 22일에 추도회를 열고 있다. 그러나 아무리 유텐지에서 추도회를 열어준들 분골된 유해의 주인공들이 제자리를 찾을 수 있을 것인가. 조사단이 유텐지를 찾았을 때, 유골에 참배는 할 수 있으나 사진은 찍을 수 없도록 조처하고 있었다.

조선인 유골에 대한 훼손과 모독은 여기에 그치지 않으나 우키시마 사건 피해자들의 경우에는 가장 심했다. 한데 모아 태운 유골을 다시 분골하여 숫자를 맞추어 놓은 것이다. 유골의 합사와 분골 사례는 2001년에 홋카이도에서도 드러났는데 일본 전국에 걸쳐 상당한 사례가 있을 것으로 추정된다. 이러한 상황이 그치지 않는 것은 조선인 강제연행 희생자에 대한 일본의 인식을 단적으로 증명해준다. 합사된 것을 나누어서 상자에만 잘 담아 놓으면 그만이라는 생각, 분골된 것을 합사하는 이유가 관리상의 편의에 그친다. 예전에는 데려다가 일을 부려먹었지만 지금은 필요가 없으니 아무렇게나 취급을 해도 상관없다는 인식이다.

우키시마마루 순난자 추도식은 1954년 4월부터 시작되었는데, 1965년부터는 매년 8월 24일을 기해 추도식이 거행된다. 사고발생 33주년인 1978년 8월 24일에는 마이즈루 우키시마호순난자추도의 비 실행위원회(회장 野田幹夫)의 손으로 추도비가 세워지고 우키시마호 순난자 추모동상 제막식이 거행되었다. 마이즈루 시민이 중심이 된 우키시마호순난자추도실행위원회는 사건 발생지점이 내려다 보이는 해안가 언덕 위에 희생자들을 추도하는 위령비를 세우고 그 주변에 공원을 조성하였으며, 매년 8월 24일에 교토시민과 정부 관계기관에 호소하여 성대한 추도회를 개최하고 있다. 이들은 이 사건의 진상규명운동이 바로 진정한 평화운동이라는 목적 아래 진상규명사업의 일환으로 1989년 8월 24일에 『우키시마호사건기록』을 발행하였으며, 일본 정부의 사죄와 배상을 촉구하고 있다.

1985년 8월 24일에는 교토에 거주하는 한구용이 우키시마폭침

40주년추모가 '해당화 피는 언덕'을 작사하여 비석에 바치기도 했다. 1989년 8월 23일에는 마이즈루시 교직원 노동조합이 우키시마호 폭침사건의 홍보활동을 시작하였고, 1992년 1월부터 일본 정부의 사죄와 배상을 요구하는 소송이 교토지방재판소에서 제기되어 2002년 현재 원고 일부 승소판결을 받기도 했다.

현재 우키시마호 폭침사건에 대해서 국내에서는 우키시마호폭침사건진상규명위원회(위원장 전재진, 1995년 12월 2일 결성)가 중심이 되어 진상규명활동을 전개하고 있고, 2001년 10월에는 우키시마호사건피해자배상추진위원회가 결성되어 활동하고 있다.

필자는 추도비 주변에 핀 무궁화를 보고 신기하게 생각했는데, 1개월 후 전국순례기간 중에 태평양전쟁희생자광주유족회 이금주 회장 댁에서 들으니 그이의 손으로 가져다 심은 것이라고 한다. 억울한 원혼들에게 무궁화의 향기와 꽃을 보여주기 위해 무궁화 모종을 구해다가 흙을 모조리 털어내고 조마 조마하는 마음으로 공항 검색대를 통과하여 가져갔다고 한다. 팔순의 노구에도 늘 '귀한 집 아씨'같은 풍모를 갖춘 이금주 회장이 마음을 졸이며 무궁화 모종을 일본까지 가져갔을 생각을 하니 추도비 주변에 핀 무궁화가 남달리 여겨진다. 그이의 독실한 신앙과 피해자에 대한 사랑이 없었다면 평소에 가끔 보여주시던 "어떡해"로 주저앉았을지도 모르는 일이다.

마츠시로 대본영 규모에 버금가지는 못해도 이러한 기능을 갖춘 지하시설은 일본 전역에서 수백개에 이른다. 군사시설과 군수공장으로 사용하려고 건립하던 도중에 패전하게 된 것이다. 그 가운데 하나가 관서지역의 지하호이다. 이곳은 조사 13일째인 7월 6일에 찾았다. 효고(兵庫)현 니시노미야(西宮)시 소재 카부토야마(甲山) 산록의 고급주택들의 지하에는 지하호가 자리하고 있다. 이를 코요엔(甲陽園)지하호라 부른다.

　제2차대전시 舊跡 甲陽園地下濠跡地였던 지하호는 1987년에 효고(兵庫)조선관계연구회원으로서 관서지방의 강제연행현장을 조사하던 鄭鴻永(2000년 사망)에 의해 발굴되었다. 인근 다카츠키(宝塚)에 살고 있던 정홍영은 일제 말기에 카와니시(川西)항공기의 과장으로서 재직하였고, 이후에 다카츠키 시의원으로서 활동하던 일본인의 증언에 따라 이 지하호의 존재를 알게 되었다.

　일제 말기에 군수성은 252개소 지하공장의 건설을 명령하여 공사를 시작하였으나 완성된 것은 145개소에 불과하였다. 전쟁기간 동안에 일본 전역에 세운 지하공장은 총 2,805개인데, 그 가운데 효고현에는 43개가 세워졌다.

　이 지하호는 미군의 본토공습이 심해지자 국지전투기 '紫電改'의 부품을 만들기 위한 川西항공기 지하공장과 大阪해군경비사령부(오사카성 지하 소재)가 사용하던 지하시설을 이곳에 옮길 목적으로 1945년 1월부터 지하호 건립공사가 시작했다. 이 공사에는 일본인 400명 외에 강제연행된 조선인 600명, 중국인 300명(臺灣과 滿洲 출신) 등 1,300명이 동원되었다. 이 공사에 투입된 조선인은 군속으로 강제연행된 제 200 設營隊 소속이었다. 공사지역이 모두 바위였으므로 공사는 난공사였고, 공사에 따른 사상자도 많이 발생하였다. 인근에 살고 있는 조선인경험자의 증언에 따르면 공사 도중에 낙반사고나 기타 사고로 사망한 조선인은 인근 만치야(万池谷)묘지에 수습된 것으로 알려져 있는데 火葬認許可證에서 이름을 확인하였다.

　종전에 이르기 까지 공사는 계속되었지만 완성에 이르지는 못하였다. 본래는 1945년 8월 말부터 211대의 기계를 사용하여 1880명을 동원하여 板金부품을 생산할 예정이었으나 아무 것도 생산하지 못한 채 패전을 맞이한 것이다.

지하호는 현재 西山町·山王町·日之出町·東山町 등지에 걸쳐 7개소로 형성되어 있었으나 모두 몰락되고 파괴되자 지방정부가 매립해버려 현재 제4호(총 연장 291미터)만이 답사할 수 있다. 7개소의 지하호는 모두 독립적인 구조로 이루어져 있으면서도 상호 연결되어 있었다. 일제시대에 중국 본토와 만주지역에 가서 산을 파고 바다를 메우는 등 토목공사를 담당하던 토목회사가 공사를 담당하였다.

제4호는 입구에 경비대가 수직하는 경비초소 자리를 만들어놓았으나 현재는 지방정부가 매립하여 모습을 찾을 수 없다. 제4호에는 '朝鮮國 獨立'이나 '綠の春' 등의 글자가 새겨져 있다. 제4호의 한 가운데에는 추모행사를 열 수 있는 자리가 마련되어 있다. 효고조선관계연구회가 미국에 의뢰하여 X-ray 검사를 한 결과, 당시에 새긴 글자임이 확인되었다. 증언에 따르면, 공사하던 조선인들은 일본의 항복방송이 나오자 횃불을 밝히고 만세를 부르며 해방을 축하했다고 한다.

메카미야마(目神山)町의 공원 한 구석에는 나무로 만든 '제2차대전시 舊跡 甲陽園地下濠跡地'라는 제목의 비가 세워져 있다. '西宮甲陽園의 지하호를 기록하고 보존하는 모임'이 기념비 건립을 위해 10년간 노력한 결과 건립되었지만, '조선인희생자'나 '평화'를 지칭하는 글귀를 새겨달라는 요구를 거절당하였다고 한다. 현재 '西宮甲陽園의 지하호를 기록하고 보존하는 모임'은 이 지역을 사적으로 보존하고자 시 당국에 요청하고 있으나 시는 '민유지이므로 시의 소유가 아니다'는 이유로 소극적인 답변을 계속하고 있다. 지하호가 은폐되고 호화주택지로 들어찬 마을은 평온해 보였다. 일본의 유명 정치가 모모씨도 이곳에 별장을 구입했다고 한다. 그 지하에 수많은 조선청년들의 목숨과 한이 서려 있는데도 주택가격은 계속 올라가고 선호하는 주택지로 인기를 누리고 있다니.

현지에 거주하는 재일동포들은 '西宮甲陽園의 지하호를 기록하고 보존하는 모임'을 결성하고 보존 및 추모사업을 계속하고 있다. 이 모임을 이끄는 이는 서근식(徐根植) 선생이지만 안내를 담당하는 회원은 서원수(徐元洙) 옹이다. 정홍영 선생의 사망 이후 실질적인 보존 및 추모사업은 서원수 선생에 의해 진행되고 있다. 일반 주택가에 자리하고 있기에 지하호를 방문하는 일은 쉽지 않다. 집주인의 허락을 받아야 하고 어두운 지하호를 다니는 것은 위험도 도사리고 있다. 그러나 서원수 선생은 방문자를 모아 안내하고 추모행사도 거르지 않고 있다. 8세 때 가족과 함께 일본에 와서 황민화 교육을 받은 서원수 선생은 전쟁 기간 중에 니시노미야 시내에서 강제연행된 조선 청년들을 직접 목격했다. 접촉은 금지되어 있었지만 노동자 합숙소에는 약 600명 정도가 수용되어 있었던 것으로 기억한다. 그는 그 후 치안유지법으로 체포되어 수감생활을 했는데, 해방이 되고 자유의 몸이 되자, 니시노미야에서 조국으로 귀국하는 노동자들을 전송했다고 한다. 그는 지금도 1945년 10월 고국으로 떠나는 귀국선의 사진을 간직하고 있다.

7월 7일에 찾은 곳은 히로시마(廣島)이다. 히로시마는 나가사키와 같이 원자폭탄이 투하된 곳이다. 이 두 지역에는 모두 원자폭탄의 폐해나 전쟁의 참화를 기억하고자 하는 장소가 많지만 조선인 희생자를 위한 추모시설은 최근에야 제대로 자리잡을 수 있었다.

히로시마시 중구에는 평화공원이 자리하고 있다. 히로시마역에서 시내를 운행하는 지상전철로 10분 정도 소요되는 곳이다. 평화공원 입구에서 하차하여 공원으로 들어서면 센만카와(千滿川)

건너편에서 '원폭 한국인 원폭희생자위령비'를 찾을 수 있다.

일제 말기에 히로시마지역에는 미츠비시(三菱)중공업과 터널공사장(元宇品町, 海田町 소재), 해군공창시설(吳 소재), 군사시설(島しょ部, 倉橋島, 江田島町 소재)에서 다수의 조선인이 강제노동에 시달렸다. '廣島의 강제연행을 조사하는 회'의 조사에 따르면 조선인 거주자수는 약 10만여 명 정도로 추산된다. 이들은 군인·군속·징용공·일반시민들 이었다. 이 가운데 5~6만 명 정도가 8월 6일 8시경에 투하된 원폭으로 인해 피해를 당한 것으로 파악되었다. 피폭 당시 원폭이 투하된 지역에서 2킬로미터 이내에 있던 사람들은 모두 사망했다.

일본은 일찍부터 평화기념공원을 건립하고 히로시마지역에 투하된 원폭으로 희생된 일본인을 추모하는 장소를 마련하였으나 한국인을 위한 추모비는 1970년 4월 10일에 비로소 세워졌다. 이 추모비는 '조선인원폭희생자위령비'로서 민단 히로시마지방본부 간부인 姜文熙가 중심이 되어 건립하였는데, 건립 당시에는 평화기념공원 밖(本川橋 서편)에 위치하고 있었다. 그 후 1992년 7월, 민단·총련·히로시마시장이 한국인을 위한 추모비를 평화기념공원 내로 이전하고 명칭도 변경하기로 합의한 후, 몇 년간의 노력 끝에 1999년 7월 21일 이전되었다. 현재 매년 8월 5일에 한국인희생자 위령제가 거행되고 있다.

평화공원은 나가사키와 비교할 수 없을 정도로 규모도 크거니와 평화를 갈구하는 각종 조형물과 기념관이 자리하고 있고, 사람들로 붐비고 있었다. 비록 공원 입구에 원폭 투하 당시의 건물의 잔해를 그대로 전시하고 있어서 숙연해지지만 공원 안으로 들어서면 흥겨움마저 느끼게 한다. 자유로이 악기를 연주하며 노래를 하는 청소년들, 평화와 관련한 기부금을 모으는 여학생들, 그

리고 관광객들. 이들에게 이 공원은 영구한 평화를 가져오게 하
는 약속의 땅인 듯 하다. 그곳에 자리한 한국인 위령탑의 귀부(龜
趺)는 버거운 등짐이라도 진 양 안쓰럽기까지 하다.

또 다른 원폭 투하지 나가사키는 7월 8일 조사지이다. 나가사
키 평화공원과 피폭발원지 사이에 '長崎원폭조선인희생자추도
비'가 있다. '추도-長崎원폭조선인희생자'라는 제목의 비는 나
가사키 평화자료관 바로 아래에 자리하고 있는데, 추도비 옆에
영문과 국문, 일문으로 된 안내판을 세워 일반의 이해를 돕고 있
다. 오석(烏石)으로 만들어진 추도비는 '長崎재일조선인의 인권을
지키는 회'가 1979년 8월 9일에 건립했다. 추도비 바로 옆에는
1959년 12월 8일자로 조선민주주의인민공화국이 세운 기념식수
비가 자리하고 있기도 하다.

강제연행 시기에 나가사키현에는 약 70,000명의 한국인이 탄광
과 군수공장 등에서 강제노역에 시달렸다. 미츠비시(三菱)광업 타
카시마(高島)광업소·미츠비시 석탄광업소 하시마(端島)탄광·
카와타나(川棚) 해군공창(東彼川棚町 소재) 지하터널 병기공장
터·오시마(大島)·사키토(崎戸) 등지가 조선인의 취로지역이었
다. 1945년 8월 9일 나가사키현에서 발생한 피폭으로 인한 조선인
의 피해자는 정확한 숫자를 파악할 수 없는 상황이다. '長崎재일
조선인의 인권을 지키는 회'의 추산에 의하면 나가사키현 거주
조선인 68,400명 가운데 시내 거주자는 22,200명이었고, 이 가운
데 20,000명 정도가 피해를 당한 것으로 추산한다.

1990년 4월 13일 한국원폭피해자협회원 13명이 나가사키를 방
문했다. 이들은 대부분 2차 대전시기에 일본에 강제징용되어 히
로시마와 나가사키에서 피폭된 후 귀국했으나 지금까지 후유증
으로 고생하고 있다. 그 중 경기도 군포시에 사는 양영철(梁永哲)

은 나가사키에서 피폭당했는데, 피폭 순간 "10미터나 날아갔고 폭풍으로 오른쪽 고막이 터졌다"고 증언하고 있다. 그가 있던 곳은 피폭중심지에서 2, 3 킬로미터 떨어진 지점이었는데 지하터널에서 작업중이었으므로 목숨을 건진 것이다.

히로시마에 비해 작은 규모의 추도비는 바로 자료관으로 올라가는 입구 오른쪽에 위치하고 있어서 자료관의 한글 안내 간판 및 사진(여자근로정신대에 관한 내용)과 묘한 조화를 이루고 있다. 사진 속에 나타난 총명하고 단아한 모습의 여학생들이 원폭의 희생자가 되었을 것이라는 연상이 가능하기 때문이다.

홋카이도와 버금가는 조선인강제연행지는 후쿠오카이다. 7월 8일, 후쿠오카의 대표적인 탄광지 치쿠호로 가는 길은 2칸 짜리 열차가 인도한다. 방향이 바뀔 때마다 승무원이 의자의 위치를 돌려놓고 가는 이 열차는 시골의 오지를 다니는 열차답지 않게 내부 시설은 매우 세련되었다. 카게가와에서 만났던 1칸 짜리 열차보다 훨씬 시설이 좋아 보인다.

그 열차에 탄 사람은 우리 일행 뿐이다. 언제나 철로 연변에 펼쳐졌던 넓은 들판이 이곳에서는 귀한 볼거리이다. 바로 손이 닿을 것 같은 산길을 2칸 짜리 열차가 비집고 지나간다. 아소탄광노동자파업이 일어났을 때 노동자들이 모였던 大處는 기대 이하의 시골이었다. 이렇게 찾아가는 곳은 이츠카(飯塚) 지역이다.

이츠카역에서 국도 200호선을 따라가다가 지방도 30호와 교차로에서 육상자위대 주둔지 방향으로 이동하면 국제교류광장에 이츠카 레이엔(飯塚靈園)의 무궁화당을 찾을 수 있다.

무궁화당은 전쟁기간 중 강제연행되어 탄광에서 사망한 한국인 무연불을 공양하고, 이러한 비인도적인 행위를 잊지않기 위해 건립한 것이다. 이 곳에는 인근 칸논지(觀音寺)에 모셔져 있던 한

[사진 2 - 10] 무궁화당

국인 유해도 모셔져 있다.

무궁화당은 2000년 12월 2일 이츠카 레이엔에 조선인무연불을 추도하는 納骨式으로 완성되어 落慶式을 가졌다. 무궁화당은 '재일코리아강제연행희생자납골식추도건립실행위원회(대표 裵來善)'가 주체가 되고 기타 7개 시민단체, '筑豊으로부터 세계를 보는 모임', '筑豊山의 모임', '강제연행을 생각하는 모임', '福岡縣퇴직자교원협회', '재일코리아동포의 모임(민단, 총련 연합)', '연합遠賀川지역협의회', '松岩보살관리조합' 기타 치쿠호(筑豊) 시정촌의 자치체 등의 협력으로 완성되었다. 이 가운데 배래선의 노력이 가장 컸다. 배래선은 6년간 약 30회에 걸쳐 이츠카시와 교섭을 벌인 결과 무궁화당의 건립을 성사시킨 것이다.

전통적인 한국사찰의 모습을 갖춘 무궁화당은 역사의 과오를 되풀이하지 않기 위한 평화의 상징으로서, 국제교류의 광장으로서 활용될 예정이다. 무궁화당의 앞 마당에는 추도비가 건립되어 있다. '재일코리아강제연행희생자납골식추도건립실행위원회'는 현재 마련된 시설에 만족하지 않고 제2기 공사로 역사회랑(歷史回廊)을 건설하여 완공했다.

추도비에는 "지난날의 전쟁에 있어서 일본의 식민지 정책에 의해 수많은 조선인과 외국인이 일본 각지로 강제연행되어 왔습니다. 여기 이츠카에는 15만 명이 넘는 조선인이 탄광에 끌려와 가혹한 노동을 강요당하였으며 많은 사람들이 희생되었습니다. 치쿠호의 발전과 일본의 근대화는 조선인을 비롯한 외국인 노동자들의 피와 땀과 눈물 없이는 말할 수 없습니다. 일본의 패전으로 조선반도가 식민지로부터 해방되어 반세기 이상이 경과되었습니다만 지금도 치쿠호의 여러 곳에는 많은 유골이 방치되어 있습니다. 이러한 '유골을 수집하여 납골당에 안치하고 추도하자'고 하는 호소에 공감한 사람들이 정재를 내어 각 자치체의 협력을 얻어 여기에 무궁화당을 건립하게 된 것입니다"고 기록되어 있다.

다른 추도비에 비해 긴 문장이다. '위령비'라는 명칭이 일본 국가신도의 개념이라는 이유로 최근에 건립되는 추도시설은 추도비나 추모비라는 이름을 사용한다고 한다. 죽어서라도 일본 통치체제의 잔재에서 벗어나게 해주려는 마음인 것이다. 한국으로 보면, 정선이나 태백과 같이 이제는 쇠락한 탄광지역인 치쿠호에 거주하는 한국인들이 힘을 모아 강제연행희생자의 유골을 수습하고 추도시설을 만들어 가는 모습은 필자에게 민족주의고 내셔널리즘이고를 벗어나 그저 '뜨거운 동포애'를 전해준다.

제3장

열흘간의 기록 :
'평화지킴이들의 전국순례'

.

　일본조사를 마치고 곧 이어 다시 시작된 특별법 제정 추진위 주최 '평화지킴이들의 전국순례(이하 전국 순례)'는 필자에게 체력적인 부담감을 안겨주었다. 20여일 동안 책을 잡지 못했는데 또 다시 열흘간 책을 잡지 못한다면, 여름방학은 고스란히 날아가는 것이다. 그야말로 연구자로서는 치명적이다. 1학기에 17시간 강의를 하느라 공부다운 공부를 못한 상황에서 여름방학은 연구를 위한 귀한 기간이다. 그러나 전국순례는 필자가 제안했던 일인지라 빠질 수는 없었다. 일본의 현장을 답사하였으니 국내를 답사하면 균형감을 가질 수 있을 것이라는 위안 속에서 마음을 비우기로 했다. 그러나 마음이 제대로 비워지지 않았는지 밤새 뒤척이며 밤을 새우고 7월 27일 새벽에 집결지인 청량리역으로 떠날 때에는 벌써 서 있는 것 조차 힘들 지경의 컨디션이 되어 있었다.

　청량리 역에는 평소에 안면이 있던 이희자, 김은식, 강제숙 선

생 외에 성공회대학원생 이령경, 유족 여러분(이윤재, 임서운, 김
명자)이 기다리고 있었고, 9시 20분경에 우수미 간사와 정종우씨
(차량 운전 담당)가 도착하여 출발하게 되었다. 함께 차량을 기다
리던 재일청년포럼한국위원회 김종수씨는 떠날 즈음에 드링크
박스만 내밀고 인사를 한다. 함께 떠나지 못하는 것이 미안하여
마중 나온 것이라나. 참으로 마음이 따뜻한 젊은이다.

청량리역에서 타기로 한 차량을 보니 참으로 기가 막힌다. 15
인승이라는데 실제로는 10명 정도가 타면 딱 좋을 규모이다. 열
흘을 버텨야 하니 짐은 또 얼마나 많은지. 짐과 함께 구겨진 상태
로, 까만 조끼로 무장한 특별법제정추진위의 전국순례는 시작되
었다. 다음은 우수미 간사가 정리한 전국순례의 주요 행적을 필
자가 다시 정리한 내용이다.

일제강제연행의 현장을 찾아 떠나는
평화지킴이들의 전국순례

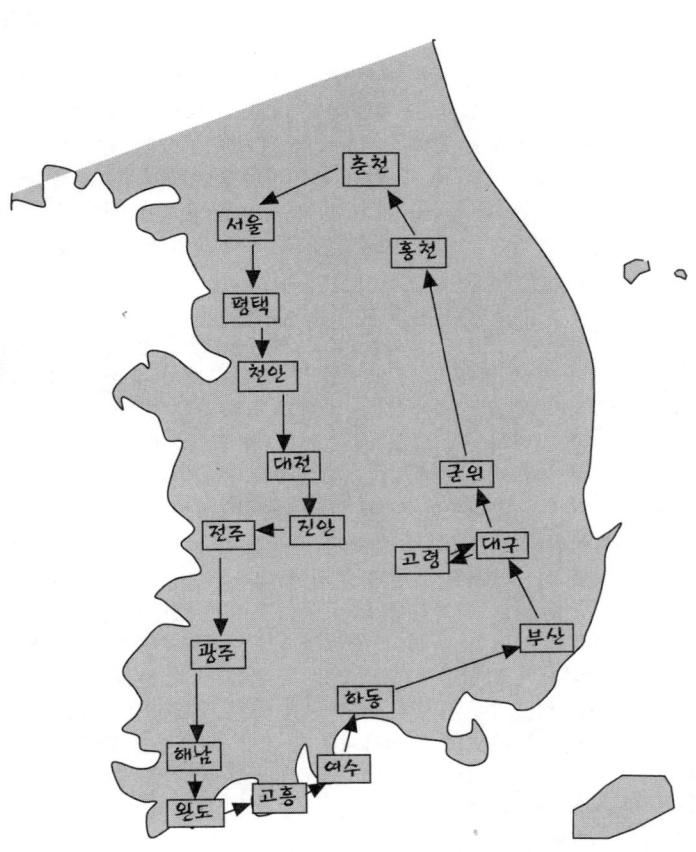

	09:30	서울 청량리역앞 출발
		참가자: 이희자, 김은식, 강제숙, 정혜경, 이령경, 이윤재, 임서운, 김명자, 우수미, 정종우 (10명) 출발 / 재일청년포럼한국위원회 김종수 배웅
	12:30	천안에서 최봉태, 김광혜, 표영수 합류(총13명)
	12:45	우키시마생존자 정기영 만남, 함께 오기로 한 이철우피해자는 만나지 못하였다.
	12:55	천안의 남산 근처의 시장에 위치하고 있는 일제강제연행의 집결지(천일여관 자리)방문 당시 그 곳은 딴 곳과 달리 서양식 여관의 형태를 띠고 있었다는데, 현재 그 자리에는 다른 이름의 여관(부성장 여관)이 자리잡고 있다. 그 곳에서 정기영 선생이 당시 연행모습에 대해 설명해 주셨다. 우키시마호를 탔다가 결국 돌아오지 못한 아버지를 찾고 있는 임서운 유족은 정기영 피해자를 통해 아버지의 이동 경로와 피해 등을 알기 위해 열심히 말씀을 나눴다.
7/27 (토)	13:20	망향의 동산으로 출발
		망향의 동산에 국화를 놓고 묵념을 했다. 김학순 할머니께서 계신 곳에 가서 참배를 드리고 이희자 유족의 아버지가 계신 곳도 돌아보았다. 이희자 유족의 부친 비에는 어떠한 글도 적혀있지 않았다. 그것은 현재 부친이 일본 야스쿠니 신사에 합사되어 있는 상황이어서 그곳에서 모셔져 있는 위패를 찾아오는 날 비석에 글을 새기기 위한 것이기 때문이라고 한다. 현재 이희자 유족은 일본정부를 상대로 총리의 신사참배의 위헌과 망언에 대해 소송을 벌이고 있다. 그 곳을 지나 강제연행 되어 돌아오지 못했던 분들의 혼을 위로하기 위한 비석이 놓여져 있는 곳을 찾았다. 그 비석에 '국가의 각별한 배려로'라는 글귀를 보고 한 유족은 도대체 뭘 해줬기에 각별한 배려냐고 하며 분통을 터트리셨다. 아직까지 부모님의 생사확인도 못해 백방으로 돌아다니시는 분들이 보기에 각별한 배려는 한국정부가 당연히 자국의 국민에 대해 피해사실을 입증하고 보상했어야 함에 대해 생색내기 식으로 밖에 들리지 않았다. 한 유족은 망향의 동산에 있는 KAL기 피해자들의 위령탑을 보고 '왜 강제연행으로 희생된 분들에게는 저렇게 해주지 않느냐'면서 울분을 토하기도 하였다.
	15:30	대전으로 출발

7/27 (토)		천안을 떠나며 대전행 고속도로로 올랐다. 정기영 선생을 천안시내로 다시 모셔드리고 김명자 유족은 일정상 서울로 떠났다. 토요일이고 휴가철이라서 그런지 고속도로가 굉장히 막혔다. 다행히 순례차량이 15인승 봉고라 전용차선을 이용할 수 있었다.
	16:30	충남대학교 문과대학 408호, 설명회 개최
		설명회가 4시로 예정되어 있었으나 늦게 도착하는 바람에 4시 30분에야 비로소 설명회를 시작할 수 있었다. 대전지역에서는 대개 신일본제철의 노무자로 동원되셨던 분들을 만날 수 있었다. 한두희 피해자를 비롯하여 약 18명의 피해자들이 참석을 하였고, 소송에 관한 많은 질문을 받았다. 충남대에서는 현재 정부기록보존소에 학예연구사로 있는 노영종 선생의 배려로 설명회를 개최할 수가 있었다. 오후 6시에 설명회가 끝났고 사진촬영을 했다.
	18:00	진안 마이산(마이산탑사, 진성스님) 출발
	21:00	마이산탑사 입구 '벚꽃마을'도착
		지난해 태평양전쟁피해자보상추진협의회의 위령제를 마이산탑사에서 지냄으로써 인연을 맺게 된 진성스님의 배려로 벚꽃마을이라는 곳에서 숙식을 할 수 있었다. 식사를 마치고 마이산탑사의 야경을 보러갔다. 밤이라도 외국의 사찰에 온 것 같은 야릇한 기분을 느끼게 하는 절이었다. 마이산탑사를 둘러보고 나오다가 약간의 접촉사고가 있었다. 전국순례의 첫 길에 난 사고라 다들 긴장했지만 성격 좋은 차주인의 배려로 분위기가 침울하지는 않았다.
7/28 (일)	10:00	마이산탑사 관람 및 추모돌탑쌓기
		진성스님의 안내로 마이산의 유래와 마이산탑사가 생기게 된 배경에 대해 설명을 들었다. 야경으로 보던 마이산탑사와 아침햇살이 들어온 마이산탑사의 분위기는 사뭇 달랐다. 마이산탑사에 관한 설명을 1시간 가량 듣고 추모돌탑을 쌓았다. 마음이 앞서 먼저 돌탑을 쌓다보니 모양이 예쁘지 않아 여러 번 다시 쌓았다. 굉장히 무더운 날씨에 다들 돌을 주워 나르며 정성껏 쌓았다. 처음에는 별로 볼품이 없다가 시간이 점점 지날수록 탑이 제 모양을 찾아가서 매우 기뻤다. 약 1.5m~2m가량의 돌탑을 쌓고 있자니 마이산탑사를 찾는 방문객들의 부러운 시선도 받았다. 완성된 돌탑 앞에서 사진촬영을 하고 전주로 출발하였다.

	12:30	전주로 출발, 전북피해자 만남
7/28 (일)		전주의 장소는 태평양전쟁피해자전남보상추진협의회가 위치한 전주공설운동장 내였다. 1시 30분에 도착해서 식사를 하고 2시 20분에 설명회를 시작했다(군산대학의 김민영교수도 시간을 내어 참가했다). 약20분 정도의 피해자들이 사무실에 모여 앉아 있었고, 여러 질문들이 쏟아졌다. 전북지역의 경우 보상을 받게 해준다는 명목으로 많은 돈을 걷어 피해자들이 또 다시 피해를 받는 사례들이 많아 그것과 관련된 질문들이 많았다. 그리고 지역의 국회의원들이 진상규명을 위한 특별법서명을 하지 않아 많은 피해자와 유족들의 분노를 샀다. 전북지역의 피해자들은 지역에 돌아가 국회의원들에게 꼭 서명을 받도록 하겠노라며 결의를 하였다. 순례에 참가중인 정혜경, 표영수, 이령경 평화지킴이들은 설명회에 참가하신 분 중에 노무로 동원되셨던 임군호피해자의 구술작업을 진행했다. 지팡이를 짚고 힘들게 참석하신 임군호할아버지는 기억력이 많이 안 좋아지셨는지 당시 상황에 대한 많은 증언을 얻어내지는 못했다고 한다. 3시부터 4시 30분까지 약 90분의 시간동안 구술작업을 하였으며 설명회 역시 4시 30분에 끝났다. 설명회를 마치고 전주보상추진협의회분들과 약간의 얘기를 하고 5시에 전주를 떠났다. 표영수(독립기념관 한국독립운동사연구소), 김민영(군산대학교 경제학교수), 이령경(대학원생/정신대할머니와함께하는시민모임) 평화지킴이들은 바쁜 일정으로 인하여 이후일정에 함께 하지 못하게 되어 아쉽게 헤어졌다.
	17:00	담양으로 출발
		본래 계획은 광주로 가서 광주 유족회에서 숙박을 하기로 하였으나 한 곳에서 이틀을 묵게 되는 것은 피해자들에게 폐를 끼친다는 최변호사의 제안에 따라 광주에서 30분 거리에 있는 담양의 정토사에서 하룻밤을 묵기로 하였다. 운전을 담당한 정종우 법사의 주선으로 가능했다. 7시 30분쯤에 담양에 도착하여 식사를 끝내고 정토사에 도착하여 스님께 정토사에 대한 설명을 듣고 취침을 했다. 정토사의 법당(무량수전)은 2001년 건축대상을 받아 유명한 건물인 만큼 기존의 절과는 많은 차이가 있었다. 사찰의 가장 큰방인 법당 안에서 큰 방석에 의지하여 모두들 편안한 잠을 청할 수 있었다. 이튿날, 스님께 백중일에 일제 강제동원의 영령들을 위로하는 전등을 달아줄 것을 부탁드렸다.

	08:30	광주로 출발
	09:30	광주도착, 전갑길의원 지역구 방문
7/29 (월)		광주 남구 진월동에 위치하고 있는 태평양전쟁희생자광주유족회에 들러 기다리고 계시는 이금주회장님을 비롯한 피해자 다섯분과 함께 광산구의 전갑길 의원 사무실로 향했다. 10시에 사무실에 도착했더니 전남일보와 호남일보에 기사가 난 덕분에 지역구 사무실 직원들이 급작스런 방문에도 놀라지 않고 반기는 분위기였다. 전갑길 의원사무실은 행정자치위원회 개편에 따라 금번에 여당 간사로 확정이 되었기에 반드시 방문을 해야 할 곳이었다. 다행히 회기중임에도 불구하고 전갑길 의원이 지역구에 내려와 있는 상황이었다. 10시에 만나서, 특별법통과에 있어서 전갑길 의원의 중요성과 광산구에서 먼저 피해자들에 대한 의료시설과 같은 약간의 지원을 할 수 있는 조례를 만들어 줄 것을 요청했다. 원래는 광주형무소의 옛터를 가기로 했으나 현재 그곳에는 어떠한 흔적도 남아있지 않다는 말에 광주학생독립운동의 시발지였던 광주일고를 찾아갔다. 광주일고의 독립운동기념탑에서 참배와 사진촬영 등을 하고 前광주일고의 교장을 하다 정년퇴임을 하고 현재 광주학생독립운동기념관의 관장을 하고 계신 분의 안내를 따라 기념관을 관람했다. 교장을 하셨던 분이 자원봉사를 하시는 것이 참 인상깊었다. 교장의 이력에도 불구하고 열심히 안내장을 나누어주시고, 친절한 설명을 잊지 않으신다. 관장님은 광주학생독립운동이 일반에게 많이 알려지지 않은 것에 안타까움을 표시했으나 이런 노력이 빛을 발할 것이라 생각된다.
	14:00	식사
	15:00	광주 피해자 만남
		진월동 성당의 강당에서 도착하니 약300여 명의 피해자 분들이 참석해 있었다. 광주지역에서 강제연행에 많은 관심을 가지고 있는 지역의 지원단체 대표와 학자들도 많이 참여했으며, 광주지역에 많은 언론들이 취재를 하였다. 광주 외에 전남지역의 많은 피해자들이 참석을 하셨는데, 각기 본인의 피해사실을 입증하는 자료들을 가지고 참석을 하셨다. 이금주 회장님의 세심한 준비 덕택이다. 자원봉사자가 직접 만든 옷에 피해자들의 한을 쓰는 행사도 한 쪽에서 진행되었고 참가한 생존자 분들의 증언을 채록하는 구술작업도

7/29 (월)		병행하였다. 면담자는 정혜경이고 구술자는 BC급 전범으로 고생을 하신 이의도 할아버님이다. 병환이 중해 앉아있는 것 자체도 힘든 상태에서도 귀중한 증언을 해주셨다. 행사 참가를 위해 무안에서 차를 대절해서 오셨다고 한다. 일제당시의 경험을 간단히 정리해서 가지고 오셨다. 대단히 소란스러운 상태에서 구술을 듣게 되었다. 구술자가 목소리를 내는 것조차 힘들어하셨다. 참 무어라 드릴 말씀이 없다. 이의도 할아버님은 2003년 1월에 세상을 뜨셨다.
	19:00	설명회를 마치고 잠깐의 여유시간을 가진 후 화순의 도곡온천에 가서 목욕을 하고 식사를 한 후 광주유족회 사무실로 돌아왔다.
	22:00	한겨레21 정남구 기자 도착. 이금주 회장과 김혜옥 여사를 대상으로 인터뷰 진행
7/30 (화)	09:30	해남출발, 한겨레21 정남구 기자 합류(총12명)
		원래 진행되기로 한 태평양전쟁피해자보상추진협의회의 해남지역피해자설명회가 지역의 피해자들 사정으로 취소되어 태평양전쟁희생자광주유족회의 도움을 받아 해남지역의 피해자들을 직접 만나 진솔한 얘기를 들을 수 있는 구술작업을 진행하기로 하고 해남 화원면으로 출발하였다.
	12:30	해남 화원면 노인복지회관 도착
		12시에 지역의 피해자분들과 만나기로 하였으나 조흥은행을 들르고 구술용 테잎과 비디오 테잎을 구하러 다니다가 30분 늦게 도착하였다. 도착해서 식사를 하고 지역의 피해자분들과 작은 간담회를 가졌다. 화원면의 경우 당시 지역의 약 60명 가량의 젊은이들 가운데 약30명 정도가 강제연행 되었다고 노인복지회관의 회장을 맡고 있는 한 피해자가 말씀하셨다. 간담회에는 15분 정도의 어르신들이 나와주셨고 간담회를 마치고 오후3시경, 6분(생존자 5분, 유족 1분)을 대상으로 정혜경, 강제숙, 우수미, 김은식, 김광혜 평화지킴이들이 자리를 정하고 구술작업에 착수했다. 구술작업은 5시에 끝났으며 피해자들이 강제연행되어 고생했던 증언을 비디오 테잎과 녹음테잎에 담았다.
	17:00	완도로 출발
		구술작업을 완료하고 화원군의 피해자분들과 기념사진촬영 후 완도로 출발했다.
	19:30	완도지역 피해자들 만남, 식사, 취침

7/30 (화)		오후 7시 30분쯤 완도에 도착했다. 지리를 몰라 조금 헤매다가 8시쯤 피해자들이 모여있는 식당을 찾았다. 식당은 태평양전쟁피해자보상추진협의회 완도지회장의 동생이 운영하고 있는 곳이고 그곳에서 유족 4분과 피해생존자 2분이 순례 참가자들을 반갑게 맞이해 주셨다. 참가한 피해자들과 함께 식사를 하면서 생존자분들의 이야기와 유족분들의 부모님 이야기를 들을 수 있었다.
7/31 (수)	07:30	기상, 식사
		개운한 된장국에 식사를 한 후 8시 30분에 완도지회장님 가족과 사진촬영을 하고 8시 30분에 고흥으로 출발하였다.
	11:30	동강 도착, 식사
		막바로 고흥으로 가서 점심식사를 가질 계획이었으나 중간에 동강면에서 여수지역의 피해자분들이 와있다는 소리에 잠깐 들려 함께 점심식사를 하였다. 12시가 되지 않아 점심을 먹어서인지 굉장히 힘들었지만 식사로 나온 갈비탕이 지역에서는 상당히 유명한 음식으로 육개장과 비슷하면서도 오묘한 맛을 내었고 함께 나온 돌산 갓김치가 그 맛을 역력히 발휘해 한 그릇씩 뚝딱 해치웠다. 다시 한번 전라도 음식의 맛깔스러움을 느끼며 12시 30분쯤 고흥으로 출발했다.
	13:00	고흥지역 피해자설명회
		오후 1시에 도착한 곳은 고흥의 문화예술회관이었다. 시골의 풍경과는 매우 다르게 굉장히 큰 규모의 회관이었다. 소회의실에서 설명회를 개최했는데 점심식사 중이라 아직 도착하지 않으신 분들이 계셔서 1시 40분쯤에야 설명회를 시작할 수 있었다. 전남, 광주지역을 통틀어 오직 특별법제정에 찬동서명을 하지 않는 의원인 고흥지역 박상천의원의 무관심에 격분했다. 휠체어를 타시고 참가하신 분들도 있었고 힘든 걸음으로 겨우 회의장에 모이신 분들도 많았다. 질의응답 순서에서 눈물을 글썽이며 열심히 해달라고 부탁하는 분들을 보며 가슴이 뭉클했다. 그리고 불과 얼마 전 '보상을 받게 해주겠노라'며 속여 피해자들에게 사기 치려는 사람들이 있었다는 소리에 분노감이 들었다. 피해자들의 각성을 촉구하던 유족(여성)이 참 인상적이다. 지역에서 문화예술회관을 빌리는데 10만원을 지불했다고 한다. 돈이 없으셔서 병원조차 맘대로 가시지 못하는 분들이 한 곳에서 피해자 설명회를 개최한다고 하는 자리에서 돈을 받는

		행정당국에 화가 났다. 문화예술회관 관장은 조례상 어쩔 수 없다고 미안하다고 했지만 지역민들이 낸 세금으로 지역민들을 위한다고 지어져 운영되는 곳에서 지역민이 이용하는데 돈을 지불하라고 하는 부분은 잘 이해가 되지 않았다.
	17:00	여수 김충조의원 사무실 방문
7/31 (수)		오후 5시 설명회를 마치고 참석하지 못하신 분들에게 드리라고 몇 부씩 자료집을 더 나눠드린 후 사진촬영을 마치고 여수로 출발했다. 전화를 하고 오후 6시 20분쯤 사무실에 도착했지만 사무실에는 함께 이야기할 만한 지역사무실의 관리자들이 없었다. 사무실에 남아있는 여직원에게 우리가 사무실을 방문한 취지를 설명하고 사무국장에게 전해달라고 할 수밖에 없었다.
	18:40	부산으로 출발
		내일 일정 때문에 사무실을 나와 막 바로 부산으로 출발하였다. 휴가철이라 늦은 시간이었지만 고속도로에는 많은 차량들이 있었다. 부산에 도착해서 식사를 하기로 예정되어 있었으나 시간이 늦어져서 오후 7시 20분쯤 휴게소에 들렀다. 섬진강 옆에 자리잡고 있는 휴게소에서 제첩비빔밥과 제첩국을 맛있게 먹고 다시 출발했다.
	22:40	부산도착, 찜질방숙박
		부산역 근처에 도착하여 내일 출근 때문에 김광혜(합천원폭피해자복지회관 사회복지사) 선생과 헤어지게 되었다. 김광혜 평화지킴이를 내려주고 동래구로 향했다. 부산 해운대 근처에서 자고 싶은 생각은 굴뚝같았지만 내일 오전 금정구에 위치하고 있는 영락공원을 방문하게 되는 관계로 아쉬움을 뒤로하고 근처에서 묵기로 했다. 원래는 금정구의 범어사에서 숙박을 하기로 했었으나 범어사에 사람이 꽉 찼다는 통보를 뒤늦게 받고 숙박비를 절약할 겸 찜질방에서 하룻밤 숙박을 하기로 했다. 그간 밀린 일정을 처리하기 위해 12시가 넘은 시각에 김은식, 강제숙 평화지킴이들은 PC방을 찾아갔고, 나머지 평화지킴이들은 전국순례 과정에서 미흡했던 점을 얘기했다. 그러나 참 견디기 어려운 밤이었다.
	07:30	기상, 영락공원 출발, 한겨레 사진기자 합류
		일어나자마자 차를 타고 영락공원으로 출발했다. 이른 시간이었는데 영락공원 내에는 장례식 등으로 많은 사람들이 있었다.

8/1 (목)		영락공원 관리자의 안내를 받으며 태평양전쟁피해자의 위령비로 갔다. 당시 일본에서 피해자들의 유품들과 유골을 돌려 받을 당시 유족들의 기대와는 달리 허름한 상자에 실려온 유골들은 피해자의 유족들을 격분시켜 폭동에 비슷한 사건이 일어날 뻔했었다고 한다. 그 유족들을 눈물로써 진정시킨 정기영(학도병) 피해자분이 유족들이 두고 간 유골과 유품을 위령비 밑에 모셔두고 영락공원에 2만여 평의 토지를 기증했다. 이를 바탕으로 부산시거 위령비를 세울 수 있었다고 한다. 그러나 그 위령비에 대한 관리는 매우 허술했다. 유골들이 모셔져 있는 지하로 들어가는 입구는 관리를 하지 않아 열쇠가 비에 맞아 녹이 슬어 열리지 않았다. 아직까지 일본에서부터 많은 양의 유골들을 더 찾아와야 하지만 이런 상태의 관리는 더욱 더 한국정부에 대한 유족들의 분노를 가중시킬 것이란 생각이 들어 화가 났다. 이런 이유로 유골이 모셔져있는 지하로 들어가 보지는 못하고 위령비 앞에 국화를 가져다 놓고 그 곳에서 참배를 드렸다. 정혜경(한일민족문제학회 강제연행분과장) 평화지킴이로부터 일본에 현재 남아있는 유골에 대한 설명을 듣고 한국정부가 이후 어떻게 처리해야 하는지에 대한 여러 방법에 대해 이야기했다. 오전8시 45분, 사진촬영을 하고 영락공원을 떠나려는 순간 공원입구에서 한겨레21 박승화 사진기자를 만났다. 한겨레21 사진기자는 어제 저녁에 부산으로 와서 일정상 아침 9시로 예정되어 있는 영락공원 참배에 함께 할 계획이었는데 우리가 일찍 출발하는 바람에 촬영을 못해서 다시 돌아가서 사진을 촬영하는 해프닝이 있었다.
	09:00	영락공원 근처 식당에서 간단히 식사를 하고 연제구지구당을 방문하러 출발했다.
	10:30	부산 연제구 권태망의원(행정자치위원회 위원) 지역구 방문, 권태망의원과 만남
		식사를 마치고 연제구로 향했다. 권태망의원 지역구 사무실에 들렀더니 회의중이었다. 잠깐 기다리다 보니 88재보선으로 인해 지역구에 방문중인 권태망의원과 만날 수 있었다. 특별법에 대해 의원에게 설명을 하고 특별법 통과를 위해 한나라당에서 열심히 해줄 것을 부탁했다. 가져간 전국순례 자료를 보고 있던 권태망의원은 특별법 조속 통과에 찬동서명을 하지 않은 국회의원 명단에 본인의

8/1 (목)		이름이 기재된 사실을 확인하고 그 자리에서 바로 서명을 해주었다. 뒤늦게 도착한 부산의 김성수(상이군인) 피해자와 만나 그 분의 피해에 대해 듣고 만약 해방이 되지 않았다면 이 분이 일본의 원호법에 적용이 되어 월 300~400만원 가량의 피해보상금을 받을 수 있었을 것이라는 최봉태 변호사의 설명을 듣고 고개를 끄덕이며 이 분들의 피해가 해결될 수 있도록 노력하겠다고 약속했다. 그리고 권태망의원은 전국순례 참가자들과 '일제강제동원 특별법을 조속히 통과하라'라는 문구가 담긴 플래카드를 들고 사진촬영도 함께 해주었다.
	11:00	부산지역 시민단체와 김형율(피폭2세) 등 만남
		11시 권태망의원을 만나고 11시 30분에 부산미쓰비시중공업재판지원회와 약속이 되어 있어서 김무성의원을 만나러 지역구사무실에 가지 못하고 바로 부산진구로 향했다. 재판지원회에 도착하니 부산전교조, 부산환경운동연합, 부산노동자단체, 부산경실련, 부산정대협 등에서 오신 많은 운동가들이 함께 있었고 김형율 피해자가 아버지와 함께 기다리고 있었다. 전국순례를 지금까지 어떻게 해오고 있으며 지역의 단체들이 피해자들을 위해 어떤 지원을 해주어야 할 지에 관해 부탁을 드렸다. 특히 한나라당 의원이 집중되어 있는 부산지역의 경우 많은 의원들이 특별법의 조속한 통과에 찬동하지 않음을 지적하고 이 부분에서 함께 나서줄 것을 부탁했다. 한국의 자주독립과 통일 등 평화로운 사회를 만들기 위해 일제 전쟁피해자 문제가 해결되어야 한다는 점에 다들 공감하였고, 지금까지 혼자 부산지역에서 열심히 투쟁해 왔던 김형율피해자에게 감사장도 전달했다. 설명회가 끝나고 부산지역의 명물인 멸치쌈밥을 먹었다. 한겨레21에서 함께 동행취재를 했던 정남구, 박승화 기자는 기사마감으로 인해 오후 2시 20분쯤 서울로 향하기 위해 부산공항으로 떠났다.
	15:00	부산 남구 김무성의원(행정자치위원회 위원) 지역구 방문, 최영호교수 만남
		부산미쓰비시중공업재판지원회 사무실 앞에서 영산대학교 최영호교수와 만나 김형율피해자와 함께 김무성의원실로 향했다. 그러나 휴가중인지 사무실은 문이 잠겨 있었다. 특별법에 관한 자료를 챙겨 의원 사무실 문 아래 집어넣고 근

8/2 (금)		처의 커피숍에서 최교수님이 대접해 주시는 차를 마셨다. 앉아서 도란도란 얘기하시는 분들이 계시는가 하면 거동이 불편하신 분들 심지어는 누워서 일어나지 못하는 분들도 많았다. 한 방에 들어갔는데 잠깐 있다가 나가려고 하니 "왜 벌써 가는 거야" 하시며 쳐다보시는 할머니를 보니 다시 한번 그냥 둘러보고 가는 것이 굉장히 죄송스러웠다. 사진촬영을 하고 돌아오는 길에 할머니가 하신 말씀 때문에 과연 우리가 이곳에 사진 찍으로 온 것인가 싶어서 죄스럽기도 했다. 다음에 시간 여유를 가지고 찾아뵙겠다고 말씀드리고 마음속으로도 그렇게 다짐했다. *순례단 일원인 강제숙 선생께서는 오전에 대구KYC가 주관하는 원폭피해 배상을 위한 미군기지앞 1인시위에 참석하셨다.
	11:00	경북 고령 대창양로원 도착
		대창양로원에는 40여분 정도의 어르신들이 계신다. 대창양로원에 도착하고 원장님께서 방송을 통해 어르신들이 식당으로 모여주시기를 부탁드리자 5분 정도 지나 식당에는 많은 분들이 가득찼다. 우리가 입고 있는 조끼와 걸려있는 플래카드가 낯설으셨던지 굉장히 호기심 있으신 눈으로 쳐다보셨다. 찾아 오게된 목적에 대해 변호사께서 설명드리자 그제서야 아셨다는 듯 여러 가지 말씀들을 하셨다. 대창양로원에 계신 분들은 사할린에 강제이주 되신 분들이셨다. 그리고 그렇게 그리던 조국에 돌아옴으로써 자식들과 떨어지게 되어 이산가족의 아픔을 가지고 계신 분들이셨다. 다들 하고 싶으신 말씀들이 많으셨다. 그리고 지금은 정부에 대해 많은 것을 포기하신 듯한 인상이 매우 강하게 남았다. 그래서인지 순례단이 들려주는 설명회에 대해 받아드리시기 힘든 표정들이셨다. 그러자 여러 질문들에 답해드리고 현재 진행되고 있는 소송들 그리고 사할린 피해자들 경우, 한일협정에 포함되셨던 분들이 아니었기에 더 가능성이 클 것이라는 최 변호사 설명에 그제서야 약간씩 관심을 보이시면서 그 분들이 하시고 싶으신 말씀들을 절실히 털어놓으셨다. 최봉태 변호사께서 가장 원하는 것이 무엇이냐는 질문에 자식들을 보러 갈 수 있게 돈 5만원만 더 줬으면 좋겠다고 하셨는데 가슴이 굉장히 아팠다. 정말 5만원이냐고 했더니 10만원이라는 목소리도 나오고,또 그것은 너무 많으니 7~8만원이었으면 좋겠다. 고 하는 말씀들이 사방에서 쏟아져 나왔다.

		뇌물로 수억대의 돈을 쓰는 사람들이 있는가 하면 돈10만원이 가장 큰 소망이라시는 분들 … 매우 가슴이 아팠다. 어르신들의 식사시간이 돼서 인사를 드리고 12시에 대구로 출발했다. 아직까지 우리를 기억해주고 있다고 고맙다고 하시는 분들 … 그리고 더 하시고 싶으신 말씀이 많으셔서 나갈 때까지 계속 말씀하시는 분들 … 정말 이 분들을 보니까 뭐가 정말 빨리 해결되지 않으면 안되겠구나 싶었다.
8/2 (금)	12:50	대구 곽병원 도착, 식사
		곽동협대표님 덕분에 순례일정 중 300원 짜리 식사를 할 수 있었다. 곽병원 직원들의 식권을 산 거였는데 …300원 짜리 곽병원 직원들의 식권은 병원장이신 곽동협 대표의 배려로 시민단체가 이용할 수 있다. 그러나 식권 값이 300원이라고 해서 내용이 300원은 아니었다. 의사와 직원 모두에게 제공되는 식사였으니 300원이라는 돈은 상징적인 의미를 갖는 것이었다. 식권값은 고맙게도 '정신대할머니와함께하는시민모임'에서 지원해주었다. 맛있는 닭죽을 먹고 강당에서 행사준비를 시작하였다.
	14:30	대구지역 피해자들 만남
		곽병원 강당에는 시간이 되자 한 분 한 분 모여드시기 시작하더니 굉장히 많은 인원을 수용할 것 같던 강당이 3/4정도 꽉 차버렸다. 원폭피해자분들, 일본군성노예피해자분들 그리고 다른 지역과는 달리 젊은 층들이 눈에 굉장히 많이 띄었다. 늘 활기를 띠는 대구의 모습이다. 여러 연령대의 많은 분들이 모이신 것을 보고 아 여기는 정말 운동을 잘하는 곳이구나 하는 느낌을 받았다. 전라도 지역의 의원들은 대개 협조적인데 반하여 경상도지역(한나라당) 의원들의 비협조적인 부분에 중점을 두어 설명회를 개최하였고, 특히 행자위 야당간사를 맡고 있는 이병석 의원에 대해 확실하게 도움을 줄 수 있도록 움직이자는 분위기가 형성되었다. 설명회를 마치고 다들 이제 본인들이 무엇을 할지 정하셨던지 여러 자료집을 요구하는 피해자분들도 계셨다. 많은 분들이 참석하셨고 여러 질문들이 오고 가서 2시간 30분 정도가 소요됐다.
8/3 (토)	09:00	식사, 대구 동구청으로 이동

8/3 (토)		기상시간이 불규칙했다고 평가회에서 지적이 되었음에도 다음날 컵라면으로 간단히 식사를 하고 9시가 되어서야 대구 동구청장을 만나기 위해 떠났다. 예정에 없던 일정이었지만 지역 자치단체에서 피해자들을 지원해주는 조례를 만든 곳이라 동구청장의 면담요청이 있을 때 매우 흔쾌히 받아드렸다. 전국에서 오직 최초로 시작한 유일한 조례여서 인지 방송국에서도 취재를 나왔다. 동구청장의 피해자들을 생각하는 사려 깊은 말씀을 들으니 대구 지역 이외에도 많은 지역에서 이런 분들이 지역단체 장이 되면 더 많은 피해자분들이 혜택을 받을 수 있겠다는 생각이 들었다. 약 30~40분 정도 면담을 하고 춘천을 가기 위해 10시 10분 경, 고속도로를 탔다. 최봉태 변호사는 대구에서 순례일정을 마치고 춘천은 서울 팀들만이 향하게 되었다.
	14:30	춘천도착, 춘천지역 피해자 만남, 납골당 참배
		막히는 고속도로로 인해 시간이 늦을까봐 기존의 정창화, 유재규의원 사무실 방문을 취소하고 막 바로 춘천으로 도착하니 2시 30분이었다. 아침을 거르고 오신 분들이 계셔서 식사를 하는 바람에 예정시간보다 30분이 지난 3시 30분에 설명회를 시작할 수 있었다. 춘천MBC에서 피해자들을 취재하기 위해 나와 있었다. 부산에서 참석하신 열성 회원들도 계셨다. 설명회를 마치고 많은 피해자들의 궁금하신 말씀과 본인들이 고통받았던 한에 대한 말씀을 들었다. 차시간이 되어서 가봐야 하는데도 불구하고 본인 말씀을 더 하시고 싶으셔서 문 앞에서까지 말씀하시는 것을 보고 그간 얼마나 참으셨길래 하는 생각이 들었다. 피해자들을 만나고 5시쯤에 납골당으로 갔다. 납골당은 지난 한달 전과는 또 다른 모습이었다. 양쪽에 그림이 그려져 있었다. 사재를 털어 기회가 되면 계속 모셔진 영령들을 위해 아낌 없이 베풀고 계시는 김경석 회장님이 정말 대단하신 분이 구나 하는 생각이 들었다. 참배를 마치고 납골당 앞에서 전국순례를 마감하는 사진을 찍고 서울로 향했다.

전국순례는, 일제강점하로부터 해방이 된 지 반세기가 넘었고 일본과 국교가 수립이 된 지 한 세대가 훨씬 지났음에도 아직도

일제강점하 상처와 후유증에서 해방되지 못하고 있는 이 땅의 우
리 피해자들을 만나 뵙고 외세강점과 전쟁이 얼마나 무서운지를
배움으로써 다시는 이 땅에 전쟁이 일어나지 않고 평화가 지켜질
수 있도록 서로의 각오를 되새기는 자리로 마련되었다. 구체적으
로는 각지의 피해자단체를 방문하고 피해자들에게 진상규명의
필요성을 인식시키며 서로간에 힘을 얻는 것이 순례의 내용이었
다. 본격적으로 특별법제정운동을 벌인지 10개월이 되었으나 언
론의 주목도 받지 못하고 별 다른 성과를 거두고 있지 못한 상황
에서 피해자와 시민단체 활동가, 그리고 연구자 등은 서로간에
힘을 재충전하는 기회가 필요했다. '나만이 처한 어려움' '세상으
로부터 소외'라는 생각을 여러 사람의 힘으로 극복하고 나아가야
할 방향을 정하자는 것이 목적이었다. 참가자 모두에게 이 목적
은 충분히 달성되었다고 생각된다. 특히 참가하신 유족들은 지방
의 유족들과 만남을 통해 힘을 얻었고, 스스로 할 수 있는 일을
찾았다고 소회를 피력하셨다. 활동가나 연구자에게도 많은 생각
을 남겨주었다. 그러나 순례기간 중에 설명회에서 반드시 사기사
건에 대한 대처방안을 강조했음에도 불구하고 전국순례 이후에
사기사건이 다시 기승을 부려 아쉬움을 남기기도 했다.

　일반적인 경우라면, 이 정도의 전국순례를 거친 후 필자의 체
력은 소진되어야 했다. 평소에도 조금만 무리를 하면 어김없이
링거 병을 달고 있어야 하고, 벌써 4년 가까이 정기적으로 주치의
(?)에게 진료를 받는 수준이기 때문이다. 전국순례를 떠나기 전에
20일간의 일본 조사로 이미 체력이 바닥이 난 상태였고, 전국순
례 기간 동안 제대로 수면을 취한 것은 총 15시간도 안되었다. 적
은 비용으로는 제대로 된 숙박시설을 이용할 수 없었기 때문이다.

거기에 좁은 차량의 보조의자에 앉아서 돌아다닌 적도 적지 않았다. 부산의 찜질방에서 불면의 1박을 하고 난 후에는 허리를 펴지 못할 지경이었다. 그나마 온수를 사용할 수 있었던 유일한 기회이기도 하였지만. 그러나 전국순례를 다녀와서 소진되어야 할 체력은 그대로 남아 있었다.

필자가 개인적으로 거둔 소득은 엄청났다. 비로소 제대로 강제연행의 역사를 이해하게 된 것 같았다. 지방에서 피해자를 미끼로 이윤을 쫓다가 이제는 지쳐 나자빠질 지경이 된 사람들을 만나 기운이 빠진 적도 있었다. '모시고 다녀야 하는 도련님'의 꼴상이 보기 싫어 순례를 걷어치우고 싶기도 했다. 그러나 각지에서 만난 순수한 사람들 속에서 인간다운 삶을 볼 수 있었던 기회가 더욱 많았다. 그들의 손을 맞잡을 수 있었기에 세상을 보는 눈이 더욱 넓어지게 되었다. 전국순례를 통해 진정으로 피해자를 이해할 수 있게 되었다는, 그리고 이제는 비로소 연구다운 연구를 할 수 있을 것 같은 자신감을 채울 수 있었다.

전국순례를 다녀온 후에 필자의 변화는 피해자들과의 만남이 자연스러워졌다는 점 외에 그들과 함께 하는 진상규명운동이 얼마나 값진 것인가 하는 점을 스스로 깨달았다는 점이다. 피해자들과의 만남이 연구자로서 시간을 낭비하는 것이 아니라 삶의 중요한 과정이라는 점, 인생의 교훈을 몸소 체득하게 해주는 기회라는 점 등은 필자가 얻은 귀한 소득이다.

제4장

남은 자의 몫

Ⅰ. 가장 먼저 해야할 일 :
강제연행의 역사는 반드시 규명해야 한다

　일본의 철도여행을 경험한 사람들은 좋은 인상을 이야기하곤 한다. 철도 연변에는 일본다운 가옥과 들판이 끝없이 펼쳐지고, 고적한 분위기를 느끼게 하는 철교와 터널, 시속 250킬로인데도 속도감을 거의 느낄 수 없는, 편안한 승차감을 제공하며 비행기 내부와 같은 구조의 열차 속에서 '에끼벤'이라는 지방의 특산물 도시락을 먹으면 열차여행의 묘미는 더해간다.

　그런데 그 아름다운 철도여행을 뒷받침해주는 철로의 일부는 강제연행된 조선인이 만든 것이었다. 新幹線은 아니지만, 지금도 사람과 화물을 실어 나르는 철로와 철교는 오랜 역사를 확인할 수 있는 것들이다. 그들의 목숨과 바꾼 枕木위를 전쟁이 끝난지 50년도 더 지난 후인 지금도 여전히 열차는 안전하게 잘 달리고 있다. 이

것이 바로 철도여행의 즐거움을 만끽하는 대신, 뜨거운 가슴을 부여잡게 만드는 이유이다. 억울한 마음에 눈시울이 붉어졌다. 그리고 이곳에 피와 땀을 쏟은 청년들 생각에 가슴이 아팠다.

홋카이도에서 시작하여 쓰시마로 끝나는 유적지조사(단장 김상기 충남대 교수)에서 많은 비중을 차지한 것은 강제연행의 발자취였다. 사전에 실시된 문헌조사단계에서부터 강제연행의 유적지는 매우 많았다. 지역조사의 균형을 잃는 것이 아니냐는 우려를 할 정도로. 일정과 전체 조사의 균형 등으로 인해 그 가운데 일부지역만 방문할 수 있었다. 유적지 조사를 마감하면서 "이런 오지에 한국인을 위해서 추모비를 세워준 재일동포와 일본인들에게 감사한다"는 단장의 소회(所懷)는 결코 입에 발린 소리가 아니었다. 그들은 수십년간 하고 있었기 때문이다. 무엇을?

1998년 2월에 서거한 박경식 선생이 해방 직후부터 재일조선인총연맹(총련)의 소속원으로서 시작한 일본의 강제연행현지조사는 1965년에 『조선인강제연행의 기록』을 낳았다. 조선인강제연행의 사실 자체를 부정하던 일본사회와 정부에, 도저히 부정할 수 없는 증거를 제시하면서 강제연행의 역사를 학문적인 주제로 제기한 이후 일본 전역에서 몇몇 시민들의 손으로 강제연행의 역사를 규명하기 위한 작업이 시작되었다. 자신들이 사는 지역에서부터 강제연행의 역사를 찾아내는 작업은 1년에 한번씩 개최되는 강제연행전국교류집회를 통해 결속력이 강화되고 정보도 교환한다.

2003년 3월, 조선인강제연행진상조사단의 홍상진 사무국장이 42만 명분의 강제연행자 명단을 공개하게 된 것은 바로 이러한 일본지역 활동의 산물이기도 하다. 각지를 조사하며 수집한 자료를 다시 전시하여 필요로 하는 사람들에게 도움을 주고 자료발굴의 계기를 만드는 과정을 통해 42만 명분의 명단이 수집될 수 있었다. "우리 집에도 이런 게 있는데" 라거나 또는 "이런 것도 자료가 되는구나"라는 인식과 자각을 통해 수집된 명단이다. 이 명단은 이제 국내에 남게 되었다. 자료를 남기려는 진상조사단측의 의지와 국내 관련자(김희선 국회의원과 피해자들)들의 노력으로 이루어낸 성과이다.

이상의 예는 후발주자인 국내 강제연행 연구와 진상규명작업에 큰 시사점을 준다. 그렇다면 국내에서 할 일은 무엇인가. 요사이 특히 조선인유골문제가 불거지곤 한다. 중국 해남도에서도 발굴사업을 한 적이 있고, 홋카이도에서도 방치된 조선인 유골이 알려지기도 했다. 특정 시민단체가 유골봉환사업을 하면서 부작용을 낳기도 했다.

일본에서 유골이 발굴되었다고 하면 제일 먼저 접촉하는 쪽은 브로커들이다. 이들은 무연고불이든 합사된 유골이든 가리지 않고 인수하려든다. 유골을 관리하는 일본의 사찰이 수입원이 되지 않는 조선인유골을 달가워하지 않음을 알기에 인수가 어렵지 않다고 생각하기 때문이다. 이들이 인수하려는 목적은 그야말로 조선인 희생자들이 그리던 '모셔가기'의 일환이 아니다. 국내 유족들에게 유골비용을 받기 위해서라고 추측된다. 한마디로 사기를 치기 위해서이다. 누구의 유골인지 분명하지도 않은 것을 전달하고 돈을 받으려는 속셈이 없다면, 하기 어려운 일이다.

강제연행피해자에 대한 사기사건은 이것으로 그치지 않는다. 보상을 빌미로 서류대금 명목으로 거두어가는 금액은 점차 액수가 늘어가고 있다. 7년 전에 수십만원이 이제는 수백만원 단위까지 올랐다. 이러한 일이 벌어지는 이유는 무엇인가. 유난히 한국에 사기꾼이 많아서 일까. 그 이유는 정부차원의 진상규명이 이루어지지 않았기 때문이다.

지난 7월 말부터 7박 8일간 추진위가 주최한 강제연행전국순례에 동행 취재한 기자는 출발 당시에는 '진부한 주제'에 대해 별 관심이 없어 보였다. 그러나 3일간 동행 취재하면서 그는 강제연행의 사실을 역사로 자리매김하는 일이 얼마나 절박한 인권의 문제이고 평화를 향한 길인가 하는 점을 인식했다. 체중이 40 킬로그램도 안되는 원폭피해자 2세 김형율씨의 반전 호소를 듣고, 83세의 할머니임에도 순수한 마음으로 혼신을 다해 활동하는 이금주 회장님과 밤을 새운 결과일 것이다. 기자가 쓴 기사의 제목은 「나는 걸었다. 그들은 울었다」이다. 그들의 통곡은 언제나 수그러들 것인가.

강제연행진상규명과 관련하여 일본에서 객관적인 상황은 점점 어려워지고 있다. 북한의 일본인 납치문제가 사실로 확인된 후에는 도리어 과거청산을 주장하는 목소리조차 내기 어렵게 되었다. 게이오 대학의 가미야 후지 명예교수는 일본의 역사범죄비교우위론까지 들고 나오는 상황이다. '일본이 저지른 행위는 시대정신에 맞는 행위인데 비해 북조선의 납치는 국가적 범죄이므로 질적 차이가 있다'는 억측이다.

국내도 상황은 다르지 않다. 일본에서 강제연행피해자에 관한 새로운 자료가 공개되어도 언론은 무관심이다. 정부와 국회는 '모르쇠'로 일관한다. '한일협정으로 보상청구권은 말소되었다'거나 '하도 옛날에 있었던 일이라⋯' 정도이다. 피해자들의 투쟁을 통해 획득한 법원의 결정도 외교통상부의 위세 앞에서는 맥을 못 차린다. 한일협정회의록자료 공개를 통해 개인보상청구권이 포기된 과정이라도 확인하겠다는 피해자들에게 한국정부가 주는 선물(?)이다. 일본에서 납치피해자에 대한 지원법안이 일사천리로 심의를 마치고 통과되는 과정을 지켜보고 있노라면, 3년간의 운동과 투쟁에도 불구하고 진상규명특별법안이 국회 심의조차 되지 못하는 한국의 상황이 야속하기 이루 말할 수 없다.

"특별법이 제정되어 진상이 규명되지 않는다면 저는 이 치욕을 견딜 수 없습니다. 대한민국정부가 우리의 한을 몰라하는데, 이 치욕을 어떻게 견딥니까. 차라리 약을 먹고 목숨을 끊겠습니다". 여리디 여리게 보이는 팔순의 유족회장(이금주 회장)이 인터넷 홈페이지에 올린 글은 진상규명에 대한 절박한 소망을 담고 있다.

진상이라도 규명해달라는 피해자들의 소망을 허무한 메아리로 그치게 하는 주체는 다름 아닌 국민의 대표이다. 피해자의 손으로 뽑은 국회의원이다. 찬동서명을 받기 위해 발길을 한 피해자들에게 국회의원 비서관들이 '미친 **'라고 일갈하기도 한다. 거지 취급도 이런 거지 취급이 없다.

그러나 컴컴한 터널 속에서도 작은 희망은 찾을 수 있다. 어디든 길은 있고, 빛도 만들어낼 수 있다. 단지 정치가들을 원망하면서, 늙어가는 육신을 안타까워하면서 주저 앉을 수는 없다. 다각도에서 방법을 찾아야 한다.

지난 연말 전국은 주한미군의 궤도차량에 의해 무참히 압살된 여중생에 대한 추모행사와 시위로 숙연했다. 예전 같으면 연말분위기에 흥청거렸으련만, 시민들은 영하 10도의 혹한 속에서도 어린 자식의 손을 잡고 촛불시위를 하면서 인간의 존엄성을 가슴에 새기고 불의를 거부한다.

추진위에서는 구성원 스스로를 '평화 지킴이'라고 부른다. 피해자들에게 돌아가야 할 몇 푼의 보상금을 위해서 목청을 높이는 존재가 아니라 전쟁 없는 세상, 소수자와 사회적 약자가 보호받는 세상을 만들기 위해 노력하는 존재라는 의미이다. 우리가 평화를 지키기 위해, 인권을 위해 노력해야 하는 이유는 인간의 존재 자체를 존속시키기 위해서이다. 인간이 인간으로서 살아가려면 당연히 해야 하는 일이다.

베트남전쟁 당시 베트남에서 민간인학살이 자행되었다. 여기에는 한국군도 관련되었다. 현재 한국의 몇몇 사회단체는 민간인학살의 역사를 규명하고 진정한 화해에 이르는 방법을 모색해왔다. 그 가운데 하나가 역사관 건립이다. 이 역사관 건립을 위한 기금 모금에 일본군위안부 출신 할머니 2명이 그 동안 외부로부터 받은 지원금을 모두 보냈다. 전쟁의 희생자인 할머니들이 또 다른 전쟁의 피해자들에게 사과함으로써 다시는 전쟁이 없는 세상을 만들고 싶었던 것이다. 물론 베트남인들은 이를 감사하며 받아들였다. 이것이 바로 강제연행피해자들의 역사인식이다. 그들이 자신들의 고통의 삶을 역사로 바꾸어 전쟁으로 인해 고통받는 후손들이 없게 만들고 싶은 마음은 역사를 바꾸는데 일조를 하고 있다. 베트남에서 할머니와 베트남인들은 진정한 사과와 화해의 길이 무엇인지를 보여주었다. 그리고 한국에서도. 학식이 뛰어난 학자도, 권력을 가진 정치가도, 어마 어마한 무기도 하지 못하는 일을 늙고 작은 체구의 할머니들은 할 수 있었다.

21세기에 들어서도 '아주 까마득한 일제하의 과거사'를 여전히 붙잡고 있어야 하는 것은, 진상을 규명하는 것이 한국(북한을 포함)과 일본이 다시는 그러한 과거를 되풀이하지 않고, 인간의 권리가 존중되며 전쟁이 없는 삶을 살게 하기 위한 첫걸음이기 때문이다. 나아가 미래지향적인 관계를 설정하기 위한 걸음이기도 하다. 사실을 안다는 것은 완결점이 아닌 최소한의 노력일 뿐이다. 이것이 바로 오늘날에도 여전히 우리가 강제연행진상규명과 한일간 과거청산을 이야기해야 하는 이유이다. 진상규명을 위한 특별법이 제정되어야 하는 당위성이다.

Ⅱ. 그리고 또 무엇을 해야 하나

바로 2~3년 전만 해도 피해자들을 대상으로 특별법제정의 필요성을 인식시키고자 집회를 열면, 참가자 가운데 수십명의 피해자가 자리에서 일어나 책상을 치고 목청을 높이며, "그게 다 무슨 소용이여. 보상을 받아야지"라고 일갈하곤 했다. 그러나 지금은 특별법제정추진위원회가 주최하는 집회에 모인 피해자들이 '진상규명'이 우선적으로 진행되어야 하는 일이라고 입을 모으는데 주저함이 없다. 특별법제정을 위해 국회의원들에게 서명을 받는 일에도 흔쾌히 나선다. 이들이 이렇게 변하게 된 이유는 바로 진상규명이 이 문제를 해결하는 첫 단계라는 점을 확실히 인식하게 되었기 때문이다. 그렇다면 이러한 노력과 운이 따라 진상규명을 위한 특별법이 제정된다면, 그것으로 일은 끝나는 것인가.

다음 단계로 가야 한다. 진상규명의 결과가 그 자리에서 멈추는 것이 아니라 역사를 복원하고 양국간 진정한 미래를 열어가기 위한 발걸음으로 이어져야 한다. 그것은 기록관을 통해 영원히 강제연행의 역사를 잊지 않는 것과 일본정부와 기업의 사과와 보상을 받아내는 일이다.

필자가 피해자들을 만나면서 강하게 드는 확신은, '이분들은 용서할 준비가 철저하게 되어 있다'는 점이다. 용서하고 싶어한다. 자신에게 "죽어도 잊지 못할" 아픔과 상처를 준 일본정부와 기업을. 팔순의 노인이 지금도 쪼글 쪼글해진 주먹을 불끈 쥐고 눈물을 글썽이며 "죽어도 잊지 못해여" 라고 한다. "일본은 거짓말을 하고 우리에게 사과를 하지 않는게, 일본 땅이 물에 다 빠져

버릴 것이여”라는 악담도 서슴지 않는다. 그 속에서 엿볼 수 있다. 용서하고 싶다는 그 간절한 소망을.

생의 마지막을 분노와 한으로 마치고 싶지 않은 것이다. 평온하게 마치고 싶은 것이다. 그런데 용서를 구하는 대상이 없다. 용서를 구한다면, 진정으로 사과를 한다면, 기꺼이 용서할 수 있는데.

베트남에서 한국인 군인들로 인해 평생의 상처를 입은 베트남인들은 용서를 구하는 한국인과 얼굴을 비비며 눈물을 쏟았다. “아 이제 되었다. 고맙다” 그들의 대답이다. 용서를 구하니 이제는 다 해결이 되었다는 것이다. 제삼자가 보면, 일생을 망친 원수인데, 그래서 평생을 증오해야할 것 같은데, 둘이 같이 끌어 앉고 얼굴을 비빈다. 한국 병사가 평생을 ‘인간으로서 못할 짓을 했다’는 자책감에 고통 속에 생활했을 것을 생각하니 베트남인은 가슴이 아프다. 정말 어려운 발걸음을 해주었기에 더욱 고맙다.

우리의 피해자들도 그런 마음이다. 어떤 일본 연구자가 한탄한다. “일본은 너무나 어리석어요. 이제는 이웃나라가 없어요. 일본은 너무나 오랫동안 잘못을 뉘우치고 용서를 빌지 않았기에 이제는 친구가 다 떠나가 버렸지요. 일본은 너무 외롭습니다. 그런데 아직도 용서를 빌 줄 모릅니다. 그래서 일본은 희망이 없습니다.” 용서를 구하는 것은 용기를 요하는 일이다. 그러나 한편으로는 그 길만이 인간답게 사는 길이다. 피해자들은 그런 길을 열어 주고 싶어한다. 진상규명을 이룬 다음에는 진정한 사과와 화해를 이루어나가야 한다. 보상은 사과의 한 형태이다.

그렇다면 피해 당사국이 해야할 일은 더 이상 없을까. 기록관을 만들어 영원히 기억하도록 하는 일이다. 이는 후세에 대한 교육적 차원에서도 의미가 크지만 피해자들을 위해서도 필수적이다. 이들의 피해가 개인적인 ‘재수 없음’에 끝나는 것이 아니라 모든 국민이 기억해야할 역사라는 점을 확인하는 작업이기도 하다.

누구나 가해자가 될 수 있다. 일제 식민지시대의 피해자였던 한국인이 베트남전쟁에서는 가해자이기도 했다. 외국인 노동자들에게 가해자로 각인된 고용주도 적지 않다. '오 필승 코리아'를 외국인들은 '오 peace 코리아'로 들었다고 한다. 이라크 반전운동을 지원하기 위해 현지에서 간 활동가들은 '월드컵에서는 평화를 외쳤던 한국이, 친절하고 고마운 한국인이 왜 침략전쟁에 파병을 하느냐'는 물음에 맞닥뜨린다고 한다. 보석같이 예쁜, 까만 눈동자를 가진 이라크 아이들에게 한국인이 평생의 상처를 줄 수 있는 시대이기도 하다. 그러나 중요한 것은 가해자가 되었을 때 어떻게 해야 하는가를 평소에 배우는 일이다. 그래야 모두 인간답게 살 수 있다.

〈부록〉 국가총동원법에 기초한 통제관련칙령(조선적용)

법 령	제정·공포	시행일시	분 류
공장사업장관리령	1936.5		사업 통제
의료관계자직업신고령	1938.8.23	1938.9.21	노동력 실태파악
학교졸업자 사용-제한령	1938.8.23	1938.9.8	노동력 통제
군수품공장사업장검사령	1938.10		사업 통제
공장사업장사용수용령	1938.12		사업 통제
국민직업능력신고령 (일명 국민등록제)	1939.1.7	1939.6.1	칙령 제5호. 노동력 실태파악
선원직업능력신고령	1939.1.28	1939.3.2	노동력 실태파악
수의사직업능력신고령		1939.3.3	노동력 실태파악
종업자고입제한령	1939.4	1939.8.1	노동력 통제
공장취업시간제한령	1939.3	1939.8.1	노동력 통제
공장사업장기능자양성령	1939.3	1939.8	노동력 통제
회사이익배당급자금 융통령	1939.41		자금 통제
회사직원급여임시조치령	1939.1.10		노동력 통제
국민징용령	1939.7		노동력 이동
임금임시조치령	1939.10		노동력 통제
전력조정령	1939.10		물자 통제
소작령통제령	1939.10		물자 통제
총동원물자사용수용령	1939.12		물자 통제
토지공작물 관리사용수용령	1939.12		물자 통제
청소년고입제한령	1940.1.31	1940.9.1	칙령 제36호. 노동력 통제
직업소개소령	1940.1		노동력 통제
육운통제령	1940.2		사업 통제
해운통제령	1940.2		사업 통제
임금통제령	1940.10		노동력 통제
선원징용령	1940.10		노동력 이동
지대가임통제령	1940.10		물자 통제
은행등자금운용령	1940.10		자금 통제
회사경리통제령	1940.10		자금 통제
종업자이동방지령	1940.11	1940.12.5	노동력 통제
임시농지가격통제령	1941.1		물자 통제

법 령	제정·공포	시행일시	분 류
신문지등게재제한령	1941.1		문화 통제
노동기술통계조사령	1941.4.1		칙령 제380호. 노동력 실태파악
임시농지등관리령	1941.2		물자 통제
생활필수물자통제령	1941.4		물자 통제
무역통제령	1941.5		사업 통제
배전통제령	1941.8		물자 통제
금속회수령	1941.8		물자 통제
중요산업단체령	1941.8		사업 통제
가격등통제령	1941.10		물자 통제
청장년국민등록제	1941.10.15		노동력 실태파악
국민직업능력신고령 (개정)	1941.10.15		노동력 실태파악
노무조정령	1941.12.6	1942.1.10	노동력 통제
물자통제령	1941.12		물자 통제
농업생산통제령	1941.12		물자 통제
기업허가통제령	1941.12		사업 통제
중요사업장노무관리령	1942.2		노동력 통제
전시해운관리령	1942.3		사업 통제
기업조정령	1942.3		사업 통제
금융통제단체령	1942.8		사업 통제
국민직업능력신고령 (재개정)	1944		노동력 실태파악
국민등록제	1944		노동력 실태파악

〈강제연행 관련 법령 및 결정〉

법령 및 통첩·결정	주 체	일 시	비 고
조선인이주대책의건	내각 결정	1934.10.30	이에 의거하여 조선인 이주대책요목 발표
협화사업단체설치요강·협화사업실시 요지	내무성	1936.8	(일)
국민징용령(공포)		1937.7.8	(일)
군수공업동원법·수출입품임시조치법·임시자금조정법(공포)	내각	1937.9.10	조선총독부, 조선에 실시하기로 결정(9.14)
국가총동원법(공포)		1938.4.1	법률 제55호
국민징용령(시행)		1938.	조선인에게 적용
지원병실시계획 발표	육군성	1938.1.15	조선인에게 적용. 1937.6 일본 육군성, 조선군사령부에 조선인병역문제에 대한 의견 제출을 요구. 조선군사령부, '조선인지원병제도에 관한 의견' 제출.
조선지원병제도	각의 결정	1938.2.18	
육군특별지원병령(공포)	칙령 제95호	1938.2.22	'호적법의 지원을 받지 않는 연령 18세 이상의 제국신민인 조선인에 대해 육군의 병역에 복무하는 것을 지원할 수 있도록 함'
조선육군지원병령(공포)		1938.2.26	1938.9 육군특별지원병훈련소 준공 1939.9.30 군사교련을 필수과목화 1940.10 재일조선인에게 지원병 응모 권유
조선총독부육군병지원자훈련소관제(공포)	칙령 제156호	1938.3.29	

법령 및 통첩·결정	주 체	일 시	비 고
육군특별지원병시행규칙(공포)	육군성령 제11호	1938.3.30	
조선청년연성훈련소규정(공포)		1938.3.31	개정
국가총동원법(공포)		1938.4.1	
육군병지원자훈련소규정	조선총독부령 제70호	1938.4.2	
육군지원자훈련소생도채용규칙	조선총독부령 제71호	1938.4.2	
육군특별지원병에의한 병역의略符號기입에 관한건	조선총독부령 제171호	1938.8.17	
조선인노무자내지이주에관한법	내무·후생 성차관 명의의 依命통첩	1939.7.4	모집
소화14년도 노무동원실시계획강령	각의 결정	1939.7.4	일명 제1차 노무동원계획
조선인노동자내지 이주에관한방침 조선인노동자모집요강		1939.7.29	모집
조선인노동자내지 이주에관한건	후생성직업부장,사회국장, 내무성警報국장	1939.7.31	모집
조선인노동자내지이주에관한건	조선총독부 정무총감	1939.9.1	모집
조선직업소개령	조선총독부령 제2호	1940.1.11	모집
조선직업소개소시행규칙	조선총독부령 제7호		모집
선원징용령		1940.10	
국가보안법(공포)		1941.3.7	(일)

법령 및 통첩·결정	주 체	일 시	비 고
조선인노무자의내지이주요령, 조선인노무자내지이주수속		1941.11	관알선
국민근로보국협력령		1941.11	
조선인노무자내지이입에관한건	내무·후생성 차관 의명통첩	1941.12.2	관알선
전시범죄처벌특례법(공포)		1941.12.22	
의료관계자징용령		1941.12	
수의사등징용령		1942.1	
조선인노무자의내지이입알선요강	조선총독부 정무총감	1942.2	관알선
반도인노무자활용에관한방책	일본정부 각의결정	1942.2.13	관알선
조선인내지이입알선요강	조선총독부	1942.2.24	관알선. 반도인노무자활용에관한방책에근거
징병제실시결정	각의	1942.5.8	대상:조선. 1944년부터 실시하기로
조선청년특별연성령(공포)	조선총독부 제령33호	1942.10.1	1942.11.3실시 1942.12.1 청년특별연성소 개설(총 742개소)
징병제(공포)		1943.3.1	대상 : 조선 1943.10.1 징병적령신청 접수 1944.4.1 최초의 징병검사 실시
해군특별지원병령(공포)		1943.7.27	
해군병지원자훈련소관제(공포)	칙령 610호	1943.7.27	

법령 및 통첩·결정	주 체	일 시	비 고
해군특별지원병령시행규칙 (공포)	해군성령 제30호	1943.7.28	
긴급보국협력령		1943.7	개정
육군특별지원병임시채용규칙 (공포)	육군성령 제48호	1943.10.20	학도병 동원의 근거
학도병제령(공포)		1943.11	
긴급국민근로동원방책요강		1944.1	(일)
반도인노무자 활용에 관한 방책	각의 결정	1944.2.13	징용
근로앙양방책요강	각의 결정	1944.3	(일)
결전비상조치 15항		1944.3	(일)
이입 조선인노무자의 계약기간연장의 건		1944.4	징용
반도 노무자의 이입에 관한 건	각의 결정	1944.8	징용
학도근로령·여자정신대근로령 (공포)		1944.8	
조선인 노무자 내지송출방법의 강화에 관한 건/조선인노무자 송출기구의 개선강화에 관한 실시요목	후생성 통첩	1944.9	징용
국민근로동원령(공포)	칙령	1945.3.6	국민징용령·노무조정령·학교졸업자사용령·국민근로보국협력령·여자정신대근로령을 폐지, 통합
국민의용병역령(공포)		1945.6.25	
긴급국민근로동원방책요강		1944.1	(일)
반도인노무자 활용에 관한 방책	각의 결정	1944.2.13	징용

법령 및 통첩·결정	주체	일시	비고
근로앙양방책요강	각의 결정	1944.3	(일)
결전비상조치 15항		1944.3	(일)
이입 조선인노무자의 계약기간연장의 건		1944.4	징용
반도 노무자의 이입에 관한 건	각의 결정	1944.8	징용
학도근로령·여자정신대근로령 (공포)		1944.8	
조선인 노무자 내지송출방법의 강화에 관한 건/조선인노무자 송출기구의 개선강화에 관한 실시요목	후생성 통첩	1944.9	징용
국민근로동원령(공포)	칙령	1945.3.6	국민징용령·노무조정령·학교졸업자사용령·국민근로보국협력령·여자정신대근로령을 폐지, 통합
국민의용병역령(공포)		1945.6.25	

* 자료: 樋口雄一,『황군병사가 된 조선인』, 사회평론사, 1991년, 288~290쪽.

이승엽,「녹기연맹의 내선일체운동 연구」, 한국정신문화연구원 석사학위논문, 2000년, 82~91쪽.

김민영,『일제의 조선인노동력 수탈연구』

참 고 문 헌

〈 사 료 〉

『舊陸軍海軍文書』 No.678 別册二, 「朝鮮人志願兵制度ニ關スル意見」
  (국회도서관 소장).
조선총독부, 『昭和14年旱害誌』.
『조선총독부관보』 해당연도.
『宇垣一成日記』 2.
『매일신보』 해당연도.

〈 단행본 〉

강제연행생존자증언집편집위원회, 2000, 『채인돌』, 창녕박물관.
계훈제, 2002, 『흰 고무신 - 계훈제, 미완의 자서전』, 삼인출판사.
宮田節子, 이형랑 번역, 1997, 『조선민중과 황민화 정책』, 일조각.
김대상, 1973, 『일제하 강제인력수탈사』, 정음사.
김민영, 1995, 『일제의 조선인노동력 수탈 연구』, 한울.
김운태, 1986, 『일본제국주의의 한국통치』, 박영사.
김현아, 2002, 『전쟁의 기억, 기억의 전쟁』, 책갈피.
나눔의 집 역사관 후원회, 2003, 『일본군위안부역사관을 찾아서』, 역
  사비평사.
內海愛子·村井吉敬, 이현희 번역, 1986, 『적도하에서 한국인의 항일
  투쟁』, 대왕사.
도미야마 이치로, 임성모 번역, 2002, 『전장의 기억』, 이산.
민족문제연구소편, 2001, 『일제하 전시체제기 정책사자료집』, 학술정

보주식회사.

朴慶植, 1965, 『朝鮮人强制連行の記錄』, 未來社.

사이토 사쿠지 편저, 1996, 『우키시마호 폭침사건진상』, 가람기획.

安藤正人, 1998, 『記錄史料學と現代』, 吉川弘文館.

요시다 세이지, 1989, 『나는 조선사람을 이렇게 잡아갔다』, 청계연구
　　　소.

우에노 치즈코 지음, 이선이 옮김, 1999, 『내셔널리즘과 젠더』, 박종철
　　　출판사.

이원규, 2002, 『한국기록물관리제도의 이해』, 진리탐구.

일제강점하강제동원피해진상규명등에관한특별법제정추진위원회,
　　　2001, 『구술자료로 복원하는 강제연행의 역사－2001년도 구
　　　술자료수집결과보고회 자료집』(프린트본).

赤松俊秀 外, 1979, 『日本古文書學講座－近代編』 1, 雄山閣.

전라남도지편찬위원회, 1993, 『전라남도지』 8.

戰前期官僚制研究會編, 1980, 『戰前期日本官僚制の制度・組織・人
　　　事』, 東京大出版部.

정부기록보존소, 1938～1945, 『조선총독부 문서－노무』(총 19권).

제임스 홉스, 유병용 옮김, 1995, 『증언사 입문』, 한울.

총무처 정부기록보존소, 1984, 『정부기록보존문서 색인목록집』.

최유리, 1997, 『일제말기 식민지 지배정책연구』, 국학자료원.

樋口雄一, 1989, 『協和會』, 社會評論社.

＿＿＿＿, 1998, 『戰時下朝鮮の農民生活誌』, 社會評論社.

＿＿＿＿, 2000, 『戰時下朝鮮人勞務動員基礎資料集』, 綠陰書房.

한국교육사고, 2003. 1, 『구술사이론방법워크샵 자료집』.

한국정신대문제대책협의회 진상조사연구위원회, 1997, 『일본군 ‘위안
　　　부’ 문제의 진상』, 역사비평사.

한국정신대연구소, 1997, 『한일간의 미청산과제』, 아세아문화사.

한국정신문화연구원, 1995, 『1995년도 해외 희생자 유해현황조사사업
　　　보고서』.

＿＿＿＿＿＿＿＿, 1996, 『1996년도 해외 희생자 유해현황조사사업

보고서』.

_____, 2003,『일제하 피강제동원 등 실태조사연구보고서』.

한국태평양전쟁희생자광주유족회 후원회, 2000,『내 생전에 이 한을』, 예원.

할머니그림전 실행위원회, 2000,『봉선화에 부치는 고백』, 깊은 자유.

행정자치부 정부기록보존소, 2000,『정부기록보존소 일제문서해제 — 경무편』.

_____, 2001,『정부기록보존소 일제문서해제 — 외사편』.

_____, 2002,『정부기록보존소 일제문서해제 — 이재 · 사계 · 상공 · 경금속 · 연료 · 노무편』.

T. R. Schellenberg, 이원영 옮김, 김기석 감수, 2002,『현대기록학개론』, 진리탐구

Dale Treleven, "Oral History and the Archival Community: Common Concerns about Documenting Twentieth Centry Life" International Journal of Oral History 10 (February 1989)

Frederick J. Stielow, "The Management of Oral History Sound Archives" 1986

< 연구논문 >

강정숙 · 서현주, 1997,「일제 말기 노동력 수탈 정책」, 한국정신대연구회,『한일간의 미청산 과제』, 아세아문화사.

강창일, 1994,「일제의 조선지배정책」,『역사와 현실』12.

_____, 1995,「일제의 지배정책과 군사동원」『청산하지 못한 일제시기의 문제』, 광복 50주년기념 학술대회 주제발표논문집.

_____, 1997,「중일전쟁 이후 일제의 조선인 군사동원」『한일간의 미청산 과제』, 아세아문화사.

권미현, 2002,「구술사료의 수집과 기록학적 관리」제2회 명지대학교

기록과학대학원 기록관리학과 학술대회.

김광재, 1999,「중일전쟁기 중국 화북지방의 한인이주와 '노대농장'」, 『한국근현대사연구』 11.

김기석·이향규, 1998. 7. 22,「구술사: 무엇을, 왜, 어떻게 할 것인가」 제12회 현대사연구소 집담회 발표문.

김인덕, 1996,「일본에서의 강제연행연구 동향」『1996년도 해외희생자 유해현황 조사사업 보고서』, 한국정신문화연구원.

_____, 1997,「일본지역 강제연행 연구」『한국민족운동사연구』 17.

김형국, 2000,「정부기록보존소 소장 조선총독부문서 현황 및 내용검토」『한국독립운동자료의 수집현황과 과제』(한국민족운동사학회 제72회 특별세미나 자료).

노영종, 2001. 11. 10,「자료-남양농업이민관계」, 한일민족문제학회 강제연행문제연구분과 월례세미나.

_____,「일제말기 조선인의 남양군도 농업이민」, 한일민족문제학회 월례발표회 요지(2002. 4. 20)

류방란, 1998,「구술사 연구의 방법과 활용」『한국교육』 25-2.

백승종, 1999,「입에서 입으로 전해진 역사-'집단의 기억'으로서 민중의 역사」, 한국문화인류학회 제6차 워크샵 발표요지.

山田昭次, 1979,「朝鮮人中國人强制連行硏究史試論」『朝鮮歷史論集』下, 龍溪書店.

신영숙·조혜란, 1997,「일제시기 조선인 '군위안부'의 실태 및 특성에 관한 연구」『한일간의 미청산과제』, 아세아문화사.

유철인, 1999,「생애사연구방법」, '한국문화연구의 방법론 모색: 구술사적 접근을 중심으로' 한국문화인류학회 제6차 워크샵 발표논문집.

윤대현·지찬호, 1994,「기록보존기술」『기록보존』 7.

이명화, 1992,「조선총독부 학무국의 기구변천과 기능」『한국독립운동사연구』 6.

이승엽, 2000,「녹기연맹의 내선일체운동연구」, 한국정신문화연구원 역사전공 석사학위논문.

전명혁·김영경, 2001, 「기록관 건립과정에서 아키비스트의 역할에
    관한 연구」『기록학연구』3.

田中武雄, 1960, 「小磯總督時代の槪觀」『朝鮮近代史料集成』3.

정병준, 2002, 「해방전후 미주한인 독립운동관련자료연구」『해방전후
    사 사료연구 1』, 선인사.

정인섭, 1995, 「전시동원체제하의 한인희생」『해외희생자유해현황조
    사사업보고서』, 한국정신문화연구원.

정진성·여순주, 1997, 「일제시기 여자근로정신대의 실상」『한일간
    의 미청산과제』, 아세아문화사.

정혜경·김성식, 2000, 「해외소재 한국학관련 역사기록의 정보화 방
    안 연구」『기록학연구』1.

정혜경, 「한국의 구술자료관리현황」(2000년 10월 12일 한국역사연구
    회·대전대학교 인문과학연구소 공동주최 심포지엄『한국역
    사기록의 관리와 발전방안』).

_____, 2001, 「강제연행관련 구술자료수집의 현황 및 활용방안」『구
    술자료로 복원하는 강제연행의 역사－2001년도 구술자료수
    집결과보고회 자료집』, 일제강점하강제동원피해진상규명등
    에관한특별법제정추진위원회.

_____, 2002, 「일제 말 전시동원체제관련 자료 연구－국내 소장자료
    를 중심으로」『해방전후사 사료연구』1, 선인사.

_____, 2002, 「일제말기 강제연행 노동력 동원의 사례: '조선농업보
    국청년대'」『한국독립운동사연구』18

竹山護夫, 1971, 「陸海軍中央機關の制度變遷」『日本陸海軍の制度·組
    織·人事』, 東京大出版會.

萩原彦三, 1963, 「朝鮮總督府施政の法制上の基礎」, 朝鮮史料研究會
    講述.

樋口雄一, 2002, 「外務省外交史料館 '茗荷谷文書'について」『日本
    植民地研究』14.

< 기타 >

崔福年 구술자료(1995. 10. 면담자 : 정혜경)

우영철 구술자료(1997. 8. 면담자 : 정혜경)

BBC, 2002, "Kill`em All — American war crimes in Korea"(노근리 보고서).

이기상, 한국외국어대학 철학과 교수의 한겨레신문 기고문(2001년 5
        월 28일자)

이 진, 1999, 「2차대전 중 미국의 일본인 수용소 스토리」『신동아』
        10월호.

『조선일보』, 1999년 8월 11일 기사

찾아보기

정 혜 경(鄭惠瓊)

1960년 서울 출생
성신여자대학 국사교육과 졸업
한국정신문화연구원 한국학대학원 석박사(한국근현대사 전공)
한국기록관리학교육원 전문가 과정 수료
광운대, 명지대 기록관리학 대학원 등 출강
한국국가기록연구원 연구기획국장 역임
현재 한국정신문화연구원 특별연구원 재직중

저 서

『일제시기 재일조선인 민족운동 연구』(2002년) 외 다수

논 문

「한국의 구술자료 관리현황」, 「1920년대 재일조선인과 민족운동」, 「일제 말 전시동원체제관련 자료연구」 등 다수
현재 일제말기 강제연행과 구술사에 대해 연구하며, 시민단체 피해자 단체와 함께 '일제강점하 강제동원 피해등에 관한 진상규명 특별법' 제정추진 운동을 전개하고 있음

일제말기 조선인 강제연행의 역사   정가: 23,000원

2003년 9월 8일	초판 인쇄	
2003년 9월 20일	초판 발행	
	저 자 : 鄭 惠 瓊	
	회 장 : 韓 相 夏	
	발 행 인 : 韓 政 熙	
	발 행 처 : 景仁文化社	
	서울특별시 마포구 마포동 324 - 3	
	전화 : 718 - 4831〜2, 팩스 : 703 - 9711	
	E-mail : kyunginp@chollian.net	
	등록번호 : 제10 - 18호(1973. 11. 8)	

ⓒ 2003, Chung Hye-Kyung. Kyung-in Publishing Co, Printed in Korea
ISBN : 89-499-0194-3   94910
* 파본 및 훼손된 책은 교환해 드립니다.